Lehr- und Handbücher zu Tourismus, Sport und Gesundheit

Herausgegeben von Prof. Dr. Axel Dreyer, Prof. Dr. Sven Groß und Prof. Dr. Martin Linne

Radtourismus
Entwicklungen, Potentiale, Perspektiven

herausgegeben von

Prof. Dr. Axel Dreyer
Hochschule Harz, Wernigerode

Dr. Rainer Mühlnickel
Ostfalia Hochschule, Salzgitter

Mag. Ernst Miglbauer
invent Innovationsagentur für Wirtschaft,
Tourismus und Kultur

mit Geleitworten von
Claudia Gilles, Hauptgeschäftsführerin
Deutscher Tourismusverband e. V.
und
Bertram Giebeler, Stellvertretender
Bundesvorsitzender des ADFC

Oldenbourg Verlag München

Bibliografische Information der Deutschen Nationalbibliothek

Die Deutsche Nationalbibliothek verzeichnet diese Publikation in der Deutschen
Nationalbibliografie; detaillierte bibliografische Daten sind im Internet über
http://dnb.d-nb.de abrufbar.

© 2012 Oldenbourg Wissenschaftsverlag GmbH
Rosenheimer Straße 145, D-81671 München
Telefon: (089) 45051-0
www.oldenbourg-verlag.de

Lektorat: Christiane Engel-Haas
Herstellung: Constanze Müller
Titelbild: thinkstockphotos.de
Einbandgestaltung: hauser lacour
Gesamtherstellung: Grafik & Druck GmbH, München

Dieses Papier ist alterungsbeständig nach DIN/ISO 9706.

ISBN   978-3-486-58849-1
eISBN   978-3-486-71107-3

Inhaltsverzeichnis

Anmerkung:

Die Zuordnung der Beiträge zu den jeweiligen Autoren ist dem Autorenverzeichnis zu entnehmen.

Vorwort der Herausgeber

Das Fahrrad wird als Fortbewegungsmittel immer beliebter. Viele Millionen Deutsche, Österreicher und Schweizer nutzen es nicht nur zuhause, sondern auch im Urlaub. Und immer mehr Menschen begeben sich ausschließlich mit dem Fahrrad auf Reisen. Dabei bevorzugt die Mehrheit der Urlauber heimische Routen und bleibt im Land. Für den Tourismus stellen Fahrradreisen einen beachtlichen Wirtschaftsfaktor dar, der oft unterschätzt worden ist.

Die Entwicklung zu einem bedeutenden Tourismusmarkt ist zwar noch relativ jung, aber sehr dynamisch. Und auch in Zukunft ist mit einer weiter steigenden Nachfrage zu rechnen. Dafür sprechen eine Reihe relevanter wirtschaftlicher, gesellschaftlicher und ökologischer Rahmenbedingungen. Zu diesen gehören der demographische Wandel, mit dem ein steigendes Gesundheits- und Fitnessbewusstsein einhergeht, die klimatischen Veränderungen und steigende Energiepreise. Fahrrad fahren im Urlaub macht Spaß, verschafft Naturnähe, hält gesund und ist außerdem emissionsfrei.

Umso erstaunlicher ist es, dass es bis heute kein wissenschaftlich fundiertes und gleichzeitig praxisnahes Handbuch gab, das sich allen wichtigen Aspekten des Radtourismus widmet. Wir nehmen in Anspruch, diese Lücke mit dem vorliegenden Buch weitgehend zu füllen. Zu diesem Zweck haben sich drei Autoren aus der Tourismuswirtschaft, der fahrradorientierten Regionalplanung und dem Regionalmanagement zusammengefunden, die aus Deutschland bzw. Österreich stammen und auch rege Beziehungen in ihre Nachbarländer pflegen. Das Werk eignet sich somit als Lehr- und Praxishandbuch für den ganzen deutschsprachigen Raum. Da wir schon sehr lange im Radtourismus arbeiten, wissen wir, dass es in Teilgebieten besondere Experten gibt. Diese haben wir um ergänzende Gastbeiträge gebeten. Stellvertretend für alle Autoren seien hier die Experten des Allgemeinen Deutschen Fahrradclubs (ADFC), Wolfgang Reiche, Wolfgang Richter und Thomas Froitzheim, genannt. Aber natürlich sind wir allen Autoren zu großem Dank verpflichtet, denn sie erst machen das Buch „rund".

Inhaltlich erfolgt zunächst die Einordnung des Radfahrens in das Gesamtsystem des Tourismus und der beteiligten Leistungsträger. Danach werden die touristische Nachfrage und das Angebot abgearbeitet. Neben den Bedürfnissen der Radtouristen, der radtouristischen Angebots- und Produktentwicklung und den „klassischen Themen" wie der Wege- und Radroutennetzplanung sowie den Anforderungen an die radtouristische Infrastruktur befassen wir uns auch mit den neuen Trends wie dem Radtourismus in Großstädten, den Smartphone-Applikationen für den Radtourismus, den Elektro-Fahrrädern und dem Pilgern mit dem Fahrrad als neuen Themen für Touristiker. Ausführlich widmen wir uns dem Destinationsmanagement und betrachten dabei die Wertschöpfung durch Radtouristen, weil diese auch politisch immer stärker hinterfragt wird. Im Hinblick auf die Vermarktung beschäftigen wir uns schwerpunktmäßig mit der Produktentwicklung sowie der Qualitätssicherung. Zusammenfassend werden die zehn wichtigsten Erfolgsfaktoren für Management und Marketing im Radtourismus dargestellt.

An ausgewählten, im Markt erfolgreichen Fallbeispielen für Streckenradler (Donau- und Elberadweg, Destination Eifel und Aller-Leine-Tal) werden die grundlegenden Ausführungen veranschaulicht. Vervollständigt werden diese durch Fallstudien für den Rennradsport auf Mallorca sowie das Mountainbike-Angebot in der Mittelgebirgsregion Harz und in der Alpendestination Leogang in Österreich.

Wir danken nochmals allen Beteiligten ganz herzlich für die unkomplizierte Zusammenarbeit und ihre Geduld. Gerade durch die Beteiligung von Autoren aus den unterschiedlichen Wissensgebieten ist das Buch sowohl für Praktiker als auch für Lehrende und Studierende aus den Bereichen Tourismus, Planung, Verkehr, Sport, Wirtschaftswissenschaften und Geographie eine interessante Lektüre. Wir hoffen jedenfalls, dass uns der Spagat aus wissenschaftlich fundierten Betrachtungen und praktischen Sichtweisen gelungen ist. Unser spezieller Dank gilt den wissenschaftlichen Mitarbeiterinnen vom Kompetenzzentrum der Hochschule Harz, Arbeitsbereich Tourismus, die uns bei der redaktionellen Bearbeitung für die Publikation und bei der Gestaltung zahlreicher Abbildungen geholfen haben. Namentlich sind dies Katharina Kröger, Juliane Ratz, Anne Menzel und Corinna Möller.

Axel Dreyer, Rainer Mühlnickel und Ernst Miglbauer

im Dezember 2011

Geleitwort von Claudia Gilles

Fahrradurlaub in Deutschland – beliebter denn je! Er bildet eines der wichtigsten touristischen Nachfragesegmente in Deutschland. Das belegen die Zahlen aus der Grundlagenuntersuchung „Fahrradtourismus in Deutschland", die der DTV 2009 gemeinsam mit dem Bundesministerium für Wirtschaft und Technologie (BMWi) veröffentlicht hat. Dem Fahrradtourismus sind rund 153 Mio. Tagesreisen und 22 Mio. Übernachtungen pro Jahr zuzuordnen. Basis ist ein touristisches Radwegenetz von rund 75.000 km Länge und intensive Marketingaktivitäten der Tourismusbranche. Gesamtumsätze in Höhe von 9,16 Mrd. EUR pro Jahr unterstreichen den wirtschaftlichen Stellenwert.

Mit Zufriedenheit und Anerkennung beobachten wir, dass die fahrradtouristische Angebotspalette stetig wächst. Denn immer differenziertere Zielgruppen stellen unterschiedliche Ansprüche an den Urlaub oder den Ausflug mit dem Rad. Insbesondere vor dem Hintergrund des demographischen Wandels spielt der Trend zum elektrounterstützten Fahrrad eine besondere Rolle. Aber auch Regionen mit anspruchsvoller Topographie erschließen sich „untrainierten" Radlern durch Elektrofahrräder. Die jüngsten Verkaufszahlen in diesem Segment belegen einen wahren Boom. Der Anteil von Pedelecs oder E-Bikes am gesamten Fahrradmarkt beträgt laut Zweirad-Industrie-Verband aktuell bereits 5 %; Tendenz steigend!

Die Einrichtung von E-Bike-Angeboten stellt jedoch vergleichsweise hohe Anforderungen an den Ausbau von Radwegen. Auch ungeübte Radfahrer erreichen relativ leicht höhere Geschwindigkeiten. Schlechte Wegeinfrastruktur und Wegweisung erhöhen hier eindeutig die Gefährdungspotentiale.

Deutschland ist, was die fahrradtouristische Infrastruktur anbelangt, im europäischen Vergleich schon ganz weit vorne. Doch ein ausgeschilderter Radweg ist bei weitem noch kein radtouristisches Produkt. Das haben die Tourismusverantwortlichen erkannt. Der DTV beteiligt sich gemeinsam mit dem Bundesministerium für Verkehr, Bau und Stadtentwicklung (BMVBS), dem BMWi sowie den fünf Bundesländern Nordrhein-Westfalen, Niedersachsen, Sachsen-Anhalt, Brandenburg und Berlin daran, neue und einheitliche Qualitätsstandards zu etablieren: Als erste Route im Radnetz Deutschland wird die 960 km lange D-Route 3 beispielhaft zum Premium-Radfernweg ausgebaut. Durch Ausbau von Wegweisung und Infrastruktur werden Radreisen auf der Route noch komfortabler gestaltet und ermöglichen den Regionen an der D-Route 3 eine gemeinsame und schlagkräftige Vermarktung. Perspektivisch soll auf Grundlage der Erfahrungen der Ausbau des gesamten Radnetzes Deutschland vorangetrieben werden. Ein wichtiger Schritt, um v. a. im europäischen Vergleich weiter konkurrenzfähig zu bleiben.

Nicht nur hohe Qualitätsstandards bei der Beschilderung, ein guter Zustand der Radwege oder eine attraktive Landschaft sind Basis für eine erfolgreiche Vermarktung – auch die Frage der Sicherheit ist von enormer Bedeutung. Aktuell wird der Nationale Radverkehrsplan vom BMVBS – nach zehn Jahren – neu aufgelegt. Der DTV setzt sich u.a. für das Thema Sicherheit im Radverkehr ein, im Besonderen mit Blick auf die Integration von Pedelecs in die Verkehrssysteme.

Das Lehrbuch „Radtourismus" gibt den Ideengebern, Lenkern und Entscheidern im Radland Deutschland ein fundiertes Grundlagenwerk an die Hand. Ein Anliegen, das dem DTV sehr am Herzen liegt.

Claudia Gilles, Hauptgeschäftsführerin Deutscher Tourismusverband e. V.

im November 2011

Geleitwort von Bertram Giebeler

Der Radtourismus – ein wichtiges
Betätigungsfeld für die Lobbyorganisation der Alltagsradler

Zur Gründungszeit des ADFC Ende der 70er und Anfang der 80er Jahre galt das Radfahren von erwachsenen Menschen in Deutschland, mit Ausnahme der nordwestlichen Region um Bremen und Münster, als eine Form des Protestes. Als Radler outete man sich als Öko-Gutmensch. Kämpferisches Auftreten mit Fahrraddemos („Auf die Räder, bevor wir drunter kommen!") war nötig, um überhaupt wahrgenommen zu werden. Dementsprechend waren die Anliegen der Radler zunächst mal im parteipolitischen Spektrum links-grün verortet. Bürgerliche Kommunalpolitiker reagierten oft mit reflexhafter Ablehnung.

Ab Mitte der 80er Jahre kam es in unserem südöstlichen Nachbarland Österreich zu einem erstaunlichen Phänomen: entlang der Donau zwischen Passau und Wien bemerkten die Gasthof- und Hotelbesitzer, dass der Radtourist nicht aus nackter Armut radelt, weil er sich kein Auto leisten kann, sondern aus Vergnügen; dass er nicht um Preise feilscht, sich zivilisiert benimmt und v. a. ordentlich isst, trinkt und Umsatz macht. Dieses Phänomen sprach sich herum, bald auch in Deutschland etwa entlang der Weser und der Altmühl. Das Phänomen nahm Dynamik auf, Radfahrer wurden plötzlich auch in der politisch eher konservativen Klientel der Hoteliers gern gesehen.

Heute hat der Radtourismus in Deutschland eine Umsatzgrößenordnung von 10 Mrd. EUR. Überall wo es keine Skipisten oder Badestrände gibt gehört Radfahren zum touristischen Konzept der Regionen und Bundesländer. Deutschland hat von allen größeren Ländern (außer A, CH, NL) weltweit mit Abstand die am besten entwickelte Infrastruktur für Radtouristen.

Für den ADFC als Lobby der Alltagsradler ist der phänomenale Erfolg des Radtourismus ein Türöffner auch für seine verkehrspolitische Anliegen. Heute ist die Förderung des Radverkehrs im urbanen Alltag keine parteipolitische Streitfrage, wo die Fronten von vornherein klar sind. Engagierte Radverkehrsförderer finden sich heute in allen Parteien, Bremser und Bedenkenträger ebenso. In den 80er Jahren hätte z. B. niemand erwartet, dass ausgerechnet in der Autopendlerstadt Frankfurt unter einer CDU-Oberbürgermeisterin der Alltagsradverkehr buchstäblich explodiert und heute ein Modalsplit von 15 % erreicht.

Der Radtourismus stärkt die Akzeptanz des Fahrradthemas insgesamt, und deshalb beteiligt sich der ADFC nach Kräften an seiner Förderung: radtouristische Kartografie in gedruckter und digitaler Form wird von ADFC erstellt und lizensiert; touristisch bedeutende Radwege werden vom ADFC Kilometer für Kilometer systematisch abgefahren und zertifiziert; der ADFC betreibt das System „Bett+Bike" mit über 5.000 angeschlossenen Betrieben; die in Zusammenarbeit mit der DZT erstellte Broschüre „Deutschland per Rad entdecken" und die dazugehörige „Entdeckerkarte" geben hunderttausenden Urlaubern Anregungen; die Mobilphone-App „ADFC-mobil" hilft mit wichtigen Infos unmittelbar auf der Tour; auch regional und lokal fördert der ADFC mit seinen Radreisemessen den Radtourismus.

Wir, der ADFC, wünschen dem „Lehrbuch Radtourismus" viel Erfolg – möge es dafür sorgen, dass wir immer mehr qualifizierte Partner bei den Verantwortlichen im Tourismus antreffen!

Bertram Giebeler, Stellvertretender Bundesvorsitzender des ADFC

im November 2011

1 Radfahren im System des Tourismus

(Axel Dreyer)

1.1 Radfahren als Teil des Sporttourismus

Das Fahrrad hat als Verkehrsmittel in der Freizeit allgemein und im Tourismus speziell an Beliebtheit gewonnen. Gerade in den letzten Jahren haben Freizeitaktivitäten mit dem Rad zugenommen. Rad fahren ist die beliebteste Sportart der Deutschen. Auf den immer besser ausgebauten Radwegen herrscht landauf und landab reger Ausflugsverkehr und auch die Zahl derer, die ihren Drahtesel vor einer Herberge parken, wird immer größer. Damit ist der Radtourismus zu einer festen Größe im Deutschlandtourismus und im Reiseverhalten der Menschen in vielen anderen Ländern geworden. Der Erfolg hat seine Väter: in den Regionen wurde und wird die Rad-Infrastruktur ausgebaut, Tourismusmanager der Destinationen arbeiten fleißig an der Produktgestaltung, um das Radeln in ihrem Verantwortungsbereich noch attraktiver zu machen, und die Fahrradindustrie hilft bei der Erschließung neuer Radler-Kundengruppen. Zwar kann man z.B. in Deutschland davon sprechen, dass eine vollständige Haushaltsabdeckung mit Fahrrädern erreicht ist, aber durch technisch verbesserte Fahrräder und Innovationen schafft es die Industrie, den Markt lebendig zu halten. Wer hätte noch Anfang der 1980er Jahre gedacht, dass keine 30 Jahre später alle Mittelgebirge in Deutschland als Mountainbike-Regionen touristisch vermarktet werden? Und neuerdings verhelfen Fahrräder mit Elektroantrieb auch weniger sportlich trainierten Menschen zur Aktivität auf zwei Rädern.

Abb. 1: *Die beliebtesten Sportarten der deutschen Bevölkerung ab 14 Jahren*
(Frage: Welche Sportarten betreiben Sie in Ihrer Freizeit gern oder besonders gern? Mehrfachnennungen möglich)

Die beliebtesten Sportarten der Deutschen			
Datenbasis: Bevölkerung ab 14 Jahre			
Rad fahren	59 %	Fußball spielen	13 %
Schwimmen	57 %	Inline Skaten	12 %
Wandern	41 %	Wassersport	11 %
Joggen, Walken	23 %	Tennis spielen	8 %
Ski fahren	21 %	Angeln	7 %

Quelle: eigene Darstellung, nach: Axel Springer AG/ Bauer Media KG 2008.

Doch beginnen wir das Buch systematisch und starten mit einem kurzen Blick vom Standpunkt der Wissenschaften.

Sport und Tourismus aus Sicht der Wissenschaften

Zunächst einmal sind sowohl der Sport als auch der Tourismus zwei zumeist eigenständig betrachtete Bereiche. In der Wissenschaft wurde – im Wesentlichen losgelöst voneinander – versucht, die gesellschaftlichen Phänomene Sport bzw. Tourismus zu ergründen, und es haben sich daraus sowohl eine Sportwissenschaft wie später auch eine Tourismuswissenschaft entwickelt. Beide sind Wissenschaftsdisziplinen, die sich aus verschiedenen „Mutter"-Wissenschaften zusammensetzen und somit von jeher interdisziplinär angelegt sind. Vertreter beider Disziplinen sehen so viele Eigenheiten, dass es ihnen berechtigt erscheint, von Sportwissenschaft und Tourismuswissenschaft als eigenständige Wissenschaften zu sprechen. Allerdings führen beide Wissenschaften bisher eher ein organisatorisches Eigenleben, denn das interdisziplinäre Denken hat nicht die Oberhand gewonnen, sondern es wird im Wesentlichen (noch) in den Kategorien der „Mutter"-Wissenschaften gedacht. Lehrstühle und Arbeitskreise an Hochschulen zeugen davon. Professuren für Sportsoziologie oder Tourismusmanagement bzw. Arbeitskreise für Tourismusgeographie oder Sportökonomie mögen als Beispiele dafür gelten. Mitten aus dieser komplexen Wissenslandschaft entwickelt sich an den Hochschulen und Universitäten eine intensivere Beschäftigung mit dem Zusammenwirken von Sport und Tourismus.

Unabhängig von der Frage, ob wir es hier tatsächlich mit einer aufgrund spezifischer Eigenschaften selbstständigen neuen Spezialdisziplin „Sporttourismus" zu tun haben oder ob es nur eine Sonderform des Sports bzw. des Tourismus ist, beschäftigen sich Forscher und Lehrende vieler Einrichtungen mit den Phänomenen. Der Stellenwert des Reisens in der Gesellschaft ist hoch und die Bedeutung körperlicher Aktivitäten für die Gesundheit steht auf der Agenda gesellschaftlichen und politischen Handelns. Hier eine kleine Auswahl mit Bezug zum Sporttourismus; sie betrifft vor allem die „Volumenmärkte" Wandern und Rad:

- Die Deutschen gelten als „Reiseweltmeister". Rund drei Viertel der Deutschen unternimmt jedes Jahr eine längere Urlaubsreise von mindestens fünf Tagen („Tourismusintensität").

- Fast die Hälfte der Deutschen unternimmt in der Freizeit „ab und zu" Wanderungen.

- Auch jüngere Leute wandern wieder häufiger.

- Dem Gesundheitsaspekt wird durch die Ausbildung von „Gesundheitswanderführern" Rechnung getragen.

- Der Radtourismus wird zu einem wichtigen Faktor für ländliche Regionen.

- Der Donauradweg hat es vorgemacht und inzwischen bewegen sich immer mehr Menschen auf Fluss begleitenden Radwegen.

Abgrenzung zwischen alltäglichem Radfahren und Radtourismus

Aus der Vielzahl sportwissenschaftlicher Definitionen, die jeweils einer Zweckbestimmung für die zu Grunde liegende Betrachtungen dienen, greifen wir hier auf eine relativ allgemeine Definition zurück, die zur Verortung des Radfahren im Sinne des Tourismus genügt. Sport liegt vor, wenn gleichzeitig folgende Bedingungen erfüllt sind (vgl. Dreyer 1995, S. 9; Dreyer 2004, S. 329):

- Körperliche Betätigung: Diese stellt aber keine „notwendige" Betätigung (z. B. Gehen) dar und ist keine „alltägliche" Bewegungsform (z. B. Einkaufen).

- Freiwillige und bewusste Betätigung.

- Einem Selbstzweck dienend: dieser drückt sich in Motiven wie z. B. Spaß haben, gesund bleiben oder Prestige erlangen aus. (Somit wird das Radfahren zur Arbeit oder zum Einkaufen aus der Betrachtung ausgeschlossen.)

In der Tourismuslehre wird in den meisten Fällen die Tourismusdefinition der Welttourismusorganisation (WTO) verwendet: „Tourismus umfasst die Aktivitäten von Personen, die an Orte außerhalb ihrer gewohnten Umgebung reisen und sich dort zu Freizeit-, Geschäfts- oder bestimmten anderen Zwecken nicht länger als ein Jahr ohne Unterbrechung aufhalten." (UNWTO 1995, S. 12)

Darunter wird das Verlassen des gewöhnlichen Aufenthaltsortes, also des Heimatortes, verstanden, um ein ferneres (Reise-)Ziel aufzusuchen. Jedoch lässt diese Festlegung eine präzise Bestimmung der Entfernung offen. So stellt sich die Frage, ob bspw. ein Kurzaufenthalt im Nachbarort noch zum Tourismus zählt oder nicht. Ferner schließt die definitorische Auslegung der WTO sowohl längere Reisen ab fünf Tagen und Kurzreisen bis zu vier Tagen als auch Reisen ohne Übernachtung ein, die sogenannten Tagesausflüge. Auch hier steht die Mindestentfernung des Reisezieles offen.

Wie sind Radler zu bewerten, die von zu Hause losfahren und 40 km in den Nachbarort radeln? Ändert es etwas, wenn sie dabei eine Landesgrenze überschreiten? Besonders im Radtourismus (und ähnlich im Wandertourismus) stellt sich also die Frage, ab wann eine Tagesradtour noch als Freizeitbetätigung im Wohnumfeld zählt oder bereits schon dem Radtourismus zuzurechnen ist, zumal für Viele der Weg das Ziel darstellt. Für die Berechnung der Wertschöpfung durch den Radtourismus in einer Region ist dies von Bedeutung.

Fest steht, dass das Radfahren im alltäglichen Wohnumfeld, z. B. zur Arbeit oder zur Schule bzw. zum Einkaufen, weder der Definition von Sport entspricht, weil es hier am Selbstzweck der körperlichen Betätigung fehlt, noch dem Tourismus zuzuordnen ist, denn es muss auch ein Ortswechsel stattfinden. Das Radeln vom Heimatort in den nahegelegenen Wald oder Stadtpark ist dabei nicht als Form des Tagestourismus zu sehen, da das gewohnte Umfeld nicht verlassen wurde. Anders verhält es sich wohl, wenn der Weg in den Nachbarort führt, denn dann könnte die Bedingung für einen Ausflug erfüllt sein. Als Radtourist ist auch derjenige einzuschätzen, der zwar von seinem Heimatort aus startet, diesen aber verlässt und für den Hin- oder Rückweg ein anderes Verkehrsmittel (Bahn etc.) nutzt, weil er damit wahrscheinlich ebenfalls sein gewohntes Umfeld verlassen hat.

Weiterhin ist zu klären, ob das Radeln im Rahmen der Begriffsabgrenzung „Radtourismus" zwingend einen **Hauptgrund** (oder sogar ein reiseauslösendes Motiv) einer Urlaubsreise darzustellen hat oder ob es vielleicht auch als ein Motiv von vielen, sozusagen als **Nebengrund** (gelegentliche Radausflüge als eine Tätigkeit neben anderen im Rahmen eines Erholungsurlaubs etc.) (vgl. Dreyer 1995, S. 10), in den Radtourismus einzubeziehen ist. Im Kulturtourismus wird analog zum Beispiel vom „Auch-Kulturtouristen" gesprochen. So gesehen lässt sich in einer weiteren Fassung der Radtourismus als Überbegriff für alle Radel-Aktivitäten, die der allgemeinen Begriffsdefinition des Tourismus zuzuordnen sind, verstehen. Im engeren Sinne muss das Radeln jedoch ein wichtiger Bestandteil des Ausflugs bzw. des Aufenthalts sein, wenn im Kern vom Radtourismus gesprochen wird. Damit von einem Radurlaub gesprochen werden kann, muss dementsprechend das Radfahren ein Hauptgrund der Urlaubsreise sein.

Abb. 2:   Beziehungen zwischen Radtourismus und Radfahren im Allgemeinen

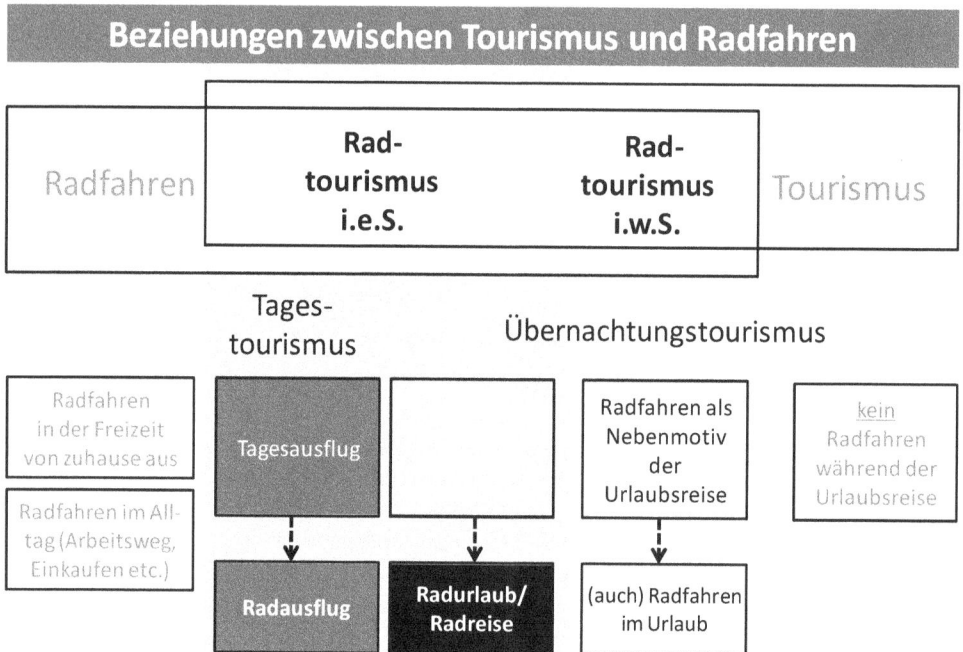

Quelle: in Anlehnung an Dreyer/Menzel/Endreß 2010, S. 39 und BMWi 2009, S. 14.

Begriffsbestimmungen

> ⓘ **Radtourismus** im engeren Sinne beinhaltet demnach die Aktivitäten von Personen, die an Orte außerhalb ihrer gewohnten Umgebung reisen und bei denen das Radfahren einen wesentlichen Bestandteil der Reise darstellt.
>
> Von **Radurlaub** wird darüber hinaus gesprochen, wenn die vorübergehende Abwesenheit vom Wohnort **mindestens eine Übernachtung** einschließt.

Radtourismus als Urlaubsform

Der Radtourismus hat sich seit den 80er Jahren als eine „neue" Form des Tourismus etabliert. Entsprechend den Schwierigkeiten einer eindeutigen Begriffsbestimmung, ist es nicht einfach, zuverlässige Zahlen zum Radtourismus und zum Radurlaub zu erhalten. Zwar kann man davon ausgehen, dass nach enger Definition (Radurlaub) in Deutschland ca. 22 Mio. Übernachtungen durch den Radtourismus jährlich generiert werden (vgl. BMWi 2009, S. 25), aber gerade über das Ausmaß der Radel-Aktivitäten lassen sich keine genauen Schlüsse ziehen. Radeln ist wahrscheinlich seltener als Hauptgrund (auslösendes Reisemotiv) einer Urlaubsreise anzusehen, vielmehr wird es gleichzeitig mit anderen Freizeitaktivitäten, wie der Besichtigung von kulturellen Highlights, Teilnahme an Erholungsprogrammen oder weiteren sportlichen Betätigungen, ausgeübt. Deshalb wird es auch immer wieder zu Überschneidungen mit anderen Tourismusformen kommen und die Abgrenzung hängt mit den Urlaubsmotiven zusammen. So können z. B. naturtouristische oder Gesundheitsmotive im Vordergrund stehen. Auch bei oder in Kombination mit Kulturreisen wird geradelt. Beim Pilgern fällt einem eher der Fuß-Pilger mit spirituellen Motiven ein (vgl. Antz 2010, S. 283 ff.), aber *Miglbauer* zeigt, dass man auch vom Pilgern mit dem Rad sprechen kann (siehe dazu Kap. 2.2). Der Radtourismus berührt demnach mehrere Marktsegmente gleichzeitig, was sowohl in der Angebotsgestaltung als auch in der Zielgruppendifferenzierung im Rahmen des Destinationsmanagements von großer Bedeutung ist. Für den Fahrradtourismus lässt sich folgende Übersicht für natürliche und künstliche Angebotsvoraussetzungen darstellen (vgl. Dreyer/Linne 2008, S. 15, in Anlehnung an Linne 2008):

- Natürliche Angebotsvoraussetzungen
    - Geografisch: z. B. Meer und/oder Strand, Berge, Flusstäler, …
    - Klimatisch: z. B. Wind, Wärme, Sonnenschein, Schnee, …
- Künstliche (abgeleitete) Angebotsvoraussetzungen
    - Real: z. B. Radwege, Rad-Infrastruktur, Beschilderung
    - Historisch und kulturell: z. B. Geschichte·bereister Regionen, Persönlichkeiten
    - Virtuell: z. B. Images (berühmte Etappe einer Radsportveranstaltung)

Das radtouristische Angebot ist in ein System aus Verkehrsinfrastruktur und Verkehrsträgern einzubinden. Damit muss einerseits die Erreichbarkeit des Reiseziels sichergestellt werden (z. B. Straßen, Bus- und Bahnanbindungen) und andererseits die Verknüpfung mit eben diesen radtouristischen Angeboten, wobei es auf die Taktung von Fahrzeiten, Synchronisation von Fahrplänen etc. ankommt. Erst wenn die radtouristische Basis in angemessener Qualität vorhanden ist, kann sich darauf aufbauend ein breit gefächertes Angebot an radtouristischen Dienstleistungen bilden. Dazu gehören neben den Beherbergungsbetrieben und gastronomischen Einrichtungen insbesondere Sehenswürdigkeiten und Freizeiteinrichtungen.

Zur Ergänzung des Begriffs Reiseziel sei hier der synonyme Begriff der Destination als touristisches Zielgebiet angeführt. Aus Sicht der (potenziellen) Reisenden ist eine Destination nur dann als solche anzusehen, wenn sie in deren Köpfen und in deren Vorstellungen als zusammenhängendes Reisegebiet erkannt wird. Diese Zusammenhänge lassen sich entweder alleine aus geografischen oder aus geografischen in Verbindung mit kulturellen bzw. thematischen Beziehungen ableiten (vgl. Antz/Dreyer/Linne 2006, S. 13). Destinationen können eine ganz unterschiedliche Größe besitzen, wichtig ist bloß die Existenz der Grundvoraussetzungen eines Reiseziels in Form von Übernachtungsmöglichkeiten, Gastronomie und Unterhaltung.

1.2   Ausprägungen des Radtourismus

Tourenradler

Speziell im Radtourismus sollten wichtige Radwege, die touristisch besonders genutzt und als Radtour beschrieben werden, auch als Destination aufgefasst werden. Sie sind sozusagen **„Streckendestinationen"** (ausführlicher dazu Kap. 4). Als Beispiele können hier Radtouren entlang von Flüssen (z. B. Elbe, Donau) oder an Seen bzw. in Kulturlandschaften genannt werden. Oft bewegen sich Radwanderer von Ort zu Ort und übernachten anderswo an ihrer Radroute (Streckenradler), manche entscheiden sich aber auch für einen Übernachtungsort und machen von dort aus **sternförmige Ausflüge**.

Vorherrschende Fahrradtypen der Tourenradler sind **Trekking-Bikes** und sogenannte Tourenräder. Wesentliche Motive der Radwanderer liegen in der Kombination von Natur- und Landschaftserlebnis mit dem Interesse, etwas für Körper und Gesundheit zu tun und dabei auch noch zu entspannen, wobei die Schwerpunkte der genannten Motive unterschiedlich ausgeprägt sein können.

Die neusten Verkehrsmittel im Radtourismus sind **E-Bikes** und **Pedelecs**. Das zentrale Motiv des Gebrauchs von Elektrofahrrädern liegt v. a. darin, Strecken ohne größere körperliche Anstrengung zurückzulegen. Wichtig ist dies bei der Bewältigung von Steigungen im hügeligen oder bergigen Gelände sowie zur größeren Bequemlichkeit im Städtetourismus. Die steigende Akzeptanz der Räder mit muskelschonenden Antriebsformen eröffnet neuen Destinationen die Chance, auf dem Markt der Tourenradler in den Wettbewerb einzutreten.

Mountainbiker

Mountainbike-Touren sind wie Radtouren in der Mehrzahl durch den Übernachtungstourismus und eine Aufenthaltsdauer von mehreren Tagen gekennzeichnet; dem entsprechend sind die Anforderungen an Transportangebote, radfreundliche Gastbetriebe und Serviceleistungen etc. ähnlich ausgeprägt wie bei den Tourenradlern. Routen werden oft auf speziellen Trails (Langstrecken) geführt, z.B. der Alpencross-Route. Es gibt aber auch Touren in Mountainbike-Regionen, bspw. dem Schwarzwald als Mittelgebirge, die eher den Charakter eines Routennetzes aufweisen.

Die Motive, die den Mountainbiker anspornen, sind mit dem anspruchsvollen körperlichen bzw. sportlichen Erlebnis verbunden: Gesundheit und Fitness, Kompetenzerleben und Leistungsverbesserung sowie psychisches Wohlbefinden werden als wichtige Anreizdimensionen für das Mountainbiking angesehen, während das reine Bewegungserleben einen eher unwichtigen Anreiz darstellt (vgl. Beier 2002, S. 86). Außerdem spielen beeindruckende Natur- und Landschaftserlebnisse eine wichtige Rolle. Bisweilen kommt der Aspekt des technischen Trainings hinzu, das insbesondere in den Bikeparks angeboten wird. Passend dazu ist die Tatsache, dass die Nachfrage nach High-end-Produkten steigt; und dies obwohl Mountainbikes als Sportgeräte inzwischen technisch schon ausgefeilt sind.

Während in den Mountainbike-Parks eher Kurzurlaube von ein bis drei Tagen Dauer vorherrschen, werden Touren eher mehr Aufenthaltstage benötigt. Neben den bekannten Angebotselementen spielt in den Parks die Ausstattung in Bezug auf Seilbahnen und Transportmöglichkeiten eine wichtige Rolle für die Destinationsentscheidung (siehe Fallbeispiele in Kap. 7).

Rennradler (Sportradfahrer)

Eine kleinere, aber nicht minder interessante Art des Radtourismus bezieht sich auf die Rennradler, bei denen die sportliche Herausforderung und das Messen im Wettbewerb als Motive dominieren, was in dieser Ausprägung bei keiner anderen Radtourismusform vorkommt. Vorherrschend sind Tages- und Wochenendaufenthalte zu Wettkampfzwecken, z. B. in Form von Jedermann-Radrennen (Marathons etc.), aber auch Trainingstouren und -aufenthalte besitzen eine Marktbedeutung (z. B. auf Mallorca; siehe auch Kap. 7).

2 Radtouristische Nachfrage

2.1 Entwicklungen in der Urlaubs- und Freizeitgestaltung

(Axel Dreyer)

Tourismus – quo vadis?

Die Antwort interessiert uns, aber können wir sie auch geben? Ist es vielleicht ein geradezu sinnloses Unterfangen, sich mit der Frage der zukünftigen Entwicklung des Tourismus auseinanderzusetzen? Auch der wohl meist zitierte Deutsche und gerne reisende *Johann Wolfgang von Goethe* hatte schon 1779 in seinen Briefen aus der Schweiz festgestellt, dass der Mensch niemals ganz Herr von sich selbst gewesen sei, „[...] da er die Zukunft nicht weiß, da ihm sogar der nächste Augenblick verborgen ist [...]." Letzteres ist sicher auch gut so und wir sollten uns gar nicht wünschen, die Zukunft zu kennen. Gleichwohl ist es zur strategischen Führung von Unternehmen notwendig, mögliche Entwicklungen zu kennen oder zumindest zu erkennen.

Wenn man sich die gesellschaftlichen, wirtschaftlichen und politischen Rahmenbedingungen eines Landes anschaut und mit dem Konsumverhalten der Menschen in Verbindung bringt, lassen sich durchaus Blicke in die Zukunft werfen. Allerdings muss man gewahr sein, dass – wie der Volksmund sagt – „es erstens anders kommt und zweitens als man denkt". Systematisch abgeleitete Vorhersagen werden ins Leere stoßen, wenn unvorhergesehene Ereignisse die Entwicklung auf den Kopf stellen. „9-11", also die Terrorattacke auf das World Trade Center und weitere Ziele in den USA im September 2001 oder die Banken- und Finanzkrise, die 2008 eine weltweite Wirtschaftskrise auslöste und der Menschheit die Vernetzung einer globalisierten Welt deutlich vor Augen führte, haben alle vorherigen Prognosen zunichte gemacht. *Born* bezeichnete solche Situationen einmal als „Wild Cards des Lebens" und fragte, ob Vorhersagen eher als Entscheidungshilfe dienen könnten oder zur Verunsicherung beitragen würden. Die Antwort gab er selbst und ihr kann man nur beipflichten: „[...] gerade in turbulenten Zeiten sollte man den Blick für das Langfristige schärfen." (Born 2004b, S. 24)

Auch der Radtourismus wurde anfänglich mit einer gehörigen Portion Skepsis betrachtet und allenfalls als ein vorübergehendes Phänomen angesehen. Es wurde die Frage aufgeworfen, wie man denn mit diesen eher mittellosen Radel-Gästen einen Tourismus organisieren soll, der für Wertschöpfung sorgt. Aber eine kleine Gruppe von Unternehmern hat zum Beispiel an der Donau dennoch nachhaltig auf dieses Segment gesetzt und schließlich recht behalten.

Zwei der wichtigsten Rahmenbedingungen für die Entwicklung des Tourismus in Mitteleuropa bestehen in der globalen wirtschaftlichen Vernetzung sowie im demographischen
Wandel, der allerdings in einzelnen Ländern unterschiedlich ausfällt. Beide haben Auswirkungen auf die Arbeitswelt und damit das Konsum- und Zeitbudget der Menschen (vgl.
Dreyer 2009, S. 15 ff.).

Demographischer Wandel

Die demographische Entwicklung in Ländern wie Deutschland, der Schweiz und Österreich
führt dazu, dass die Bevölkerung überdurchschnittlich altert. Diese Tatsache überlagert in der
Diskussion andere Effekte, die ebenfalls mit dem demographischen Wandel einhergehen. Die
Anzahl an **Singlehaushalten** wird zunehmen. Im Hinblick auf Lebensphasen und Lebensstile
gibt es schon heute die unterschiedlichsten Formen von Alleinlebenden (z. B. Nestflücht-
linge, Arbeits-Singles, Trennungs-Singles in späteren Lebensjahren, allein lebende Senioren).
Dies muss bei der Zielgruppenplanung und Produktentwicklung berücksichtigt werden (vgl.
Linne/Dreyer/Endreß 2007, S. 68 f.); zum Beispiel möchten viele allein stehende Senioren im
Hotel nicht auch ein leeres Bett neben sich haben, wie sie es schon aus der eigenen Wohnung
kennen, wo das Bett seit dem Tod des Lebenspartners verwaist ist.

Mit zunehmendem Alter und den damit einhergehenden gesundheitlichen Ansprüchen sowie dem Eintritt in neue Lebensphasen (Kinder aus dem Haus, Ausscheiden aus dem Arbeits-
leben) verändern sich die Lebens- und Reisebedürfnisse. Beispielsweise erhält das Sicher-
heitsbedürfnis einen neuen Stellenwert. Sicherheit ist zwar ein Grundbedürfnis aller Menschen auf Reisen, aber ihre Bedeutung wächst, weil Menschen mehr Wert auf Sicherheit
legen, wenn sie älter werden. Wenn wir von Sicherheit sprechen, geht es im engeren Sinne
um den Schutz vor Kriminalität, bspw. Taschendiebstählen oder Überfällen. Im weiteren
Sinne betrifft es die Orientierung der Touristen in Raum und Zeit; diese erfordert das zur
Verfügung stellen von Informationen, wie z. B. Öffnungszeiten, Fahrplänen, Stadtplänen, die
die Reiseplanung und den Aufenthalt in einer Destination erleichtern. Im Radtourismus nicht
zu vergessen sind genaue Angaben über den Schwierigkeitsgrad der Radelstrecke, Höhenprofil und konditionelle Anforderungen.

Der Anteil der Menschen, die aus gesundheitlichen Gründen auf eine Reise verzichten, steigt
erst nach dem 70. Lebensjahr stark an (vgl. IFF 1996, S. 40). Neuere Erkenntnisse deuten
darauf hin, dass körperliche Einschränkungen durchschnittlich sogar erst nach dem
75. Lebensjahr so groß werden, dass sie nachhaltige Auswirkungen auf das Reiseverhalten
haben bzw. zum Reiseverzicht führen können (vgl. Dreyer/Linne/Pechlaner et al. 2008).

Der **Gesundheitszustand** wirkt sich auf das Reiseverhalten aus. Eine genaue Zuordnung zu
einem bestimmen Alter ist nicht möglich. Anhand einer Befragung lassen sich grobe Alters-
abschnitte benennen, ab denen sich der Gesundheitszustand auf bestimmte Aspekte des Reiseverhaltens auswirkt. Immerhin 56,8 % aller Probanden, die älter als 55 Jahre waren, gaben
aber auch an, dass ihr Gesundheitszustand keinen Einfluss auf die Reise hat (vgl.
Dreyer/Linne/Pechlaner et al. 2008).

Die Zahl der **Familien** wird in absehbarer Zeit in Deutschland weiter sinken. Familientouristische Angebote könnten daher an Bedeutung verlieren, wenn sie nicht an die möglichen Veränderungen angepasst werden. Alleinreisende mit Kindern oder Oma-Opa-Enkel-Reisen werden zum Beispiel in Zukunft als Kundengruppen zunehmen. Immerhin ist festzuhalten, dass der Familientourismus ein insgesamt großer Markt ist, und der Anteil von Familien mit Kindern unter 14 Jahren innerhalb der Gruppe der Radurlauber 21% beträgt (vgl. BMWi 2009, S. 52). Somit bleibt das Segment auch in Zukunft beachtenswert und das bisher eher spärliche Angebot ausbaufähig.

Migranten werden als Kundengruppen in der Tourismusindustrie bisher kaum wahrgenommen. Sehr wahrscheinlich ist trotz einer gewissen Unsicherheit der Rahmenbedingungen (z. B. Arbeitsmarktentwicklung in Osteuropa), dass der Wanderungssaldo im Zuge des demographischen Wandels in den nächsten 20 Jahren positiv ist, also mehr Menschen aus dem Ausland nach Deutschland ein- als auswandern werden (vgl. Statistischen Bundesamt 2006, S. 52). Demzufolge wird es wichtiger werden, sich mit den kulturellen Hintergründen und den Bedürfnissen dieser künftig erheblich wichtigeren Gästegruppen auseinanderzusetzen.

Klimawandel

Last but not least werden die Auswirkungen des Klimawandels die Reisebranche nachhaltig beeinflussen. Man wird also die Entwicklung in den einzelnen Ländern der Erde sehr viel genauer beobachten müssen als bisher, sei es in ihrer Funktion als Quell- oder als Zielmarkt. Sowohl die wirtschaftlichen Bedingungen mit ihren Wirkungen auf die soziale Situation in einem Land als auch die klimatischen Verhältnisse beeinflussen die touristische Attraktivität unmittelbar.

Der Klimawandel ist eine Tatsache. Die Reaktionen der Menschen darauf sind hinsichtlich ihres Reiseverhaltens in ersten Ansätzen erkennbar. Flugpassagiere zahlen z. T. eine freiwillige Kompensation für die von ihnen verursachten Klimagase. Das Geld wird z. B. in Solar-, Wasserkraft-, Biomasse- oder Energiesparprojekte investiert, um dort wiederum Treibhausgase einzusparen, die eine vergleichbare Klimawirkung haben wie die Emissionen eines Flugzeugs (www.atmosfair.de). Die ersten Destinationen haben reagiert und werben bereits mit klimaneutralen Angeboten (z. B. Werfenweng als Vorreiter unter den „Alpine Pearls" als Netzwerk von 24 sanftmobilen Urlaubsorten) und ökologische Hotels („Green Hotels") treten verstärkt auf den Markt. Dies sind die ersten Anzeichen einer Entwicklung, die sich verstärken wird. Hinsichtlich der wie auch immer motivierten Nachfrageveränderungen wird es darauf ankommen, Marktentwicklungen schnell zu erkennen und innovative Produkte für neue Bedürfnisse anzubieten. Marktforschung sowie Weiterbildung für Unternehmer – gerade bei den vielen KMUs der Tourismusbranche – sind nötig, um die Informationen bereitzustellen, die die touristischen Leistungsträger in die Lage versetzen, marktfähige Angebote zu produzieren. Gerade der Radtourismus kann hier eine positive Rolle spielen, denn er stellt einen Teil sanfter Mobilitätskonzepte dar, mit denen sich Destinationen vom Wettbewerb versuchen abzuheben.

Polarisierung der Nachfrage

Nicht nur touristische Märkte sind durch eine stetig deutlicher werdende Polarisierung einerseits und stark schwankenden Konsumgewohnheiten andererseits geprägt. Der sogenannte „Verlust der Mitte", also der mittleren Konsumschichten, führt zur Verlagerung des Konsums in das untere Preiswert-Segment und das obere Luxus-Segment. Schwankende Konsumgewohnheiten der „hybriden Konsumenten" zeigen seit längerer Zeit, dass ein und derselbe Kunde sowohl beim Lebensmitteldiscounter einkauft als auch die Waren mit einem Luxus-Pkw abtransportiert. Deshalb werden der Discount-Trend und sein Gegentrend „Luxus" beide Platz in der zukünftigen Entwicklung finden. Die Folge im Tourismus: Eindeutig positionierte Angebote sind erforderlich, um eine nachhaltige Unternehmensentwicklung sicherstellen zu können. Als Richtschur unternehmerischen Handelns müssen noch eindeutiger die Bedürfnisse (Bedürfnisbefriedigung ist die Triebfeder der Marktwirtschaft) der Gäste gesehen und die Angebote dafür kommuniziert werden. Vermutlich wird die Nachfrage nach preiswerten Angeboten von einer wirtschaftlichen, sozialen und ökologischen Gemengelage unterstützt. Mit steigenden Arbeitseinkommen in Deutschland ist in einer immer globalisierten Welt kaum zu rechnen. Freude an der Arbeit wird wichtiger und die Bereitschaft steigt, für etwas mehr freie Zeit auf Einkommen zu verzichten. Im Zuge einer aufkeimenden neuen Bescheidenheit drängen andere Werte in den Vordergrund, wie die Beschäftigung mit Freunden. Nicht nur *Romeiß-Stracke* machte bereits 2003 eine neue Sinngesellschaft aus, in der „weniger mehr ist" und in der das Vertraute eine ebenso wichtige Rolle spielt wie das Streben danach, Körper, Geist und Seele in Einklang zu bringen (vgl. Romeiß-Stracke 2003). Auch der zunehmende, neue Religions-Tourismus, dessen bekannteste Facette vermutlich das Pilgern auf dem Jakobsweg ist, fußt immer öfter auf der Suche nach dem Sinn des eigenen Lebens sowie dem Versuch, zu den wesentlichen Dingen zurückzukehren, während die eindeutig religiösen Motive in den Hintergrund treten (vgl. Antz 2010, S. 283 ff.).

Bequemer

Im allgemeinen Konsumverhalten ist eine deutliche Hinwendung zur Vereinfachung erkennbar. Ein Blick auf andere Branchen (z.B. den Lebensmittelmarkt) zeigt dies. Für den Tourismus heißt Vereinfachung, dass sowohl Mobilitäts- als auch Serviceketten für den Gast ohne Brüche funktionieren müssen. Dabei ist auf die besonderen Bedürfnisse älterer Reisender im Zuge des demographischen Wandels verstärkt einzugehen. So wird man in Zukunft zum Beispiel bei Umsteigeverbindungen der Deutschen Bahn darauf achten müssen, dass ältere Menschen mit Gepäck ohne Hetze von einem Zug zum anderen gelangen können. Um am Markt erfolgreich zu sein, werden sich Destinationen in ihrem Verhältnis zum Gast neu erfinden müssen. Die so oft beschworene und selten erreichte reibungslose Zusammenarbeit aller Leistungsträger vor Ort sollte künftig ein Stück weit mehr Wirklichkeit werden.

Gesünder

Erholung ist vermutlich das älteste Motiv der Urlaubsreisen und steht in der Hitliste der Reisemotive immer ganz oben. Es ist aber weniger der Erholungstourismus vergangener Tage, als vielmehr die Suche nach neuen Formen der Entspannung, die den Tourismus in den kommenden Jahren prägen werden, wie z.B. Pilgern oder die Teilnahme an Angeboten zur psychischen Regeneration. Körperliche Erholung findet seltener im Liegestuhl statt. Dagegen nimmt die Nachfrage nach Aktivitäten im Urlaub deutlich zu, obwohl dies nicht gleich zu einem reinen Sporturlaub führt. Diese Entwicklung wird von der einfachen Formel „Bewegung macht gesund" unterstützt, denn nach der anhaltenden Wellness-Welle, die übrigens *Opaschowski* schon 1987 richtig vorhergesagt hatte, dürften gesundheitliche Motive stärker in den Vordergrund von Urlaubsentscheidungen rücken. Die Gründe dafür sind vielfältig. Gesundheit ist ein gesellschaftliches Mega-Thema. Die steigenden Gesundheitskosten erfordern eine Eigenbeteiligung der Menschen und Prävention erhält einen neuen Stellenwert in der Gesellschaft. Kranken- bzw. Gesundheitskassen legen Präventionsprogramme auf und die ein immer höheres Alter erreichenden Menschen werden für Gesundheitsbelange empfänglicher. Schon heute ist eine deutliche Zunahme der Medical Wellness-Nachfrage erkennbar. Sanfte Aktivitäten wie zum Beispiel Wandern und Radfahren haben als Urlaubsbestandteile gewonnen; deren positive gesundheitliche Effekte werden – bewusst oder unbewusst – in die Reiseentscheidung einfließen (vgl. u.a. Endreß 2009 und Menzel/Endreß/Dreyer 2008).

Individueller

Die Bedürfnisse der Reisenden sind sehr unterschiedlich. Der eine möchte ein hartes, der andere ein weiches Bett. Die Anforderungen an die Leistungsträger, individuelle Wünsche zu erfüllen, wachsen. Aufgrund der technischen Möglichkeiten und der Flexibilität der touristischen Leistungsträger ist es zudem möglich, individuell kombinierbare Bausteine zu einem eigenen Reisepaket zu schnüren. Von dieser Möglichkeit wird seit einigen Jahren immer mehr Gebrauch gemacht; und diese Entwicklung ist noch nicht am Ende angelangt (vgl. u.a. Geser et al. 2007). Einerseits nutzt der Kunde die sich ihm bietenden Möglichkeiten noch nicht vollständig aus (vgl. Born 2004a, S.71), andererseits gibt es gerade im Zuge der Online-Vermarktung noch genügend Möglichkeiten, Reisebausteine und ihre Kombinationsmöglichkeiten buchbar(er) zu machen. Gerade diese Entwicklungen deuten auch darauf hin, dass Reisebuchungen immer spontaner werden, zumal die flexiblere Lebens- und Arbeitsgestaltung es möglich bzw. nötig macht.

Erlebnisreicher

Last but not least wird seit Ende des vergangenen Jahrtausends dem zunehmenden Erlebnisreichtum in der Konsumwelt das Wort geredet (vgl. Pine/Gilmore 1999; Mikunda 2005; Rieder/Bachleitner/Kagelmann 1998). Die Umsetzung im Tourismus ist aber abgesehen von einigen Freizeitparks und Themenhotels noch nicht weit fortgeschritten. Im Hinblick auf die Inszenierung touristischer Leistungen dürfte sich deshalb in Zukunft Einiges bewegen, denn sie ist eine der besten Gelegenheiten, sich vom Wettbewerb abzuheben und gleichzeitig das Wohlbefinden der Gäste zu steigern (vgl. Müller/Scheurer 2004). *Dreyer* und *Linne* haben z.B. überlegt, wie die touristische Inszenierung von Radwegen aussehen könnte (vgl. Dreyer/Linne 2008, S.63ff.).

Auf einen Blick

In der nachstehenden Abbildung wird der Blick in die Zukunft vom Standpunkt des Kunden aus zusammengefasst. Deshalb werden die wichtigsten Bedürfnisse der Reisenden als Ausgangspunkt genommen, um die bedeutendsten Veränderungen des Reiseverhaltens in den kommenden Jahren zu erläutern. In der rechten Spalte sind konkrete Beispiele auf den Radtourismus bezogen.

Abb. 3: Die wichtigsten Reisebedürfnisse mit ihren Auswirkungen auf den (Rad-)Tourismus in der Zukunft

Die wichtigsten Reisebedürfnisse mit ihren Auswirkungen auf den (Rad-)Tourismus in der Zukunft			
Merkmale	**Erläuterung**	**Allgemeine touristische Beispiele**	**Radtouristische Bezüge**
Bequemer	Convenience – die Lebensmittelbranche machte es vor – Bequemlichkeit ist nicht nur für Ältere, aber gerade für diese besonders wichtig	– Serviceleistungen aller Art, z. B. Gepäcktransport – Bessere Vernetzung der Verkehrssysteme	– Radeln ohne Gepäck – Vorbuchung von Unterkünften – Maßgeschneiderte Reise-Produkte
Sicherer	Gerade für Ältere wichtig	– Reisebegleitung – Wachpersonal auf Bahnhöfen	– Informationen zur Streckenführung mit Höhenprofilen etc. – Abschließbare Fahrradboxen – Infos zur Mobilitätskette
Individueller	Bausteine werden wichtiger als komplett vorgefertigte Pauschalen	– Z. B. Strandkorbreservierung auf Sylt via Internet	– Radvermietung – Geführte Radtouren – Besichtigungen am Wegesrand
Billiger & spontaner	Discount-Angebote werden mehr; flexiblere Lebens- und Arbeitsgestaltung macht es möglich/nötig	– Motel One, – Ryanair & Co. – Last minute-Reisen	– Trifft auf den Radtourismus noch selten zu, aber es ist z. B. Preisdruck seitens deutscher Gäste in den Betrieben entlang der Donau spürbar – Radausflüge und Rad-Kurzreisen sind zeitlich flexibel durchführbar
Luxuriöser & exotischer	Kein Widerspruch zu „billiger", denn die Polarisierung der Angebote nimmt zu	– Luxus-Hotels in Dubai – Aufwertung der Color-Line-Fähren zu Kreuzfahrt-Fährschiffen	– Im Radtourismus bisher kein ausgeprägter Trend; Affinität von Radlern zu Wellnessangeboten, die v. a. in der höherwertigen Hotellerie vorhanden sind
Entschleunigter	Erholung und (seelischer) Ausgleich vom Alltag hat immer Konjunktur	– Spiritueller Tourismus – Pilgern – Entschleunigung – Steigende Bedeutung regionalspezifischer Angebote (Genießen mit allen Sinnen)	– Pilgern mit dem Rad – Hohe Affinität von Radlern zu Genussangeboten (regionaltypische Küche)

Abb. 3: *Die wichtigsten Reisebedürfnisse mit ihren Auswirkungen auf den (Rad-)Tourismus in der*
Zukunft (Fortsetzung)

Die wichtigsten Reisebedürfnisse mit ihren Auswirkungen auf den (Rad-)Tourismus in der Zukunft			
Merkmale	**Erläuterung**	**Allgemeine touristische Beispiele**	**Radtouristische Bezüge**
Gesünder	Einheit von Körper, Geist und Seele	— Aktiv mit Wandern, Rad fahren — Medical Wellness	— Radeln ist per se gesund, wenn man seine Leistungsfähigkeit einschätzt und sich nicht überanstrengt — Landschaftsgenuss wirkt positiv — Flow-Erlebnis
Erlebnisreicher	Inszenierungen und Events sind gefragt/Multisensorik-Ansprache aller Sinne	— Freizeitparks — Erlebniscenter (wie die Arche Nebra) — Themenhotels — Party-Orte	— Themenradwege sind vorhanden, aber in der Gestaltung sind sie von Erlebnisreichtum und Inszenierung noch weit entfernt
Klimafreundlicher	Der Klimawandel rückt langsam in unser Bewusstsein	— Nachhaltigkeit hält Einzug in immer mehr Tourismusprodukte — www.atmosfair.de — Green Hotels	— Radeln ist per se klimafreundlich — Elektro-Fahrräder als Teil sanfter Mobilitätskonzepte
kürzer (& häufiger)	Urlaubsreisen werden im Durchschnitt kürzer und in Abhängigkeit von der wirtschaftlichen Situation steigt dafür die Zahl der Zweit- und Drittreisen	— Städtereisen boomen weltweit	— Stadtführungen mit dem Fahrrad

Quelle: Aktualisiert und mit Beispielen zum Radtourismus nach Dreyer 2009, S. 21.

Entwicklungen und Motivationen im Freizeitsport

Für die Zukunft des Radtourismus ist es darüber hinaus von Bedeutung, welche allgemeinen
Entwicklungen im Sport vonstattengehen. So hat sich zum Beispiel in den letzten 20–30 Jahren
ein Hang zum unnormierten und vereinsfernen Sporttreiben herauskristallisiert, was individuellen Sportarten mit hoher zeitlicher Flexibilität zur Ausübung – wie dem Radfahren – zugutekam. Der Erfindergeist von Sportlern in Verbindung mit den ökonomischen Interessen der
Sportartikelindustrie sorgte für das Entstehen immer neuer Sportarten, die nun mit den etablierten Sportarten um die Aufmerksamkeit der Aktiven ringen (vgl. Stumm 2004). Inlineskating ist
ein solches Beispiel; die Sportart hat es immerhin im Fläming südlich von Berlin zu touristischer Bedeutung gebracht, denn dort ist eine rund 210 km lange, 3 m breite Bahn mit weiteren, auf die Kundengruppe ausgerichteten touristischen Angeboten entstanden. Ein 2 m breiter Radweg ergänzt die Strecke und hilft den Skatern, ihre Sportart ohne Beeinträchtigung
durch Radfahrer ausüben zu können (vgl. Struktur- und Wirtschaftsförderungsgesellschaft
des Landkreises Teltow-Fläming mbH 2010).

Tourismusunabhängige Untersuchungen über die Motivationslage im Freizeitsport unterstreichen die positiven, primären Motive Spaß, Gesundheit und Fitness (vgl. Opaschowski 1994, S. 16), die auch im Zusammenhang von Sporttreiben im Urlaub immer wieder genannt werden. Gründe, um sich im Urlaub sportlich zu betätigen, sind Spaß haben, möglicher Langeweile entfliehen, Kontakte und Geselligkeit haben, Natur erleben, gesund, fit und schön sein (vgl. Lohmann 2002). Obwohl die verwendeten Quellen etwas älteren Datums sind, besteht nach Beobachtungen Grund zu der Annahme, dass sich die Motive in jüngster Zeit höchstens unwesentlich verändert haben.

Darüber hinaus wird für viele Sportarten die Chance, einen „Flow" zu erleben, als Grund für die Ausübung genannt. Zu den Erlebniskomponenten des Flow zählen (vgl. Csikszentmihalyi 1993, S. 25 ff.):

- Gefühl der Freude und Begeisterung,
- Tätigkeit als Herausforderung,
- Einklang von Anforderungen und Können,
- Kontrolle über die Situation,
- Bewegung im Fluss (Fortbewegung),
- Verlust des Gefühls für Zeit und Raum,
- Vergessen der Alltagssorgen,
- Konzentration auf die für die Tätigkeit relevanten Reize,
- Verschmelzung von Denken und Tun sowie
- Wunsch nach Wiederholung.

Für die verschiedenen Formen der Sportausübung mit dem Rad sind die Möglichkeiten, dem Flow-Erlebnis nahe zu kommen, sicherlich unterschiedlich ausgeprägt. Weiterführende Untersuchungen müssten sich intensiv damit beschäftigen. Vermutlich ist der Mountainbike-Sport am besten geeignet weil er am ehesten Konzentration auf die Sportausübung und Fortbewegung vereint und damit das Verschmelzen von Denken und Tun befördert – jedenfalls so lange keine mit Kontrollverlust einhergehende Überforderung am Berg entsteht. Das sporttechnisch weniger anspruchsvolle Tourenradeln dürfte dem gegenüber weniger Chancen auf – zumindest intensive – Flow-Erlebnisse beinhalten.

Sportausübung Älterer

Ältere Menschen über 50 Jahre werden in den kommenden 30 Jahren zur wichtigsten Kundengruppe in Deutschland und vielen anderen westlichen Industrienationen. Die Entwicklung ist allerdings in Europa uneinheitlich, z. B. gehört Frankreich zu den geburtenstarken großen Nationen. Dennoch erscheint es angebracht, das Interesse an der Sportausübung Älterer hier kurz zu reflektieren.

Breuer weist darauf hin, dass die Sportnachfrage im Lebensverlauf keineswegs kontinuierlich abnimmt. Insbesondere für die weibliche Bevölkerung kann eine mit dem Alter rückläufige Sportnachfrage nicht ohne weiteres konstatiert werden. Bei der Analyse der Sportartennachfrage im Lebenslauf deutet sich eine Altersabhängigkeit an. So wird Gymnastik ganz besonderes von Älteren (über 70 Jahren) nachgefragt, während sich Radfahren im mittleren bis späteren Erwachsenenalter (tendenziell bei 50–70-Jährigen) großer Beliebtheit erfreut (vgl. Breuer 2005, S. 95 f.).

Sportarten, die bis ins hohe Alter hinein ausgeübt werden können, sind also künftig für den Tourismus besonders attraktiv. „Unter Lifetime-Sportarten können jene Sportarten und **Bewegungsformen** verstanden werden, die ein geringes Gesundheits- und Verletzungsrisiko aufweisen, gegebenenfalls nach den altersbedingten körperlichen Einschränkungen modifiziert werden können und zu einer etablierten oder traditionellen Sportart zählen bzw. sich zu einer entwickeln." (Wirkner 2002, S. 25 ff.) Als lebenslang auszuübende und touristisch interessante Sportarten können bei altersangepasster Intensität der Sportausübung v. a. Wandern, Walking, Laufen, Radfahren, Golf, Skilanglauf, Gymnastik, Kanu- und Rudersport sowie Schwimmen angesehen werden. Allen Sportarten ist immanent, dass sie nahezu jederzeit vom Sporttreibenden an seine Kräfteverhältnisse angepasst werden können. Nachfolgender Abbildung sind weitere Bedingungen zu entnehmen, unter denen sich Lifetime-Sportarten herauskristallisieren können.

Abb. 4:   Einflussfaktoren zur Eignung von Sportarten für ältere Urlauber

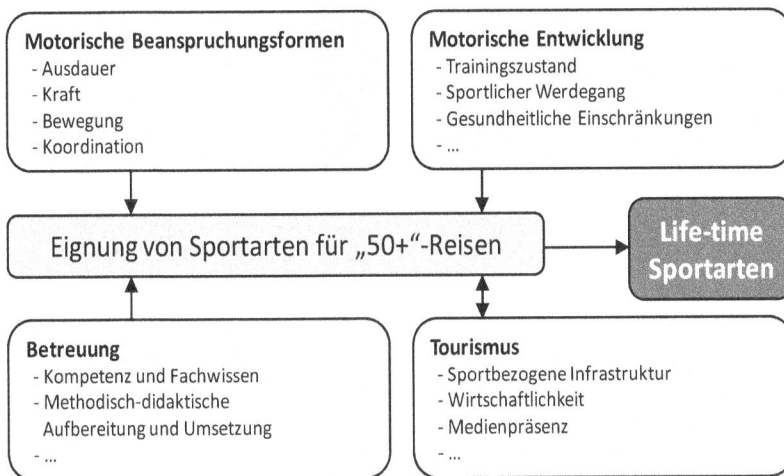

Motorische Beanspruchungsformen
- Ausdauer
- Kraft
- Bewegung
- Koordination

Motorische Entwicklung
- Trainingszustand
- Sportlicher Werdegang
- Gesundheitliche Einschränkungen
- ...

Eignung von Sportarten für „50+"-Reisen

Life-time Sportarten

Betreuung
- Kompetenz und Fachwissen
- Methodisch-didaktische
  Aufbereitung und Umsetzung
- ...

Tourismus
- Sportbezogene Infrastruktur
- Wirtschaftlichkeit
- Medienpräsenz
- ...

Quelle: Wirkner 2002, S. 29.

2.2   Neue Entwicklungen im Radtourismus

(Ernst Miglbauer)

2.2.1   Grundlegende Entwicklungen und Trends

Die Anfänge des Radtourismus, so wie er heute das Tourismusgeschehen an Flüssen, an Seen oder in den Alpen prägt, sind in der ersten Hälfte der 1980er Jahre festzumachen. Damals radelten die ersten Gäste entlang der Donau oder der Altmühl, rund um den Boden- und Neusiedlersee oder auch auf der 100-Schlösser-Route durch das Münsterland. Das Einsetzen des Radtourismus war in Ländern wie Deutschland oder Österreich geprägt von einem Wandel hin zu postmateriellen Werten wie Entschleunigung des Lebens angesichts zunehmender Beschleunigungstendenzen im Beruf und im Verkehr, aufkommendem Körper- und Gesundheitsbewusstsein oder von der Individualisierung des Reisens (vgl. Oberösterreich Tourismus/Werbegemeinschaft Donau OÖ/TV Ostbayern/Miglbauer/Invent GmbH 2008, S. 20).

Inzwischen kann man nach 30 Jahren den Radtourismus neben anderen neuen touristischen Kerngeschäften wie dem Gesundheits- und Wellnesstourismus als eine der wesentlichen Innovationen im Festland-Sommertourismus bezeichnen. Dies v. a. entgegen anfänglicher Skepsis, ob es sich beim Radeln in Freizeit und Urlaub nicht doch um ein vorübergehendes Phänomen handeln würde. Laut der „Grundlagenuntersuchung Fahrradtourismus in Deutschland" des *Bundesministeriums für Wirtschaft und Technologie* (vgl. BMWi 2009, S. 25 ff.) und der *ADFC-Radreiseanalyse* (ADFC 2009b, S. 6) kann der fahrradtouristische Markt in Deutschland mit folgenden Daten zusammengefasst werden:

- Das fahrradtouristische Gästevolumen besteht aus 22 Mio. Übernachtungen durch Fahrradtouristen und 153 Mio. „Fahrradausflüglern".

- 65 % aller Deutschen haben schon einmal einen Radausflug (mindestens zweistündige Radtour außerhalb des eigenen Wohnortes) unternommen.

- 21 % aller Deutschen haben schon einmal einen Radurlaub (verbunden mit mindestens einer Übernachtung mit Radfahren als Hauptaktivität) unternommen.

- 47 % aller Deutschen können sich vorstellen, zukünftig einen Radurlaub mit mindestens einer Übernachtung zu machen.

In Österreich bewegt sich der Anteil jener Gäste, für die Radtouren das reiseauslösende Motiv im Urlaub darstellen, je nach Bundesland (ausgenommen Wien) zwischen 8 und 18 % (vgl. Miglbauer/Pfaffenbichler/Feilmayr 2009, S. 10). Darin enthalten sind alle Formen des Radurlaubs wie Radwandern, Mountainbiken oder auch Rennradfahren. In der Schweiz haben 7 % der Wohnbevölkerung im Alter von 15–74 Jahren in den letzten fünf Jahren mindestens eine Woche „Veloferien" gemacht (vgl. Schweizerische Eidgenossenschaft, Bundesamt für Straßen 2009, S. 31). Radfahren und Mountainbiken stellten für 11,7 % der Schweizer die vorwiegende Urlaubsaktivität dar (vgl. Schweizerische Eidgenossenschaft, Bundesamt für Straßen 2009, S. 33).

Soweit ein kurzes Blitzlicht auf ein paar Daten, die die gegenwärtige quantitative Position des Radtourismus markieren. Doch welche Entwicklungen sind für die Zukunft der Angebots- und Produktgestaltung sowie für das Marketing im Radtourismus wichtig? Oder auf welche Neuerungen kann nachhaltig gesetzt werden? Welche Trends müssen dabei berücksichtigt werden?

Radtourismus ist ein schöner Beleg dafür, dass es sich beim Radfahren in der Freizeit und im Urlaub um kein vorübergehendes Modephänomen gehandelt hat, sondern dass sich diese Aktivität nachhaltig als Tourismussegment etabliert hat. Trends sind dem Tourismusforscher *Martin Lohmann* zufolge „wahrscheinliche Entwicklungen in der Zukunft, die in der Gegenwart sichtbar sind und von denen man begründet annehmen kann, dass sie sich in Zukunft fortsetzen werden" (Lohmann 2009, S. 2).

Trends im Radtourismus – Nachfrage

Die Triebfedern des Radtourismus in seiner Startphase in den 1980er Jahren, wie Entschleunigung, das Bedürfnis „etwas für die Gesundheit zu tun" und individuelles Erleben abseits des sonstigen Lebens- und Berufsalltags, haben nach wie vor ihre Gültigkeit. Die *BMWi-Studie* (vgl. BMWi 2009, S. 56) weist darauf hin, dass sich die Kombination von Fahrradurlaub und Aktiv- bzw. Wanderurlaub (vgl. auch Trendscope 2008, S. 83) ebenso großer Beliebtheit erfreut wie die Kombination mit dem Badeurlaub. Fahrradurlauber zeichnen sich durch überdurchschnittliches kulinarisches Interesse aus, bringen aber ihre Reise seltener mit Erholung in Verbindung. Wellness- und Schönheitsangebote erfreuen sich hingegen größerer Beliebtheit, als dies beim Durchschnitt der deutschen Urlauber der Fall ist. Alles in allem sind die nachfrageseitigen **Motive inzwischen differenzierter** zu sehen:

- **Aufsplitterung der radtouristischen Gästegruppen:** Bilder von einsam radelnden Paaren, wie sie v. a. die Startphase des Radtourismus an der Altmühl oder an der Donau prägten, sind inzwischen längst einer Vielfältigkeit an Erscheinungsformen gewichen: Radfahren als Erlebnisteil von Reiseprogrammen von Busurlaubern wird zunehmend mehr nachgefragt (vgl. Miglbauer/Pfaffenbichler/Feilmayr 2009, S. 10); d. h. die Reisebusse sind mit dem Fahrrad-Anhänger unterwegs, damit die Gäste zum Beispiel einige der schönsten Abschnitte entlang von Weser oder Elbe mit dem Fahrrad zurücklegen können. Anbieter von Kulturreisen registrieren seit Jahren mehr und mehr Anfragen nach Kulturreisen per Rad; gefragt sind neben Top-Radrouten v. a. besondere Kultur- und Kulinarikorte. Oder auch Pilgern erfolgt immer häufiger mit dem Fahrrad, wie etwa der Blick auf die radelnden Wallfahrer auf dem Jakobsweg zeigt.

- **Qualitätsorientierung um die Qualitäts-Radwege:** Dieser Nachfragetrend äußert sich in verstärkten Ansprüchen hinsichtlich radtouristischer Dienstleistungen (Nächtigungen, Führungen etc.) und Gästekommunikation. Und auch auf die kulinarischen Genüsse und die Qualität der Gastronomiebetriebe am Wegesrand wird erheblich mehr geachtet (siehe Kap. 3.5).

- **Kritische Blicke auf das Preis-Leistungs-Verhältnis:** Wert gelegt wird auf ein gutes Preis-Leistungs-Verhältnis in der Beherbergung. Hoteliers und Pensionsinhaber (z. B. am Donau-Radweg) verzeichnen seit einigen Jahren wieder eine kritischere Prüfung des Preis-Leistungs-Verhältnisses. Das bedeutet aber nicht, dass Radurlaub nur eine Frage des Preises ist.

- **Radurlaub als soziales Erlebnis:** Der Radtourismus zeichnet sich heute dadurch aus, dass er überdurchschnittlich oft ein Gemeinschaftserlebnis darstellt; die individualistischen Radler, wie sie in der Anfangszeit das Bild vom Radtourismus v. a. an den Fluss-Radrouten geprägt haben, gehören längst der Vergangenheit an. Im Verhältnis zu den Nicht-Radurlaubern (17 %) sind die Rad-Reisenden seltener alleine unterwegs (9 %) (vgl. BMWi 2009, S. 52). Vermutlich muss auch zukünftig dem Bedürfnis nach sozialem Erlebnis auf Radtouren Rechnung getragen werden, sei es durch Unterwegssein mit dem Fahrrad in kleinen Gruppen ohne Zwang und viel Verpflichtungen oder durch organisierte Begegnungen vor Ort.

- **Radurlaube in Nah-Destinationen:** Von den Radlern wird das Urlaubsglück nicht so sehr in der Ferne gesucht. Es dominieren erdgebundene Anreisen mit dem Pkw. 95 % der Fahrradurlauber in Deutschland stammen aus Deutschland (vgl. BMWi 2009, S. 49). Tiefer liegende Gründe sind z. T. im Bedürfnis nach Aufenthalt in mehr oder weniger vertrauten Umfeldern wie auch nach Sicherheit zu sehen.

- **Informationen via digitaler Medien:** Für Radtouristen stellt das Internet inzwischen das wichtigste Informationsmedium dar, in Deutschland wird es von 64 % der Radurlauber genutzt, deutlich mehr als von Nicht-Radurlaubern (vgl. BMWi 2009, S. 53). Stark zugenommen hat auch die Bedeutung des Social Web und der Blogs, zumal sich auf diese digitale Art sehr leicht Reiseberichte lesen lassen. Doch ist hier sehr stark nach Zielgruppen und Szenen (z. B. Mountainbike) zu differenzieren. Rasant war die Akzeptanz der Smartphones, die als mobile Endgeräte ein sehr flexibles Abrufen von Toureninformationen darbieten. Experten gehen davon aus, dass die Anwendung im Radtourismus nachhaltig sein dürfte (vgl. Schrader/2+ Medienagentur 2011, S. 21).

- **Neue Quellmärkte:** Die Startphase des Radtourismus wurde sehr stark von Radgästen aus Deutschland, Österreich und den Niederlanden geprägt. Seit Beginn des Jahrzehnts werden aber nicht nur deutliche Nachfragesteigerungen aus Ländern wie Italien, Frankreich oder England registriert, sondern v. a. auch aus Ländern wie Tschechien, Ungarn oder Polen. Die radtouristischen Quellmärkte breiten sich aus und stellen nicht mehr Nischenmärkte dar, wie Nachfrageentwicklungen an prominenten Fluss-Radrouten zeigen.

Entwicklungen im Radtourismus – Angebote

In den letzten 20 Jahren hat sich die Zahl der Radrouten als auch der Radtourenangebote kontinuierlich erhöht. Ein Blick in die touristischen Kataloge und Prospekte oder bloß ein Blick in das Internet genügt, um zu sehen, dass radtouristische Angebote inzwischen im Tourismus allerorts gegenwärtig sind. Durch die neue geopolitische Konstellation in Europa seit 1989 sind neue Destinationen in den Markt eingetreten, die auf Radgäste sehr anziehend wirken, wie etwa der Donau-Radweg ostwärts von Wien, die Masuren, die baltischen Länder oder auch Kroatien mit seinem Küstenstreifen. Im Ergebnis ist die Mitbewerberzahl unter den radtouristischen Anbietern erheblich gestiegen und der Wettbewerbsdruck hat sich erhöht. Qualität ist damit zur Selbstverständlichkeit in der Entwicklung und im Management des Radtourismus geworden. In den Radregionen führt dies zu unterschiedlichen Reaktionen in der Gestaltung des radtouristischen Angebots. Die folgenden Aspekte zeigen, wie sich der Tourismus auf die neue Nachfrage einstellt:

- **Konzentration auf touristische Top-Radrouten:** In vielen Ländern liegt nach der Aufbereitung eines weiten Netzes an „Radwegen" das Augenmerk auf der Entwicklung und nachhaltigen Sicherung von Top-Radrouten oder -Trails. Dort werden maßgebliche touristische Wertschöpfungseffekte erwartet (durch Verpflegung, Nächtigung etc.). Deutschland, die Schweiz oder auch Dänemark sind Beispiele für Länder mit einem definierten nationalen Routennetz. Oberösterreich, Niederösterreich und die Steiermark Beispiele für eine regionale Strategie von „Top-Radrouten" unter Österreichs Bundesländern.

- **Qualitätszertifizierungen:** In Deutschland wird mit der Zertifizierung von Radwegen nach dem Sternesystem ein neuer Akzent auf der Angebotsseite gesetzt und bringt damit eine neue Qualitätsdynamik. Die Tourismusverbände hinter den Radrouten vergleichen sich mehr mit Mitbewerber-Routen, stellen mehr Überlegungen hinsichtlich Verbesserungsmaßnahmen an, um in die Kategorie der 4- und 5-Sterne-Radwege zu gelangen. Der Main-Radweg war 2008 der erste Radweg, der mit fünf Sternen prämiert wurde. Bspw. auch in Dänemark werden fahrradfreundliche Regionen qualitätsgeprüft.

- **Räumlich konzentrierte Bike-Erlebnisse:** Radfahren stellt in der Tendenz eine weiträumige Aktivität dar. Seit Jahren sind aber auch räumliche Konzentrationen von Erlebnisangeboten wie Mountainbike-Parks mehr und mehr im Kommen, die zum Ausprobieren von neuen Fahrrädern und Techniken einladen. Für manche Bergbahnbetreiber in den Alpen stellen diese Bikeparks inzwischen ein unverzichtbares „Sommergeschäft" dar, was die betriebliche Rentabilität erhöht. Ein Erfolgsbeispiel dafür ist etwa der Bikepark Leogang im Salzburger Pinzgau (siehe Kap. 7).

- **Kulinarik und Kultur als radtouristische Kerninhalte:** War lange das Angebotsdenken im Radtourismus spartanisch von der Dreier-Kombination beschilderter Radweg, Radkarte und Radfolder geprägt, so ist inzwischen längst klar, dass mit Kulinarik- und Kulturgenüssen gepunktet werden kann – nicht nur bei Tourenradlern, sondern auch bei Mountainbike-Touristen. Es ist Genuss im doppelten Sinne: von Natur und Kulturlandschaften ebenso wie von regionalen Produkten.

- **Rad-Events:** Sie sind in vielen Ländern, wie in Deutschland („Autofreie Erlebnistage") oder in der Schweiz („slow up"), schon sehr verbreitet, und werden nun auch in anderen Ländern mehr und mehr veranstaltet. Das Einläuten der Tourismussaison („Fahrrad-Frühling"), die Belebung des Freizeitradelns oder auch die Förderung des nachhaltigen Tourismus durch sanfte Mobilität sind als wesentliche Gründe zu nennen.

- **Retro-Rad-Events:** Nach und nach kommen in Europa historische Radveranstaltungen auf, die wesentlich über die regionale Bedeutung hinausgehen. Die bekannteste unter ihnen ist die „L'Eroica" in der Chianti-Region, die 2010 bereits zum zehnten Male durchgeführt wurde (über 4.000 Teilnehmer). Weiter zu nennen sind in diesem Kontext die „Retro-Ronde" in Ost-Flandern und das „L'Historique à Marmande" südöstlich von Bordeaux. Alle zeichnet neben dem Radeln auf historischen Fahrrädern aus, dass das Jagen nach der Bestzeit sekundär ist, wichtig sind Ambiente, Genuss und Begegnung.

- **Städtetouren mit dem Fahrrad:** Städtetouren und -erkundungen mit dem Fahrrad werden als zusätzliches Segment im Städtetourismus sukzessive ausgebaut. Beispiele dafür sind große Städte-Tourismusdestinationen wie London, Barcelona, Paris oder Berlin (siehe nachfolgend unter 2.2.2).

- **Pedelecs und E-Bikes:** Tourismusdestinationen, die schon länger auf sanfte Formen der Urlaubsmobilität setzen oder vorwiegend von älteren Gästen besucht werden, sehen in den Elektrofahrrädern in hybrider Form (Zuschaltung des Antriebs) oder gänzlich auf Elektroantrieb setzend eine Möglichkeit zur Angebotserweiterung (siehe nachfolgend unter 2.2.3).

Darüber hinaus gibt es Angebotsbereiche, die stark nachgefragt werden, in denen aber die Angebotsentwicklung hinterher hinkt. An erster Stelle sind dabei die Angebote für die Mitnahme von Fahrrädern mit der Bahn zu nennen. Im Fernverkehr der Deutschen Bahn wird das Fahrradmitnahmeangebot durch verstärkten Einsatz von ICE statt IC-Zügen weiter eingeschränkt. Denn im ICE sind die Waggons für Fahrradmitnahme ebenso wenig eingerichtet wie bei den Railjets in Österreich.

2.2.2 Radtourismus in Großstädten

(Ernst Miglbauer und Rainer Mühlnickel)

Ein Grund für das Aufkommen des Radtourismus in den letzten 20 Jahren war unter anderem das Bedürfnis, etwas für die Gesundheit zu tun und abseits des Alltags- und Verkehrsstresses die Natur und Landschaft zu erleben. Da müsste man meinen, dass ein großstädtisches Ambiente ein großer Kontrast zu diesem Bedürfnis darstellt und keine Radtouristen anzieht.

Aber nicht nur Landschaft und Natur haben ihren Reiz zum Radfahren. Gerade Großstädte können schnell und unterhaltsam mit dem Rad erkundet werden. Der Tourist bleibt flexibel und ist nicht auf Fahrpläne von Touristenbussen oder den ÖPNV angewiesen. Des Weiteren haben Radtouristen gegenüber Fußgängern einen erheblich größeren Aktionsradius und können so in weniger Zeit mehr erleben. Einen besonderen Genuss kann das Radfahren in Großstädten an Sonntagen bieten, wenn sich die Verkehrshektik der Arbeitstage zumindest für einen Tag verflüchtigt hat. Im Mobilitätsvergleich mit dem Pkw oder dem Bus ist Radfahren eine sehr umweltfreundliche Fortbewegungsart, dessen Bedeutung in Metropolen von nicht vernachlässigbarer Bedeutung ist (vgl. BMWi 2009, S. 112). Ein Vergleich von städtischen Fahrradverleihsystemen ist bei *Groß* (vgl. Groß 2011, S. 293) zu finden.

Viele Städte wenden sich diesem Trend zu und bauen auf eine entsprechende Infrastruktur; neue Tourenanbieter offerieren geführte Städtetouren im Fahrradsattel. Unabdingbar sind ein ausgeschildertes städtisches Radwegenetz, Fahrrad-Stadtpläne, Radvermieter und Anbieter von Stadtführungen per Rad. Der ADFC publiziert auf seiner Homepage eine Liste von Anbietern von Städtetouren in 21 deutschen Städten und gibt auch klare Empfehlungen zur Ausgestaltung und Förderung des Städtetourismus per Rad.

Abb. 5: ADFC-Kriterien zum „Städtetourismus per Rad"

ADFC-Kriterien zum „Städtetourismus per Rad"
− Eindeutiger Produkt-Name, z. B. „Bremer Stadtweg" oder „Berliner Mauerweg"
− Präsentation im Internet
− Konzeption als Strecke, Rundkurs oder Netz
− Verknüpfung des Radnetzes mit Radfernwegen und Radwanderwegen
− Individuelle Radroutenangebote und -pauschalen
− Marketing: Zentrale Informations- und Buchungsstelle
− Info- und Kartenmaterial, mehrsprachig
− Selbsterklärende Wegweisung
− Durchgängige Befahrbarkeit
− Abstellanlagen (z. B. Anlehnbügel, Gepäckaufbewahrung)
− Bett+Bike-Gastbetriebe
− Fahrradbeförderung in öffentlichen Verkehrsmitteln
− Einschließboxen, Fahrradstationen
− Infotafeln am Bahnhof
− Ausreichendes Mietradangebot an Qualitätsrädern
− Ausgebildete Rad-Gästeführer

Quelle: ADFC 2011a.

Im Grunde genommen gibt es zwei wesentliche Formen von Radtourismus in Städten – Radtouren, die **in** Städte führen und Radtouren, die **durch** Städte führen:

- **Großstädte als Station auf Radtouren:** Am Beispiel des Donau-Radwegs kann man gut erkennen, dass Großstädte für Radtouristen anziehend sind. Die Metropolen Budapest und Wien werden von vielen Radfahrern auf ihrer Route angefahren. Ein nicht unbeträchtlicher Teil der Donau-Radtouristen verbringt nach der einwöchigen Donau-Radtour mit Start in Passau einen Tag in Wien mit Sightseeing. Ein weiteres Beispiel sind die Hauptstädte Berlin und Kopenhagen, verbunden durch eine international bekannte Rad-Fernroute. Interessant wird es für die Radtouristen in den Zentren der Städte mit dem Besuch von Ausstellungen und Sehenswürdigkeiten, die mit dem Fahrrad flexibel und individuell angefahren werden können.

- **Städtetouren mit dem Fahrrad:** Diese Radtourismusform ist zwar noch im Anfangsstadium, kommt aber immer mehr als eine Form der Stadterkundung mit Qualität und Abwechslung auf. Entwicklungsbedarf besteht gewiss noch im Service für individuelle Nutzungen wie auch in der Kooperation zwischen privaten Tourenanbietern und dem städtetouristischen Management (vgl. Miglbauer 2009). Angeboten werden Städtetouren per Fahrrad meist von Radvermietungs-Stationen alleine oder gemeinsam mit Anbietern von Städteführungen – als ein neues, eigenes Angebotssegment im Rahmen einer Pauschalreise, wie es bis jetzt eher von Stadterkundungen mit dem Bus oder zu Fuß bekannt ist.

Nachfrage nach geführten Städtetouren mit dem Fahrrad

Insgesamt handelt es sich beim Tourismussegment Fahrrad-Städtetouren im Jahr 2010 noch um ein eher junges Segment, in ihrer Größe noch um ein Nischensegment. „Un Cotxe menys" („Ein Auto weniger"), einer der Top-Anbieter in Barcelona zählte 2008 15.000 Buchungen, in Paris bewegten sich die Gästezahlen von „Paris Bike Tour" und „Paris à Vélo c'est Sympa" 2008 zwischen 4.000 und 7.000 Buchungen. „Berlin on Bike" verzeichnete seit 2006 jährliche Zuwachsraten von 30 % (vgl. Miglbauer 2009).

Die auf das Fahrrad setzenden Städtetouristen setzen sich im Grunde aus drei Hauptsegmenten zusammen:

- Individualgäste: Buchung direkt bei den Anbietern,
- Package-Gäste: Gäste, die via Reiseveranstalter kommen,
- Business- und Kongresstouristen: Teil eines Eventprogramms.

Beispiele

Die Inhalte der geführten Touren sind einerseits klassischer Machart, aber viele eröffnen auch neue Zugänge der Stadterkundung. Sie führen ins Herz von Paris („Coeur de Paris"), bieten neue Zugänge zu bekanntem bzw. Touren zu Spezialthemen („Oasen der Großstadt" – beschauliche Plätze, Hinterhöfe etc. von Berlin; Tapas-Touren in Barcelona, Mauertouren in Berlin, etc.) oder sie zeigen neue, ungewöhnliche Facetten auf („Paris Insolite", „Paris Contrastes"), Berlin bei Nacht („Nightseeing").

Stellvertretend für die Vielzahl der Angebote soll das Angebot des Radtouren-Anbieters „Berlin on Bike" genannt werden. Dieser bietet eine Vielzahl von Fahrradtouren, unter anderem immer wieder mit Orten im Programm, die Einheimische oft gar nicht kennen. So wird bei der „Mauer-Tour" den Gästen eine geführte Tour entlang der ehemaligen Berliner Mauer angeboten. Bei der Tour „Osten ungeschminkt" wird der Berliner Teil der ehemaligen DDR mit dem Fahrrad erkundet. Sozialistische Großdenkmäler, das Sportforum Hohenschönhausen, die Stasi-Zentrale, Theater und Opernhäuser werden beispielhaft für das widersprüchliche Leben in der DDR auf dieser Tour gezeigt. Ein weiteres Highlight des Radtouren-Anbieters ist die „Nightseeing-Tour", bei der den Touristen bekannte Plätze und Gebäude in einer ganz besonderen Atmosphäre bei Abenddämmerung vorgeführt werden (vgl. BMWi 2009, S. 113; Berlin on Bike 2011).

Selbst im verkehrsreichen New York wird eine Vielfalt an geführten Erkundungstouren mit dem Fahrrad angeboten („bike the big apple"). Und in San Francisco ist „bike the bridge" ein Verkaufsschlager (mit dem Fahrrad über die Golden Gate-Brücke und von Sausalito mit dem Schiff zurück nach San Francisco).

Die Arbeitsgemeinschaft fahrradfreundliche Städte, Gemeinden und Kreise in Nordrhein Westfalen e. V. setzt im Projekt „City-Marketing Fahrrad" das Fahrrad als Marketinginstrument ein und zeigt auf, wie vielfältig das Fahrrad zur Belebung der Freizeitqualität der Innenstädte eingesetzt werden kann. Fahrradverleihsysteme, die über die Werbung finanziert werden können. Stadtfeste, insbesondere die Open-Air-Feste im Sommer sind insbesondere durch die Fahrraderreichbarkeit und das sichere Abstellen von Rädern ein echtes Plus. Nicht nur aus Platzgründen ist das Fahrrad im Vergleich zum Pkw die praktikablere Alternative bei Großveranstaltungen in den Städten (vgl. Arbeitsgemeinschaft fahrradfreundliche Städte, Gemeinden und Kreise in Nordrhein-Westfalen e. V. o. J.).

In die gleiche Richtung geht der Aufbau des öffentlichen und innovativen Mietradsystems „MetroRad Ruhr" in drei Stufen. Dafür sollen an markanten Punkten wie Bahnhöfen, Museen oder Standorten der „Route der Industriekultur" Leihstationen eingerichtet werden. Kennzeichnen sollte das neue System das vereinfachte Ausleihen, die Registrierung und Rückgabe der Leihräder und die Entwicklung eines Internet-Informations- und Reservierungssystems. Zudem können alle Kunden des „Verkehrsverbund Rhein-Ruhr (VRR)" die Leihräder auf kurzen Strecken ohne zusätzliche Kosten nutzen.

Das Projekt „MetroRad Ruhr" ist mit seinem flächenhaften Ansatz einmalig in Deutschland und hilft, das Fahrrad als Verkehrsmittel zu touristischen Großereignissen wie der Kulturhauptstadt 2010 aber auch im Alltagsverkehr künftig noch stärker zu verankern. Künftig soll es Spaß machen, mit dem Rad zur Arbeit, zum Konzert, zum Einkaufen und durch die Stadt zu fahren (vgl. Regionalverband Ruhr 2009).

2.2.3 Elektro-Fahrräder im Tourismus

Trend Elektro-Fahrräder

E-Bikes und Pedelecs sind seit einigen Jahren der neue Verkaufshit. Aus vielen Ländern kommen vom Fahrradhandel Jubelmeldungen zu den Zuwachszahlen:

- **Deutschland:** Im Jahr 2010 wurden 200.000 E-Bikes und Pedelecs verkauft, 2007 waren es noch 70.000. Damit beträgt ihr Anteil am gesamten Fahrradmarkt bereits 5 %. Nach Aussage des *Deutschen Zweirad-Industrie-Verbands* ist die Tendenz weiter steigend (vgl. ZIV 2011b, S. 3).

- **Schweiz:** 2010 war für den „velosuisse", dem Verband der Schweizer Fahrrad-Lieferanten, ein „guter Jahrgang". Die magische Grenze von 35.000 verkauften „Elektrovelos" wurde geknackt. Bis zum Jahresende konnten 39.200 E-Fahrräder verkauft und damit deren Anteil an allen verkauften Velos auf 11 % gesteigert werden. Im Jahr 2005 wurden lediglich 1.800 E-Velos verkauft (vgl. velosuisse 2011).

- **Österreich:** Auch in der Alpenrepublik setzt sich der Trend hin zu Elektro-Fahrrädern fort. Insgesamt wurden 2010 rund 20.000 Elektro-Fahrräder verkauft, 8.000 mehr als 2009. Der Marktanteil lag damit bei 4 %, Experten schätzen 15 % für machbar (vgl. Lebensministerium 2011, S. 1).

- **Niederlande:** Dieses Land kann nicht nur bei konventionellen und insbesondere bei Hollandrädern auf den höchsten Fahrradbestand pro Kopf verweisen, es stellt inzwischen auch den Leitmarkt für Elektrofahrräder in Europa dar. Auf 16,6 Mio. Holländer kommen 2010 18 Mio. Fahrräder, darunter 600.000 Pedelecs (vgl. RAI/BOVAG/CBS/GfK Retail and Technology Benelux B.V. 2011, S. 1). 2009 war jedes achte verkaufte Fahrrad ein Rad mit elektrischer Antriebshilfe. Im Anschlussjahr 2010 flachte die Zuwachskurve zum ersten Mal ab. Die Branche verzeichnete in den ersten sechs Monaten einen Rückgang der Verkaufszahlen um 1 %, konnten die Umsätze jedoch um 1 % steigern. Mit einem Verkaufsanteil von 15 % lagen die E-Bikes damit an dritter Stelle, hinter den Touren- und Stadträdern (46 %) sowie Kinder- und Jugendrädern (16 %). 2006 lag ihr Anteil erst bei 3 % (vgl. RAI/BOVAG/CBS/GfK Retail and Technology Benelux B.V. 2011, S. 1).

!**Definition**

Ein **Pedelec**, ein "Pedal Electric Cycle", ist laut Gesetz ein Fahrrad mit Trethilfe (durch einen Elektro-Hilfsmotor). Der Elektromotor unterstützt dabei die Tretkraft des Fahrers bis zu einer Geschwindigkeit von 25 km/h. In Deutschland gilt ein Pedelec rechtlich als gewöhnliches Fahrrad. Darüber hinaus ist der Pedelec-Status in der EU-Richtline 2002/24/EG gesetzlich geregelt. Es ist zu vermerken, dass ein Sensor an der Tretkurbel ein Elektrofahrrad zum Pedelec macht. Die Steuerung des Elektroantriebs schaltet sich nur ein, wenn sie von dem Sensor der sich drehenden Tretkurbel ein Signal erhält.

Ein **E-Bike** hingegen ist ein Fahrrad, welches auch ohne Tretkraft des Fahrers durch einen Elektromotor angetrieben wird. Dabei kann die Geschwindigkeit über einen Gasgriff eingestellt werden. Juristisch gilt ein E-Bike jedoch nicht mehr als Fahrrad, denn laut Gesetz gilt ein Fahrrad mit einem unabhängigen Antrieb (ohne Mittreten des Fahrers) als Mofa. Für diese besteht Zulassungs-, Versicherungs-, Führerschein- und Helmpflicht; bei einem Pedelec bestehen diese Pflichten nicht.

Hinweis der Verfasser: In der Realität wird meist der Begriff E-Bike für alle Formen der elektrisch angetriebene Fahrräder benutzt. Die meisten radtouristischen Angebote werden für Pedelecs ausgeschrieben, aber auch dort werden diese in der Regel als E-Bikes bezeichnet.

In Europa wurden 2010 700.000 Pedelecs verkauft (vgl. ZIV 2011b, S. 3). Mit Genugtuung wird auf der Fahrrad-Fachmesse „Eurobike" 2010 festgehalten, dass die E-Fahrräder in Europa schon „beeindruckende Verkaufserfolge verbuchen, während die Automobilindustrie noch an Fahrzeugkonzepten mit Elektroantrieb forscht" (Eurobike/ZIV 2010, S. 1).

Wie erklärt sich diese starke Nachfrage nach E-Bikes und Pedelecs? Auf den ersten Blick sind steigende Treibstoffpreise und damit verbundene Überlegungen betreffend Einsparmöglichkeiten bei der herkömmlichen motorisierten Mobilität ein mitverantwortlicher Auslöser für diesen Nachfrageschub, v. a. beim Vorwärtskommen im Nahbereich. Ein wesentlicher Impuls ist jedoch von der Produkt- bzw. Anbieterseite selbst ausgegangen. Denn nicht nur die Technik wurde weiterentwickelt (leistungsfähigere Akkus, größeres Aktionsradien, LED-Lichter etc.), sondern auch das Design hat sich mehr dem Lifestyle angepasst, denn das Rad muss auch gut oder gar sexy aussehen. Vorbei sind die Zeiten des Erscheinungsbildes eines „Oma-Fahrzeugs". Hinzu kommt noch, dass für die Automobilkonzerne Elektromobilität inzwischen ein wichtiges Thema geworden ist und somit auch auf andere Verkehrsmittel ausstrahlt. Dies zeigt nicht zuletzt die im April 2010 eingegangene Allianz von Daimler mit Renault, einem Automobilhersteller mit E-Mobil-Kompetenz. Vor allem im Nahverkehrsbereich und in Städten sehen viele Experten in E-Bikes und Pedelecs eine ernsthafte Alternative bzw. Ergänzung zu „herkömmlichen" Autos. Mit im Spiel sind auch Überlegungen hinsichtlich Sparsamkeit, denn ein E-Bike verbraucht auf einer Strecke von 50 km kaum mehr Strom als zweiminütiges Duschen mit warmem Wasser. Darüber hinaus gab es auch Sparsamkeitsüberlegungen der anderen Art durch Förderanreize, zumal von vielen öffentlichen Förderstellen unter Kriterien von Nachhaltigkeit und sanfter Mobilität der Ankauf von Elektrofahrrädern unterstützt wurde.

E-Bikes und Pedelcs werden 2010 vornehmlich in der Nahbereichsmobilität eingesetzt, aus unterschiedlichsten Motiven. Repräsentative Studien zur Nutzung von E-Bikes und Pedelecs gibt es 2011 noch kaum. Einige regionsspezifische Studien identifizieren v.a. Personen im Alter über 65 Jahren und Pendler. Ein relativ klares Nutzerprofil zeichnet eine Studie aus dem Jahr 2009 im Schweizer Kanton Genf, der stark von einer urbanen bzw. semiurbanen Struktur geprägt ist (vgl. Université de Genève/Observatoire Universitaire de la Mobilité, S. 14 f.):

- Die neuen Fahrräder werden zu 60 % von Frauen, zu 40 % von Männern genutzt.

- Es überwiegt mit 31 % das Alterssegment zwischen 46 und 55 Jahren, 28 % der Nutzer sind zwischen 36 und 45 und 19 % zwischen 56 und 65 Jahren.

Einige Antworten zur Frage nach den Nutzungsmotiven und Kaufinteressen liefert auch die Studie „Give Cycling a Push" im Rahmen des Projektes „Promoting Cycling for Everyone as Daily Transport Mode" (vgl. ETRA 2010, S. 6). Darin wird unterschieden zwischen Personen, die schon Pedelecs nutzen und Personen, die an Pedelecs interessiert sind:

- „Herkömmliches Radfahren ist zu schwierig" bzw. „könnte zu schwierig werden" wird mit zwei Drittel der Nennungen als vorrangiges Motiv, auf ein Pedelec zu setzen, angeführt.

- An zweiter Stelle wird das leichter machbare Radeln bei Gegenwind genannt, an dritter Stelle das leichtere Bewältigen von längeren Distanzen.

- Das leichtere Erklimmen von Steigungen wird erst an vierter Stelle angeführt.

- Als typische Nutzer werden Pendler (61 %), ältere Leute (33 %) sowie Personen, die weniger sportlich sind, aber mehr tun möchten, angeführt (vgl. ETRA 2010, S. 6).

Dass Pedelecs sehr gut als „Brückentechnologie" für die Verlagerung von der Pkw-Mobilität hin zur sanften Mobilität taugen, wurde im Forschungsprojekt „Landrad" in Vorarlberg nachgewiesen. 21 % aller Besitzer von „Landrad"-Pedelecs haben grundlegende Veränderungen in ihrem Verkehrsverhalten vorgenommen, indem sie sich statt in das Auto mehr auf das Pedelec setzten (vgl. Kairos 2010, S. 23). Die Nutzung der Pedelecs erfolgt bislang (2011) zum überwiegenden Teil im Alltagsverkehr (69 %), zu 30 % wird es für die Freizeitmobilität benützt (vgl. Kairos 2010, S. 5).

Elektro-Fahrräder im Tourismus – Anbieter und Nachfrager

Pedelecs halten immer mehr Einzug in den Tourismus. Davon künden unübersehbar Magazin- und Zeitungsartikel als auch TV-Berichte. Fast könnte man meinen, dass sich 2010 und 2011 alles nur mehr um diese neuen Fahrräder mit Hilfsmotor dreht. Allmählich werden die Angebotsstrukturen klarer und auch die Konturen der „neuen Radgäste" treten deutlicher zu Tage. Dabei werden auch so manche Illusionen etwas zurechtgerückt.

Nutzerprofil von touristischen Pedelec-Angeboten

Tourismusverbände versprechen sich mit den elektrisch getriebenen bzw. unterstützten Fahrrädern neue Zielgruppen. Laut *ADFC-Radreiseanalyse 2011* nutzten 2010 4 % der Radurlauber ein Elektrofahrrad. 35 % können sich vorstellen, zukünftig im Urlaub Touren mit dem Elektrofahrrad zu unternehmen (vgl. ADFC 2011c, S. 14). Österreichische Radreiseveranstalter nennen 2011 einen Schätzbereich von 3–5 %, mittelfristig sehen sie einen Anteil von 12–15 % als realisierbar (vgl. Miglbauer/Invent GmbH 2011, S. 15). Weiter dürfte sich 2011 die Nutzung eines eigenen Pedelecs für die Alltags- und Freizeitmobilität zu Hause großteils noch nicht entsprechend in der Nutzung im Urlaub niedergeschlagen haben. Denn, so die Vermutungen, der Anteil der Nutzung des privaten Pedelecs erfolgt bislang im Urlaub zu etwa einem Drittel. Das bedeutet, dass für die Urlaubsmobilität vorwiegend Miet- bzw. Leihräder verwendet werden. Nun mit den neuen Elektrofahrrädern auch jene Gäste auf den Sattel und in die Region zu bekommen, die bislang aus Vermeidung von Anstrengung nicht zu gewinnen waren – das dürfte nach wie vor ein Wunschtraum von so manchen Touristikern bleiben. Denn, so die Einschätzung von vielen Anbietern von Pedelec-Touren, eine Grundbeziehung zum Radfahren muss vonseiten der Gäste vorhanden sein, indem sie zum Beispiel „früher" hin und wieder Radtouren unternommen haben. Erste Erfahrungen aus Tourismusregionen mit Pedelec-Tour-Angeboten spiegeln zwei Nutzergruppen wider (vgl. Miglbauer 2011, S. 15):

- **Personen mit leicht eingeschränktem körperlichen Bewegungsvermögen**: Alter vorwiegend zwischen 45 und 60 Jahren; Frauen leicht in der Mehrheit; mehrheitlich zu zweit unterwegs; wesentliches Motiv: Fähigkeit, mitzuhalten und noch aktiv an einer körperlichen Aktivität wie dem Radfahren teilnehmen zu können, trotz eingeschränkter Belastbarkeit aufgrund von Gelenksoperation oder Herz-Kreislauf-Problemen etc.; der Anteil wird auf etwa zwei Drittel aller Pedelec-Gäste geschätzt .

- **Personen in Partnerschaften, die nun mit dem sportlicheren Partner mithalten können**: Alter ab 30 Jahren; Frauen eindeutig in der Mehrheit; v. a. zu zweit unterwegs; wesentliches Motiv: nun mit dem Pedelec Leistungsdefizite gegenüber dem stärkeren Partner ausgleichen zu können.

2010 zeigte eine Magisterarbeit (vgl. Zastrow 2011, S. 59 ff.) konkret das Nutzerprofil der mit einem Pedelec-Gäste auf Rügen auf: mehr als die Hälfte der Nutzer befanden sich im Alter zwischen 46 und 60 Jahren, 14 % waren über 60 Jahre; mehr als zwei Drittel hatten 2010 zum ersten Mal im Sattel eines Elektrofahrrads gesessen. Vor der ersten Pedelec-Tour hatten 40 %, nach der Tour 92 % der Befragten eine positive Einstellung zur muskelschonenden Fortbewegungsart. An Gründen für die Nutzung der neuen Bikes wurden angeführt: „Fahrradfahren mit Spaß und ohne große Anstrengung", „Neugierde" und „in der Natur sein". Die Dauer der Touren im Urlaub erstreckt sich bislang auf einen oder zwei Tage, längere Pedelec-Touren sind bislang noch kein großes Thema.

Angebotsstrukturen von touristischen Pedelec-Angeboten

Die Dauer von Pedelec-Touren erstreckt sich bislang auf einen oder zwei Tage. Dies verweist implizit auch auf die Struktur von touristischen Pedelec-Angeboten. Denn gegenwärtig dominieren die Standortangebote, bei denen v. a. die Tourismusbetriebe neben Rad-Fachgeschäften und öffentlichen Stellen als Vermieter von Pedelecs agieren (in Kooperation mit Systemanbietern für Elektrofahrräder und Tourismusverbänden). Noch eine Rarität sind 2011 Etappen-Angebote. Lediglich bei den organisierten Radtouren von Radreiseveranstaltern wird die Pedelec-Variante für die Radtour entlang der Donau oder der Elbe, durch die Toskana oder die Provence, zunehmend nachgefragt. Als Etappenroute für Pedelecs hat sich seit wenigen Jahren die „Herzroute" in der Zentralschweiz positioniert, deren 314 km Streckenlänge in fünf Etappen gegliedert angeboten wird. Im Allgäu gibt es ab 2012 die Allgäu-Runde für Pedelec-Gäste.

Unter den Standort-Routen-Anbietern zeigen sich folgende Muster und Entwicklungspfade ab (vgl. Miglbauer 2011, S. 35 ff.):

- **Chance zur Profilierung von Radregionen**: Das neue Segment erfordert Grundlagenqualitäten im Radtourismus (Infrastruktur, touristisches Management etc.). Mit Pedelecs gänzlich neu mit touristischen Radangeboten zu starten vor dem Hintergrund der starken Medienpräsenz, wird ein kaum machbares Unterfangen darstellen. Ein gutes Beispiel für die qualitative Erweiterung des Radsegments ist der südliche Schwarzwald bzw. der Naturpark Südschwarzwald, der sich in der jüngeren Vergangenheit sehr stark im sportlichen Radtourismussegment (Mountainbikes etc.) profiliert hat; oder auch die E-Bike-Parks von „Rent a Bike" in der Schweiz (Jura & Trois Lacs, Tessin und Ostschweiz).

- **Erschließung des Hinterlandes von touristischen Top-Regionen**: Die neuen Fahrräder erweisen sich als probates Mittel zur Erkundung von attraktiven Zielen abseits der touristischen Hauptströme, wenn die Routen qualitativ gut aufbereitet sind und v. a. Genuss in Form von Kultur- und Kulinarikangeboten versprechen. Dies belegen Radregionen wie das Taubertal mit seinem 5-Sterne-zertifizierten Radweg (10 Verleihbetriebe, 44 Ladestationen) oder auch die Wachau und das Römerland an der niederösterreichischen Donau. Durch die Homogenisierung des Leistungsvermögens wird u. a. das Einhalten von Museums- und Schaubetriebsbesuchen zeitlich – insbesondere für Gruppen – leichter machbar.

- **Neues Aktiv-Segment für Gesundheits- und Wellnessdestinationen**: Mit Pedelecs kann die dominierende Gästeschicht in diesem Tourismussegment mit neuen Angeboten sehr passend angesprochen werden, die eine individuell gestaltbare körperliche Aktivität mit Genuss verbindet. Erfolg versprechende Beispiele dafür sind Allgäuer Gesundheitsdestinationen wie Oberstaufen, die Ferienregion Böhmerwald am Dreiländereck Österreich, Tschechien und Deutschland oder auch die kleine, aber sehr aktive Region „Bucklige Welt" in den „Wiener Alpen" südlich von Wien.

- **Mehr Täler- als Bergrouten**: Alpine Regionen setzen vielfach auf Genusstouren mit dem Pedelec in Tälern und Talbecken sowie über Kuppen- und Hügelwelten, weniger auf das Erklimmen von Berghöhen mit Elektroantrieb; dabei scheint nicht so sehr das Bergauffahren die Herausforderung zu sein, als vielmehr das Bergabfahren, das mehr Fahrtechnikvermögen und Sicherheit von den neuen Radgästen erfordert, die bislang mit Downhill-Abschnitten nicht vertraut sind; so positionieren sich die Kitzbüheler Alpen, bislang v. a. als Eldorado des Alpinskifahrens mit dem Spitzensportereignis des Hahnen-kammrennens bekannt, zusammen mit dem Kaisergebirge seit 2011 als „größte E-Bike-Region der BergWelt" mit einem Routennetz von 1.000 km Radwegen, das sich von Wörgl südlich von Kufstein bis zum Salzburger Pinzgau über 45 Gemeinden und neun Tourismusverbände erstreckt. Auf die elektromobilen, genussorientierten Alpintouristen warten über 275 Elektrofahrräder, 70 Verleih- und 59 Akku-Wechselstationen. Letztere sind in den Partnerbetrieben an den Ausflugszielen positioniert. Echte Downhill-Passagen wurden dort aus dem Routennetz genommen.

Eine andere Strategie hat hingegen die Urlaubsregion Schladming-Dachstein einge-schlagen, sie wollen das sportliche Pedelec-Publikum ansprechen: als eine der renom-miertesten Mountainbike-Regionen Österreichs werden fünf Strecken zwischen 20 und 50 km angeboten, die auch für E-Mountainbikes geeignet sind. Kriterien für die Routen-selektion sind v. a. eine entsprechende Dichte an Akku-Wechselstationen auf den Berg-höhen und leichter zu befahrende Abfahrten (Asphalt, Forststraßen mit glatter Schotter-decke).

Wesentliche Herausforderungen für die Entwicklung von touristischen Pedelec-Angeboten

Die ersten Erfahrungen mit touristischen Pedelec-Angeboten lassen erste Schlüsse auf Er-folgsfaktoren zu, aber viele Einschätzungen sind aufgrund des erst kurzen Erfahrungszeit-raumes noch mit Unsicherheiten behaftet. Dennoch lassen sich einige wichtige Herausforde-rungen ableiten (vgl. Miglbauer 2011, S. 43):

- **Touristische Standortqualitäten von Pedelec-Regionen**: Vor allem Mittelgebirgsre-gionen, aber auch Flachlandregionen bieten gute topographische Voraussetzungen. Rad-tourismus muss dann aber als Kerngeschäft betrieben werden, um die Grundqualitäten für Pedelec-Touren (Infrastruktur, Gästekommunikation etc.) zu sichern. Wesentlich er-leichtert wird das Setzen auf E-Bikes, wenn eine Strategie der Nachhaltigkeit und der sanften Mobilität verfolgt wird. Vor allem Wellness- und Gesundheitstourismusanbieter können damit überaus zielgruppengerecht ihr Angebotsspektrum erweitern.

- **Commitment von Seiten der touristischen Leistungsträger**: Darin scheint einer der ganz wesentlichen Erfolgsvoraussetzungen zu liegen. Pedelecs bzw. E-Bikes sind, auch wenn dies der Elektroantrieb nahe legen könnte, keine Selbstläufer; vielmehr fordern sie in der mit Unsicherheit behafteten Aufbauphase des neuen Gästesegments einen höheren Informations- und Beratungsaufwand. Dies bedeutet wiederum, dass dafür Mitarbeiter-ressourcen in den Betrieben und in den Gäste-Informationsstellen bereit gehalten werden müssen.

- **Kommunikation mit den Gästen:** Bislang fokussiert die Sicht auf Elektrofahrräder stark auf die neue Zweiradtechnik und v. a. auf die Lade-Stationen, die jedoch wegen ihrer zunehmend steigenden Reichweiten in ihrer Bedeutung überschätzt werden. Gleichwohl nehmen sie in der Aufbauphase eine bestimmte Bedeutung unter psychologischen Aspekten (Sicherheit) wahr. Auch die Darstellung der Angebote in den Websites der touristischen Anbieter steckt noch vielfach in den Kinderschuhen, denn noch zu oft muss man sich bis zu den Routenangeboten umständlich durchklicken. Wenn E-Bike- bzw. Pedelec-Angebote und -Produkte zukünftig stärker greifen sollen, dann erfordert dies vielmehr die Behandlung dieses Segments als touristisches Kerngeschäft mit allen Konsequenzen in der Vermarktung inklusive top aufbereiteter Routenvorschläge mit prominenter Platzierung.

2.2.4 Zukunftsmarkt: Pilgern mit dem Fahrrad

Seit den 90er Jahren ist der Jakobsweg als Pilgerweg in aller Munde. Und dies inzwischen nicht nur mehr bei Pilgern, die zu Fuß unterwegs sind, sondern auch bei jenen, die das Wallfahren noch wörtlicher nehmen, indem sie mit dem Fahrrad nach Santiago de Compostella „fahren". Viele Rad-Pilger sind individuell unterwegs. Doch unübersehbar ist die Zahl der buchbaren Radtouren in den Programmen der Rad-Reiseveranstalter gewachsen. Neben dem internationalen Jakobsweg oder der Route von Assisi nach Rom gibt es auch regionale Pilger-Radrouten, die sich über eine starke Nachfrage freuen können. Dazu zählen in Deutschland v. a. der Benedikt-Radweg im Südosten Bayerns und der Traisental-Radweg in Niederösterreich, der von der Wachau an der Donau nach Mariazell, in Österreichs Pilgerort Nr. 1, führt. Und zusätzlich gibt es mit der Madonna von Ghisallo hoch über dem Comer See und der Notre Dame des Cyclistes südlich von Bordeaux auch noch kleine radspezifische Wallfahrtsorte, die von den Radsportlern aufgesucht werden.

Nachfragetrend Pilgern mit dem Fahrrad

Weltweit werden Schätzungen zufolge jährlich 260 Mio. Pilgerreisen unternommen. Allein in Italien wird die Zahl der Pilger gegenwärtig jährlich mit 30 Mio. veranschlagt. Das Angebot ist vielfältig, es reicht von Rom bis zur Radler-Wallfahrts-Madonna von Ghisallo. In Italien wurden im Jahr 2005 55 Mio. Übernachtungen in Pilgerherbergen gezählt; die Zahl der Pilger wurde auf 30 Mio. geschätzt (vgl. o. V. 2005). Die Renaissance des Pilgerns als gegenwärtige Tourismusform ist relativ neu, doch Wallfahrten zählen zu den am längsten existierenden Reiseformen. Die ersten Wallfahrten mit dem zentralen Anziehungspunkt Rom kamen etwa 400 Jahre nach Christus auf. Damit wurde ein heiliges Gebot erfüllt – wie auch in anderen Religionen. Im Islam ist Mekka, die Geburtsstadt des Propheten Mohammed, das Ziel der Haddsch, für die Hindus ist es Benares am Ganges. Die Wallfahrt wurzelt in dem Glauben, dass die übernatürlichen Mächte ihre Kraft an bestimmten Orten besonders stark entfalten. Christliche Wallfahrten werden unternommen, um Sünden abzutragen, religiöse Läuterung zu erfahren, geheilt zu werden oder in besonderen Anliegen zu beten. Göttliche Gnade wird an Wallfahrtsorten als besonders nah empfunden.

Pilgern hat heute gewiss nicht mehr sehr viel mit religiöser Strenge zu tun, es war aber auch in der Vergangenheit nie eine Angelegenheit von nur Frommen. Ein Barbesuch am Abend nach der Tagesetappe ist heute mit Singen und Beten keineswegs unvereinbar. Doch auch in der Vergangenheit waren Wallfahrten nicht immer nur von Frömmigkeit inspiriert, vielmehr waren auch profanere Beweggründe wie ein Aufbrechen aus beengten Verhältnissen, Abenteuer etc. als Motive gegenwärtig, wenn auch abhängig von den jeweiligen Wallfahrtspolitiken der Kirche (vgl. Habermas 1991, S. 115 ff.). Dennoch bleibt Wesentliches des Wallfahrtcharakters lebendig wie Aufbrechen, bewusste Trennung vom Alltäglichen, Erfahrung des Weges, sich einzulassen auf Neues und Unbekanntes, Eintauchen in den Gegensatz zur gewohnten Wirklichkeit.

Heute sind die Pilgermotive zwar noch immer traditionell-religiöser Natur, aber längst nicht mehr nur. Denn es sind keineswegs nur die alten, braven Kirchgänger, die sich, von Pfarrern und katholischen Funktionären motiviert und organisiert, auf den Weg machen, sondern vielfach auch profane und agnostische Menschen. Selbstfindung, Abenteuer und Gemeinschaftssinn sind insbesondere für jüngere Menschen unter 30 Jahren besonders wichtige Motive, während der religiöse Aspekt bei den über 50-Jährigen eine beachtliche Rolle spielt (news aktuell GmbH 2008). *Antz* (vgl. Antz 2010, S. 283 ff.) beschäftigt sich intensiv mit dem spirituellen Wandern und fügt als Motiv auch noch den entschleunigten Naturgenuss hinzu.

Immerhin jeder achte Deutsche ist schon einmal gepilgert (vgl. news aktuell GmbH 2008), wobei 41,5 % der Deutschen das Wandern mit dem Pilgern verbinden (vgl. BMWi 2010, S. 23). Die Zahl derer, die mit dem Rad aufbrechen, ist noch klein, nimmt aber zu. Im Folgenden werden Beispiele für das Pilgern mit der Fahrrad vorgestellt:

Auf dem Jakobsweg nach Santiago de Compostella

Für Menschen, die nach Mitte und Ausgleich suchen, stellt der Jakobsweg (zum spirituellen Wandern dort) (vgl. Antz 2010, S. 291 f.) seit Jahren ein Therapeutikum durch körperliches Aktivsein dar, das wiederum Geist und Seele in Schwingungen versetzt. Als Schritt- und Trittmacher fungiert vielfach der Wunsch nach Wandlung einer unbefriedigenden persönlichen Situation. Die Entstehung des Camino Francés, des klassischen Jakobsweges von den Pyrenäen nach Santiago, geht in die erste Hälfte des 11. Jahrhunderts zurück. Zu Beginn des 21. Jahrhunderts ist die Wallfahrt wieder „in". 1987 erklärte der Europarat den Weg zum ersten europäischen Kulturweg. Die Pilger kommen zu Fuß, zu Pferd oder mit dem Fahrrad des Weges, v. a. auf dem 700 km langen Hauptstück von Puenta La Reina südlich von Pamplona nach Santiago de Compostella. Eine Pilgerurkunde erhält, wer mindestens 100 km zu Fuß oder 200 km per Fahrrad auf dem über 700 km langen Weg zurücklegt. Mit 100.377 ausgestellten Pilgerurkunden wurde 2006 erstmals die Marke von 100.000 Pilgern im Jahr überschritten, 2010 waren es rekordverdächtige 270.000 (Koldewey, B. o.J.). Der Anteil der Rad-Pilger kann nicht genau beziffert werden. Dass aber der Jakobsweg auch bei Radlern hoch im Kurs steht, belegt die *ADFC-Radreiseanalyse* (vgl. ADFC 2011c, S. 22). Dieser zufolge zählt der Jakobsweg inzwischen zu den „top five" der von den Deutschen am häufigsten frequentierten Radrouten im Ausland – und dies mitten unter den besonders beliebten Fluss-Radwegen (allen voran der Donau-Radweg). Er schafft es, das Erfolgsmuster Fluss-Radwege zu durchbrechen und aufzuzeigen, dass weltweites Renommee und ein attraktives Ziel auch Radler abseits international bekannter Flüsse auf die Reisepläne rufen.

Auf dem Benedikt-Radweg durch die Heimatregion des Papstes

Wie sehr eine weltweit bekannte Persönlichkeit den Radtourismus in kleinen Regionen in Schwung bringen kann, zeigt das Beispiel des Benedikt-Radweges in der südostbayerischen Heimatregion des gegenwärtigen Oberhauptes der Römisch-Katholischen Kirche. Am 19. April 2005 wurde Joseph Kardinal Ratzinger zum Papst Benedikt XVI gewählt, nur vier Monate später, am 11. August 2005 wurde der Benedikt-Radweg feierlich eröffnet. Die Rad-Rundroute führt auf 224 km durch die voralpine Seen-Landschaft (Chiemsee, Waginger See etc.) zwischen Inn und Salzach zu den Stationen der Kindheit und Jugend des berühmten Sohnes (Geburtshaus in Marktl am Inn, Wohnhaus der Familie Ratzinger in Tittmoning) als auch zu Orten mit kirchlicher und kultureller Bedeutung (wie Burghausen an der Salzach, Waging am See oder Wasserburg am Inn). Offizieller Start und Zielpunkt ist Altötting, Deutschlands größter Marienwallfahrtsort.

Eine Studie zum Wallfahrtstourismus in Altötting veranschlagt den Anteil der Radler unter den jährlich etwa 1 Mio. Pilgern mit 6,6 % (61,4 % kommen mit dem Pkw, 13,7 % mit dem Bus, 9,5 % zu Fuß und 5,4 % mit der Bahn) (vgl. Wallfahrts- und Verkehrsbüro Altötting 2007). Bei etwa 1 Mio. Pilgern pro Jahr bedeutet dies, dass jährlich an die über 60.000 Gäste mit dem Fahrrad nach Altötting reisen. Die Frequenz am Benedikt-Radweg schätzt Verkehrsdirektor Herbert Bauer auf ca. 30.000 Radgäste pro Jahr, hochgerechnet aus den bislang 130.000 vertriebenen Radkarten in deutscher, englischer und polnischer Sprache. Das Webportal (www.benediktweg.info) bietet Informationen in deutscher, englischer, italienischer und polnischer Sprache an. Auch viele Rad-Reiseveranstalter führen inzwischen Radtouren am Benedikt-Radweg in ihrem Programm. Der schnelle Erfolg dieser neuen Radroute ist gewiss auf die kluge Nutzung der Öffentlichkeitseffekte durch die Papstwahl und den Papstbesuch in den Jahren 2005 und 2006 zurückzuführen. Über die Rad-Rundroute konnten die Bande zwischen zwei bislang vorsichtig kooperierenden Tourismusregionen enger geknüpft werden. Bei der einheimischen Bevölkerung führte der Benedikt zu einer hohen Identifikation. Interessant ist übrigens, dass der Radtourismus hier auch die Erkundung einer Region auf motorisierte Art stimuliert hat, denn viele Bewohner und Gäste erkunden mit Pkw und Bussen die biographischen Stationen von Papst Benedikt. Die Motive für die Radtour sind gewiss vielfältiger Art, das Pilgermotiv nur eines von mehreren. Ebenso eine bedeutende Rolle spielt das Kennenlernen der Herkunftsregion des Papstes oder einfach nur das Aufsuchen biographischer Orte einer berühmten Persönlichkeit.

Auf dem Traisental-Radweg nach Mariazell

Wie sehr und wie schnell ein Pilgerziel Radgäste auf einer qualitativ hochwertigen Radroute in ihren Bann ziehen kann, zeigt das Beispiel des 111 km langen Traisental-Radweges, der von der Wachau an der Donau bei Traismauer über die niederösterreichische Landeshauptstadt St. Pölten in Österreichs bedeutendsten Wallfahrtsort Mariazell führt. Die Übernachtungsstatistik wies für 2008 ein Plus von knapp 8 % aus (vgl. Purt 2009). 17 radfreundliche Betriebe hatten sich zu einer Kooperation formiert, die angesichts der sich rasch einstellenden Erfolge in der Startphase sehr motiviert für weitere Entwicklungsschritte waren. Die Basilika von Mariazell und das Stift Lilienfeld mit seinem prächtigen mittelalterlichen Kreuzgang sind jene Orte und Sehenswürdigkeiten an der Strecke, die von den Radlern am meisten besucht werden. Zu den Stärken des Traisental-Radweges zählen neben seiner vorzüglichen Streckenführung weitestgehend abseits des motorisierten Verkehrs seine sich

wandelnden Landschaftsreize, beginnend mit der Weinregion an der Donau über das Voralpenland bis hinein in die Ausläufer der Ostalpen. Vor der Basilika von Mariazell finden die
Pilger, ob nun zu Fuß oder im Radsattel ankommend, eine Pilger-Tagesstätte vor, die Ihnen
ein Frischmachen und Duschen vor dem Einkehren in der Kirche und im Gasthaus ermöglicht. Ein weiterer Trumpf ist die Kombinierbarkeit mit Österreichs bedeutendster Kleinbahn,
der Mariazellerbahn, die um die Jahrhundertwende die erste elektrisch betriebene Eisenbahnlinie in Österreich darstellte (vgl. Miglbauer 2008). Die Motivation der Traisental-Radler
besteht aus mehreren Komponenten; neben dem Landschaftserlebnis auf einem „sehr schönen Radweg" zieht v. a. Mariazell als Pilgerziel. In einer Befragung von Radfahrern auf dem
Traisental-Weg hätten zwar 57 % als Motiv für die Fahrt am Traisental-Radweg spirituelle
Gründe angegeben (vgl. Purt 2009). Die Pilgermotive sind wiederum unterschiedlicher Art,
ob nun katholisch-religiöser oder profan-geistiger Natur. Auf jeden Fall spielt die körperliche
Erfahrung auf der Wallfahrt mit dem Rad auch eine wesentliche Rolle, zumal auf der zu 95 %
eben dahin führenden Tour auch ein stärkerer Anstieg bewältigt werden muss. Diese Herausforderung wird auch akzeptiert und sei es durch Schieben des Fahrrades – entgegen so
manch anfänglicher Skepsis.

Spezifische Radler-Pilgerstätten

Frankreich und Italien sind bekannt für ihre großen Radrundfahrten, die jedes Jahr Ströme
von Zuschauer-Pilgerscharen in ihren Bann ziehen. In diesen beiden Ländern gibt es auch
abgeschiedene Radler-Kultorte, die von den großen Radlegenden immer wieder aufgesucht
werden, um eine Leistungssteigerung spiritueller Art zu erbitten, um Dank abzustatten oder
um Gnade zu erflehen, letzteres gerade in krisengeschüttelten Zeiten des Radsports.

Seit 1949 gilt die „Madonna del Ghisallo", 70 km nördlich von Mailand, als die bedeutendste
Wallfahrtsstätte der Radsportler. Von Deckengewölbe der kleinen Kirche prangen nicht nur
Barockgemälde herab, sondern Rennräder der ganz Großen wie jene von Gino Bartali,
Fausto Coppi oder Francesco Moser. An den Wänden hängen weniger Heiligenbilder als
vielmehr Trikots, Wimpel und Dankestafeln. Fast alle großen Radlegenden wie Eddy Merckx
oder Fausto Coppi stiegen hier vom Rad ab, um niederzuknien. Gino Bartali erwies vor jeder
großen Rundfahrt der Muttergottes die Referenz. Er war ein Freund des damaligen Pfarrers
Don Ermelindo Vigan, des Initiators der Radler-Wallfahrtskirche. Dieser erreichte, dass sogar
der marienkulturverliebte Papst Pius XII ihr den Segen Roms als „Principale Patrona dei
Ciclisti Italiani" erteilte. Damit ist die „Madonna del Ghisallo" im lombardischen Bergdorf
Magreglio eine von 1.539 der Jungfrau Maria gewidmeten Wallfahrtsorten in Italien. Seit
Oktober 2006 zeugt das neben der Kirche neu errichtete moderne „Museo del Ciclismo" von
den einstigen Größen. Damit ist mindestens ein Grund mehr gegeben, eine Radtour zur Gnadenmutter zu unternehmen, ob nun im Rahmen einer Tagesetappe des Giro d'Italia wie zuletzt 2006 im Rahmen einer Gruppenausfahrt von Radsportlern oder eben nur als genießeri-
scher Radtourist. Das Beispiel der Madonna von Ghisallo machte zehn Jahre später Schule
im Land der „großen Tour", in Frankreich. Auf Initiative des damaligen, radsportverliebten
Dorfpfarrers Joseph Massie – er radelte selbst mehrere Male nach Santiago de Compostela –
wurde aus der Kapelle von Géou in Labastide d'Armagnac die „Notre Dame des Cyclistes"
südlich von Bordeaux, ebenfalls eingeweiht mit päpstlichem Segen. Heute zieren mehr als
100 Renntrikots das Gotteshaus, hinterlassen u. a. von Jacques Anquetil, Luison Bobet, Ray-
mond Poulidor oder Eddy Merckx. Für seinen einstigen Widersacher Luis Ocaña wurde in
dieser Radler-Kapelle auch die Totenmesse abgehalten. Heute ist die Notre-Dame der Radler

nicht nur eine Station auf einem der drei französischen Jakobsweg-Hauptwege, sondern alljährlich findet zu Pfingsten in Labastide d'Armagnac auch eine Radsegnung verbunden mit einem Radfest statt, einem der schönsten Radfeste im Südwesten Frankreichs (vgl. Miglbauer 2006).

Wesentliche Anforderungen an die Gestaltung von Pilger-Radtouren

Alle Beispiele bauen trotz ihrer Verschiedenheit auf Gemeinsamkeiten, die an die Gestaltung von stimmigen Pilgerangeboten für Radler gestellt werden:

- **Attraktives Pilgerziel:** Darin ist eines „der" Wesensmerkmale zu sehen. Es zieht umso stärker Radler – wie auch Fußwanderer – in ihren Bann, je bekannter es in der breiten Öffentlichkeit ist.

- **Stimmige ruhige Landschaften:** Im Bedürfnis nach einer vorübergehenden „Auszeit" von mit Autos verstopften Städten, beruflichem Termindruck und hektischen Erledigung der privaten Alltagsverpflichtungen ist einer „der" Triebfedern für den Radtourismus schlechthin zu sehen. Routenverläufe weitestgehend abseits des motorisierten Verkehrs erleichtern ganz wesentlich ein zeitweiliges Eintauchen in das Geheimnis des Rhythmischen, des Monotonen und eines ganz „Bei-sich-Seins". Diese Anforderung bekommt gerade auf Pilger-Radrouten einen noch höheren Stellenwert.

- **Orte der Spiritualität und Kraftplätze:** Uralte Wallfahrtszentren, Kultplätze und heilige Orte stellen weiter ein unabdingbares Erfordernis für erfolgreiche Pilger-Radrouten dar. Sie ermöglichen ein – wenn auch oft nur kurzes – Erfahren von Spiritualität sowie geistiges und seelisches Auftanken. Dazu bieten sich das Verweilen in Kirchen, die Führung durch einen Kreuzgang, die Teilnahme an einer Vesper oder auch das genießerische Verweilen an besonderen Aussichtsplätzen an. Insgesamt ist ein Zusammenspiel zwischen Landschafts- und Kulturqualitäten erforderlich. Manchmal regt es auch zu gemeinsamen Aktivitäten der pilgernden Kleingruppe an, etwa zum Anstimmen eines Liedes mit Beteiligung des Kloster-Gastmeisters, wie Erfahrungen am niederösterreichischen Traisental-Radweg zeigen.

- **Pilgerherbergen:** Nur mit dem Notwendigsten bepackt unterwegs zu sein, ist als ein Pilgercharakteristikum anzusehen. Dieser Bescheidenheitsanspruch äußert sich – so die Informationen von Rad-Reiseveranstaltern – auch im Wunsch nach einer einfachen Kloster-Unterkunft. Diese Qualität wird von Pilgerradlern vielfach gar als „Luxus" empfunden.

- **Special-Interest-Marketing:** Pilgertourismus stellt ein Special-Interest-Segment im Tourismus dar, stark im organisierten Gruppenbereich, etwas weniger im individuellen Bereich. Dennoch gibt in diesem Szenesegment eine Vielzahl an pilgeraffinen Medien (Lifestyle-Magazine, Web-Communities etc.), die Kooperationsmöglichkeiten mit den Reiseveranstaltern eröffnen.

2.3   Motive der Radurlauber, psychographische Merkmale und Reiseverhalten

(Dennis Hürten und Marcel Görtz)

2.3.1   Segmentierung des deutschen Tourismus- und Radtourismusmarktes

Um die Ansprüche und Bedürfnisse der Touristen einzelner Marktsegmente erfüllen zu können, müssen diese den touristischen Akteuren bekannt sein. Zur Beschreibung der einzelnen Marktsegmente bzw. der einzelnen Zielgruppen sowie deren unterschiedlichen Erwartungen bedarf es daher eines ausgewählten Kriterienkataloges. Im Marketing haben sich dazu v. a. demographische, verhaltensorientierte und psychographische Segmentierungskriterien als besonders geeignet erwiesen (vgl. Freyer 2011, S. 185 ff.), hinzu kommen heute Lebensstil-Untersuchungen, u. a. die sogenannten Sinus-Milieus.

Betrachtet man den deutschen Tourismusmarkt, wird deutlich, dass vorwiegend anhand sehr einfacher Kriterien versucht wird, die Touristen in unterschiedliche Segmente zu unterteilen. Die definierten Zielgruppen von Destinationen und Reiseveranstaltern basieren zumeist auf einer Segmentierung anhand von Reisethemen oder sozio-demographischen Merkmalen der Touristen. Teilweise werden auch beide Ansätze miteinander kombiniert. Die resultierenden Zielgruppen heißen dann z. B. der Aktivurlauber, der Kultururlauber, Erwachsene Paare oder aktive Best Ager.

Eine frei verfügbare, auf den Tourismus zugeschnittene Segmentierung anhand verhaltens-orientierter und psychographischer Segmentierungskriterien ist bis dato nicht zu finden. Aus diesem Grund wird sich teilweise damit beholfen, auf allgemeine branchenübergreifende Typisierungen zurückzugreifen. Wenngleich diese Vorgehensweise durchaus zielführend sein kann, besteht das Problem hierbei zumeist darin, dass sich auf Grundlage solch allgemeiner psychographischer Typisierungen oftmals keine validen Rückschlüsse auf die den Reisepro-zess bestimmenden Faktoren, wie die Reisevorbereitung, die Durchführung der Reise und die Nachbereitung der Reise ziehen lassen. Der Hauptgrund hierfür besteht darin, dass anhand von branchenübergreifenden Typisierungen zumeist keine empirischen Untersuchungen im Tourismus durchgeführt wurden und daher kaum Rückschlüsse von der Typisierung auf konkrete Verhaltensweisen, Motive und Wünsche von Touristen vorliegen.

Während die vorhandenen branchenübergreifenden Segmentierungsansätze aufgrund der fehlenden touristischen Spezifizierung den Anforderungen an eine touristische Marktseg-mentierung derzeit nur teilweise genügen, greifen ausschließlich auf sozio-demographischen Kriterien beruhende Segmentierungen touristischer Nachfrager zu kurz. Der Grund hierfür besteht darin, dass sich die Erwartungshaltungen der heutigen Touristen nicht einfach be-stimmten sozialen Schichten zuordnen lassen. Sozio-demographische Typisierungen sind daher weniger geeignet für den Einsatz innerhalb des Tourismusmarketings. Viel entschei-dender ist es hingegen zu hinterfragen, wie sich die Touristen anhand von Einstellungen, Motiven, Werten und Verhaltensweisen voneinander unterscheiden. Eine speziell auf den Tourismus zugeschnittene Typologie, die genau diese Kriterien berücksichtigt, ist z. B. die

Reisetypologie des Kölner Marktforschungs- und Beratungsunternehmens *Trendscope*, aus dem die Autoren dieses Kapitels stammen.

Abgesehen von Motivstrukturen und Verhaltensweisen der sieben definierten Reisetypen lässt sich anhand der Trendscope Reisetypologie u. a. ablesen, an welchen Urlaubsformen die einzelnen Reisetypen interessiert sind. Auf diese Weise lassen sich innerhalb der sieben definierten Reisetypen auch Radurlauber mit ihren spezifischen Ansprüchen und Verhaltensweisen während eines Radurlaubs identifizieren. Da jedoch allein von deutschen Touristen pro Jahr insgesamt etwa 5–6 Mio. Radurlaube unternommen werden, reicht es schon seit geraumer Zeit nicht mehr aus, von „den Radurlaubern" zu sprechen. Es ist vielmehr erforderlich, auch den Radreisemarkt weiter zu segmentieren. Diese Segmentierung erfolgt jedoch nicht anhand psychographischer Kriterien, sondern anhand der Art und Weise, wie die Radurlauber ihren Radurlaub organisieren.

Im Folgenden wird die angewandte methodische Vorgehensweise sowie eine grundlegende Charakterisierung der sieben Trendscope Reisetypen vorgestellt.

2.3.2   Methodische Vorgehensweise

Die im Jahr 2010 entwickelten Trendscope Reisetypen wurden anhand verhaltensorientierter und psychographischer Merkmale typisiert. Dazu wurden in einem ersten Schritt wichtige Persönlichkeitsmerkmale von Touristen ermittelt, wobei verschiedene Typen von Reisenden anhand psychologischer Tiefeninterviews detailliert zu ihren Interessen und Beweggründen für Urlaube befragt wurden. Die sich hieraus ergebenden Merkmale wurden anschließend dazu genutzt, eine Reihe von Aussagen zu formulieren, die später im Rahmen der in sechs europäischen Ländern durchgeführten standardisierten Hauptbefragung von insgesamt über 6.000 Touristen anhand einer vierstufigen Ratingskala zu bewerten waren. Das inhaltliche Spektrum der verwendeten Merkmale reichte von den Reisemotiven über Reiseerwartungen bis hin zum Reiseverhalten der Touristen und erstreckte sich dabei über alle Phasen des Reiseprozesses (Reisevorbereitung, Reisedurchführung und Reisenachbereitung). Zur Erstellung der Reisetypologie wurden schließlich zwei multivariate statistische Analyseverfahren eingesetzt, die Faktoren- und die Clusteranalyse.

Bei der Faktorenanalyse handelt es sich um ein datenreduzierendes Verfahren, das eingesetzt wurde, um größere Verzerrungen durch höher korrelierende Variablen auszuschließen und damit möglichst trennscharfe Typen zu entwickeln. Die Notwendigkeit dieser Maßnahme lag darin begründet, dass die Einbeziehung aller abgefragten Variablen in die Clusteranalyse zu unbefriedigenden Erklärungswerten hätte führen können, wenn sich die Erklärungsvariablen gegenseitig bedingen.

Als zentrales Element zur Ermittlung der Reisetypen diente anschließend die Clusteranalyse, die ein mathematisch-statistisches Verfahren zur Datenreduktion durch Gruppenbildung darstellt. Bei der Clusteranalyse wurden die befragten Touristen aufgrund Ihrer Ähnlichkeiten bzw. Unähnlichkeiten bezüglich ihrer Motive für und Verhaltensweisen während ihrer Ausflüge und Urlaube gruppiert. Die zu einer Gruppe gehörenden Personen sollten hinsichtlich ihrer Persönlichkeitsmerkmale dabei zueinander möglichst homogen sein, wobei die einzelnen Gruppen untereinander möglichst heterogen sein sollten.

Um dieses Kriterium zu erfüllen, war es von großer Bedeutung, zuvor alle Personen auszuschließen, die bezüglich ihrer Antworten eine deutlich andere Struktur aufwiesen als die übrigen in der Stichprobe vertretenen Probanden. Daher wurden diese „Ausreißer" aus dem Datensatz entfernt, bevor die eigentliche Gruppenbildung durchgeführt wurde. Somit blieben rund 5.000 Touristen übrig, deren Angaben in die Clusteranalyse einbezogen wurden.

Mit Hilfe der zuvor beschriebenen multivariaten Analyseverfahren wurden die Touristen anhand ihrer Angaben den einzelnen Reisetypen zugeordnet. Als Ergebnis wurden sieben Reisetypen identifiziert, die es ermöglichen, ein auf die jeweilige Zielgruppe zugeschnittenes Tourismusmarketing betreiben zu können.

2.3.3   Die Trendscope Reisetypen

Die sieben in der Clusteranalyse identifizierten Reisetypen lassen sich durch einige prägnante Charakteristika voneinander unterscheiden. Die entscheidenden Merkmale werden in den folgenden Typenbeschreibungen kurz dargelegt.

Typ 1:   Der statusorientierte Sammler

Sie legen großen Wert darauf, anderen Personen das auf ihren Reisen Gesehene und Erlebte mitteilen und in Form von Bildern, Souvenirs etc. zeigen zu können. Dabei ist ihnen die Bewunderung, die sie dafür erhalten, besonders wichtig. Um ihre Sammlung an Statussymbolen erweitern und eine entsprechende Bewunderung erfahren zu können, versuchen sie möglichst viele verschiedene Destinationen zu besuchen.

Typ 2:   Der familiäre Balancesucher

Sie sind absolute Familienmenschen, denen nichts wichtiger ist, als mit ihren Liebsten zusammen zu sein. Im Rahmen dieser Gemeinschaft möchten sie einen ruhigen und stressfreien Urlaub verbringen, bei dem sie sich auch gerne einmal verwöhnen lassen.

Typ 3:   Der informierte Abenteurer

Sie suchen die Abwechslung und sind offen für Neues. Es ist ihnen ein besonderes Anliegen, während ihrer Reisen möglichst viele Eindrücke und Erlebnisse einzufangen und neue Erfahrungen mit nach Hause zu nehmen. Da sie sich auf die Menschen und Gegebenheiten der Reisedestinationen einlassen möchten, informieren sie sich sowohl im Vorfeld als auch während ihrer Reise ausgiebig.

Typ 4:   Der serviceorientierte Paradiessucher

Sie möchten es sich im Urlaub gut gehen lassen und genießen es, rundum verwöhnt zu werden. Der Urlaub muss Spaß machen und darf sie nicht überfordern, denn die Erholung steht bei ihnen im Vordergrund.

Typ 5:   Der gelassene Begegnungssucher

Sie sind sehr spontane Menschen, die den Urlaub gerne auf sich zukommen lassen. Sie sind kommunikativ und genießen es, mit Einheimischen und anderen Gästen in Kontakt zu kommen.

Typ 6:   Der zielorientierte Rationalist

Sie sind sehr anspruchsvolle Menschen, die Wert auf gute Qualität legen und sich gerne jeden Wunsch von den Augen ablesen lassen. Zudem sind sie sehr planvoll, selbstbewusst und ehrgeizig. Ihre Ziele und Vorstellungen möchten sie unbedingt erreichen. Verläuft etwas nicht nach ihren Plänen oder sind sie mit etwas nicht zufrieden, haben sie keine Scheu, ihren Unmut offenkundig zu äußern.

Typ 7:   Der genügsame Planer

Sie sind Gewohnheitsmenschen, die sehr bodenständig sind und dem Altbewährten vertrauen. Zudem sind sie Familienmenschen, die keine großen Risiken eingehen möchten und deshalb stets kontrolliert und planvoll vorgehen. Sie geben sich mit Kleinigkeiten zufrieden und stellen keine großen Ansprüche.

2.3.4   Die Radurlaubertypen

Neben der zuvor dargestellten psychographischen Differenzierung von Urlaubern ist es im Falle von Radurlaubern zudem sehr wichtig, diese anhand der Art des von ihnen unternommen Radurlaubs zu differenzieren. Insgesamt lassen sich auf diese Weise fünf unterschiedliche Typen von Radurlaubern unterscheiden. Die differenzierenden Merkmale werden im Folgenden kurz dargelegt (vgl. Trendscope 2008 und 2010).

Der Strecken-Radler

Bei Strecken-Radlern handelt es sich um Raddurchzugstouristen, die ihren Radurlaub nicht an einem Ort verbringen, sondern vielmehr von einem Start- zu einem Zielort fahren. Im Gegensatz zu Regio- und Urlaubs-Radlern nutzen sie das Fahrrad als Reiseverkehrsmittel. Für sie stellt das Radfahren das Hauptmotiv ihrer Reise dar.

Der Regio-Radler

Regio-Radler sind Radaufenthaltstouristen, die sich eine feste Unterkunft suchen, um von dort aus Tagestouren zu unternehmen. Für sie stellt das Radfahren das Hauptmotiv ihrer Reise dar.

Der Mountainbike-Urlauber

Mountainbike-Urlauber werden weniger dadurch definiert, dass sie feste oder wechselnde Unterkünfte (z.B. Alpencross) bevorzugen, sondern vielmehr durch die Art des Fahrrads, das sie während ihres Urlaubs nutzen. Für sie stellt das Radfahren das Hauptmotiv ihrer Reise dar.

Der Rennrad-Urlauber

Auch Rennrad-Urlauber zeichnen sich durch die Art des genutzten Fahrrads aus, wobei der Großteil von ihnen feste Unterkünfte bevorzugt, von denen Tagestouren (Trainingsausfahrten) unternommen werden. Für sie stellt das Radfahren das Hauptmotiv ihrer Reise dar.

Der Urlaubs-Radler

Im Gegensatz zu den vier zuvor dargestellten Radurlaubertypen zeichnen sich Urlaubs-Radler dadurch aus, dass das Radfahren nicht das Hauptmotiv ihrer Reise darstellt. Sie unternehmen im Laufe ihres Urlaubs jedoch mindestens einen Radausflug und nutzen die vor Ort vorhandene radtouristische Infrastruktur

Wenn man einmal von den Mountainbike- und Rennrad-Spezialisten absieht, teilen sich die übrigen Gruppen wie folgt auf (vgl. Trendscope 2010):

- Strecken-Radler 27 %
- Regio-Radler 23 %
- Urlaubs-Radler 50 %

2.3.5   Angebotsrelevante Charakteristika einzelner radaffiner Reisetypen

Die Affinität zu Radurlauben ist von Reisetyp zu Reisetyp verschieden. Besonders hohe Anteile an Radurlaubern weisen die informierten Abenteurer sowie die genügsamen Planer auf, wobei sich das Verhältnis zwischen den Radurlaubertypen innerhalb der beiden Reisetypen deutlich unterscheidet.

Während unter den genügsamen Planern deutlich mehr Regio- als Strecken-Radler vertreten sind, ist das Verhältnis zwischen diesen beiden Radurlaubertypen bei den informierten Abenteurern relativ ausgeglichen. Somit ist der Anteil an Strecken-Radlern bei den informierten Abenteurern deutlich größer. Dies steht in engem Zusammenhang mit den Grundmotiven dieses Reisetyps, der möglichst viele Eindrücke während seines Urlaubs gewinnen möchte und den es reizt, nicht zu wissen, was ihn am nächsten Reisetag erwartet und welchen Menschen er begegnet. Zudem setzen sich die informierten Abenteurer gerne Tagesziele, die sie unbedingt erreichen möchten, wobei sie auf einzelnen Tagesetappen auch gerne bis an ihre Grenzen gehen. Da sie die Abwechslung lieben, bereisen sie nur sehr selten bereits besuchte Reiseziele ein zweites Mal. Während ihrer Reise erwarten die informierten Abenteurer zwar keinen Luxus, genießen allerdings dennoch gerne einen gewissen Service. Entspricht etwas nicht ihrer Vorstellung, lassen sie sich die Reise nicht direkt verderben. Da sie sich jedoch sehr intensiv auf ihre Reise vorbereiten und bereits einzelne Details im Vorfeld planen, scheuen sie sich nicht davor, sich zu beschweren, wenn etwas Versprochenes nicht eingehalten wird.

Darin unterscheiden sie sich bspw. von den genügsamen Planern, die nur wenig anspruchsvoll sind und keinen besonderen Service erwarten. Stattdessen sehen die genügsamen Planer über vieles hinweg und beschweren sich so gut wie nie. Sie können zudem als Gewohnheitsmenschen bezeichnet werden, die sehr bodenständig sind und dem Altbewährten vertrauen. Aus diesem Grunde sind sie auch sehr destinationstreu. Hat es ihnen in einer Reiseregion gefallen, besuchen sie diese gerne wieder. Ihren Urlaub verbringen sie dabei primär mit ihren Liebsten. Nach Beendigung des Urlaubs bereiten sie die gesammelten Erlebnisse gerne auf. Sie schwelgen gerne in Urlaubserinnerungen und berichten mit Freude von ihren Reisen. Gleiches gilt für die Weitergabe von Reisetipps, denn die genügsamen Planer sind gerne die Experten, die anderen Personen weiterhelfen.

2.3.6   Angebotsrelevante Charakteristika einzelner Radurlaubertypen

Die unterschiedlichen Radreisedestinationen profitieren nicht in gleichem Maße von den zuvor skizzierten Radurlaubertypen. Vielmehr haben diese ganz unterschiedliche Vorstellungen davon, wie ihr Radurlaub aussehen sollte. Für die am Radreisemarkt operierenden Destinationen und Radreiseveranstalter bedeutet dies, dass sie verschiedenartigen Ansprüchen gerecht werden müssen. Eine gute Kenntnis der eigenen Gästestruktur ist damit eine entscheidende Voraussetzung für ein erfolgreiches Agieren am Radtourismusmarkt.

Bereits ein Blick auf die fünf beliebtesten Destinationen der Strecken- und Regio-Radler verdeutlicht, dass diese ganz unterschiedliche Ansprüche an das Zielgebiet ihres Radurlaubs stellen (siehe folgende Abbildungen). Während sich die Strecken-Radler insbesondere für Flussradwege interessieren, zieht es die Regio-Radler vorwiegend in Regionen, die ein reichhaltiges Angebot unterschiedlicher Touren bieten. Diese beiden Hauptunterschiede ergeben sich vorwiegend aus den unterschiedlichen Vorstellungen, die diese beiden Radurlaubertypen mit Radurlauben verbinden. Während sich Strecken-Radler einen Kulturraum vorwiegend linear erschließen und das Gefühl haben wollen, jeden Tag ein Stück Weg hinter sich gebracht zu haben – nach dem Motto „der Weg ist das Ziel" – erschließen sich Regio-Radler den Raum eher sternförmig. Aus diesen beiden unterschiedlichen Vorstellungen, einen Radurlaub zu unternehmen, ergeben sich schließlich auch ganz unterschiedliche Ansprüche an die infrage kommenden Destinationen (vgl. Trendscope 2008 und 2010).

Abb. 6:   Lieblingsurlaubsziele – Strecken-Radler (Top 5)

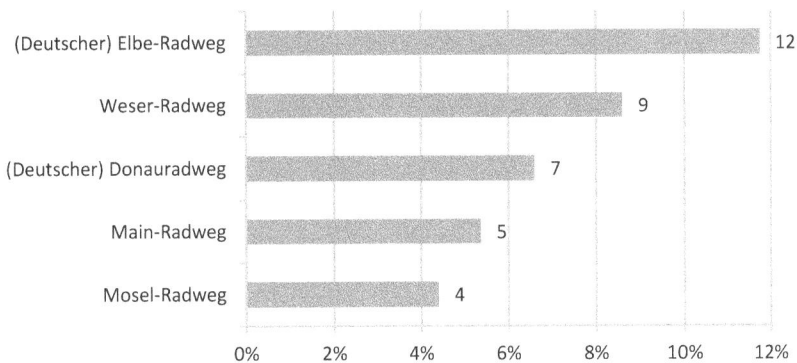

Quelle: Trendscope 2008, S. 54.

Eine weitergehende Betrachtung von Strecken- und Regio-Radlern fördert weitere prägnante Unterschiede zu Tage. Während nur etwa zwei Drittel der Strecken-Radler planen, das Ziel ihres aktuellen Radurlaubs erneut zu besuchen, liegt dieser Wert bei den Regio-Radlern bei nahezu 90 %. Die höhere Neigung der Regio-Radler, erneut in dieselbe Destination zu reisen, spiegelt sich auch darin wieder, dass nur 39 % der Strecken-Radler ein konkretes Lieblingsradreiseziel benennen, während dieser Anteil bei den Regio-Radlern mit 56 % deutlich höher ausfällt (vgl. Trendscope 2010, S. 146 f.).

Abb. 7:   Lieblingsurlaubsziele – Regio-Radler (Top 5)

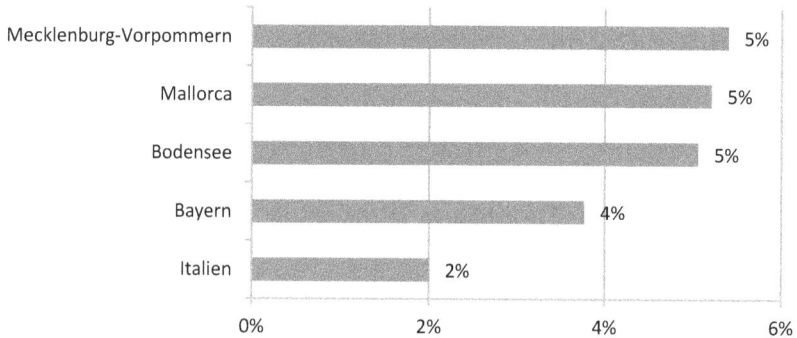

Mecklenburg-Vorpommern	5%
Mallorca	5%
Bodensee	5%
Bayern	4%
Italien	2%

Quelle: Trendscope 2008, S. 55.

Ebenfalls von großer Bedeutung für die Angebotsentwicklung der Destination ist die unterschiedliche Neigung, ein Mietrad zu nutzen. Während nur 7% der Strecken-Radler auf ein Mietrad zurückgreifen, liegt dieser Anteil bei Radurlaubern mit fester Unterkunft zwischen 14% (Regio-Radler) und 25% (Urlaubs-Radler) (vgl. Trendscope 2010, S. 139). Destinationen, die über einen hohen Anteil an Radurlaubern mit fester Unterkunft verfügen, sollten daher eine ausreichende Anzahl hochwertiger Mieträder zur Verfügung stellen. In Destinationen, die vorwiegend von Strecken-Radlern bereist werden, ist dieser Service hingegen nicht erforderlich. Hier versorgen vielmehr spezielle Radreiseveranstalter ihre Gäste mit Mieträdern.

Neben diesen für die Angebotsentwicklung entscheidenden Zielgruppenunterschieden im Bereich der Destinationswahl liefert die Radurlaubertypologie auch wertvolle Hinweise für die Kommunikation und den Vertrieb radtouristischer Produkte. Berücksichtigt man, dass sowohl die Destinationen als auch die Radreiseveranstalter oftmals nur über schmale Marketingbudgets verfügen, ist es für diese von entscheidender Bedeutung zu wissen, über welche Kommunikations- und Vertriebswege sie ihre Zielgruppe(n) erreichen können. Ein besonders prägnantes Beispiel ist in diesem Zusammenhang die Buchung über Radreiseveranstalter. Während Regio-Radler ihre Radurlaube zum überwiegenden Anteil selbst organisieren, interessieren sich insbesondere Strecken-Radler für die Dienste von Radreiseveranstaltern.

Wenngleich sich im Rahmen dieses Beitrags nur anhand weniger Beispiele verdeutlichen lässt, wie sich die einzelnen Radurlaubertypen voneinander unterscheiden, dürfte dennoch eine erste Vorstellung davon entstanden sein, wo die Vorteile einer solchen Radurlaubertypologie für die Vermarktung radtouristischer Produkte liegen.

2.3.7 Neue Ansätze für die zukünftige Angebotsgestaltung im Radtourismus

Wie zu Beginn dieses Beitrags beschrieben, stehen die touristischen Destinationen heute in einem harten Verdrängungswettbewerb, der sie dazu zwingt, ihre Leistungen an den Wünschen der Gäste auszurichten. Strategisches Radtourismus-Marketing ist damit eine entscheidende Voraussetzung für ein erfolgreiches Agieren am Radreisemarkt. Die beiden zuvor kurz vorgestellten Typologien können in diesem Zusammenhang wichtige Hilfestellungen geben. Wichtig ist in diesem Zusammenhang zu berücksichtigen, welche generellen Reisemotive ein Urlauber besitzt und welche Art von Radurlaub er unternehmen möchte. Die Kombination beider Perspektiven erlaubt Radreisedestinationen und Radreiseveranstaltern, das eigene Handeln zu allen Phasen des Marketingprozesses an den Wünschen und Vorstellungen ihrer Gäste zu orientieren und bietet dadurch wichtige Hilfestellungen zur Planung der eigenen Marketingaktivitäten. Dies beginnt bereits in der Phase der Produktpolitik, in der sich durch eine genaue Betrachtung der Zielgruppe wettbewerbsfähige Angebote kreieren lassen, und setzt sich in allen weiteren Bereichen des strategischen Marketings fort.

So kann durch eine Betrachtung der einzelnen Reisetypen die Preispolitik angepasst, die Kommunikation der touristischen Produkte verbessert und der Vertrieb gezielter gesteuert werden. In Zeiten von Kundenorientierung und Marktsegmentierung liegt es somit an den Destinationen und Reiseveranstaltern, diese Möglichkeiten einer gezielteren Betrachtung ihrer Gäste für sich in Wert zu setzen, indem sie stärker auf die jeweilige Zielgruppe eingehen und sich auf diese Weise von der Masse der radtouristischen Angebote abheben. Nur wer seine Gäste genau kennt und bereit ist, alle erforderlichen Aktivitäten gezielt auf diese auszurichten, wird in der Lage sein, passgenaue Angebote zu kreieren und im Konkurrenzkampf der Radreisedestinationen zu bestehen. Die beiden beschriebenen Reisetypologien bieten in diesem Zusammenhang wichtige Hilfestellungen für Radreisedestinationen und Radreiseveranstalter an, durch die sich die vorhandenen Mittel gezielter einsetzen und die Ansprüche der einzelnen Radurlauber besser erfüllen lassen.

3   Radtouristisches Angebot

(Rainer Mühlnickel)

Grundlegender Bestandteil für die Generierung und Weiterentwicklung des Fahrradtourismus ist die geeignete Infrastruktur in Form von Wegen und Strecken, passender Beschilderung, Informationstafeln, Schutzhütten, Rastplätze sowie geeigneten Unterkünften und Gastronomieangeboten. Weiterhin zählen zum Angebot auch Serviceangebote wie die Anbindung der radtouristischen Destination an vorhandene Verkehrsträger, der Transport von Fahrrädern innerhalb der Region oder das Angebot von Leihfahrrädern. Aber auch eine ansprechende und übersichtliche Internetpräsentation, um alle notwendigen Angebote wie Radwanderkarten und Routenbeschreibungen online zu bekommen, sind entscheidend für die Wahl eines Radwanderweges. Auf diese Aspekte im Sinne einer notwendigen, aber gewiss keiner hinreichenden Bedingung, wird in den folgenden Kapiteln eingegangen.

3.1   Wege- und Radroutennetz

3.1.1   Anforderungen wichtiger Nutzergruppen an die Netzplanung

Fahrradtouristen lassen sich nach ihren sozio-demographischen oder verhaltensorientierten Merkmalen in verschiedene Gruppen einteilen z. B. Radsportler, Mountainbiker etc. In der Marktforschung (Kap. 2.3) wurde deutlich, dass der genutzte Fahrradtyp (Tourenrad, Mountainbike, Rennrad) als wesentliches Unterscheidungsmerkmal besonders geeignet ist. In Abhängigkeit des Fahrradtyps variieren die Präferenzen der Radfahrer, aber auch das radtouristische Angebot. Im Gegensatz zum motorisierten Verkehr ist der Radverkehr bei Weitem weniger reglementiert. Zum einen kann der Radverkehr auf asphaltierten und dafür von der Straßenverkehrsordnung (StVO) vorgesehenen Straßen und Wegen und andererseits auch auf attraktiven Strecken abseits befahrener Straßen stattfinden. Aus diesem Grund ist bei dem Begriff „Radweg" von einem baulichen Radweg nach der Straßenverkehrsordnung zu unterscheiden, der entsprechend mit Schildern (weißes Rad auf blauem Grund) gekennzeichnet ist. Diese Markierung weist auf benutzungspflichtige Radwege hin, die sowohl Straßen begleitend als auch unabhängig sein können. Touristische Radwege oder Radrouten mit spezieller Ausschilderung u. a. für Radfernwege, Themenrouten, regionale und lokale Routen sind häufig nach den Vorgaben der Forschungsgesellschaft für Straßen- und Verkehrswesen (FGSV-Standard) gekennzeichnet (vgl. DTV 2009, S. 66 ff.).

Tourenradfahrer

Radtouristen erwarten v. a. ein gut befahrbares und abseits der Hauptverkehrsstraßen liegendes, verknüpftes Wegenetz und eine verlässliche Wegweisung. Die Wegeführung selbst gestaltet sich erlebnisorientiert. Sehenswürdigkeiten der Region sollten am Radweg liegen. Radfernwanderer benötigen i. d. R. umwegarme überregionale Radverkehrsverbindungen, die der Überbrückung größerer Entfernungen dienen. Wichtig sind genügend breite Wege, Radwege und Kfz-arme Straßen, sowie ebene und gut befestigte Oberflächen. Hinzu kommen Rastplätze und Schutzhütten, die v. a. bei Regen aufgesucht werden können.

Radwanderer sind bereit, kurzzeitig (wenige hundert Meter) Einschränkungen von Fahrkomfort und Schnelligkeit hinzunehmen, wenn auf diese Weise für sie vorab als unabdingbares Erfordernis ersichtlich eine Verbindung zwischen zwei ausgebauten Radwanderwegen hergestellt wird. Dies gilt auch dann, wenn nur so touristische bzw. landschaftliche interessante Orte und Sehenswürdigkeiten erreicht werden können.

Sportradfahrer (Rennradler)

Sportradfahrer legen längere Strecken mit relativ hohen Geschwindigkeiten zurück. Sie fahren sowohl einzeln als auch in größeren Gruppen. In ländlichen Räumen sind sie überwiegend auf Außerortsstraßen mit ebenen, gut befahrbaren Fahrbahnoberflächen unterwegs, unabhängig davon, ob es dort Straßen begleitende Radwege gibt oder nicht. Auf Radwegen kann es aufgrund der hohen Geschwindigkeiten zu Konflikten mit anderen Radfahrern kommen. Dadurch bekommt der Mischverkehr auf der Fahrbahn wieder eine besondere Bedeutung, wobei es bei Straßen mit schmalen Fahrbahnen bzw. hohen Verkehrsbelastungen zu Behinderungen der Sportradfahrer durch den Kfz-Verkehr kommen kann. Sportradfahrer benötigen zum Zweck der sportlichen Betätigung in der Regel keine separaten Radverkehrsanlagen. Eigens angelegte Radwege müssen ausreichend breit und gut befahrbar sein, um so auch im Hinblick auf die unterschiedlichen Geschwindigkeiten Gefahren einzuschränken und Kollisionen zu vermeiden. Im Gegensatz zur Kfz-Belastung spielt die landschaftliche Attraktivität bei der Routenwahl eher eine untergeordnete Rolle.

Mountainbiker

Routennetze für sportliche Mountainbiker sollten Einzelrouten integrieren und sollten möglichst von der Unterkunft aus per Rad erreichbar sein. Touristische Ziele sowie Rast-, Einkehr- und Versorgungseinrichtungen sollten in den Routenverlauf integriert sein. Die Wege sollten unterschiedliche Landschaftsbestandteile verbinden, d. h. durch abwechslungsreiche Landschaft (Wald, offenes Gelände etc.) und Steigungs-, Abfahrts- und Routen mit unterschiedlichen Schwierigkeitsgraden sind entsprechend zu berücksichtigen. Schmale Wege (sogenannte „Single Trails") sollten in ausreichender Zahl (etwa 10 % Streckenanteil) in die Routen integriert werden. Die Beschaffenheit der Wegeoberfläche sollte abwechslungsreich sein (Schotter, naturbelassen, Gras, wenig Asphalt, eben, uneben, Hindernisse, Wurzeln, schmal, breit). Die Wege des Routennetzes sollten möglichst autofrei und naturbelassen sowie nicht asphaltierte Feld- und Waldwege in naturnaher Umgebung sein. Für die touristische Nutzung relevant ist, dass möglichst umfassende und dichte Mountainbike-Routennetze nicht unbedingt einen Trumpf darstellen. Vielfach ist es für touristische Mountainbiker vorteilhaft, wenn er erstmal eine qualitative Auswahl an Leitrouten vorfindet.

Abb. 8:   Spezielle Anforderungen wichtiger Nutzergruppen

Anforderungen	Alltagsradverkehr			Freizeitradverkehr		
	Kinder/ Jugendliche	Erwachsene	Ältere Menschen	Freizeit- radfahrer/ Radtouristen (Touren- radler)	Sportrad- fahrer (Rennradler)	Mountain- biker
Soziale Sicherheit	●	●	●	○		
Trennung vom Kfz-Verkehr	●	○	●	●		○
Geringe Umwege	●	●	○			
Ebene, gut befestigte Oberflächen	●	●	●	○	●	
Zweispurig befahrbar (z. B. durch Anhänger)		●	○	●		
Landschaftliches Erlebnis				●		
Hohe Fahrgeschwindigkeit					●	○
Unbefestigte Trasse						●
Steigungs- und Gefällestrecken						●
Wegweisung	○	○	○	●		●
● = sehr wichtig ○ = anzustreben						

Quelle: FGSV 2002, S. 6.

Mountainbiker versus Wanderer: soziale Konflikte?

Eine Studie zu möglichen sozialen Konflikten zwischen Wanderern und Mountainbiker (vgl. Reibetanz 2008) förderte zu Tage, dass – überspitzt formuliert – Wanderer durch das schnelle Fahrverhalten der Mountainbiker in ihrem Bedürfnis nach Ruhe gestört werden. Es ist jedoch anzumerken, dass umgekehrt auch der langsame(re) Wanderer (berechtigterweise) ein Hindernis für Mountainbiker darstellen kann. Trotz der grundsätzlich problematischen Ausgangslage besteht bei einer frontalen Begegnung von Wanderern und Mountainbikern ein geringes Konfliktrisiko, denn beide könn(t)en sich auf ein rücksichtsvolles Verhalten (Ausweichmanöver) vorbereiten (vgl. Froitzheim/Spittler 1997, S. 12).

Aus Sicht der Wanderer birgt das schnelle und nahezu lautlose Nähern der Mountainbiker von hinten das höchste Konfliktpotenzial. Das plötzliche Auftauchen und oft zu enge Vorbeifahren des Radfahrers kann zu einem kurzen Schreckensmoment führen und wird dadurch als besonders unangenehm empfunden (physiologische Störkomponenten) (vgl. Froitzheim/Spittler 1997, S. 12; Böhler 2006, S. 45). Es ist möglich, dass das Mountainbiker-Outfit bestehend aus (grell)bunter Kleidung, Helm, Brille und Handschuhen (eher) unbewusst sportlich-aggressiv und dadurch unangenehm und distanzierend empfunden wird. Durch ein mangelndes Verständnis für die Belange der jeweils anderen Wegenutzer oder bestehende Altersunterschiede können soziale Konflikte entstehen (psychologische Störkomponenten) (vgl. Froitzheim/Spittler 1997, S. 11 f.).

Knapp die Hälfte der befragten Mountainbiker geben an, generell Probleme zu beobachten, jedoch ohne dass diese auf sie selbst bezogen sein müssen (44 %). Ihre so genannten „Problempartner" sind Wanderer (50 %) und Fuß- oder Spaziergänger (40,9 %). Ähnlich wie in Naherholungs- oder Stadtgebieten können auch nicht angeleinte Hunde zu Konflikten führen (18,2 %). Aus Sicht der Wanderer sind Mountainbiker (67,9 %) und Radfahrer (17,9 %) „Problempartner", das aber lediglich für etwa ein Viertel der Befragten (26,4 %). Es ist auffällig, dass zwischen Personen der jeweils eigenen sportlichen Aktivität nahezu überhaupt keine Probleme beobachtet werden. In einem weiteren Schritt wurden unmittelbare Beeinträchtigungen durch Mountainbiker bzw. Wanderer ermittelt. Der Großteil beider Gruppen fühlt sich gar nicht gestört. Mehr Wanderer (46,2 %) als Mountainbiker (36 %) geben jedoch an, sich „ein bisschen" beeinträchtigt zu fühlen. Entscheidend sind die für die Beeinträchtigung angeführten Gründe. (vgl. Dreyer/Menzel/Endreß 2010, S. 115 ff. mit ausführlichem Datenmaterial dort).

Die präventive Zielsetzung für Konfliktlösungen sollte nach Ansicht *Dreyer/Menzel/Endreß* auf eine Entschärfung der Begegnungskonflikte abzielen und das partnerschaftliche Miteinander fördern (vgl. Dreyer/Menzel/Endreß 2010, S. 110 ff.; auch Froitzheim/Spittler 1997, S. 15). Zusätzlich zu persönlichen Maßnahmen jedes einzelnen Mountainbikers oder Wanderers können die regionalen und lokalen touristischen Akteure verhältnisorientierte, d. h. (infra)strukturelle Maßnahmen ergreifen. Die folgende Abbildung gibt in diesem Sinne stichwortartig Handlungsempfehlungen zur Vermeidung oder Entschärfung von Konflikten zwischen Wanderern und Mountainbikern, die in erster Linie die Beschilderung, das Wegenetz und die Lenkung der Natursportler berücksichtigen.

Abb. 9:   Verhältnisorientierte Handlungsempfehlungen zur Konfliktlösung zwischen Mountainbikern und Wanderern

Verhältnisorientierte Handlungsempfehlungen zur Konfliktlösung zwischen Mountainbikern und Wanderern
— Ausgewiesene Fahrtrichtung für Mountainbiker betonen
— Größere Schilder mit allgemeinen Verhaltensregeln an stark frequentierten Wegen, um diese im Vorbeifahren besser wahrnehmen zu können
— Hinweisschilder mit Verhaltensregeln für Mountainbiker und Wanderer
— Hinweis auf eine Mehrfachnutzung der Wege
— Beschilderung häufiger auf Vollständigkeit überprüfen
— An Kreuzungspunkten zusätzliche Schilder zur besseren Orientierung aufstellen
— Getrennte Wege beider Nutzergruppen = Verbote für Mountainbiker UND Wanderer
— Stark frequentierte Wege als Radweg kennzeichnen = Lenkung der Besucherströme
— Wege mit hoher Unfallstatistik unter Beobachtung geben = Einschränkungen in Erwägung ziehen
— Verständnis beider Wegenutzer fördern durch Kommunikation und Kooperation der verantwortlichen Interessenvertreter beider Sportaktivitäten (z. B. Anbieter Mountainbike-Touren, Vertreter der Nationalparke, Kommunen und der Wandervereine)
— Ängste, Probleme und Irritationen v. a. älterer Wanderer ermitteln und in Lösungsansätze integrieren
— Gegenseitiges Verständnis der Sportarten untereinander fördern durch gemeinsame Aktivitäten wie Instandsetzungsarbeiten von Wegen
— Angebot geführter Mountainbike-Touren = Einfluss auf das Verhalten der Biker nehmen
— Interviews mit Rangern und Revierförstern zu Begegnungskonflikten zwischen Mountainbikern und Wanderern

Quelle: Dreyer/Menzel/Endreß 2010, S. 121 nach Brämer 2001a, S. 4 und 17, Brämer 2001b, S. 9 f. und Fredlmeier 2003, S. 52.

3.1.2 Netzplanung

Ein generelles Ziel der Radwegeplanung ist die Anlage und Verknüpfung von sicheren, attraktiven Wegen zu einem geschlossenen Radwanderwegenetz. Im Sinne einer Angebotsplanung orientieren sich die Verbindungen an wichtigen Zielen und Quellen des Freizeitverkehrs. Gegenüber dem Alltagsverkehr geht es bei der touristischen Planung nicht unbedingt um den kürzesten Weg, sondern um die landschaftlich interessantesten Verbindungen. Doch diese längeren Wege müssen auch plausibel sein. Hinzu kommt, dass unterschiedliche Nutzergruppen auch unterschiedliche Anforderungen an die Planung von Radwegenetzen stellen.

Ein Radwegenetz orientiert sich i.d.R. an Verwaltungsgrenzen, meist Landkreisen, und ist somit wesentlich großräumiger als ein städtischer Planungsraum. Zusätzlich werden immer mehr Ländergrenzen überschreitende Netze geplant, die speziell durch Förderprogramme gestützt werden. Die Teilnetze der Kreise ergeben ein zusammenhängendes Netz, das überregional koordiniert werden sollte. Dabei sind unterschiedliche Planungsträger zu berücksichtigen (Gemeinden, Samtgemeinden, Verwaltungsgemeinschaften, Landkreise, Zweckverbände etc.) und mehrere Baulastträger (Bund, Land, Kommunen etc.) zu koordinieren.

In die Bestandsaufnahme sind die Radfernwege und Freizeitwege mit aufzunehmen. Zu unterscheiden sind die Netze auf folgenden Ebenen:

- **Europäische Ebene** (EuroVelo, 12 Fernrouten berühren sämtliche Staaten Europas, der Iron-Curtain-Trail kommt als 13. Route dazu)

- **Bundesebene** (Bundesradfernwegenetz)

- **Landesebene** (Radfernwege)

- **Ebene der Landkreise** und ihren Zusammenschlüsse und

- **Ebene der Gemeinden** und ihren Zusammenschlüsse, die geplant und realisiert werden. Jede Ebene sollte dabei die Netze der nächst tieferen zu einem übergreifenden Zusammenhang führen.

Die folgenden Hauptforderungen soll ein Radwegenetz erfüllen:

Abb. 10:   Hauptanforderungen an ein Radwegenetz

Kriterium	Beschreibung
Zusammenhang	Die Infrastruktur stellt eine zusammenhängende Gesamtheit dar und erschließt alle Quellen und Ziele des Radverkehrs.
Direktheit	Die Radverkehrsinfrastruktur bietet immer eine möglichst direkte Route; Umwege bleiben also auf ein Minimum beschränkt.
Attraktivität	Die Radverkehrsinfrastruktur ist derart gestaltet und in die Umgebung eingepasst, dass Radfahren attraktiv ist.
Sicherheit	Die Radverkehrsinfrastruktur gewährleistet die Verkehrssicherheit von Radfahrern und anderen Verkehrsteilnehmern.
Komfort	Die Radverkehrsinfrastruktur ermöglicht einen zügigen und komfortablen Verkehrsfluss des Radverkehrs.

Quelle: FGSV 2002, S. 8.

Alle für den Radverkehr relevanten Straßen und Wege werden in einer Strukturkarte oder Bestandskarte dargestellt und bewertet. Dabei ist festzustellen, ob sie bereits für den Radverkehr geeignet sind bzw. mit geringem Aufwand hergerichtet werden können. Die außerorts vorhandenen Radwege sollten auf ihren baulichen Zustand geprüft werden. Neben der Bestandsaufnahme ist eine Mängelanalyse anzufertigen, in der alle für den Radverkehr relevanten Konfliktpunkte und Verkehrssicherheitsmängel erfasst werden.

Zu berücksichtigende Aspekte bei der Radverkehrsplanung im ländlichen Raum und Grundlage für die Bestandsaufnahme sind (vgl. FGSV 2002):

- Orte mit zentralörtlicher Funktion (u. a. mit Verwaltungs-, Verkehrs-, Dienstleistungs-, Bildungs- und Wirtschaftsfunktion für ein Umland),
- alle Orte über 1.000 Einwohner,
- Orte/Gebiete mit der Entwicklungsaufgabe „Erholung",
- Orte/Gebiete mit der Entwicklungsaufgabe „Fremdenverkehr",
- Freizeitziele außerhalb geschlossener Ortschaften (z. B. Campingplätze, Badeanstalten),
- Bahnhöfe und Haltestellen von Verkehrsmitteln, welche eine Verbindung in Zentralorte und Ballungszentren herstellen (Fahrrad als Zubringer),
- Parkplätze (in der Nähe von Freizeitzielen),
- Freizeit- und Kultureinrichtungen und
- Ausflugsverkehr im Umland größerer Städte mit landschaftlich reizvollen Gebieten.

Für das Alltagsnetz sind auch

- Schulen der Sekundarstufe, Gymnasien und Einrichtungen der Berufsausbildung sowie
- Gewerbegebiete

entsprechend bei der Planung zu berücksichtigen.

Durch die Verknüpfung dieser Quellen und Ziele entstehen Verbindungslinien, die die Hauptströme des Radverkehrs aufzeigen, das sogenannte Wunschliniennetz. Das Wunschliniennetz ist ein theoretisches Netz, zu dem die „Empfehlungen für Radverkehrsanlagen" von 1995 ausführen:

> *„Wunschlinien stellen die für Radfahrer idealen geradlinigen Verbindungen zwischen Quelle und Ziel dar. Wegen der Vielzahl möglicher Beziehungen (...) ist eine Bündelung räumlich nahe beieinander liegenden Linien notwendig. Anzustreben ist ein flächendeckendes Netz, an das alle Quellen und Ziele angebunden sind."* (FGSV 1995, S. 18)

Die Quell- und Zielpunkte werden so miteinander verbunden, dass jeder Ort zu einem anderen Ort, der in max. 10 km Luftliniendistanz liegt, eine Verbindung erhält.

Aufgrund der Wunschlinien werden die vorhandenen Straßen und Wege unter Einbeziehung der vorhandenen Radverkehrsverbindungen für das geplante Radroutennetz mit der Integration von möglichen touristischen Themenrouten entwickelt und in einem Plan entsprechend dargestellt. Dabei sind die nachstehenden Anforderungen und Kriterien bei der Konzeption der Routen zu beachten (FGSV 1995, S.18; Oberste Baubehörde im Bayerischen Staatsministerium des Innern 2011, S.22ff.):

- Möglichst eine Trennung der Radrouten vom Kfz-Verkehr vornehmen.

- Bei einer Führung auf Straßen im Mischverkehr, d.h. ohne separate Radwege wie bspw. an Landes- und Bundesstraßen, sollte die tägliche Verkehrsbelastung nicht mehr als 2.500 Kfz pro Tag (DTV) betragen. Zusätzlich müssen geschwindigkeitsdämpfende Maßnahmen vorgenommen werden (z.B. Tempo 70 Höchstgeschwindigkeit).

- Landschaftliches Erlebnis, das heißt z.B. abwechslungsreich, attraktive Haltepunkte und Ausflugslokale einkalkulieren und einbinden.

- Die Radrouten sollten familienfreundlich sein, d.h. eine Mindestbreite von 2,5 m aufweisen, die befahrbar ist (z.B. Nebeneinanderfahren oder Fahrrad mit Kinderanhänger). Schmalere Radwanderwege sollten nur in Ausnahmefällen oder auf kurzen Abschnitten (z.B. auf Brücken oder Stegen) im Radwanderwegenetz vorhanden sein.

- Die Fahrbahnoberfläche sollte gut befestigt sein, möglichst asphaltiert oder wassergebundene Decke ohne Schäden. Kurze Strecken mit Mängeln (unter 500m) sollten zumutbar sein.

- Für die Führung über land- und forstwirtschaftliche Wege sollte gelten: ausreichende Befestigung, möglichst ganzjährige Befahrbarkeit, Ausschluss von allgemeinem Kfz-Verkehr (z.B. Schleichverkehr) oder Geschwindigkeitsbeschränkung bei geringen Fahrbahnbreiten.

- Bei der unter Umständen notwendigen Führung an klassifizierten Straßen: sichere Anbindung an separate land- und forstwirtschaftliche Wege (z.B. beim Wechsel der Straßenseite).

- Möglichst keine Steigungsstrecken über 6%; kurze Schiebestrecken sind vertretbar, wenn die Strecke landschaftlich schön ist.

- Sichere Führung und Querungen innerhalb der Ortsdurchfahrten, d.h. gefährliche Ortsdurchfahrten meiden, Queren an Lichtsignalanlagen bzw. Zebrastreifen.

- Anbindung an öffentliche Verkehrsmittel.

3.1.3   Auswahl der Radverkehrsführung

Bei der Auswahl der touristischen Radverkehrsführung stehen der bauliche Wegezustand, also die Belagsart und -qualität, Radwegbreiten, Linienführung, Verkehrssicherheit und Konfliktvermeidung mit anderen Nutzergruppen im Vordergrund. Außerdem sollte die Radverkehrsführung an den öffentlichen Verkehr mit Fahrradbeförderung angebunden werden.

Führung von Radwegen außer Orts

Radwege können außer Orts entweder entlang der Straßen oder selbstständig durch freies Gelände geführt werden. Zusätzlich besteht die Möglichkeit, den Radverkehr über bestehende Wirtschaftswege zu führen (ggf. Ausbau mit einer befestigten Decke). Bei der Abwägung zwischen diesen drei Alternativen sollten die folgenden Kriterien berücksichtigt werden (vgl. ADFC/SRL 2000, S. 2):

- Der **Umwegfaktor** muss besonders dann niedrig sein, wenn der Weg Bedeutung für den Alltagsverkehr hat oder Teil eines Radfernwegs werden soll. Wenn sich spürbare Umwege anders nicht vermeiden lassen, kann der Weg trotz der im folgenden aufgeführten Nachteile entlang einer Straße gebaut oder die Trasse trotz der Kosten für den Grunderwerb durch die Einbeziehung bisher anderweitig genutzter Flächen verkürzt werden. Wenn die räumlichen Gegebenheiten und die Besitzverhältnisse keine andere Wahl lassen, sollten auch Enteignungsverfahren nicht grundsätzlich tabu sein.

- Ein angenehmes **Umfeld** des Radwegs ist v. a. bei touristisch genutzten Radwegen wichtig. Der Weg soll landschaftlich reizvoll gelegen (z. B. schöne Aussicht, Führung am Seeufer usw.) und von Beeinträchtigungen durch den Autoverkehr (Abgase, Lärm, Blendwirkung der Scheinwerfer) frei sein.

- Die **soziale Sicherheit** muss immer dann im Vordergrund stehen, wenn der Weg für den Alltagsradverkehr erhebliche Bedeutung hat. In diesem Fall sollte er vorzugsweise entlang von Straßen oder nahe der Wohnbebauung geführt werden. Durch eine gute Einsehbarkeit und Beleuchtung kann Übergriffen entgegengewirkt werden.

Führung von Radwegen in Ortschaften

Im Prinzip soll die Benutzung von Radwegen und insgesamt der Bau von Radwegen in Ortschaften dazu beitragen, den Radverkehr von Kraftfahrzeugverkehr auf der Fahrbahn zu trennen und dadurch auch die Verkehrssicherheit zu fördern. Die gewünschte Entmischung funktioniert, wenn Radwege kreuzungs- und störungsfrei verlaufen. Da dieses im Allgemeinen nicht möglich ist, ist die Sicherheitswirksamkeit herkömmlicher Radwege in der Realität vergleichsweise gering. Die Verkehrssicherheit hängt von der Qualität eines Radweges und insbesondere seiner Führung an Kreuzungen und Einmündungen sowie an Einfahrten ab. In zahlreichen Städten wurden Erfahrungen mit Radfahrstreifen und Schutzstreifen für Radfahrer gesammelt. Unfallauswertungen belegen die im Vergleich zu Radwegen positive Verkehrssicherheit solcher Lösungen. Ein schlecht geplanter oder in schlechtem Zustand befindlicher Radweg ist schlechter als gar kein Radweg (vgl. ADFC/SRL 2000). In Städten können Radfahrer auf Nebenstraßen ohne hohe Kfz-Frequenz in der Regel auf der Fahrbahn mitfahren. Die Anlage von eigenen Radverkehrsanlagen ist in diesem Fall nicht notwendig. Aufpflasterungen auf der Fahrbahnmitte können den motorisierten Verkehr wirksam bremsen – der Radverkehr fährt ungehindert daran vorbei. Ist auf Hauptverkehrsstraßen die Anlage von

Radverkehrsanlagen aus Platzmangel nicht möglich, lässt sich der Mischverkehr nicht vermeiden. Der Beitrag dieser Verkehrsart zu einem leistungsfähigen und sicheren Radverkehrsnetz kann insbesondere dann steigen, wenn bestehende Einschränkungen (Geschwindigkeit, Verbot der Einfahrt, Anliegerverkehr, Parkverbote) für den motorisierten Individualverkehr wirksam überprüft und Verstöße geahndet werden.

Ein Radweg kann von der Fahrbahn baulich (Bordsteinradweg) oder als Radfahrstreifen mit Zeichen 295 „Fahrbahnbegrenzung" (durchgezogene weiße Linie) abgetrennt werden. Getrennte oder gemeinsame Geh- und Radwege können von Fußgängern und Radfahrern entsprechend genutzt werden. Auf Fahrbahnen können durch eine Leitlinie (unterbrochene Markierung) „Schutzstreifen für Radfahrer" markiert werden. Auch die durch eine durchgezogene weiße Linie markierten Seitenstreifen können sich für den Radverkehr eignen (vgl. Bracher/Bier/Thiemann-Linden 2005).

Baulicher Wegezustand, Belagsart und -qualität

Die Beschaffenheit der Radverkehrsfläche und ihr Zustand muss „nach den allgemeinen Regeln der Baukunst und Technik" in einem den Erfordernissen des Radverkehrs genügenden Zustand gebaut und unterhalten sein. Radfahrer reagieren empfindlicher auf Fahrbahnunebenheiten als motorisierte Fahrzeuge. Erschütterungen können zu unsicherem Fahrverhalten und im schlimmsten Falle zu Stürzen führen, so dass die Verkehrssicherheit beeinträchtigt wird. Besonders gefährlich sind Spurrillen, Querrinnen oder Längskanten im Verlauf des Radwegs.

Eine weitere Gefahr sind spitze Steine, wie sie oft für grobe Schotterwege Verwendung finden. Sie senken nicht nur den Fahrkomfort, sondern beeinträchtigen auch das Fahrverhalten. Feinsplitt hat diesen Nachteil nicht, kann aber dafür punktuell gefährlich werden, wenn dünne Splittauflagen auf hartem Untergrund (Asphalt) in Kurven oder beim Bremsen die Rutschgefahr erhöhen. Völlig ungeeignet als Radwegbelag sind lockerer Sand (Einsinken), Mutterboden (Feldwege sind bei Nässe zu schlammig und auch dann zu holprig, wenn sie von Bewuchs frei sind) und Natursteinpflaster (Glätte bei Nässe, Erschütterungen beim Überfahren), auch Mosaik-, Kleinstein- und würfelförmiges Edelpflaster (aus Basalt, Bimsstein, Schlacke usw.) ist nicht eben genug.

Radwege müssen einen geringen Rollwiderstand, eine hohe Griffigkeit und eine Ebenheit aufweisen, die den für den Neubau von Landstraßen geltenden Richtwerten entspricht (siehe ERA 95). Mangelhafte Oberflächenqualität mindert den Fahrkomfort für den Radfahrer auf der Fahrbahn, was die Verkehrssicherheit außerorts erheblich beeinträchtigt.

Betuminöse Befestigungen bieten nach wie vor den besten Fahrkomfort, verursachen die geringsten Kosten und sollten daher für den Radwegebau verwendet werden. Die Tragschicht sollte aus einer 6–10 cm dicken Asphaltdecke bestehen, die auf einer ungebundenen Tragschicht z.B. auf einer Schottertragschicht, aufgetragen wird. Weitergehende Hinweise zu Wegeoberflächen und deren Anwendung enthalten die „Hinweise zum Radverkehr außerhalb städtischer Gebiete" der FGSV 2002.

Schlechter geeignet als Asphalt, aber dennoch bedingt einsetzbar sind gefastes Betonsteinpflaster und wassergebundene Decken; die angegebenen Einsatzbeschränkungen sind allerdings strikt einzuhalten.

Wassergebundene Decken sind außerdem wegen des hohen Unterhaltungsaufwands sehr teuer; sie sollten nur verwendet werden, wenn die jährliche Instandhaltung der Wege langfristig gesichert ist. Betonplatten haben gegenüber Asphalt keine Vor-, aber zahlreiche Nachteile und sollten daher im Radwegebau nur in Ausnahmefällen eingesetzt werden. Alle Formen von Natursteinpflaster sind ebenso wie Sand und unbefestigter Mutterboden als Radwegebelag ungeeignet (vgl. ADFC/SRL 2000, S. 4).

Radwegbreiten

Straßenbegleitende Geh- und Radwege müssen entsprechend den „Empfehlungen für Radverkehrsanlagen" der Forschungsgesellschaft für Straßen- und Verkehrswesen (ERA 95) mindestens 2,50 m breit sein, selbstständige Geh- und Radwege für geringe Fuß- und Radverkehrsmengen mindestens 2 m. Wo regelmäßig größere Fußgängermengen auftreten, sollten Fuß- und Radverkehr getrennt werden. Zwischen Geh- und Radverkehr ist dann ein Grünstreifen anzulegen. Dienen die Wege auch dem land- und forstwirtschaftlichen Verkehr, dürfen 3 m Breite nicht unterschritten werden. (vgl. ADFC/SRL 2000, S. 4).

Kommen auch andere bzw. größere Nutzergruppen der Wege in Betracht (z. B. Inlineskater oder touristische Radlergruppen) sind breite Wege von zusätzlichem Vorteil, denn Begegnungen oder Überholen sind ohne Konflikte möglich, wie die nachstehende Abbildung zeigt.

Abb. 11:   Inlineskater und Radler nebeneinander auf dem Weserradweg

Foto: Dreyer 2008.

3.1.4   Planung von Themenrouten und zielgruppenspezifische Routen

Die Konzeption von Themenrouten hat das Ziel, die Vorzüge und Besonderheiten einer Region oder eines Teilgebietes hervorzuheben, um diese gegenüber anderen am Markt zu positionieren. Das routenspezifische Angebot betont die Einmaligkeit und Besonderheit des Teilgebietes im Vergleich zu anderen Radwanderrouten in anderen Gebieten. Deshalb sollte man aus touristischer Sicht bestimmte Radwege und -routen wie eine Destination behandeln und gestalten (siehe hierzu Kap. 5.1). Themenrouten müssen auch nachfragegerecht sein und mit ihren Inhalten den thematischen Anspruch erfüllen können, d. h. ein Thema muss auf der Radtour in kurzen Entfernungsabständen immer wieder „sichtbar" und „erlebbar" sein, was eine Dichte an thematisch passenden Erlebnisorten erfordert. Das Thema der Radroute muss natürlich auch mit der Markenstrategie einer Destination übereinstimmen.

Der Nutzen für eine Destination besteht darin, dass durch die thematischen Routen ein wesentlicher Beitrag zur Förderung des Kulturtourismus (wenn Kulturtourismus ein relevantes Geschäftsfeld ist) geleistet wird. Das breite Spektrum an Sehenswürdigkeiten und Angeboten, das von den Radwanderern genutzt wird, verbessert die Stellung der Destination als nicht nur landschaftlich reizvolles, sondern auch kulturhistorisch interessantes Gebiet. Gleichzeitig soll für die Einheimischen die Identifizierung mit ihrer Kulturlandschaft verbessert und die regionale Wertschöpfung erhöht werden. Die folgenden Anforderungen und Inhalte werden bei der Konzeption einer Themenroute eingehalten (vgl. Schneider 1999, S. 67):

- Einhaltung des Themas entlang der Route,

- gute Erreichbarkeit und räumliche Nähe der thematischen Attraktionen zueinander, um den kontinuierlichen Themenbezug zu gewährleisten,

- thematische Inhalte der Route müssen auf die Bedürfnisse der Radwanderer ausgerichtet sein (z. B. auch zielgruppenspezifische Radgäste wie für Familien),

- Verknüpfung mit dem ÖPNV und den vorhandenen Parkplätzen und die

- touristische Infrastruktur muss vorhanden sein.

Themenrouten werden in der Regel in ein bestehendes Radwegenetz integriert und durch Logotafeln gekennzeichnet. Das Logo dient als Erkennungs- und Identifikationskennzeichen und sollte das Thema gut darstellen. Die Logotafel wird als Einschubelement in das Beschilderungssystem eingefügt und leitet so die Radfahrer auf der Themenroute.

Es sollten in dem Radwanderwegenetz Radtouren mit unterschiedlichem Charakter und Schwierigkeitsgrad möglich sein, die für jede der Nachfragegruppen Touren-Angebote („Tourenmix") unterbreiten:

- Touren für Familien mit Kindern (Zeit- und Entfernungsbegrenzung auf bspw. max. 20 km oder 3 h mit Zwischenhalten an Badestellen, Rast- und Spielplätzen),

- Halb-Tagestouren für „Neueinsteiger", die ungeübt sind und erst wieder „Fahrrad-Erfahrung" sammeln müssen (Touren von ca. 20–50 km Länge und 3–5 h Dauer, evtl. mit „Kultur-Halt" unterwegs, Badestellen, Rastplätze) sowie

- Ganz-Tagestouren für erfahrene Radler mit sportlichem Charakter (Touren bis zu 100 km Länge und 8 h Dauer).

In der Vulkaneifel ist speziell für Kinder und Familien ein Kinderradweg entwickelt worden. Die Protagonisten heißen Biggi Biene, Elli Eule, Freddi Fledermaus und Willi Basalt, sind dicke Freunde und machen eine Radtour auf dem neuen, nahezu steigungs- und gefällefreien Kinderradweg in der Vulkaneifel zu einer spannenden Entdeckertour für die ganze Familie. An zahlreichen Rast- und Spielplätzen erklären die „kleinen Experten" anhand von Schautafeln Wissenswertes zu Maaren und Vulkanen, Greifvögeln und alten Burgen, zur Eisenbahn sowie zu seltenen Fledermausarten. Der Kinderradweg ist auf dem Maare-Mosel-Radweg zwischen Daun und Gillenfeld und auf dem Kylltalradweg zwischen Bewingen und Densborn ausgeschildert.

3.1.5   Zuständigkeiten und Unterhaltung des Wegenetzes

Die Anlage von Radverkehrsverbindungen und -netzen berührt meist vielfältige Interessen. Deshalb ist eine breite Beteiligung von Interessengemeinschaften zwecks Koordinierung konträrer Planungen sowie zur Öffentlichkeitsarbeit erforderlich. Dies gilt im ländlichen Raum umso mehr, da hier die Zuständigkeiten zwischen den einzelnen Fachbereichen und Gebietskörperschaften weiter aufgesplittert sind.

Zur Straßenbaulast und Verkehrssicherheit gehören der notwendige Bau, Ausbau, die Unterhaltung, Erweiterung oder Verbesserung der Straßen, weiterhin das Räumen und Streuen bei Schnee- und Eisglätte sowie die verkehrssichere Regelung durch Verkehrszeichen. Im Bereich der Bundesfernstraßen nehmen die Bundesländer die Aufgaben für den Bund der verfassungsrechtlich bestimmten Auftragsverwaltung wahr. Nach § 3 Bundesfernstraßengesetz sind die Aufgaben durch die Leistungsfähigkeit des Straßenbaulastträgers beschränkt. Mit der Widmung eines Streckenabschnitts im Radverkehrsnetz werden wesentliche Festsetzungen getroffen. Diese betreffen v. a. die Verkehrssicherungspflicht und damit die Intervalle der Streckenkontrolle, der Reinigung und des Winterdienstes, aber auch die Kontrolle der Wegweisung.

Eine uneingeschränkte Verkehrssicherungspflicht besteht lediglich auf öffentlichen Straßen und Wegen. Radwege sowie gemeinsame Rad- und Gehwege fallen darunter, auch wenn der Nutzungszweck sich auf den Fahrrad- bzw. Fahrrad- und Fußgängerverkehr beschränkt.

Landwirtschaftliche Wege können für den Radtourismus genutzt werden, dienen aber in erster Linie der Erschließung der Feldflure. Wirtschaftswege (Feldwege) dienen der Bewirtschaftung der Grundstücke und sind daher „beschränkt öffentliche Wege", wobei sich die Einschränkung auf den Verkehrszweck bezieht. Radverkehr ist im Allgemeinen nicht zugelassen. Andererseits bestimmt das Bundesnaturschutzgesetz, dass „das Betreten der Flur auf Straßen und Wegen (...) zum Zwecke der Erholung auf eigene Gefahr gestattet ist" (vgl. FGSV 2002, S. 36–37). Die Länder haben in ihren Landesnaturschutzgesetzen meist von der ihnen gegebenen Möglichkeit Gebrauch gemacht und juristisch das Radfahren dem Betreten gleichgestellt (vgl. FGSV 2002, S. 36–37; FGSV 1998, S. 23).

Um Wirtschaftswege im Rahmen eines Gesamtnetzes dem Radtourismus zu öffnen, bestehen zwei Möglichkeiten:

- Widmungsänderung, um die rechtlichen Voraussetzungen für eine dauerhafte Freigabe zu schaffen.
- Verkehrsrechtliche Freigabe mit Zeichen 250 StVO (Verbot für Fahrzeuge aller Art) und dem Zusatz „Landwirtschaftlicher Verkehr und Radfahrer frei".

Die zweite Lösung kann mit geringem Aufwand durchgeführt werden und bietet sich für eine flächendeckende Freigabe an. Für die Sicherung qualitativ guter Fahrradrouten reicht es oft nicht aus, da die begrenzte Verkehrssicherungspflicht auf Wirtschaftswegen sowohl Schlaglöcher, Spurrillen und Verschmutzungen in hohem Maße toleriert. In der Praxis kann auch durch kurzfristig wirksame Maßnahmen Qualitätssicherung betrieben werden durch

- Definition eines Vorrangnetzes für den Radverkehr auf Wirtschaftswegen,
- kommunale Satzung zur Straßenreinigungspflicht auf Wirtschaftswegen und
- engere Kontrollintervalle im Vorrangnetz.

Wege im Eigentum von Körperschaften des öffentlichen Rechts wie z. B. Wasser- und Bodenverbände, Wegeinteressentenverbände, Deichverbände und Ähnliche können mit Einverständnis des jeweiligen Eigentümers verkehrsrechtlich geöffnet werden. Dies setzt eine Nutzungsvereinbarung voraus, die gegebenenfalls mit einem finanziellen Ausgleich zur Instandhaltung der Wege verbunden werden kann.

Die Benutzung von forstwirtschaftlichen Wegen durch den Radverkehr ist zumeist beschränkt auf Zwecke der Erholung. Sollen Fahrradrouten über Wege führen, die Forstverwaltungen, Forstbetriebsgemeinschaften oder privaten Waldbesitzern gehören, sind Vereinbarungen zur Haftungsübernahme zu treffen. Die zuständige Kommune sollte die Verkehrssicherungspflicht im Rahmen der Zweckbestimmung „forstwirtschaftlicher Weg" übernehmen. Die Verkehrssicherungspflicht ist auf die Wegeunterhaltung begrenzt, die sich an den Ansprüchen des forstwirtschaftlichen Verkehrs orientiert. Danach ist der Baulastträger nicht verpflichtet, den Weg häufiger als zweimal im Jahr zu kontrollieren (vgl. FGSV 2002).

Zusätzlich zur Unterhaltung des Radwegesystems ist die Zusammenarbeit mit den regionalen und überregionalen Tourismusvereinen und -verbänden notwendig. Erst wenn das Wegweisungssystem umgesetzt wurde, ist eine Vermarktung des Wegesystems sinnvoll. Nach und nach kann die radtouristische Infrastruktur verbessert werden und im Rahmen eines gut funktionierenden Innenmarketings ein mit allen Leistungsträgern abgestimmtes regionales radtouristisches Alleinstellungsmerkmal vermarktet werden.

3.2   Touristische Radroutennetze

Eine Analyse der Homepages der Landestourismus-Marketingorganisationen ergab bei Aufsummierung der einzelnen Kilometerangaben der touristisch ausgeschilderten Radrouten in Deutschland ein touristisches Wegenetz von insgesamt rund 75.900 km Länge. Nach Schätzung des *Bielefelder Verlags* auf Basis der dort herausgegebenen Radwanderkarten addieren sich die Radrouten aller Art in Deutschland auf rund 150.000 km. Radfernwege sind mit etwa 50.000 km enthalten (vgl. DTV 2009, S. 15).

🛈 Definitionen

„**Radfernwege**" nach ADFC (vgl. BMWi 2009, S. 69):

- Überregionale, kreisübergreifende beschilderte Verbindungen für den touristischen Radverkehr mit grundlegender Infrastruktur und Serviceeinrichtungen
- Mindestbedingungen für „Überregionalität": Überschreitung der Landkreisgrenzen, Mindestlänge von 150 km oder Empfehlung von zwei Übernachtungen

„**Radwanderweg**" nach ADFC:

- Ausgeschilderte Verbindungen innerhalb eines Landkreises oder einer Region

---

Die namentlichen Bezeichnungen der Radfernwege lassen auf ihre Umgebung schließen. Rund 40% der insgesamt 209 Radfernwege benennen sich nach Gewässern und verlaufen überwiegend entlang der Flüsse, Seen oder Meeresküsten. Die Themen-Radfernwege (z.B. Wellness-Radroute, Route der Industriekultur) machen rund 30% des gesamten Radfernwegenetzes aus. Hierbei wird Bezug zu regionaltypischen Themen wie Bergbau, Salz, Schlössern und königlichen Standorten, Christentum, historischen Verkehrswegen und ehemaligen Bahntrassen, römischen Reich oder regionalen Lebensmitteln hergestellt. Zu den beliebtesten Radfernwegen in Deutschland zählen eindeutig die Routen entlang von Gewässern.

Abb. 12:   Namentliche Einordnung der Radfernwege

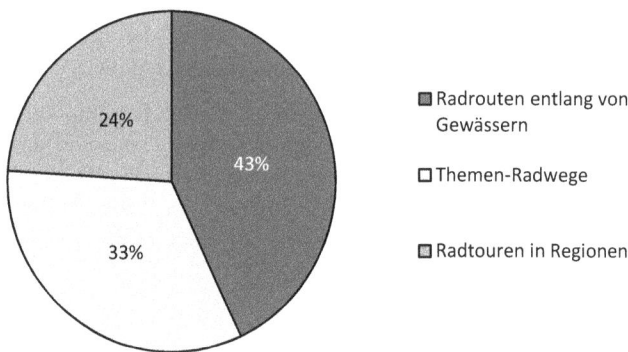

Radroutennetz in Deutschland und in Europa

Das **D-Netz** steht – analog zu den Vorbildern in der Schweiz, den Niederlanden oder in Dänemark – für das nationale Radroutennetz in Deutschland (siehe Abb. 13). Im Jahr 2000 wurde die Umsetzung des D-Netzes mit einer Länge von rund 12.000 km durch Vertreter des Bundes und der Länder sowie von touristischen Dachorganisationen beschlossen. Die bedeutendsten deutschen Radfernwege werden hierfür verknüpft und sämtliche Bundesländer an das D-Netz angeschlossen. Die D-Routen sind mit einer Nummerierung und einem einheitlichen Logo ausgestattet und folgen einheitlichen Qualitätsstandards. Die Wege des D-Netzes existieren bereits zu etwa 90% als Radfernwege unter einem anderen Namen und mit eigener Beschilderung. In Hessen und Nordrhein-Westfalen sind die D-Routen mit dem D-Netz beschildert (vgl. BMWi 2009).

Das D-Netz überschneidet sich in einigen Routen mit dem europäischen Radfernwegenetz „**EuroVelo**". Diese von der EU geförderte Initiative des Europäischen Radfahrerverbands (ECF) verfolgt ähnliche Ziele wie das D-Netz, nur auf kontinentaleuropäischer Ebene: Bis 2016 sollen zwölf Routen mit insgesamt 65.000 km Länge realisiert werden, um durchgängige, grenzüberschreitende Radreisen in Europa zu ermöglichen. Rund 30.000 km dieses Wegenetzes existieren bereits. Eröffnet und mit der entsprechenden Beschilderung ausgestattet sind die Nordseeküstenroute (North Sea Cycle Route – EuroVelo-Route 12; ca. 6.000 km) und ein Teil der EuroVelo-Route 6 (Atlantik bis zum Schwarzen Meer; ca. 4.000 km) von Nantes bis nach Budapest (siehe Abb. 13).

Abb. 13: Radfernwegenetz Deutschland

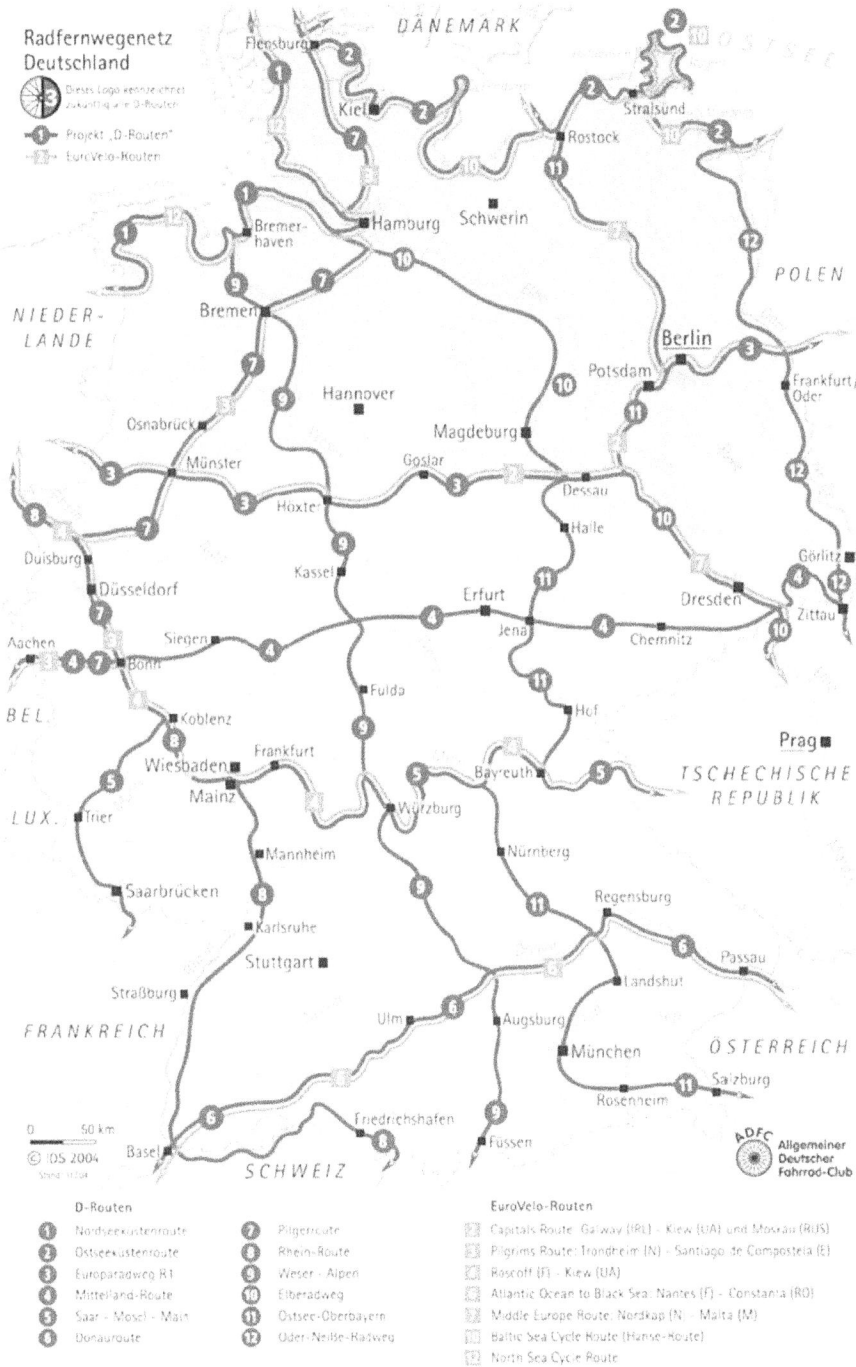

Quelle: BMWi 2009, S. 72.

Abb. 14:   Verlauf der EuroVelo-Radwege in Europa

Quelle: Europäisches Parlament, Generaldirektion Interne Politikbereiche, Fachabteilung B 2009, S. 24.

3.3   Beschilderung

Um eine eindeutige, selbsterklärende Wegweisung für Radwege in Deutschland zu etablieren, empfiehlt die Bundesregierung, die Kriterien des „Merkblatts zur wegweisenden Beschilderung für den Radverkehr" der Forschungsgesellschaft für Straßen- und Verkehrswesen
(FGSV) auf allen Ebenen umzusetzen. Mittelfristig soll mit der Installation dieser „Quali-
tätswegweisung" eine integrierte und einheitliche Wegweisung von Radfernwegen, Radrouten und Mountainbike-Routen etabliert werden. Zugleich beabsichtigt die Bundesregierung,
mit der Vereinheitlichung der Radwegweisung in Deutschland den Systemen in den Nachbarländern Dänemark, Niederlande, Schweiz und Tschechien anzugleichen (vgl. BMWi 2009,
S. 72).

3.3.1   Anforderungen an die Wegweisung

Der speziellen Wegweisung für den Fahrradverkehr kommt eine wichtige Funktion der Öf-
fentlichkeitswirksamkeit, aber auch der Orientierung zu. Voraussetzung ist ein zusammenhängendes Netz von Radverkehrsverbindungen und die durchgängige, gut sichtbare und
leicht verständliche Ausschilderung durch geeignete Wegweiser. Für jede Fahrradwegweisung ist eine sorgfältige Netzplanung notwendig. Überdies stellt eine gute Fahrradwegweisung eine wirkungsvolle Werbung für das Verkehrsmittel Fahrrad und eine Tourismusförderung dar. Die Wegweiser selbst müssen hinsichtlich Inhalt, Form, Farbe und Aufstellungsort
einheitlich, leicht auffindbar und rechtzeitig erkennbar sein.

Funktionale Anforderungen richten sich in erster Linie an die Lückenlosigkeit der Wegweisung, an die richtigen Standorte der Wegweiser, treffende Zielangaben und die Lesbarkeit.
Mit einer sachgerechten Fahrradwegweisung soll demnach erreicht werden, dass

- den Radfahrern Anhaltspunkte bei der Orientierung im Radverkehrsnetz geboten werden,

- eine schnelle und sichere Orientierung ermöglicht wird,

- eine Orientierung ohne Spezialradwegekarte (Routenkarte) möglich ist,

- der jeweilige Standort und die noch zurückzulegende Strecke sicher bestimmt werden
  kann und

- das gewünschte Ziel auf den für den Radverkehr geeigneten Wegen eindeutig und wider-
  spruchsfrei erreicht wird.

Außerdem wird in der Fahrradwegweisung unterschieden nach zielorientierter oder routen-
orientierter Wegweisung z. B. bei Themenrouten. Die routenorientierte Wegweisung ist ein
wichtiges Element von Leitsystemen im fahrradtouristischen Bereich, hat aber gegenüber der
zielorientierten einen engeren Anwendungsbereich.

Abb. 15:   Anwendungsbereiche von Fahrradwegweisungssystemen

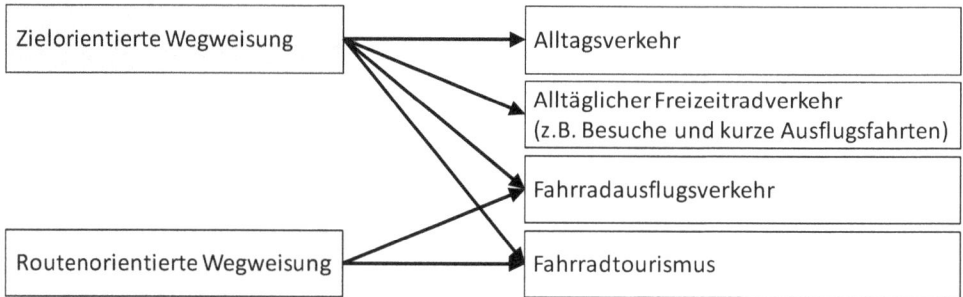

Quelle: FGSV 1998, S. 6.

Die Wegweisung gliedert sich hierarchisch. Von den einzelnen Knoten ausgehend werden die Ziele nach ihrer verkehrlichen Bedeutung und Wichtigkeit für die Orientierung des Radverkehrs gewiesen. Dabei sind Kontinuitätsregel- und Zielauswahlregel zu berücksichtigen.

Die Zielauswahlregel (Zielhierarchie) bedeutet, dass die Zielangaben in Ziele mit großer Reichweite (Hauptziele), mittlerer Reichweite (Unterziele) und geringer Reichweite (Ziele im Nahbereich) und Fern- und Nahziele zu differenzieren sind. Sie können durch örtlich bedeutsame Hinweise (z. B. Rathaus, Schloss, Freibad) ergänzt werden. Der sicheren und eindeutigen Kennzeichnung einer Route dienen Tabellenwegweiser, Pfeilwegweiser und Zwischenwegweiser (zu den Anwendungsbereichen der Wegweisertypen (siehe Abb. 16).

Abb. 16:   Zielverknüpfung in den Wegweiserinhalten

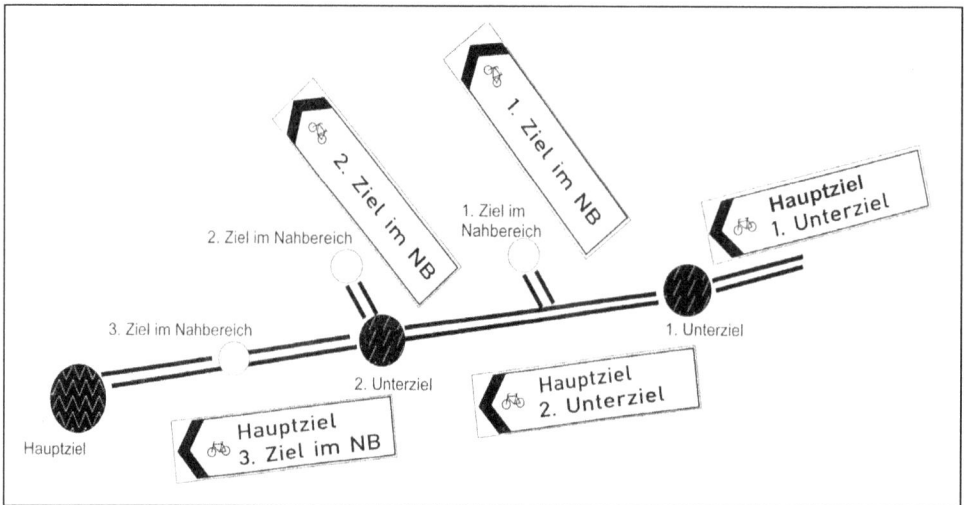

Quelle: FGSV 1998, S. 9.

Abb. 17:   Anwendungsbereiche der Wegweisertypen

Wegweiser mit Zielangabe	Typ	Standort	Vorteile	Nachteile
Einsatz: – Verzweigung von Fahrradrouten – Querung und Einmündung wichtiger Straßen mit Radverkehr Inhalte: – Zielangabe – Entfernungsangabe – Richtungsangabe – Fahrradpiktogramm	Tabellenwegweiser ↑ MS-Centrum 1,4 🚲 ⚑ Jugendherberge 0,8 ← Albachten 7,0 🚲 Mecklenbeck 3,0	vor den Knoten an allen relevanten Zuläufen	– geringer lichter Raum erforderlich – an großen Knoten verwendbar	– bis zu vier Standorte je Knoten erforderlich – Zusatzplaketten sind nicht direkt den Richtungspfeilen zuzuordnen
	Pfeilwegweiser MS-Centrum 9,0 🚲 Albachten 5,6	im Knoten von allen Straßen sichtbar	– ein Standort für einen Knoten ausreichend – große, gut sichtbare Wegweiser verwendbar – Routenpiktogramme können als Plaketten eingehängt werden	– höherer Lichtraum erforderlich – Geradeaus-Richtung mitunter schlecht zu erkennen
Zwischenwegweiser Einsatz: – Versatz einer Fahrradroute – zur Bestätigung auf einer Fahrradroute Inhalte: – Richtungsangabe – Fahrradpiktogramm	Zwischenwegweiser 🚲↑	vor dem Versatz auch in Einzelfällen im Knoten	– flexibel, d. h. gut auf vorhandenem Pfosten unterzubringen – standardisierbar – Darstellung versetzter Wegführung möglich	– weniger auffällig, müssen daher stets in Augenhöhe angebracht werden

Quelle: FGSV 1998, S. 12.

3.3.2   Wegweiserarten

Zielwegweiser (Tabellenwegweiser und Pfeilwegweiser)

Im ersten Schritt ist zu unterscheiden, ob Voll- oder Zwischenwegweiser zu verwenden sind. Ein Vollwegweiser enthält Informationen über Ziel, Richtung und Entfernung zuzüglich der Angaben zur Alltagstauglichkeit. Diese Wegweisertypen stehen an Kreuzungen und Gabelungen von Radverkehrsverbindungen sowie an allen Stellen, die zum „Einfangen" von Radfahrern dienen können, die sich auf nicht zum ausgewiesenen Radwanderwegenetz gehörenden Straßen und Wegen befinden. Die Angaben auf den Wegweisungsschildern für den Radverkehr beinhalten vier Elemente:

• das Fahrradpiktogramm,
• die Zielorte,
• die Entfernung und
• die Richtungspfeile.

Für jedes aufgenommene Ziel sind die Entfernung – bei weniger als 10 km mit einer Dezimalstelle – und die Fahrtrichtung anzuzeigen. Grundsätzlich ist folgende Reihenfolge bei der Richtungsangabe von oben nach unten einzuhalten: geradeaus, links, rechts. Pro Fahrtrichtung sollten nicht mehr als vier Ziele angegeben werden.

Bei kleineren und übersichtlichen Knoten bieten sich **Pfeilwegweiser** als Standardlösung an, da hier die Information an einem Standort konzentriert werden kann. Das ist einerseits kostensparend und erleichtert andererseits die schnelle Orientierung. Zudem haben Pfeilwegweiser den Vorteil, von allen Richtungen aus sichtbar zu sein (vgl. ADFC/SRL 1999).

Der **Tabellenwegweiser** erfordert an den meisten Standorten einen höheren Beschilderungs-
aufwand und ist auch nur von den Zufahrten sichtbar, aus denen eine Streckenführung erfolgt. Vorteilhaft sind die Tabellenwegweiser an größeren Verkehrsknoten, wo die Entscheidung über die Routenwahl vor dem Knoten erfolgen muss. In Niedersachsen ist die Regelgröße 1.000 × 250 mm (entsprechend der mittleren Größenklasse nach FGSV-Merkblatt). Es
sollte kein Unterschreiten der Mindestgröße nach FGSV von 800 × 200 mm erfolgen.

Für alle Wegweiser der zielorientierten Wegweisung gilt in der Regel die Beschriftung grün
auf weißem Grund. Dies ist die Farbe, die etwa in Niedersachsen bisher am weitesten verbreitet ist. In Nordrhein-Westfalen ist als Regelfarbe für die Schrift Rot zu verwenden. Es
wird also deutlich, dass sich die Vorgaben von Bundesland zu Bundesland unterscheiden.

Abb. 18:   Zielwegweiser aus dem Landkreis Stade in Niedersachsen

Quelle: Eigene Darstellung.

Zwischenwegweiser

Zwischenwegweiser kommen zum Einsatz, wenn der Verlauf der Radverkehrsverbindung
nicht eindeutig erkennbar ist und keine anderen Radverkehrsverbindungen abzweigen oder
kreuzen. Sie benötigen für ihre Aussage „Alle Richtungen" keine Zielangaben, sondern nur
den Richtungspfeil zusammen mit dem Fahrradpiktogramm. Die Zwischenwegweiser besitzen mindestens das quadratische Maß 250 × 250 mm und werden in der gleichen Farbe wie
die Hauptwegweiser angefertigt. In Niedersachsen beträgt die Regelgröße 300 mm × 300 mm
und die Schriftfarbe Grün.

Abb. 19:   Zwischenwegweiser Niedersachsen

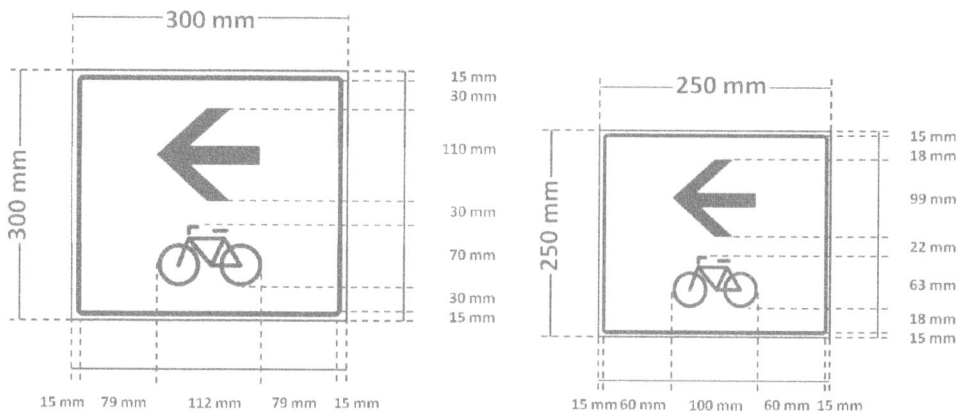

Quelle: Niedersächsisches Ministerium für Wirtschaft, Technologie und Verkehr 2000.

Standorte

Die Standorte der Schilder sind so zu wählen, dass

- der Wegweiser rechtzeitig wahrnehmbar ist,
- die Beschriftung vor dem Aktionspunkt erfasst werden kann und
- die Richtungshinweise eindeutig sind.

Es ist sicherzustellen, dass sich der Wegweiser im freien Blickfeld der Radler befindet, d. h. quer zur Fahrtrichtung angebracht ist. Dabei ist zu beachten, dass die Richtungswahl durch die Verkehrsteilnehmer rechtzeitig erfolgen kann. Das ist dann der Fall, wenn der Leseweg vor dem Aktionspunkt endet. Die Lesezeit ist abhängig von der zu erfassenden Silbenzahl. Als pauschaler Wert für die Lesezeit werden 1,4 s angenommen; das entspricht bei einer Geschwindigkeit von 20 km/h einem Leseweg von rund 8 m.

Die Festlegung der Wegweiserstandorte muss in jedem Fall vor Ort bei einer Befahrung vom Fahrrad aus erfolgen, da nur so der beste Standort erfasst und exakt festgelegt werden kann. Diese Angaben sind wichtig, damit die Anordnungsbehörde und die Montagefirma ohne ständige Rücksprache arbeiten können. Die Montage der Vollwegweiser hängt vom notwendigen Lichtraum von 2,5 m Höhe über Rad-/Gehwegen ab. In dieser Höhe sind Wegweiser der vorgeschlagenen Regelgrößen gut sichtbar. Bei den kleinen Zwischenwegweisern ist in der Regel auf eine Montage in Augenhöhe zu achten, da sie sonst sehr leicht übersehen werden. Fahrradwegweiser, insbesondere Zwischenwegweiser, können an vorhandenen Pfosten und Lichtmasten angebracht werden.

Routenplaketten

Die Inhalte der routenorientierten Wegweisung sollen in der Regel als Zusatzplaketten mit den Wegweisern verknüpft werden. Dies betrifft bspw. die Piktogramme der Themenrouten oder die Routennummern von Radfernwegen. Die Einschubplaketten sollten 150 × 150 mm umfassen.

Abb. 20:   Beispiel für einen Armwegweiser mit Einschubschildern aus Niedersachsen

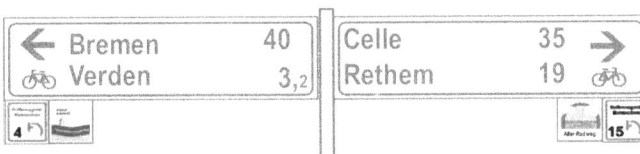

Quelle: Niedersächsisches Ministerium für Wirtschaft, Technologie und Verkehr 2000.

Das Wegweisungssystem kann kaum in einem Zuge verwirklicht werden. Daher sollte das Gesamtnetz in Teilnetze (z. B. routenweise) aufgeteilt werden („wachsende Wegweisung"). Es wird empfohlen, bei der Detailplanung einen Wegweisungskataster zu erstellen, der alle wesentlichen Informationen über den Wegweisungsbestand enthält. Auf dieser Grundlage können Materialaufwand und die damit verbundenen Kosten summiert werden, diese Unterlagen dienen auch als Grundlage für die Ausschreibung. Es empfiehlt sich ferner, das Wegweisungskataster als EDV-Datenbank anzulegen, die bei Netzergänzungen fortgeschrieben werden kann. Ebenfalls lässt sich der Unterhaltungsaufwand so leichter abschätzen (Wartung, Ersatzbeschaffung).

3.3.3   Unterhaltung des Wegweisungsnetzes

Ein Wegweisungssystem ist nur so gut wie seine Unterhaltung. Eine Wegweisung, die einmal aufgestellt wurde und dann sich selbst überlassen wird, ist nach wenigen Jahren z. B. nach einer Straßenbaumaßnahme, nicht mehr brauchbar. Das Fehlen oder Verdrehen einzelner Wegweisungselemente kann die Fahrradwegweisung bereits völlig entwerten. Deshalb ist von entscheidender Bedeutung für ein Funktionieren der Wegweisung die Unversehrtheit des Systems. Dazu ist eine kontinuierliche Überprüfung und Unterhaltung notwendig. Nach der gesetzlichen Regelung ist der jeweilige Baulastträger für die Streckenkontrolle zuständig. Bei den Baulastträgern von Bundes-, Landes- und Kreisstraßen ist die Streckenkontrolle eindeutig geregelt. Für Unterhaltung der Radwege an Bundes- und Landesstraßen sind die auf Landesebene arbeitenden Straßenbauämter zuständig. Kleinere Gemeinden haben häufig Probleme, ihr umfangreiches Wegenetz in ausreichender Intensität zu kontrollieren. Günstig ist es, wenn ein leistungsfähiger Bauhof vorhanden ist, der die notwendigen Arbeiten direkt im laufenden Geschäft erledigen kann. Aufgrund ihrer Größe sind die Kreise und kreisfreien Städte geeignete Aufgabenträger. Diese können auch die Abstimmung mit benachbarten Gebietskörperschaften durchführen, um die Schnittstellen der Netze zu optimieren.

Die Aufstellung von Wegweisern für den Radverkehr, die keine Verkehrszeichen im Sinne der StVO sind, setzt voraus, dass sie auf öffentlichen Straßen durch die Straßenbaubehörde, sonst durch den Eigentümer des Grundstücks erlaubt wurde.

Um den Austausch fehlender oder beschädigter Schilder effizient vornehmen zu können, ist eine Dokumentation der Wegweiser und der Standorte in einem EDV-gestützten Kataster unerlässlich. Dies erfordert eine systematische Katalogisierung des Wegweisungsbestandes durch ein Nummernsystem. Mit Hilfe des Wegweisungskatasters können auch fehlende Schilder problemlos beim Hersteller nachbestellt und ersetzt werden. Diese systematische Erfassung dient auch der Ausschreibung der Wegweisung, der Herstellung und erstmaligen Aufstellung, sowie der kontinuierlichen Weiterentwicklung im Sinne einer „wachsenden" Wegweisung. Damit aufmerksame Radfahrer Schäden und Mängel an den Wegweisern melden können, kann auf dem Mast ein Aufkleber mit der Standort-Nummer oder einer Service-Telefon-Nummer der für die Wartung zuständigen Dienststelle angebracht werden.

Die Kontrolle der Wegweisung muss auch in ein Qualitätsmanagement der Destination eingebunden sein (siehe hierzu die Ausführungen in Kap. 5.3).

Die Beschilderung sollte zweimal pro Jahr kontrolliert werden. Um die Verlässlichkeit der Wegweisung zu gewährleisten, muss sichergestellt werden, dass abhanden gekommene oder zerstörte Schilder kurzfristig ersetzt werden können. Auch das Einwachsen der Schilder durch Begrünung muss durch regelmäßigen Grünschnitt unterbunden werden. Für die Streckenkontrolle ist ein Wartungsvertrag zweckmäßig.

Abb. 21: Beispiel für ein Katasterblatt aus der Vogelpark-Region in Niedersachsen

Katasterblatt Vogelpark-Region

b/regio

Standort-Nr. Wal-27

Erfassungsdatum: Aug./Sept. 2009

Ortsangabe: bei Düshorn

Zwischenwegweiser

Richtungen:

Zielwegweiser

Schild-Nr.	Vorhanden?	Text: Oberziel km Unterziel km	Radrouten-Plaketten	Himmels-Richtung
Wal-27-1		Bockhorn 3,0 km	Vogelpark-Route, große Runde	O
Wal-27-2		Hodenhagen 11,0 km Krelingen 3,6 km		S
Wal-27-3		Walsrode 6,7 km Düshorn 1,0 km	Vogelpark-Route, große Runde	W

Pfosten		**Befestigung**
Vorhanden: X	Typ / Standort: Laterne, gegenüber Abzweig Rtg. Krelingen	3 Zielwegweiser an Laterne
Errichten:	Typ / Standort:	

Bemerkungen / Arbeitsanweisungen

Standortfoto	Standortskizze

Quelle: böregio 2009, S. 37.

3.4 Schutzhütten, Rastplätze, Informationstafeln und Abstellanlagen

Die Standorte für die Schutzhütten und Rastplätze müssen aus fachlicher Sicht begründbar sein. Eine zu hohe Dichte ist nicht anzustreben. Der Standort sollte immer in direkter Nähe zu einem Radfernweg oder einer Themenroute sein, möglichst an Stellen mit einer schönen Aussicht. Generell sollte alle 5 km eine Rast- bzw. Unterstellmöglichkeit für Radler vorhanden sein. Denkbar sind auch, vorhandene Haltestellenhäuschen oder Unterstellmöglichkeiten der örtlichen Gastronomie zu nutzen. Im radtouristischen Sinne spricht man von einem **Rastplatz**, wenn mindestens eine Tisch-Bank-Kombination und Anlehnbügel für sechs Personen vorhanden sind.

Die Tisch-Bank-Kombination soll Platz für sechs Personen geben (zwei Bänke à 1,80 m Sitzfläche), stabil gebaut und möglichst aus einem Stück sein. Als Material wird kesseldruckimprägniertes Holz bevorzugt. Für den Unterbau der Bänke und des Tischs wird z. B. in Schleswig-Holstein ein Re-Ku-Profil (verrottungsresistenter Kunststoff) vorgeschlagen. Anlehnbügel an Rastplätzen sollen sechs Rädern Platz bieten (also drei Bügel).

Einzeln stehende Bänke sind im radtouristischen Kontext nicht als Rastplätze zu bewerten. Standorte mit einzelnen Bänken bieten sich aber für den Ausbau zu Rastplätzen an.

Steht eine **Schutzhütte** alleine, so sollten Abstellmöglichkeiten geschaffen werden. In Schleswig-Holstein werden als Abstellmöglichkeit mindestens acht Räder – also vier Anlehnbügel – als Richtlinie empfohlen (Tourismus Agentur Schleswig-Holstein GmbH 2007).

Abb. 22:   Sitzbänke mit Schutzhütte, Informationstafel und Abstellanlagen am Rennweg (Bayern)

Foto: Mühlnickel 2010.

Bei der Planung eines Radverkehrsnetzes gehört auch die Festlegung der Standorte von **Fahrradabstellanlagen** auf öffentlichen oder privaten Flächen und ihrer jeweils erforderlichen Größe. Fahrradabstellanlagen sollten an allen für den Radverkehr wichtigen Zielen geschaffen werden. Bedarf an Fahrradabstellanlagen besteht an allen Quell- und Zielpunkten des Radverkehrs, wo sich Wohngebäude, Bahnhöfe und ÖPNV-Haltestellen, Geschäftsstraßen, Sehenswürdigkeiten sowie Erholungs- und Freizeiteinrichtungen befinden. Die Anlagen sollen so gelegen sein, dass die verbleibenden Fußwege möglichst kurz sind. Auf größere Fahrradabstellanlagen sollte durch Wegweisung hingewiesen werden.

Abb. 23: Überdachte Abstellanlagen in Hövelhof (Nordrhein-Westfalen)

Foto: Mühlnickel 2009.

Abb. 24: Abschließbare Abstellanlagen bei Dessau (Sachsen-Anhalt)

Foto: Mühlnickel 2004.

Abstellanlagen für Fahrräder sollten u. a. folgenden Anforderungen genügen (vgl. FGSV 1995):

- Ein bequemes und sicheres Abstellen und diebstahlsicheres Anschließen einzelner Fahrräder soll auch dann möglich sein, wenn die angrenzenden Fahrradhalter belegt sind. Die Versicherungsbedingungen für den Diebstahl von Fahrrädern sind entsprechend zu berücksichtigen.

- Fahrräder mit allen gängigen Laufradgrößen und Reifenbreiten sollen gleich gut aufgenommen werden.

- Das Fahrrad soll oberhalb des Schwerpunktes gehalten und auch unter Seitenwind oder Gepäckbelastung nicht kippen.

- Durch die Art der Gestaltung sollen sie sich in die Umgebung einpassen.

- Bei der Installation z. B. von Anlehnbügel ist darauf zu achten, dass die Bügel so weit auseinander stehen, dass zwei Räder mit Packtaschen nebeneinander passen und das Abstellen komfortabel möglich ist. In Ausnahmefällen, z. B. in einem Naturpark, können auch Holzbügel (oder ein langer Holzbalken) als Anlehnmöglichkeit zum Einsatz kommen. Dabei ist zu beachten, dass Holz gegenüber feuerverzinktem Rohr ggf. eine kürzere Lebensdauer hat.

- Ein Anschließen des Rahmens (nicht nur des Laufrades) und die Fixierung des Vorderrades am Boden sind entsprechend zu berücksichtigen.

Gerade für den Tourismus ist es wichtig, dass die Fahrradhalter städtebaulich angepasst ins Umfeld passen und dass die oft sehr teuren Fahrräder sicher abgestellt werden können. **Fahrradboxen (Fahrradgaragen)** sind die sicherste Aufbewahrungsart für ein Rad, da das Fahrrad vor Diebstahl, aber auch bei Tourenradler, das Gepäck vor Diebstahl geschützt wird. Sie empfehlen sich zum Beispiel an wichtigen Haltestellen des Öffentlichen Nahverkehrs (Bike+Ride), aber auch für Radtouristen an Sehenswürdigkeiten. Zu überlegen ist auch, ob die Radboxen nicht landesweit einheitlich gestaltet werden. In Schleswig-Holstein wird auf diesen Wiedererkennungswert geachtet (vgl. Tourismus Agentur Schleswig-Holstein GmbH 2007). Ein Beispiel für Fahrradboxen als integrierter Bestandteil des Gästeservice ist die Kunsthalle Emden.

Abb. 25:   Fahrradbox Typ Aretus

Foto: ORION Bausysteme GmbH o. J.

An ausgewählten Stellen im Zuge touristischer Routen (z. B. Schnittstellen von Routen, Rastplätze, Sehenswürdigkeiten) können **Informationstafeln** mit Karten der Region oder Stadtplänen (ggf. mit ergänzender Werbung für fahrradbezogene Einrichtungen wie Gastronomie, Fahrradhandel, -verleih etc.) aufgestellt werden. Wo Fahrradrouten abseits der klassifizierten Straßen verlaufen, kann es sinnvoll sein, auf die Ortsnamen hinzuweisen, da reguläre Ortsschilder fehlen. Diese Ortsschilder bieten sich für eine individuelle Gestaltung und als Träger einer regionalen oder lokalen Corporate Identity an.

Im Folgenden soll ein Beispiel für eine Informationstafel vorgestellt werden, die aus vier Teilen besteht:

1. **Textteil zum Radweg:** Beschreibung z. B. zur historischen Bedeutung des Radweges, Abbildung eines Höhenprofils und Übersichtskarte des Radwegeverlaufes.

2. **Textteil Ort:** Beschreibung der nahe gelegenen Ortschaft am jeweiligen Standort mit wichtigen Sehenswürdigkeiten.

3. **Radwegekarte** (vorhanden), der südliche Abschnitt muss aufgrund der Routenänderung erneuert werden.

4. **Touristische Hinweisschilder:** Informationen über Gastronomie, Übernachtung und Fahrradservice auf einzelnen Hinweisschildern zum Anschrauben auf eine Trägerplatte. Folgende Angaben sollten über die einzelnen Anbieter vorhanden sein: Name, Adresse, Telefonnummer, Öffnungszeiten, Kilometerangabe vom Standort bis zum Anbieter. Die Infotafel bietet Platz für sieben Hinweisschilder.

Abb. 26:   *: Beispiel für eine Informationstafel*

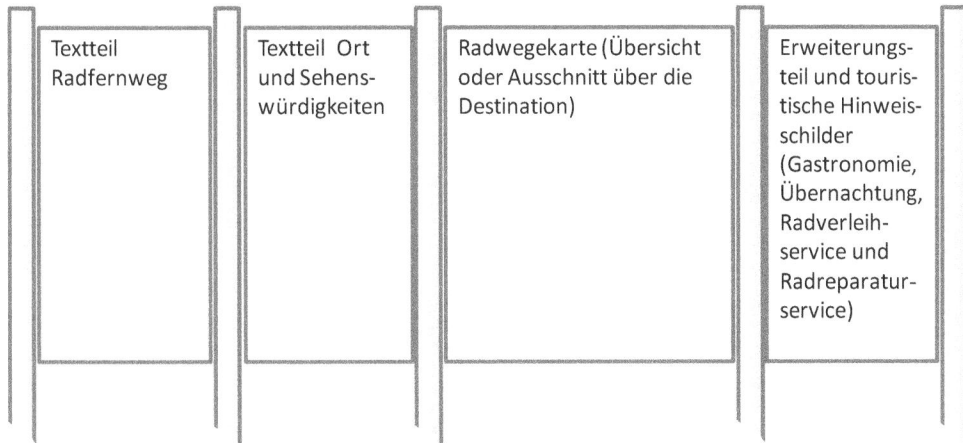

Textteil Radfernweg	Textteil Ort und Sehenswürdigkeiten	Radwegekarte (Übersicht oder Ausschnitt über die Destination)	Erweiterungsteil und touristische Hinweisschilder (Gastronomie, Übernachtung, Radverleihservice und Radreparaturservice)

Quelle: böregio 2011.

Gute Beispiele für Informationstafeln gibt es im Landkreis Northeim (Niedersachsen) über den Europaradweg R 1 und das Radwegenetz im Landkreis Haßberge in Bayern.

Abb. 27:   Informationstafeln am Europaradweg R1

Foto: Mühlnickel 2010.

Die Informationstafel sollte klar gegliedert in: kleine Übersichtskarte mit Routennetz, große Detailkarte mit gekennzeichneten Radwegen, Legende und mehrsprachigem Informationsteil (Detailinformationen zu Routen, allgemeine Informationen, Fotos). Bei Bedarf kann Werbung (von Sponsoren) mit Einschubtafeln ermöglicht werden.

Abb. 28:   Informationstafeln im Landkreis Haßberge (Bayern)

Foto: Mühlnickel 2010.

Abb. 29:   Infotafeln am Kinderradweg in der Eifel I

Foto: Verbandsgemeinde Daun 2011.

Abb. 30:   Infotafeln am Kinderradweg in der Eifel II

Fotos: Verbandsgemeinde Daun 2011.

Infotafeln sind regelmäßig zu warten und ggf. zu aktualisieren – sowohl baulich als auch inhaltlich.

3.5   Hospitality für Radtouristen

3.5.1   Radlerfreundliche Gastronomie

(Axel Dreyer)

Zu einem rundum zufriedenstellenden (Radel-)Urlaub gehört ein gutes gastronomisches Angebot. Der „Genuss landestypischer Spezialitäten" (Formulierung aus der Marktforschung) ist die häufigste Aktivität der Deutschen im Urlaub (64 %) (vgl. FUR 2007, S. 111). Die Inanspruchnahme gastronomischer Leistungen ist die perfekte Ergänzung zum Naturgenuss beim Tourenradeln sowohl während einer Tour oder am Abend, wenn das Rad nach dem Tagewerk abgestellt wurde und kulinarische Freuden nach der körperlichen Betätigung gerne genossen werden. Ein Restaurantbesuch ist die wichtigste Aktivität von Radurlaubern und erfolgt, verglichen mit Nicht-Radlern, überdurchschnittlich häufig (vgl. BMWi 2009, S. 60). Die zunehmende **Genussorientierung der Radler** spiegelt sich auch in der allgemeinen gesellschaftlichen Entwicklung wider. Der Anspruch der Deutschen an das, „was auf den Tisch kommt", ist gestiegen und das Interesse am sogenannten kulinarischen Tourismus hat zugenommen. Dass die Jahresgabe des Allgemeinen Deutschen Automobilclubs (ADAC) für seine mehr als 17 Mio. Mitglieder 2010 ein Heft „Kulinarisches Deutschland" war, ist durchaus als Anzeichen zu werten (vgl. ADAC 2009).

Die Bedürfnisse nach gastronomischen Angeboten können unter den unterschiedlichen Zielgruppen der Radreisenden sehr stark variieren (z. B. zwischen Renn- und Tourenradfahrern). Aber auch das Verhalten jedes einzelnen Radlers lässt sich durchaus als hybrid oder multioptional bezeichnen. Morgens ist zum Beispiel gesunde Vital-Küche gewünscht, unterwegs gibt es vielleicht belegte Brötchen und Obst aus dem Rucksack oder, wenn sich ein attraktives Gasthaus am Wegesrand befindet, wird auch zünftig eingekehrt. Abends reicht das Spektrum dann wieder von schmaler Kost bis zum Verwöhnmenü.

Regionale Küche ist beliebt

Das negative „Arme Leute"-Image der traditionellen regionalen Küche nach dem zweiten Weltkrieg gehört der Vergangenheit an. Von 2005 bis 2008 ist die Beliebtheit der deutschen Küche deutlich gestiegen (von 66 % auf 80 %), wobei „gut bürgerliche" Restaurants am gefragtesten sind. Auch beim Einkauf zeigt sich die Heimatverbundenheit der Deutschen, die wieder verstärkt auf die regionale Herkunft ihrer Produkte achten (vgl. Apollinaris 2009a, S. 1 ff.). Regionale Produkte sind ein Resultat langjähriger Entwicklungen, die auf den typischen Lebensgrundlagen und Lebensgewohnheiten der Menschen in einem Landstrich basieren. Sie repräsentieren damit einen Teil Lebenskultur einer Region und machen diese damit ein Stück weit unverwechselbar.

Deutsche Radler legen mehrheitlich (75 %) Wert auf regionaltypische Speisen (BMWi 2009, S. 85), während österreichische Experten darauf hinweisen, dass dies ein eher „deutsches Phänomen" sei. Beobachtungen am Donau-Radweg zeigen, dass viele Italiener dort auch ihre Pasta haben wollen. Insofern ist der Wunsch nach regionalen Spezialitäten zwar nicht verallgemeinerbar, aber auch Untersuchungen zum Wandertourismus bestätigen die Vorliebe, regionaltypisch zu speisen. (Dazu und zum vorstehenden Text Dreyer et al. 2010, S. 203ff.)

Eines ist mit Sicherheit von genereller und großer Bedeutung: die Qualität muss stimmen; und zwar beim Service ebenso wie bei den Speisen. Neben den Kriterien des ADFC für Gastronomiebetriebe, die den Kriterien für Beherbergungsbetriebe (siehe Kap. 3.5.3) ähneln, zeigt die folgende Tabelle wichtige Faktoren gastronomischer Qualität entlang der Radwege.

Abb. 31: Attraktivitätsfaktoren gastronomischer Betriebe an Radwegen

Attraktivitätsfaktoren gastronomischer Betriebe an Radwegen	
Lage	
Region und Radweg	— Der Weg ist das Ziel: Voraussetzung ist, dass Radgastgeber an oder zumindest in unmittelbarer Nähe einer attraktiven Strecke liegen.
Erreichbarkeit	— Der Gastronomiebetrieb sollte möglichst an der Strecke oder zumindest nicht weit entfernt liegen und mit dem Rad gut erreichbar sein.
Ruhe	— Radler möchten in ruhiger Lage und abseits vom Straßenlärm rasten.
Aussicht	— Eine attraktive Aussicht (z. B. auf einen Fluss) lädt besonders zum Verweilen ein.
Atmosphäre	
Gemütlich und rustikal	— Da die Radler in ihrer Outdoor-Bekleidung einkehren, sollte der Betrieb rustikal, aber trotzdem gepflegt sein, damit man sich nicht „underdressed" fühlt. Eine urige und gemütliche Atmosphäre wird bevorzugt.
Authentizität	— Regionaltypische Einrichtung, ortsübliche Speisen und authentisches Personal machen den Aufenthalt zu einem weniger vergleichbaren Erlebnis.
Service	
Abstellanlage	— Am besten überdacht und im Sichtbereich, damit ggf. das Gepäck nicht abgenommen werden muss.
Öffnungszeiten	— Radlerfreundliche Öffnungszeiten (Küche durchgehend geöffnet)
Trockenmöglichkeit	— Trockenmöglichkeit für Ausrüstung, Kleidung oder Haare
Freundlichkeit	— Freundlichkeit des Servicepersonals
Kompetenz	— Ortskundige Mitarbeiter, die Fragen zu Radwegen und zu Sehenswürdigkeiten in der Region beantworten können.
Reparaturservice	— Wichtigste Werkzeuge für einfache Reparaturen vorhalten.
Gastronomie	
Regional	— Regionaltypische Küche wird bevorzugt (Herkunft der Speisen aus der Region).
Gesund und frisch	— Frische Zubereitung der Speisen (eine kleine Karte genügt).
Vegetariergerecht	— Ein Angebot für Vegetarier sollte dabei sein.
Radlergetränk	— Preiswertes alkoholfreies Angebot, Fruchtsäfte mit Mineralwasser, Sportlerdrinks im Angebot.
sonstiges Angebot	
Radlerinformationen	— Schwarzes Brett mit Informationen (nächste Einkehrmöglichkeit, Wetter, Aussichtspunkte, Umgebungskarte, wichtige Rufnummern wie z. B. Taxi mit Radtransportmöglichkeit) — Verkauf von Informationsmaterial, Radkarten und -literatur

Quelle: in Anlehnung an Dreyer/Menzel/Endreß 2010, S. 206.

Gesunde Ernährung wird wichtiger

Mit der zunehmenden Gesundheitsorientierung der Deutschen und somit auch der deutschen Urlaubsreisenden und der Radreisenden steigt auch die Nachfrage nach gesunden Produkten in der Gastronomie. Die Verwendung frischer Zutaten und die Frische bei der Zubereitung sind für die Deutschen essenziell (93 %) (vgl. Apollinaris 2009b, S. 1). So lässt sich in Deutschland ein Trend zu „Nature Food" erkennen: Immer mehr Deutsche möchten in ihrem Urlaub natürlich, biologisch und gesund essen (vgl. Groß 2005, S. 43 ff.).

Kulinarische Radrouten

Inzwischen existiert schon eine Reihe von Radrouten, die kulinarische Schwerpunkte als Anlaufpunkte haben. Beispiele sind:

- Schwäbische Kartoffel-Tour
- Radtour „Westfälisch Genießen"
- Schlemmerradeln im Saarland
- Moselweinstraße (gibt es für Fußgänger, Radler und Autofahrer)

Kulinarische Radrouten entstehen nur durch kontinuierliche Produktentwicklung in den Destinationen. Ohne eine qualitativ hochwertige Gastronomie sind sie nicht denkbar. Unter Hochwertigkeit ist dabei nicht unbedingt Hochpreisigkeit zu verstehen, sondern Kochkunst und der Einsatz guter Zutaten, die auch zur Herstellung rustikaler Speisen dienen können.

Abb. 32:   Schwäbische Kartoffeltour

Quelle: Schwäbische Kartoffel-Tour 2011.

3.5.2 Radler als Zielgruppe für Beherbergungsbetriebe

(Axel Dreyer und Ines Karnath)

Entwicklung auf den Hotelmärkten

Anfang der 2010er Jahre sind weltweit sehr unterschiedliche, von Ländern und Destinationen abhängige Entwicklungen auf den Hotelmärkten erkennbar. Bei den Hotelketten herrscht international ein (nur mit Beginn der Wirtschaftskrise 2008 zeitweise gebremster) Expansionsdrang vor, an dem sich auch die Reisekonzerne mit der Ausweitung ihrer Ferienhotellerie beteiligen. Besonders der Druck auf die kleine und mittelständische Hotellerie sowie auf das Ferienwohnungs-Segment wird dadurch größer. Im Zuge des demographischen Wandels dürfte die Nachfrage nach Ferienwohnungen aus Ländern mit niedrigen Geburtenraten wie zum Beispiel Deutschland und Italien, spürbar nachlassen.

Erkennbar ist auch eine **Polarisierung der Hotelmärkte**, sodass sowohl eine Stärkung der Luxushotellerie als auch ganz besonders der Discounthotellerie zu erwarten ist. Unternehmen, die einen günstigen Marktpreis anbieten wollen, müssen die Kosten gezielt steuern und müssen demnach nicht nur beim Serviceniveau sparen, sondern bspw. auch bei der Hotelgestaltung die Raumökonomie im Blick haben und auf eine Platz sparende Architektur setzen.

Für die in den häufiger ländlich geprägten Radlerdestinationen typische Mittelklassehotellerie, die immer noch den ohnehin größten Marktanteil in Ländern wie Deutschland, Österreich und der Schweiz besitzt, bedeutet dies einen besonders harten Wettbewerb, weil eine Abwanderung in das Discount- bzw. Luxussegment droht. Eine **Spezialisierung** auf die Zielgruppe der Radler kann daher eine Option sein und bietet sich daher besonders für familiär geführte Hotelbetriebe im 3- bis 4-Sterne-Bereich an. Voraussetzung ist, dass die Unterkünfte in ruhiger Lage, nicht an Hauptverkehrsstraßen, im Grünen und nicht weit entfernt von einem Radwegenetz liegen (vgl. Dreyer/Karnath 2009, S. 228 ff.; Dreyer/Menzel/Endreß 2010, S. 213ff.).

Immerhin zeigen Untersuchungen, dass Radtouristen Pensionen (33 %) und 3- bis 4-Sterne-Hotels (29 %) bevorzugen und darüber hinaus auch gerne auf Campingplätzen (19 %) oder in Gasthöfen (18 %) übernachten (vgl. Trendscope 2008, S. 72).

Die große Aufgabe der Vermarktung besteht – auch unabhängig vom Radtourismus – darin, im Augenblick der Buchungsentscheidung „die Nase vorn" zu haben. Ein guter Onlineauftritt und eine einfache Buchbarkeit des Zimmers sind Grundvoraussetzungen des Vertriebs. Um überhaupt im Wettbewerb wahrgenommen zu werden und in die engere Wahlentscheidung des Kunden zu gelangen, muss aber im Vorfeld des Marketings erheblich mehr geleistet werden. Nur ein eindeutiger Marktauftritt ermöglicht den Konsumenten die Orientierung und erleichtert ihnen die Wahl.

Strategisch ausgerichtete Spezialisierung

Zur Herstellung der Unverwechselbarkeit ist in Zukunft erst recht eine gewisse, strategisch ausgerichtete Spezialisierung notwendig. Diese ist zwar nicht völlig ohne Risiko, weil man sich auf ein bestimmtes Marktsegment festlegt, andererseits kommt man aber nicht umhin, in strategischer Hinsicht sein **Profil** zu **schärfen**. Dies kann v.a. durch die Orientierung an Kundengruppen und/oder Themen geschehen. Denn die Bedürfnisse lassen sich am besten erfüllen, wenn Gäste eines Beherbergungsbetriebs eine möglichst homogene Einheit bilden. Diesem Ziel wird man am ehesten gerecht, wenn man sich auf bestimmte Kundengruppen konzentriert. Schon heute ist eine Tendenz in dieser Richtung erkennbar und Kooperationen, die sich spezialisiert haben, haben seit Jahren steigenden Zuspruch (vgl. Dreyer/Karnath 2009, S. 232 ff.).

Zum anderen orientieren sich auch immer mehr individuelle Häuser mit ihrer Ausrichtung an definierten Bedürfnissen und Lebensstilen. Oftmals gelingt es auch, bestimmte Gäste mit Hilfe konkreter Themen anzusprechen. Im Fahrwasser des Zeitgeistes der LOHAS-Kunden (Lifestyle of Health and Sustainability) steigt zum Beispiel die Nachfrage nach Ausstattungen mit echten Materialien und natürlichen Oberflächen. Viele Kleinigkeiten, wie der Bettenrahmen aus Holz, Planung nach Feng Shui oder auch das Shampoo aus Kräuteressenzen zeugen von der Echtheit und lassen sich in ein stimmiges Gesamtkonzept aus naturbelassenen und umweltbewussten Materialien integrieren (vgl. Horx/Wenzel 2008, S. 2). Beispielsweise schlafen die Gäste des Naturhotels Waldklause (www.waldklause.at) auf Villgrater Naturbetten und werden kulinarisch durch einheimische Naturprodukte verwöhnt. „Theiner´s garten BIO vitalhotel" am Etsch-Radweg wurde vollständig nach biologischen Maßstäben errichtet (www.theinersgarten.it). Die nachfolgende Abbildung stellt Erfolgsfaktoren für Radlergastgeber dar.

Abb. 33:   Erfolgsfaktoren für Radlerunterkünfte

Quelle: eigene Darstellung in Anlehnung an Dreyer/Menzel/Endreß 2010, S. 215.

In Wirklichkeit überwiegt allerdings auf dem mittelständischen Hotelmarkt nicht die Orientierung an einzelnen Kundengruppen, sondern immer noch die „Massenmarktstrategie" (vgl. Freyer 2007, S. 363 ff.), nach der die Gastgeber die ganze Bandbreite des Tourismusmarktes bedienen. Und selbst unter den Radlern muss eigentlich noch nach verschiedenen Zielgruppen unterschieden werden (Sportliche Ältere, Familien, Großgruppen, abenteuerlustige jüngere Radler etc.; siehe Kap. 2.3). Die Hoteliers, die Radler beherbergen, gehen aber in der Vermarktung mehrheitlich noch nach dem „Schrotflinten-Prinzip" vor. Sie versuchen, eine möglichst breite Masse an Urlaubsgästen anzusprechen. Nachfolgend wird in groben Zügen dargestellt, welche Betriebsarten von Radlern genutzt werden. Dabei wird zwischen den Kundenstrategien „Massenmarktstrategie" und „Segmentierungsstrategie" unterschieden. Die für den Radtourismus bedeutendsten Betriebsarten sind fett dargestellt.

Abb. 34:   Beherbergungsbetriebe für Radtouristen nach Kundenstrategien

Beherbergungsbetriebe für Radtouristen nach Kundenstrategien		
Massenmarktstrategie	**Segmentierungsstrategie** (Radlerbetriebe)	
klassische Beherbergungsbetriebe ohne Marktsegmentierung	mehrere Märkte und Zielgruppen (Radfreundliche Betriebe i. w. S.)	Radler als wesentliche Zielgruppe in der Vermarktung (Radlerbetriebe i. e. S.)
• **Hotel** • Erholungs-/ Ferienheim • **Gasthof** • Gästehaus • **Pension** • Ferienhaus/ -wohnung • **Hotel garni** • Ferienzentrum • All-Suite-Hotel • Jugendherberge • Aparthotel • Privatvermieter	Bsp.: • Sport- und Aktivhotels, • Bio-, Vital- und Wellness-Hotels • Camping-Plätze ADFC-Bett & Bike-Betriebe	• **Radlerhotels** (Tourenradler) • **Mountainbiker-Hotels**

Quelle: eigene Darstellung in Anlehnung an Dreyer/Menzel/Endreß 2010, S. 215.

Radlerhotels und -pensionen

Eine weitere Möglichkeit der Segmentierung und damit auch der Marktpositionierung ist es, die „Marktnische" des Radtourismus zu nutzen und sich als **Spezialist im Radlermarkt** zu positionieren („Radlerbetriebe i. e. S."). Hierfür ist allerdings ein besonderes Wissen über die verschiedenen Kundengruppen der Radler erforderlich, um diese mit bedürfnisorientierten, zielgruppengerechten und qualitativ passenden Angeboten anzusprechen und mit einem persönlich-individuellen Konzept zu überzeugen.

Radlerhotels haben spezielle Services für Radfahrer zu bieten wie z. B. Reparatursets, Gepäckservice, Verkauf von Informationsmaterial, Trockenmöglichkeit für Radlerbekleidung und -ausrüstung, ein spezielles gastronomisches Angebot für Radler, Wellnessangebote etc. Relativ selten haben sich bisher Radlerhotels zu Kooperationen zusammengeschlossen, um gemeinsames Marketing zu betreiben und ihre Qualität durch den gemeinsamen Austausch und die Festlegung von Qualitätsstandards zu verbessern, wenn man einmal von den äußerst weit verbreiteten, vom ADFC zertifizierten „Bett+Bike"-Betrieben absieht (siehe folgendes Kap. 3.5.3). Allerdings befindet sich unter dem Dach von Bett+Bike eine sehr heterogene Schar von Beherbergungsbetrieben, die von der einfachen Pension bis zum 5-Sterne-Hotel reicht und deren einzige Klammer die Radlerfreundlichkeit ist. Insofern sind diese Betriebe durchaus einer Segmentierungsstrategie zuzurechnen, diese ist jedoch unterschiedlich ausgeprägt. Hier dürfte in Zukunft eine deutlichere Differenzierung der Beherbergungstypen sinnvoll sein.

Andere Aktivtouristen kommen in radlerfreundlichen Betrieben als Hotelgäste natürlich auch in Frage, werden aber eventuell nicht in den Mittelpunkt des Marketings gestellt. In den Alpen haben sich Beherbergungsbetriebe in verschiedenen Kooperationen zur Ansprache der Mountainbiker-Zielgruppe zusammengeschlossen (z. B. zu finden unter www.mountainbiker.it oder www.bike-holidays.com); die kooperierenden Betriebe setzen unterschiedlich stark auf die Zielgruppe der Biker. Sie sind zwar ähnlich wie „Bett+Bike" auch der Segmentierungsstrategie zuzuordnen, setzen aber in der Vermarktung durchaus auf verschiedene sportliche Kundengruppen und nicht nur Radfahrer.

Es ist also festzuhalten, dass die enge Segmentierungsstrategie, die nur Radler in den Mittelpunkt der Vermarktung stellt, in der Praxis selten vorkommt und einen Beherbergungsbetrieb alleine wohl nicht trägt. In der vom Radlersegment unabhängigen Produktgestaltung dieser Beherbergungsbetriebe muss darüber hinaus für einen stimmigen und bedürfnisgerechten Marktauftritt auf den folgenden fünf Ebenen gearbeitet werden:

- Der Mensch gehört in den Mittelpunkt des Denkens und Handelns,

- es braucht ein Wohlfühlmanagement ab dem ersten Kundenkontakt,

- (Haus)Technik muss bedürfnis- und funktionsgerecht zum Wohle der Gäste eingesetzt werden,

- die Wahrung der Klimaneutralität des Angebots wird immer wichtiger (gerade für die Ansprache der eher umweltsensiblen Radtouristen) und

- die Ansprache aller Sinne mit dem Ziel, Lebensgefühl und Erlebnisse zu vermitteln, muss maßgeblich in die Produktgestaltung einbezogen werden (vgl. Dreyer/Karnath 2009, S. 233 ff.).

In einigen Rad-Destinationen hat sich der Aufbau von Vermarktungs-Kooperationen unter den Beherbergungsbetrieben durchgesetzt. Sie werben unter einem gemeinsamen Logo wie z. B. die Radlerfreundliche Betriebe am Elberadweg (siehe Abb. 35). Obwohl sie oft auch regional zertifiziert sind, werden sie gerne mit einer Hotelmarke verwechselt. Eine solche sind sie noch lange nicht, da ihnen wesentliche Kennzeichen einer Marke fehlen (vgl. Freyer/Dreyer 2004, S. 84 ff.) (siehe auch Kap. 5.2 im Abschnitt Radrouten als Marke).

Abb. 35: Logo der radlerfreundlichen Unterkünfte am Elberadweg

Quelle: Landestourismusverband Sachsen-Anhalt 2011.

Verglichen mit den Wanderregionen sind Unterkunfts-Kooperationen im Radtourismus seltener zu finden, was möglicherweise daran liegt, dass der ADFC das Feld mit seiner Zertifizierung der fahrradfreundlichen Gastbetriebe „Bett+Bike" schon frühzeitig bestellt hat. Wir stellen das Konzept im Folgenden vor.

3.5.3   Fallbeispiel: Fahrradfreundliche Gastbetriebe Bett+Bike

(Wolfgang Reiche)

Mit dem spürbaren Anstieg des Fahrradtourismus seit Mitte der 80er Jahre nahm sowohl das Interesse an aktuellen Radwanderkarten und informativen Radtourenführern zu als auch an geeigneten Nachtquartieren. In den Infoläden mussten die Aktiven des ADFC in jener Zeit passen, wenn eine Auflistung radlerfreundlicher Unterkünfte gewünscht wurde.

Neben der steigenden Nachfrage nach radlerfreundlichen Quartieren kristallisierte sich bald ein anderer Grund heraus, sich mit der Frage der nächtlichen Bleibe auf Radtouren auseinanderzusetzen: Aktive Radtouristiker machten während ihrer Radtouren wiederholt die unangenehme Erfahrung, dass sie von manchen Häusern abgewiesen wurden, sobald sie den Wunsch äußerten, nur eine Nacht bleiben zu wollen. Besonders deutlich spürten sie dieses Verhalten während der Reisesaison bei den Quartieranbietern in beliebten Urlaubsregionen.

Als Reaktion darauf schuf der ADFC-Fachausschuss Fahrradtourismus einen Kriterienkatalog für radlerfreundliche Gastbetriebe (ADFC (Hg.) 2005, FAF 7) und stellte ihn erstmals 1995 auf der Internationalen Tourismusbörse (ITB) in Berlin vor. Die Resonanz darauf war sowohl beim Fachpublikum als auch bei der Presse und v.a. beim Gastgewerbe positiv. Damit war der Startpunkt für das ADFC-Projekt Bett+Bike[1] mit folgenden Zielen gegeben:

- Sammlung von Adressen und Basisdaten radlerfreundlicher Gastbetriebe,

- Zertifizierung von radlerfreundlichen Gastbetrieben als Bett+Bike-Betriebe,

- Etablierung eines engmaschigen deutschlandweiten Netzes an radfahrerfreundlichen Beherbergungs-, Camping- und Gastronomieangeboten,

- Qualifizierung von Beherbergungsbetrieben, damit diese den Wünschen und Anforderungen von Rad fahrenden Gästen besser entsprechen können und

- generelle Förderung des regionalen und deutschlandweiten Fahrradtourismus.

Das Projekt entwickelte sich überaus positiv und wuchs in wenigen Jahren stark an. Von 216 Hotels und Pensionen, die in der Anfangsphase von Tourenradlern als „empfehlenswert" eingestuft wurden, stieg die Zahl der anschließend vom ADFC zertifizierten Bett+Bike-Häuser innerhalb von 15 Jahren auf 5.150 Betriebe (ADFC 2011b, S. 42–485).

2005 wurde das ADFC-Projekt vom Deutschen Tourismusverband (DTV) in die Liste der bedeutendsten bundesweiten Qualitätsinitiativen aufgenommen (DTV 2007).

---

[1]   In den ersten beiden Jahren lautete der Name dieses neuen ADFC-Projektes noch „Rad & Bett". 1997 wurde das Projekt in „Bett & Bike" umbenannt. 2011 erfolgte – zusammen mit der Logoneugestaltung – eine weitere Modifizierung des Namens. Seither lautet das Projekt offiziell: „Bett+Bike".

Abb. 36:   Entwicklung des ADFC-Projektes Bett+Bike zwischen 1995 und 2011

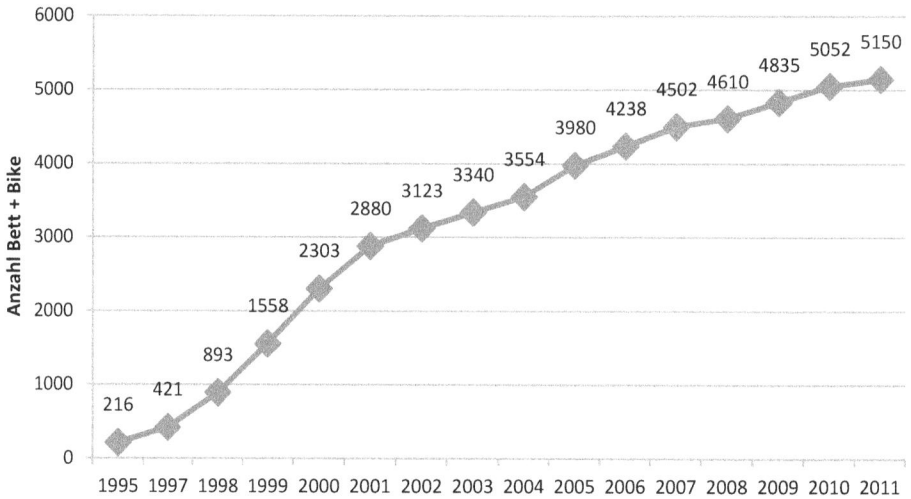

Quelle: eigene Darstellung.

Wünsche und Erwartungen von Radtouristen

Radtouristen unterscheiden sich bei der Auswahl ihrer Unterkünfte nur wenig von anderen Touristen. Nach einem mitunter anstrengenden Radeltag ziehen sie in der Regel eine ruhige, gemütliche Unterkunft Häusern vor, die zwar verkehrsgünstig liegen, aber eben auch laut sein können. Da Radtouristen aus allen Schichten stammen, gehen ihre Ansprüche und v. a. ihre Möglichkeiten z. T. weit auseinander. Daher werden sowohl einfache, preisgünstige Pensionen und Gasthöfe gewünscht als auch Komfort-Hotels mit drei oder vier Hotelsternen. Sogar sehr einfache Bauernhöfe mit Schlafkammern oder „Heu-Herbergen" finden ihre Gäste insbesondere bei städtischen Familien mit erlebnishungrigen Kindern.

Radurlauber freuen sich, wenn sie entlang ihrer Route auf das angestrebte Quartier aufmerksam gemacht werden und wenn sie es möglichst ohne Umwege erreichen können. Dabei erwarten sie diese Hinweise optimalerweise als eindeutige und einheitliche Einschübe in den Pfeilwegweisern.

Ginge es nach den Wünschen und der Leistungsfähigkeit der unterschiedlichen Urlaubsradler, dann bildeten die radlerfreundlichen Gastbetriebe einer Region ein enges Netz mit einer Maschenweite von 30–35 km. Zumindest entlang von ausgewiesenen, qualitativ hochwertigen und deutschlandweit bekannten Radfernwegen sollten solche Häuser in diesen Abständen und in unterschiedlicher Qualität und Ausstattung zur Verfügung stehen.

Nach der Anreise wünschen sich die meisten Radler, dass man sich zuerst um ihre z. T. recht teuren Fahrräder und erst dann um sie selbst kümmert. Ein möglichst ebenerdiger, gut erreichbarer und vollständig abschließbarer Raum zur Aufbewahrung der Räder über Nacht gehört aus ihrer Sicht zu den grundlegenden Voraussetzungen für ein radlerfreundliches Haus.

Gleichfalls erwarten sie die Möglichkeit, nasse Kleidung und Ausrüstung über Nacht wieder trocknen zu können. Ebenso wünschen sich Radler Hilfe und Unterstützung im Pannenfall oder bei der lokalen oder regionalen Orientierung (Karten, Radwanderführer etc.).

Selbstverständlich gehen Radfahrer davon aus, dass sie in ihrer auserwählten Unterkunft auch dann willkommen sind, wenn sie – wie üblich – nur eine Nacht bleiben wollen. Und am folgenden Morgen möchten sie nach einem vielfältigen und reichhaltigen Frühstück wieder gut gestärkt auf den Sattel steigen.

Die Auswertung und Zusammenfassung der Radlerwünsche mündete in einem Kriterienkatalog mit Standardanforderungen und zusätzlichen Angeboten (ADFC (Hg.) 2005, FAF 7, S. 1). Beherbergungsbetriebe gleich welcher Art, Kategorie und Preislage müssen Mindestanforderungen erfüllen, wenn sie sich für die ADFC-Qualitätsauszeichnung Bett+Bike bewerben. Neben diesen für alle Beherbergungsbetriebe gleichermaßen gültigen Kriterien hat der ADFC noch einen Katalog von zehn so genannten „Zusätzlichen Angeboten" erstellt (vgl. ADFC (Hg.) 2005, FAF 7, S. 2 f.). Diese wünschenswerten Angebote erleichtern Radurlaubern das Leben und werten aus ihrer Sicht die Häuser auf. Die Qualitätsauszeichnung des ADFC erlangen nur Betriebe, die wenigstens zwei dieser Zusatzkriterien erfüllen und nachweisen können (siehe Abb. 37).

Abb. 37:   ADFC-Kriterien für Bett+Bike-Betriebe, Campingplätze und Gastronomiebetriebe

ADFC- Kriterien für Bett+Bike-Beherbergungsbetriebe
Mindestkriterien für Bett+Bike-Betriebe
1. Aufnahme von Rad fahrenden Gästen auch für nur eine Nacht!
2. Abschließbarer Raum zur unentgeltlichen Aufbewahrung der Fahrräder
3. Trockenmöglichkeit für Kleidung und Ausrüstung (z. B. Trockenraum, Heizungskeller, Boden, Trockner etc.)
4. Angebot eines reichhaltigen (vitamin- und kohlehydratreichen) Frühstücks
5. Aushang, Verleih oder Verkauf von regionalen Radwanderkarten und Radwanderführern sowie Fahrplänen
6. Bereitstellung eines Fahrrad-Reparatursets mit den wichtigsten Werkzeugen für einfache Reparatur- und Wartungsarbeiten
7. Information über Lage, Öffnungszeiten und Telefon der nächsten Fahrradreparaturwerkstätten
Zusatzkriterien für Bett+Bike-Betriebe
1. Beratung bei der Anmeldung hinsichtlich einer umweltfreundlichen An- und Abreise mit öffentlichen Verkehrsmitteln (insbesondere zur Fahrradmitnahme)
2. Hol- und Bringdienst für radelnde Gäste
3. Hauseigenes Mietangebot von qualitativ guten Fahrrädern oder Verweis auf einen örtlichen Fahrradvermieter (Angebot, Telefonnummer)
4. Angebot von ausgearbeiteten Tagesradtouren
5. Gepäcktransfer von der letzten und/oder zur nächsten Unterkunft
6. Reservierungsservice für die nächste Übernachtung in fahrradfreundlichen Betrieben
7. Bereitstellung wichtiger Ersatzteile, ggf. in Absprache mit der nächsten Werkstatt
8. Liste weiterer fahrradfreundlicher Betriebe in der Region
9. Lunchpaket zum Mitnehmen
10. Gästebuch für Radwanderer

Abb. 37:   ADFC-Kriterien für Bett+Bike-Betriebe, Campingplätze und Gastronomiebetriebe
(Fortsetzung)

ADFC-Kriterien für Bett+Bike-Campingplätze
Mindestkriterien für Bett+Bike-Campingplätze
Aufgrund ihrer Natur unterscheiden sich die Mindestkriterien für radlerfreundliche Campingplätze deutlich von denen der Hotels und Pensionen:

1. Eine abgegrenzte Zeltfläche für Radfahrer und andere nicht motorisierte Gäste, die nicht von Pkws oder Wohnwagen befahren werden kann.
2. Graswachsene Oberfläche zum Aufstellen der Zelte, die möglichst eben und waagerecht ist (Schotter, Feinkies oder Böden mit starker Verdichtung kommen für Zelter nicht in Frage.).
3. Abstell- und Parkmöglichkeit an einem Anlehnbügel auf oder in der Nähe der Zeltwiese (in Sichtweite)
4. Trockenmöglichkeit für Kleidung und Ausrüstung
5. Keine zusätzliche Gebühr für die Aufnahme von Fahrrädern auf dem Zeltplatzgelände
6. Aushang, Verleih oder Verkauf von regionalen Radwanderkarten und Radwanderführern, Bahn- und Busfahrplänen sowie Schiffs- und Fährangeboten
7. Bereitstellung eines Fahrrad-Reparatursets mit den wichtigsten Werkzeugen für einfache Reparatur- und Wartungsarbeiten (Inhalt auf Anfrage)
8. Information über Lage, Öffnungszeiten und Telefonnummern der nächsten Fahrradreparaturwerkstätten für größere Reparaturen.

Quelle: ADFC (Hg.) 2005, Kriterienkatalog FAF 7.

Der Vollständigkeit halber sei noch erwähnt, dass der ADFC-Kriterienkatalog FAF 7 auch rein gastronomische Einrichtungen erfasst. In einem besonderen Abschnitt sind die für Radler wichtigen spezifischen Anforderungen an eine Gaststätte, ein Restaurant oder ein Café dargelegt. Allerdings haben solche Häuser für Reiseradler längst nicht die Bedeutung wie Unterkünfte. Von daher sind sie auch kaum bei Bett+Bike vertreten. Für die Zukunft ist eine Erweiterung auch auf dieses Angebot vorgesehen.

Entwicklung des ADFC-Projektes Bett+Bike

Seit dem Start hat die Nachfrage von Seiten der Beherbergungsbetriebe aber auch durch die Radtouristen ständig zugenommen. Bereits die 1995/96 probeweise als „Null-Nummer" herausgegebene, einfache Zusammenstellung von nur 216 radlerfreundlichen Häusern fand zahlreiche Interessenten. In nur zwei Jahren wurden rund 2.800 Exemplare angefordert. Damit war der Nachweis erbracht, dass es einen Bedarf an solchen Auflistungen gab.

Um das Netz verdichten und ausbauen zu können, entstanden in den Folgejahren bei einigen ADFC Landesverbänden Regional- und Landesprojekte. Sie sorgten auf Länderebene für einen spürbaren Zuwachs an radlerfreundlichen Unterkünften und ermöglichten zugleich deren intensivere Betreuung.

Für die wachsende Zahl an Radtouristen konnten daraufhin sowohl einzelne Regionalverzeichnisse als auch ein jährlich aktualisiertes, deutschlandweites Gesamtverzeichnis erstellt und über den ADFC bzw. den Buchhandel vertrieben werden.

2007 übernahm mit Flandern/Belgien erstmals eine ausländische Nachbarregion die ADFC Kriterien. Der ADFC wurde beauftragt, die Prüfung und Zertifizierung der dortigen Häuser vorzunehmen. Nach Abschluss der ersten Aktion konnten insgesamt 240 radlerfreundlichen Beherbergungsbetrieben die internationale Auszeichnung Bett+Bike verliehen werden. Inzwischen ist auch in Luxemburg ein Landesprojekt im Aufbau, das exakt auf den gleichen Regeln und Vorgaben basiert, die der ADFC für Deutschland entwickelt hat.

Abb. 38:   Titelseiten „Rad & Bett" 1995/96, „Bett & Bike" 2005 und „Bett+Bike" Deutschland, Ausgabe 2011

Quelle: ADFC (Hg.) 1995, 2005 und 2011b.

Aufnahme- und Teilnahmebedingungen

Beherbergungsbetriebe gleich welcher Art können sich beim ADFC um die Auszeichnung Bett+Bike bewerben. Sie müssen dazu – zusammen mit den relevanten Daten über ihre Unterkunft – einen ausgefüllten und unterschriebenen Erhebungsbogen einschließlich Vereinbarung bei ihrem zuständigen Regionalprojekt einreichen (vgl. ADFC/Landesverband Bayern 2007). Nach Prüfung der Unterlagen auf Vollständigkeit und Plausibilität erfolgt die Aufnahme auf Grundlage der vorliegenden Selbstauskunft. Es werden jedoch Stichproben nach dem Zufallsprinzip und später gezielte Betriebsbesuche durchgeführt.

Beherbergungsbetriebe zahlen mit der Aufnahme eine einmalige, gestaffelte Aufnahmegebühr zwischen 82 EUR und 123 EUR. Die Staffelung richtet sich nach Betrieben mit bis zu acht Betten und Betrieben mit neun und mehr Betten. Campingplätze und reine Gastronomiebetriebe entrichten gleichfalls eine einmalige Aufnahmegebühr von derzeit 123 EUR.

In den Folgejahren fällt bei den Beherbergungsbetrieben eine konstante Grundgebühr von 35 EUR an, zu der noch eine Betriebsgebühr in Höhe von 6 EUR mal Anzahl der insgesamt vorhandenen Zimmer hinzukommt (max. 70 Zimmer). Für Campingplätze und reine Gastronomiebetriebe fällt in den Folgejahren nur eine Grundgebühr von 125 EUR an. Die Betriebsgebühr entfällt für diese Betriebsart (ADFC 2011b).

Bett+Bike-Serviceelemente

Alle Bett+Bike-Betriebe erhalten mit der Aufnahme in das bundesweite Projekt ein Zertifikat und eine Hausplakette, mit der sie sich gegenüber ihren Rad fahrenden Gästen wie auch gegenüber ihren Mitbewerbern als radlerfreundlich ausweisen können. Sie werden gleich nach der Aufnahme in die Internetdatenbank von www.bettundbike.de gestellt und erhalten automatisch einen Eintrag im jährlich erscheinenden Verzeichnis „Bett+Bike Deutschland". Sowohl in den ADFC-Radtourenkarten als auch in den bikeline-Radwanderführern werden die Partnerbetriebe des ADFC aufgelistet und bei jeder Aktualisierung berücksichtigt. Zahlreiche Tourismusregionen kennzeichnen die Bett+Bike-Häuser in ihren Gastgeberverzeichnissen und benutzen dazu oft das anerkannte und geschützte Bett+Bike-Logo. Weiterhin stehen allen Bett+Bike-Häusern verschiedene Werbeelemente wie Mastfahne, Wandwimpel, diverse Aufkleber und ein umfangreicher Werkzeugservice zur Verfügung (ADFC 2006).

Qualitätssicherung

Eine Überprüfung durch die ADFC-Projektleiter oder durch dazu beauftragte Personen erfolgt in aller Regel erst nach dem Beitritt im Rahmen der projektintern festgelegten Betriebsbesuche. Daneben machen immer mehr ADFC-geführte Mehrtagestouren in Bett+Bike-Betrieben Station, bei denen die Tourenleiter dann die Einhaltung der Mindestanforderungen in der Praxis feststellen können. Außerdem erhält der ADFC von seinen Mitgliedern Informationen über mögliche Missstände, denen dann gezielt nachgegangen wird. Wird dabei festgestellt, dass bestimmte Mindestanforderungen nicht erfüllt sind, erhält der Betrieb eine Frist zur Nachbesserung. Wird diese nicht genutzt, gilt die Vereinbarung als nicht erfüllt und das Vertragsverhältnis endet mit sofortiger Wirkung.

Seit 2005 erhalten zudem alle anerkannten Bett+Bike-Häuser einen speziellen Jahressticker für ihre Plakette. Daran kann jeder Radtourist sofort erkennen, ob das entsprechende Haus im jeweiligen Jahr noch Mitglied bei Bett+Bike ist und folglich auch alle gesetzten Anforderungen erfüllt.

Abb. 39:   Logo zur Wiedererkennung der Bett+Bike-Häuser

Quelle: ADFC (Hg.) 2005 und 2011.

3.6   Radtouristische Information

Auch im Zeitalter des Internets spielen Printmedien wie Karten und Radwanderführer noch immer eine übergeordnete Rolle für die Radtouristen. Zwar sind die digitalen Informationsmittel und -quellen wie GPS, Online-Routenplaner oder Smartphone-Apps klar auf dem Vormarsch, vor Ort, während der Fahrt, verzichten die Radtouristen aber nur ungern auf festes Kartenmaterial (vgl. BMWi 2009, S. 92).

3.6.1   Radwanderführer und Radwanderkarten

(Rainer Mühlnickel)

Im Vergleich zu anderen Kartenwerken sollten touristische **Radkarten** verschiedene Besonderheiten aufweisen, die sich v. a. aus den gegebenen Anforderungen an die Radler ergeben. Die Größe der Karte sollte praktisch und im Allgemeinen leicht zu handhaben sein. Dabei sollte sich das Layout daran orientieren, dass die Karten in die entsprechenden und gängigen Kartenhalter und Taschen der Fahrräder passen. Außerdem sollten die Karten aus strapazierfähigen Materialien hergestellt sein, um so in jeder Wetterlage genutzt werden zu können (vgl. BMVBS 2007, S. 38).

Die Inhalte der Karte sollten genau auf die Bedürfnisse der Radler abgestimmt werden. Dabei spielen neben den vollständigen topografischen Daten, zusätzliche Informationen über Steigungen und Verkehrsaufkommen auf den Wegen und Straßen eine nicht zu unterschätzende Rolle. Pluspunkte bekommen meist die Karten, die weitere Informationen über das allgemeine touristische Angebot und Sehenswürdigkeiten der Strecken beinhalten.

Für eine optimale Planung und Durchführung von Radtouren und -reisen sind touristische Radkarten unverzichtbar. Zusätzlich zu den oben genannten Eigenschaften sollten sie noch folgende Punkte unbedingt beinhalten (vgl. Liebsch 2003, S. 166):

- eine hohe Aktualität,

- geeignete Maßstäbe (Radtourenkarten für die Planung bzw. für längere Touren 1:100.000 bis 1:200.000, Radwanderkarten für Tagestouren und Radwanderungen 1:50.000 bis 1:75.000),

- die Darstellung beschilderter Radfernwege und Radwanderwege,

- die Darstellung der für Radfahrer verbotenen und ungeeigneten Strecken,

- Steigungsangaben (Steigungspfeile, Höhenpunkte, Höhenlinien etc.),

- Ausweisung fahrradfreundlicher Beherbergungsbetriebe,

- Ausweisung von Haltepunkten des öffentlichen Verkehrs und

- Ausweisung von Fahrradvermietungen, Servicestationen und Fahrradboxen.

Insgesamt gibt es 18 nennenswerte Verlage auf dem deutschen Markt für gedruckte Fahrrad-karten und/oder -führer. Alle Verlage zusammengefasst haben ein Angebot von über 600 Karten und Führern für das bundesdeutsche Fahrradroutennetz. Dabei handelt es sich einer-seits um Übersichtskarten, Radroutenkarten und Radfernwegekarten mit einem kleineren Maßstab (z. B. 1:150.000 und kleiner) und andererseits um Regionalkarten und Radwander-karten. Diese haben einen größeren Maßstab, meist 1:50.000 oder 1:75.000 und spielen eine übergeordnete Rolle. Weiterhin gibt es eine Vielzahl von sogenannten „Spiralos" die eine spiralgebundene Kombination aus Karten und Radwanderführern darstellen (vgl. BMWi 2009, S. 93).

Mit jeweils über 100 verschiedenen Radtourismus-Produkten sind der Bielefelder Verlag und der Esterbauer Verlag (Österreich) die beiden größten Verlage für radtouristische Produkte. Dabei ist zu unterscheiden, dass sich der Bielefelder Verlag mehr auf Karten und der Ester-bauer Verlag mehr auf Führer konzentriert (vgl. BMWi 2009, S. 93). Hervorzuheben in die-sem Zusammenhang ist der Radwanderführer des Esterbauer Verlages in der Serie Bikeline. Diese **Radwanderführer** sind bei den Radlern sehr beliebt, da sie touristische Informationen mit routenspezifischen Informationen und Karten im In- und Ausland kombinieren. Der Wert dieser Serie für das Destinationsmarketing ist nicht zu unterschätzen (vgl. BMVBS 2007, S. 38).

Zu erkennen ist außerdem, dass sich die großen Verlage auf den Radwandertourismus kon-zentrieren und eher kleine Verlage sich dem Thema Mountainbiking und Rennradfahren in bestimmten Regionen widmen (vgl. BMWi 2009, S. 93).

Abb. 40:   *Daten zu Karten- und Radführermaterialien der wichtigsten Verlage*

	BVA	Esterbauer	Galli	Bruckmann	Pietruska	Kompass
Karten	123	49	38	–	25	37
Davon in Deutschland	123	25	36	–	25	18
Davon MTB	3	5	4	–	–	13
Davon Fahrrad-Stadtpläne	–	1	6	–	2	–
Maßstab (überwiegend)	1:75.000 1:25.000	1:75.000 1:25.000	1:75.000 1:25.000	–	1:75.000 1:25.000	k. A.
Führer	27	178	49	42	–	–
Davon in Deutschland	27	104	46	39	–	–
Davon MTB	–	–	1	4	–	–
Spiralos	50	–	–	–	–	–
Besonderheiten	Erstellt für den ADFC Radtouren-Karten Zugang zu interaktiven Online-Karten über GPS-Freizeit-routing	Erfolgreichs-ter ausländi-scher Verlag in Deutsch-land	Spezialist in Bayern und dem Bayeri-schen Wald Zusätzlich 12 EuroVelo-Karten (Rad-fernrouten)	19 Führer für Bayern MTB-Führer ausschließlich in den Alpen	Die Karten konzentrieren sich auf: Pfalz Berlin Brandenburg	Österreichi-scher Verlag
Gesamtmaterial in Deutschland	200	129	82	39	25	18

Quelle: BMWi 2009, S. 93; eigene Zusammenstellung.

In fast allen Bundesländern werden von Tourismusverbänden und -vereinen **Imagebroschüren** herausgegeben. Die Broschüre „Deutschland per Rad entdecken" wird von der „DZT – Deutsche Zentrale für Tourismus" in Zusammenarbeit mit dem ADFC alle zwei Jahre erstellt. Die Broschüre hat eine deutsche Auflage von über 450.000 Stück. Sie verfügt über 150 Radfernwege mit rund 50.000 km Länge. Auf der Internetseite www.deutschland-tourismus.de kann die Broschüre kostenfrei als PDF-Datei heruntergeladen werden und ist aktuell im Jahr 2011 erschienen (vgl. BMWi 2009, S. 93). Neben Karten und speziellen Radreiseführern sind das Internet, Broschüren und Fahrradzeitschriften die am häufigsten genutzten Informationsmedien für Radreisende (vgl. Trendscope 2008).

Die nachstehende Tabelle gibt einen Überblick über bundesweite **Magazine** in Deutschland mit radtouristischen Inhalten. Zu den radtouristischen Magazinen im engeren Sinne können die Zeitschriften „aktiv Radfahren", „RADtouren", „Trekkingbike" und das ADFC-Mitgliedermagazin „RadWelt" gezählt werden. Tipps zu Ausflügen und Reisen stehen hier im Mittelpunkt. Die sonstigen Magazine richten sich gezielt an sportliche Rennrad- oder Mountainbikefahrer mit der Fokussierung auf technische Aspekte oder Trainingstipps (radtouristische Magazine im weiteren Sinn). Das Themenfeld „Reise" mit Tourentipps, Erfahrungsberichten etc. steht hier zwar nicht im Mittelpunkt, jedoch wird es in keiner dieser Zeitschriften ausgelassen.

Abb. 41: Überblick über bundesweite Magazine in Deutschland mit radtouristischen umfassenden Bezug[2]

	Name des Magazins	Herausgeber	Ausgaben	Information
Radtouristische Magazine im engeren Sinn	Aktiv Radfahren	Bielefelder Verlagsanstalt GmbH & Co. KG	Alle 1 bis 12 Monate	Genuss-/Radfahrer und Radreise Freunde News; Leserforum; Test und Technik; Service und Kaufberatung; Reportage; Reise und Touristik
	Trekkingbike	Delius Klasing Verlag GmbH	6 Ausgaben/ Jahr	Das moderne Fahrradmagazin; Reise; Test; Kaufberatung; Themen; Bücher; Fitness; Magazin; Produkte; Reportage; Technik; Test
	RADtouren	RADtouren Verlag	Halbjährlich	Wissenswertes rund ums Fahrradfahren und den Urlaub mit praktischen Hinweisen und Reisetipps; Ziele weltweit; Produkttest; Technikinformation
	RadWelt	ADFC	6 Ausgaben/ Jahr	Mitgliedermagazin 3 aktuelle Themen 3 Kategorien (Bewegung, Technik, Reisen)
Radtouristische Magazine im weiteren Sinn	Bike	Delius Klasing Verlag GmbH	Monatlich	Events; Fahrtechnik; Ernährung; Medizin; Training; Fotostory; News; Preisausschreiben und Leserumfrage; Produkte; Rennbericht; Reise; Reportage; Technik; Beratung
	Bike sport news	Bielefelder Verlagsanstalt GmbH & Co.KG	10 Ausgaben/ Jahr plus eine Sonderausgabe	Fokus liegt auf mehr sportlichen Aspekten; Szene; Fotoreport; Saisonrückblick; Lesertraumbike; Biketests; Ladypages; Service; Interviews; Race; Touren
	Mountain-BIKE	Motor Presse Stuttgart GmbH & Co.	Monatlich	News; Reise; Test und Technik; Highlights; Know-How
	Mountainbike Rider	VVA Kommunikation GmbH	10 Ausgaben/ Jahr plus 1 Special	Test und Technik; Story; Portrait; special Products; Soft Goods; Interviews; Workshops

Quelle: BMWi 2009, S. 96.

---

[2] Der RADtouren Verlag wird von der Mundo Marketing GmbH, Agentur für Kommunikation, Köln geführt (Stand 2011).

Auch für Radurlauber ist das **Internet** mittlerweile das am häufigsten genutzte Informationsmedium. 2009 lag die Nutzung bei Radurlaubern bei 64% und bei Nicht-Radurlaubern bei 59% (vgl. BMWi 2009, S. 53). Neben den Internetauftritten der einzelnen Tourismusmarketingorganisationen kann man sich auch auf den Internetseiten des DZT, des ADFC und vielen anderen Anbietern Informationen und Tipps zum Radurlaub einholen.

Ein großer Vorteil gegenüber dem Printmedium ist sicherlich die Interaktivität der jeweiligen Internetauftritte. So kann man sich bspw. auf einer Deutschlandkarte je nach Anspruch und Wunsch eine geeignete Route empfehlen lassen. Diese Routensuchfunktion umfasst verschiedene Kriterien wie zum Routentyp (Flussroute, Mountainbike-Route etc.) oder zur Routeneigenschaft (steil, flach, mit Kindern befahrbar etc.). Beachtet werden muss aber, dass diese Internetauftritte lediglich einen groben Überblick verschaffen und keinesfalls eine detaillierte Karte ersetzen.

Internetauftritte helfen auch beim Thema Übernachtungen. Über fahrradfreundliche Betriebe in Deutschland informiert zum Beispiel www.bettundbike.de. Über Suchfunktionen kann hier der Reisende eine geeignete Unterkunft entlang seiner Strecke finden. Auch interessierte Gastbetriebe können sich stets über Aufnahmemöglichkeiten in den Internetportalen informieren.

Es gibt eine Vielzahl von **privaten Websites und Foren** (z. B. www.rad-reise-portal.de oder www.moobix.de), in denen das Thema Radtourismus beschrieben und diskutiert wird. Hier kann man sich v. a. untereinander zu Themen wie Reisevorbereitung, geeignete Ausrüstung oder nennenswerte Literatur austauschen. Darüber hinaus verfügen auch sämtliche Fahrradmagazine über eigene Internetauftritte.

In sechs Bundesländern werden im Internet spezielle **Radroutenplaner** bereitgestellt, bei denen mithilfe digitaler Karten einerseits explizit touristische Routen dargestellt werden, andererseits aber auch eine Start-Ziel-Routen-Suche möglich ist. Zusätzlich zum reinen Wegeverlauf sind die zumeist interaktiven Karten mit verschiedensten nützlichen Informationen und Kontaktdaten für Radurlauber (z. B. Sehenswürdigkeiten) versehen und liefern somit genaueste Informationen. Die Portale können für den Touristen über Links auf den Homepages der jeweiligen Landestourismusmarketingorganisationen erreicht werden. Die Routenplaner wurden – bis auf den Freizeitnavigator in Mecklenburg-Vorpommern und den RadNavigator in Brandenburg – von einem für Radverkehr bzw. Radtourismus zuständigen Ministerium initiiert (vgl. BMWi 2009, S. 140 f.).

Zu nennen sind im Einzelnen:

* der RadNavigator Brandenburg,
* der Radroutenplaner Bremen,
* der Radroutenplaner Nordrhein-Westfalen,
* der Radroutenplaner Hessen,
* der Radroutenplaner Rheinland-Pfalz,
* der Freizeitnavigator Mecklenburg-Vorpommern.

Der Radroutenplaner Nordrhein-Westfalen bietet sowohl eine Start-Ziel-Routen-Suche für Radfahrer als auch die Darstellung der touristisch beschilderten Themenrouten. Darüber hinaus können verschiedene Tourentipps sowie ADFC-Touren abgerufen werden. Mithilfe verschiedenster Suchkriterien z. B. nach bestimmten Sehenswürdigkeiten, Bahnhöfen oder nach der Steigung der Strecke, kann die ideale Route ausgewählt werden, zu der weitere Informationen wie Länge, Fahrzeit, Höhenprofil, Fahrtanweisung, GPS-Tracks geliefert werden. Zum Routenplaner gelangt man über eine direkte Verlinkung über die Homepage des Tourismus NRW e. V. oder direkt über www.radroutenplaner.nrw.de. Der Auftraggeber oder Initiator ist das Ministerium für Bauen und Verkehr des Landes Nordrhein-Westfalen. Weitere umfangreiche Datenbanken liegen in Baden-Württemberg und in Niedersachsen vor. In Niedersachsen beinhaltet das Portal GeoLife.de (Herausgeber: Landesvermessung und Geobasisinformation Niedersachsen) umfangreiche Informationen zu den touristischen Radrouten in Niedersachsen.

Trotz dieser speziellen Radroutenplaner einzelner Bundesländer fehlt in Deutschland ein derartiges bundesweites Tool, um überall eine grenzüberschreitende Routensuche zu ermöglichen. Das **ADFC-Tourenportal** (www.adfc-tourenportal.de) bietet eine deutschlandweite Routensuchfunktion innerhalb der darin hinterlegten Touren an. Nach der Registrierung gegen eine geringe Gebühr (0,02 EUR pro heruntergeladenen km Radstrecke) können die Tourenvorschläge ausgedruckt bzw. als GPS-Dateien heruntergeladen werden. Nach einer Auswahlmaske können die Routen nach verschiedenen Kriterien wie Schwierigkeit, Streckenbeschaffenheit, Streckenlänge, Verkehrsbelastung, sonstige Merkmale etc. gefiltert werden. Die dahinterliegende Datenbank beinhaltet aktuell ein Streckennetz von etwa 240.000 km Länge[3] in Deutschland und Österreich. Die Datenbank ist dynamisch, d. h. es können von Mitgliedern auch neue Routen- und Tourenvorschläge gemacht werden, wodurch das Streckennetz stets anwächst. Das ADFC-Tourenportal hat den Innovationspreis des 9. ITB Berlin BuchAwards 2010 erhalten (vgl. BMWi 2009, S. 97, 140 f.).

Neben dem ADFC-Tourenportal gibt es eine Reihe anderer GIS-Portale (GIS = Geoinformationssystem), die in unterschiedlicher Qualität ebenfalls eine Routenzusammenstellung per Internet ermöglichen. Unbedingt nennenswert ist www.outdooractive.com von Alpstein, wo bereits 2010 digitalisierte Karten in umfangreichem Maße zur Verfügung standen. Da der Markt ausgesprochen dynamisch ist, können aber hier allgemeingültige Aussagen zu den Portalen mit einer längeren „Halbwertzeit" nicht gemacht werden.

---

[3] Stand: Februar 2011.

3.6.2   GPS als touristisches Angebot – Satellitennavigation im Radtourismus

(Thomas Froitzheim)

Radfahrer nutzen zunehmend GPS-Systeme (Global Positioning System) auf dem Fahrrad, insbesondere für touristische Radtouren, und dabei v. a. im Mountainbike-Bereich. Touristische Regionen bieten immer häufiger ihre Radtourenvorschläge als GPS-Datendownload über das Internet an, wo sich auch einige private und kommerzielle GPS-Tourenportale gebildet haben.

Eine genaue Ausprägung der Nutzung ist schwer zu ermitteln. Während derzeit wahrscheinlich zwischen 10 und 20 % der Radtouristen Satellitennavigation einsetzen, gehört das GPS-Gerät bei Alpenüberquerungen mit dem Mountainbike schon fast zur Standardausrüstung.

Die Gründe dürften darin liegen, dass die Nutzung dieser Outdoor-Navigation im Vergleich zur Kfz-Navigation meist noch deutlich komplizierter und auch teurer gestaltet ist. Somit hat die Verbreitung derzeit erst die ambitionierten Radfahrer erreicht, welche bereit sind, für ihr Hobby in der Regel mehrere hundert Euro und v. a. einige Stunden Einarbeitungszeit und Praxiserprobung aufzuwenden. Anfragen bei Fahrradverbänden, auf Messen und beim Fahrradhandel zeigen aber ein großes Kundeninteresse, das auf eine deutlich verstärkte Nutzung in der kommenden Zeit schließen lässt. Die erheblich zugenommene Verbreitung der mobilen Kfz-Navigationsgeräte sowie der Smartphones mit GPS-Ausstattung und die damit gewonnene, in der Regel sehr positive Kundenerfahrung verstärken den Wunsch nach Navigationsmöglichkeiten im Outdoor-Bereich.

Grundlagen der Satellitennavigation – das GPS-System

GPS bedeutet „Global Positioning System" und ist ein Navigationssystem der US-Regierung, das zunächst für militärische Zwecke geplant wurde. 24 GPS-Satelliten bewegen sich auf sechs Umlaufbahnen in etwa 20.000 km Entfernung um die Erde und senden permanent Signale. GPS-Empfänger auf der Erdoberfläche können aus den Laufzeiten der Signale die eigene Position und auch die Höhe berechnen. Gute Rad-GPS-Systeme lokalisieren sich inzwischen auf etwa 5–10 m genau, bei den Höhenangaben auf etwa 20–30 m Präzision.

Aufgrund des allgemein üblichen Sprachgebrauchs steht hier in diesem Text das GPS-System mit seinen Ausprägungen synonym für die anderen Satellitennavigationssysteme wie das russische Glonass oder das geplante europäische System „Galileo" (Galileo = Europäisches System zur Satellitennavigation aus geplanten 30 Satelliten. Der Oberbegriff für diese Satellitennavigationssysteme lautet GNSS (Global Navigation Satellite System).

Mit einem GPS-Gerät weiß man immer, dass man auf dem richtigen Weg ist. Man kann sich auch immer die jeweilige Position als Koordinaten anzeigen lassen. Dies sagt dem normalen User aber noch lange nicht, wo er sich befindet – also in welchem Teil einer Stadt oder Region er ist. Auch kartenfähige GPS-Geräte können auf ihren vergleichsweise kleinen Displays nur wenige Straßen- oder Ortsnamen anzeigen, ein aufwändiges In- und Auszoomen erfolgt, welches die Orientierung nicht gerade fördert. Ideale Ergänzung: Die traditionelle Papierkarte mit ihrer schönen, einfachen Übersichtlichkeit, welche die Mini-Displays der GPS-Geräte und auch Handys auf absehbare Zeit nicht erreichen werden.

Freie Sicht zum Himmel

Wegen des weiten Abstandes zu den Satelliten und des somit sehr schwachen Signals sollte das GPS-Gerät möglichst immer in „Sichtkontakt" zu den – für das bloße Auge unsichtbaren – Satelliten sein. Das bedeutet: GPS funktioniert nicht (oder nur sehr eingeschränkt) in Gebäuden und fordert einen möglichst großen Himmelsanteil über dem Gerät, damit möglichst viele Satelliten empfangen werden können. Tiefe (Häuser-) Schluchten, regennasser Laubwald oder hohe Berge hingegen verschlechtern die Empfangsbedingungen. Die Erfahrung zeigt aber, dass Empfangsverluste meist nur von kurzer Dauer sind und die Tourendurchführung nur unwesentlich beeinträchtigen.

Outdoor-Navigation ist anders als Auto-Navigation

Im Vergleich zum Kfz-Navigationssystem bieten nur höherwertige Outdoor-Geräte Sprachinformationen („In zweihundert Metern rechts abbiegen"). Der Nutzer folgt optischen Hinweisen auf dem handygroßen Gerätedisplay. Tourenverlauf und einzelne Ziele werden als Linien beziehungsweise Punkte angezeigt. Die meisten GPS-Geräte ermöglichen die Darstellung auf einer Hintergrundkarte mit topographischen Informationen und Straßennamen.

Diese Kartendaten bieten aber bei weitem nicht den Komfort der Kfz-Systeme. Ein flächendeckendes „Routing" (Route als Aneinanderreihung von Wegpunkten, die nacheinander angepeilt und angefahren werden), also die automatische Berechnung zwischen zwei beliebigen Zielen, wird im Fahrrad- und Wanderbereich zwar inzwischen angeboten, doch stammen die Datengrundlagen hierzu aus nicht immer ausreichend präzisen Quellen. So ist zwar der Wegeverlauf bei diesen Karten routingfähig und in seiner geographischen Lage präzise dargestellt, aber an der Recherche der Oberflächeneigenschaften und Verkehrsbelastungen fehlt es noch. Der Grund liegt im hohen Investitionsaufwand zur digitalen Erhebung und Verarbeitung sämtlicher Rad- und Wanderrouten.

Fahrradtouren sind aufwändiger als die Kfz-Route von A nach B

So gibt es inzwischen zahlreiche fertig ausgearbeitete Rad- und Wandertouren im Internet und auf CD. Einige Portale bieten auch selbst gesammelte Tourendaten; diese sollte man sich aber auf jeden Fall vorher auf einer digitalen Karte anschauen. Die professionellen Portale bieten teilweise beachtliche Informationen, vom detaillierten Tourenverlauf mit Wege- und Höhenangaben bis zu allen möglichen lokalen Merkmalen (den sogenannten Points of Interest z. B. Unterkünfte, Bahnhöfe, Radreparaturmöglichkeiten). Dennoch reichen diese Vorschläge noch lange nicht aus, um dem Wunsch nach individuellen Touren mit eigenem Start- und Zielpunkt, bestimmter Länge, Höhen- und Oberflächenanforderungen sowie der Berücksichtigung verschiedener Zwischenziele zu genügen. Die Anforderungen an eine Radtour beinhalten deutlich mehr Komponenten als die einfache Kfz-Routenberechnung von A nach B, hinzu kommt die Umwegempfindlichkeit des Radfahrers.

Wer als Outdoor-GPS-Nutzer einen Tourenvorschlag präzise nachfahren möchte, muss ihn vorher am PC entwerfen oder eine fertige Tour herunterladen. Dies macht einen eigenen Computer sowie die entsprechende Software notwendig. Das Grundprinzip ist relativ einfach: So wie man auf einer Papierkarte seine geplante Route einzeichnet, erfolgt dies mit Hilfe einer digitalen Karte auf dem Computerbildschirm. Die gewünschte Tour wird mit der Maus als Linie auf der digitalen Karte eingetragen, als GPS-Datei („Track": Aufreihung von

GPS-Koordinaten, wird als Linie auf dem GPS-Gerät angezeigt) gespeichert und per Kabelverbindung vom Rechner in das GPS-Gerät übertragen.

Zudem kann man einzelne Objekte z. B. Höhenpunkte, Orte oder Pässe als sogenannte Waypoints (oder Wegpunkte: Punkte im Raum mit festen Koordinaten und weiterer Bezeichnungsmöglichkeiten wie Name, Symbol etc.) markieren und diese ebenfalls auf den GPS-Empfänger übertragen. Geübte Nutzer können in etwa 20 min auch komplexe Touren von 80–100 km Länge planen und ins Gerät eingeben.

Als Kartenmaterial für den Bildschirm dienen häufig die amtlichen topographischen Karten der Landesvermessungsämter im Maßstab 1:50.000 oder 1:25.000, die inzwischen in Lizenz über Anbieter wie MagicMaps bundesweit erhältlich sind. Die Software zum Einzeichnen und Übertragen auf das GPS-Gerät ist bei dieser Lösung schon enthalten, genau wie bei den Programmen anderer Verlage wie Kompass (einzelne touristische Regionen, meist 1:50.000). Für zusätzliche Programmfunktionen, zur Anbindung verschiedener digitaler Kartenwerke und zur komfortablen Verwaltung werden spezielle GPS-Planungsprogramme wie Quo Vadis herangezogen. Diese kosten zwar etwa 170 EUR, bieten aber auch eine Menge faszinierender Möglichkeiten z. B. das Planen auf verschiedenen digitalen Karten und Google Earth, das Einbinden von eigenen Digitalfotos zur Strecke oder auch das Übertragen der Daten auf einen PDA (Handheld oder Organizer, die wegen mangelnder Wasser- und Stoßfestigkeit eigentlich nur für den Kfz-Gebrauch oder für Wanderer geeignet sind).

Leider mangelt es immer noch an digitalen Karten mit radfahrergerechten Inhalten wie Tourenvorschlägen und Radrouten, die auch Oberflächenbeschaffenheit, Verkehrsbelastung und Steigungsinformationen aufzeigen, analog zu den sehr gut ausgearbeiteten Papierkarten für Radfahrer.

Unterwegs im Gelände

Wenn der Radler seinen Startort erreicht hat, erscheint die Tour als Linie auf dem GPS-Gerät, der er wie einem Ariadnefaden nur noch nachfahren muss. Die größten Vorteile zeigt die GPS-Navigation also auf der Tour selbst, denn der Radler braucht nicht mehr anzuhalten, um auf die Karte zu schauen. GPS-Navigation vermittelt zudem das permanente Gefühl der sicheren Orientierung. Folgt man einer Wegweisung, erhält man die Bestätigung, auf der richtigen Route zu sein, erst nach Erreichen des nächsten Schildes. Die persönliche Unsicherheit wächst naturgemäß mit der Zeit bis zum Erreichen des Wegweisers. Beim GPS-Empfänger vergleicht man ständig seine Position mit der Wunschlinie auf dem Display und weiß somit, dass man auf dem richtigen Weg ist. Schon eine Differenz von etwa 20 m zwischen Tourenlinie und eigener Position kann der Nutzer erkennen und umgehend seine Route korrigieren (wenn er z. B. eine Straße zu früh eingebogen ist).

Im Gegensatz zu den Kfz-Navigationsgeräten zeichnen die Outdoor-Geräte die gefahrene Tour auf, ermitteln neben der gefahrenen Strecke auch Höhendaten, Geschwindigkeiten und mit Zusatzgeräten auch weitere Trainingsdaten wie Herz- und Trittfrequenz. Sie eignen sich somit sehr gut zur präzisen Dokumentation der Touren, zum Speichern gefundener Objekte (z. B. die schönsten Rastplätze), deren Position man unterwegs per Knopfdruck markieren kann, und zum Ermitteln der Trainingsaktivität.

Ein Nachteil einer GPS-Tourenplanung bestand bis vor kurzem in der mangelnden Flexibilität. Inzwischen berechnen Geräte mit routingfähigen Karten die Wegführung immer wieder neu, wenn man von der vorgesehenen Strecke abweicht – ganz wie im Kfz. Allerdings sind die Routingergebnisse längst nicht so perfekt, denn aufgrund der unzureichend attributierten Wege werden Radler teilweise über ungeeignete Wege geführt, landen in Sackgassen oder vor Privatwegen. In der Summe bleiben die Ergebnisse aber akzeptabel bis gut.

Tracks – in diesem Fall also vorher geplante Strecken, die auf das Gerät übertragen wurden – können unterwegs nicht verändert werden. Bei einem Abweichen in der Natur sind sie aber durch die Zoomfunktion auf dem Gerätedisplay immer auszumachen und wieder aufzufinden.

Qual der Wahl – die Hardware

Marktführer bei den Outdoor-Geräten ist mit weitem Abstand die Firma Garmin. Weitere Mitbewerber sind Falk, Lowrance, Magellan, VDO und Satmap. Insbesondere Falk konnte durch sein Konzept der einfachen Bedienung und des Kfz-ähnlichen Routings deutlich Marktanteile gewinnen.

Zwar wurden die Outdoor-GPS-Empfänger zunächst für den marinen Bereich und für fußläufige Expeditionen entwickelt, sind aber in der Regel sehr gut fahrradtauglich. Sie besitzen spezielle Fahrradhalterungen, halten längere Regenfahrten problemlos aus – und auch einmal einen Sturz vom Rad. Preislich bewegen sie sich zwischen 100 und etwa 600 EUR, wobei aber auch einfache Geräte (wie der Garmin eTrex 10) durchaus ausreichende Präzision und Speicherkapazitäten für mehrtägige Fahrradtouren besitzen.

Die höherwertigen Geräte (z.B. aus Garmins Oregon- oder Map62-Serie) verfügen v.a. über größere Speicherkapazitäten, barometrische Höhenmessung, ein Farbdisplay (welches im Gegensatz zu den Kfz-Geräten auch im Sonnenlicht abgelesen werden kann) und die Möglichkeit, Karten darzustellen. Hinzu kommen GPS-Geräte mit speziellen Trainings- und Sportfunktionen (Trittfrequenz- und Pulsmessung wie beim „EDGE"-System, die für den Rennrad- beziehungsweise Mountainbike-Bereich gedacht sind.

Digitale Karten für GPS-Geräte

Die bei der Planung auf dem PC genutzten digitalen Karten lassen sich inzwischen auch teilweise auf die GPS-Empfänger übertragen. Die Topo-Karten der Gerätehersteller sind nicht ganz billig. So kostet die Topo Deutschland von Garmin 199 EUR. Dafür ist dort die gesamte Bundesrepublik fast stadtplangenau enthalten, also mit Straßennamen und Geländedetails. Zunehmend – insbesondere für Garmin-Geräte – werden auch kostenlosen OpenStreetMap-Karten eingesetzt.

GPS-Empfänger brauchen insbesondere durch ihre permanenten Messungen relativ viel Strom: Ihre Akkus reichen für einen, maximal zwei Tourentage (Batterien etwas länger). Ersatzakkus gehören zur Pflichtausstattung jeder GPS-Tour. Inzwischen werden Ladegeräte angeboten, die ihren Strom über den Nabendynamo beziehen. GPS-Geräte sind grundsätzlich übrigens reine Empfänger – man kann damit niemanden orten. Inzwischen kann man die Geräte allerdings mit zusätzlichen Sendemodulen ausstatten, welche die Position über das Mobilfunknetz an bestimmte Empfänger übermitteln können – das sogenannte Tracking, das im Sportbereich immer mehr zunimmt.

GPS im Vermietbereich – einfach für die Nutzer

Reiseveranstalter und touristische Regionen setzen inzwischen auch GPS-Mietgeräte ein. Vorteil für die Anwender: Wenn Radtouren fertig einprogrammiert auf GPS-Geräten vorliegen, muss der Nutzer nur noch einschalten und wird auf einfache Weise präzise zum Ziel geleitet. Wie die Erfahrung verschiedener GPS-Anbieter zeigt, finden sich auch Erstbenutzer mit der Outdoor-Navigation schnell zurecht und sind begeistert von der exakten Führung. Auch hierbei gibt es aber einiges zu beachten.

- Die Tour muss äußerst präzise vorbereitet sein. Dies bedingt nicht nur ein vorheriges Abfahren und Speichern der Tour mit einem GPS-Gerät, sondern auch ein Nachbearbeiten am Computer mittels hochauflösender digitaler Karten.

- Auswahl und Aktivierung der Tour: Ein systemkundiger Mitarbeiter muss aus der Fülle der angebotenen Touren im Dialog mit den Touristen eine gewünschte Tour auswählen und diese im GPS-Gerät aktivieren. Dann wird das GPS-Gerät am Lenker montiert.

- So kann sich der Einweisungsvorgang bei der Übergabe des GPS-Gerätes auf wenige Funktionen beschränken: Ein-/Ausschalten des Gerätes, Zoomen des Displays, Wechsel der Batterien, eventuell Anschalten der Beleuchtung. Auf jeden Fall sollte eine Landkarte und eine spezielle Bedienungsanleitung mitgegeben werden (die werksseitigen Anleitungen der GPS-Geräte sind dabei kaum zu empfehlen). Selbstverständlich empfiehlt sich auch eine Notrufnummer zu einem systemkundigen Mitarbeiter.

- Radreiseveranstalter setzen GPS-Geräte auch bei Mehrtagestouren ein. Wichtig hierbei sind einfach zu bedienende Geräte mit möglichst wenigen Bedienungsvorgängen durch den Nutzer selbst. So sollte die gesamte Tour als eine Linie/Datei nutzbar sein, ohne dass der Radler während der Tour weitere Dateien aktivieren muss.

Somit eignen sich gerade für Vermietungszwecke schon einfache Geräte der 150 EUR-Klasse, die Investitionen halten sich also in Grenzen.

Fazit

GPS auf dem Rad ist derzeit noch nicht so bedienungsfreundlich und preiswert im Vergleich zur Kfz-Navigation, aber dafür wesentlich kreativer und flexibler. Nach Anschaffung von GPS-Gerät, Software und digitalen Karten sowie der notwendigen Einarbeitungszeit sind beliebige Touren schnell planbar. Auf der Tour selbst wird man präzise geleitet, kann zügig fahren, immer mit dem sicheren Gefühl, auf dem richtigen Weg zu sein. Touristische Regionen können GPS-Geräte mit eingegebenen Touren auch an Touristen ohne GPS-Erfahrung vermieten, wobei eine kurze, aber qualitativ hochwertige Einführung in die Gerätenutzung entscheidend ist. GPS-Systeme ersetzen übrigens keine Wegweisung und keine Karte, aber ergänzen sie hervorragend.

3.6.3   Smartphone-Applikationen im Radtourismus

(Ernst Miglbauer und Rainer Mühlnickel)

Unter Smartphones werden alle Mobiltelefone verstanden, die mit einem eigenen Betriebssystem ausgestattet sind. Im Gegensatz zu den herkömmlichen Mobiltelefonen werden sie in den meisten Fällen über einen berührungsempfindlichen Bildschirm, dem sogenannten Touchscreen, bedient. Durch ihre besonderen Betriebssysteme und die erweiterte Hardware verfügen Smartphones über wesentlich mehr Funktionen als klassische Mobiltelefone. Über die modernen Funknetze können große Datenmengen übertragen werden, sodass das Surfen im Internet und damit auch das Empfangen von E-Mails möglich wird. Zudem lassen sich die Smartphones über zusätzliche Programme (sogenannte Apps) vom Nutzer individuell erweitern. Dazu wird unterschieden in webbasierte und native Apps. Erstere greifen über den Browser des Smartphones auf dessen Funktionen, wie Bewegungssensor oder GPS-Modul, zu und werden nicht, wie native Anwendungen, auf dem Endgerät installiert. Der Vertrieb nativer Programme erfolgt über Application-Stores. Der Kunde hat über die Application-Stores die Möglichkeit, kostenpflichtige oder kostenlose Anwendungen für die unterschiedlichen Zwecke zu suchen und auf direktem Wege auf das Smartphone herunterzuladen. Zu den in den App-Stores verfügbaren Anwendungen gehören bspw. Navigationsprogramme, Unterhaltungsspiele oder E-Books (vgl. Göll/Lassnig/Rehl 2010, S. 31).

Die Nachfrage nach Smartphones nimmt weltweit zu. Dies verdeutlichen die vom Marktforschungsunternehmen *Gartner* veröffentlichen Absatzzahlen für das dritte Quartal im Jahr 2010. So hat sich der weltweite Absatz, mit einem Zuwachs um 96 % im Vergleich zum dritten Quartal des Vorjahres auf 80 Mio. Geräte fast verdoppelt (vgl. Gartner Inc. 2010). Als Unterscheidungskriterium der verschiedenen Smartphones dienen die jeweiligen Betriebssysteme. Das Symbian-Betriebssystem ist auf über 29 Mio. Endgeräten installiert und mit einem Marktanteil in Höhe von 36,6 % Marktführer, gefolgt von dem von Google entwickelten Betriebssystem Android mit 20,50 Mio. Einheiten und einem Marktanteil von 25 % und dem Betriebssystem iOS mit einem Verkauf von 13,48 Mio. Einheiten (vgl. Gartner Inc. 2010).

Auch wenn das iPhone mit dem Betriebssystem iOS nicht das verkaufsstärkste Smartphone (nach Betriebssystemen) ist, ist die Anzahl der verfügbaren mobilen Anwendungen in App-Store von Apple am größten und die Nutzer des iPhones weisen die höchste Nutzungsintensität bei der mobilen Internetnutzung und Nutzung von Applikationen auf. Derzeit (2011) liegt das Unternehmen Apple mit mehr als 300.000 kostenpflichtigen und kostenlosen Anwendungen mit App-Store immer noch weit vor Google, in dessen Android Market ca. 130.000 Programme verfügbar sind.

In Deutschland haben inzwischen bereits 10 Mio. Bundesbürger mobile Applikationen auf ihrem Smartphone installiert. Insgesamt gab es 2010 in Deutschland 900 Mio. Apps (vgl. Schrader/2+ Medienagentur 2011). Im Durchschnitt besitzt jeder Smartphonebesitzer in etwa 19 verschiedene mobile Anwendungen. Diese Zahlen verdeutlichen das große Interesse, sich zukünftig noch stärker online für radtouristische Angebote zu informieren. Die radtouristische Bedeutung der Smartphone liegt v.a. darin, dass nach der Planung der Radtour am Computer zu Hause mit dem mobilen Endgerät die Detailplanung unterwegs passieren kann, indem Nächtigungsmöglichkeiten oder Bahnanbindungen flexibel abgerufen werden können. Damit können Radtouristen besser auf Unvorhergesehenes und Unwägbarkeiten auf

Radrouten reagieren. Einige Radfernwege, wie bspw. der Main-Radweg bietet bereits eine Applikation auf der eigenen Homepage an.

In der zunehmend mobiler werdenden Gesellschaft ist es auch möglich, unterwegs auf das Internet zuzugreifen und wichtige Informationen abzurufen. So nutzten bis zum August 2010 bereits 10 Mio. Personen in Deutschland regelmäßig das mobile Internet. Das bedeutet, dass 17 % der deutschen Handy-Besitzer über ihr Mobiltelefon online gehen. Unterstützt wird dieser Erfolg v. a. durch sinkende Datentarife und sich stetig verbessernde Übertragungsgeschwindigkeiten (vgl. Bitkom 2011). Die Mobilfunkinfrastruktur ist inzwischen soweit ausgebaut, dass im Jahre 2009 theoretisch an ca. 70 % aller Standorte in Deutschland UMTS-Dienste genutzt werden konnte. Die tatsächliche Netzabdeckung variiert jedoch unter den verschiedenen Betreibern zwischen 59 und 81 %. Daher ist leider für den ländlichen Raum gerade für das Befahren von Radfernwegen eine UMTS-Abdeckung nicht immer gegeben. Smartphones haben einen weiteren Vorteil, dass Sie zeitunabhängig benutzt werden können. Im Durchschnitt sind diese Geräte 14 Stunden am Tag angeschaltet. Informationen über eine radtouristische Destination können somit zeitlich flexibel zu jeder Zeit und an jedem Ort von der jeweiligen Homepage runter geladen werden.

Mithilfe neuer Technologien wie das Global Positionierung System (GPS) ist es möglich, den genauen Aufenthaltsort des Mobilfunknutzers zu bestimmen (siehe auch Kap. 3.6.2). Diese genaue Positionierung bietet Destinationen v. a. mittels Location-Based Services (LBS) die Möglichkeit einer direkten Kundenansprache. Bei diesem Service handelt es sich um einen standortbezogenen Dienst, bei dem der Mobilfunknutzer von LBS-Anbietern auf seinen jeweiligen Aufenthaltsort zugeschnittene Informationen und Dienstleistungen beziehen kann. So kann sich der Nutzer bspw. anzeigen lassen, wo sich das nächste Hotel oder die nächste Buchhandlung befindet (vgl. Schätzle 2005).

Der ADFC präsentiert unter der Dachmarke „ADFC-mobil" die iPhone-Applikation „ADFC-Qualitätsradrouten", die alle zertifizierten Radfernwege ausführlich beschreibt und nützliche Funktionen für die Planung, aber auch für die Orientierung unterwegs bereithält.

Nur Radfernwege, die von erfahrenen ADFC-Scouts Kilometer für Kilometer getestet wurden, dürfen den Titel „ADFC-Qualitätsradroute" tragen. Sie werden anhand strenger Kriterien bewertet und erhalten bis zu fünf Sterne. Die so ausgezeichneten Wege sind jetzt in der iPhone-App „ADFC-Qualitätsradrouten" zu finden, die für 2,39 EUR im App-Store bei iTunes erhältlich ist (www.adfc.de/5161_1). Ebenso bietet SchweizMobil für seine Radrouten Apps zum Download an.

Zu jeder Route liefert die iPhone-App wertvolle Informationen: Neben einer Beschreibung und Fotos von der Strecke können Radreisende mit wenigen Klicks auch das Höhenprofil aufrufen und sich so einen ersten Eindruck von den Eigenschaften der Route verschaffen. Darüber hinaus gibt das Programm Hinweise zu Fahrradkarten, nennt Sehenswürdigkeiten entlang der Strecke und geeignete Bahnhöfe für die Anreise mit der Bahn.

Highlight der Anwendung ist die Karte mit dem Routenverlauf, die das iPhone zum praktischen Navigationsgerät für die Tour macht. Die integrierte Routingfunktion weist zudem den Weg zur nächstgelegenen Fahrradwerkstatt oder Unterkunft. Alle radfahrerfreundlichen Bett+Bike-Betriebe entlang der Strecke können als Points of Interest aufgerufen und als Zielpunkt angesteuert werden. Auch die direkte Kontaktaufnahme zur Buchung der gewünschten Unterkunft ist möglich (vgl. ADFC 2011f.).

3.7   Verkehrsträger und -mittel (Bahn, Bus, Schiff, Fähre)

(Ernst Miglbauer)

Radfahren als sanfte Mobilitätsform wird im ersten Blick oft verengt auf die eigentliche Radtour im Sattel wahrgenommen. Die gesamte Mobilitätskette, beginnend mit dem Verlassen des Zuhauses und endend mit der Heimkehr, wird von Anbietern von Radrouten und radtouristischen Dienstleistungsakteuren z. T. ausgeblendet – in der Information für den und in der Kommunikation mit dem Gast. Mobilitätslösungen von der Anreise zur Radtour bis zur Rückkehr zum Ausgangspunkt (vgl. Groß 2011, S. 269), der alle Verkehrsträger und -mittel ausführlich darstellt und auch die Mobilitätsdienstleistungen entlang der touristischen Wertschöpfungskette beschreibt, gelten als einer der „Knackpunkte" für das erfolgreiche Agieren im Radtourismus entlang von Flüssen und in Seegebieten. Aber auch bei regional begrenzten Routennetzen stellen flexible Shuttle- und Rückholdienste einen wichtigen Qualitätsaspekt dar. Und selbst für Mountainbiker sind Verkehrsträger in Form von Bergbahngesellschaften gefragt, um in den Bikeparks Aufstiegshilfen für Downhiller und Freeriders bereitzustellen.

3.7.1   Fahrradmitnahme mit der Bahn

Die Fahrrad-Transportangebote von nationalen Bahngesellschaften sind ein ständig wiederkehrendes Thema im Radtourismus. Vielfach wird beklagt, dass diese schon einmal besser waren und dass bei vielen Angeboten Anreize und Vergünstigungen in den letzten Jahren sukzessive weggefallen sind. Verbesserungen werden von Tourismusorganisationen und Radfahrorganisationen eingefordert, stets mit dem Verweis auf den anhaltenden Positivtrend im Radtourismus. Dem scheinen oft betriebswirtschaftliche Überlegungen kurzfristiger Natur vonseiten mancher nationaler Bahngesellschaften entgegen zu stehen.

Nachfrage nach Fahrradmitnahme in Zügen

Laut der „Grundlagenuntersuchung Fahrradtourismus in Deutschland" (2009) nutzen 7% der Radurlauber die Bahn für die Anreise zur Radtour, das Auto hingegen 77%. Doch die komplementäre Mobilität zur Radtour ist differenzierter zu sehen, hängt vom Typus der Radroute (Fluss- bzw. Ziel oder Rundrouten) und von den Bahn-Transportangeboten für Fahrräder sowie deren Kommunikation ab, genauso wie auch Rückreiseangebote zum Tourstart mit einbezogen werden müssen. Besonders bahnaffin sind nicht überraschend jene Radgäste, die auf Radrouten von A nach B unterwegs sind wie etwa auf dem Donau-Radweg von Passau nach Wien oder entlang der Elbe von Dresden nach Hamburg. Laut *ADFC-Radreiseanalyse 2011* reisen 42% der Radwanderer (Typologie siehe unter 2.3.4) mit der Bahn zum Startort an, 33% mit dem Pkw (vgl. ADFC 2011c, S. 24). Am Mosel-Radweg nehmen 26% der Übernachtungsgäste die Bahn zur Anreise der Radtour und nur mehr 55% den Pkw, 17% das eigene Fahrrad (vgl. MWVLW–Rheinland Pfalz 2007, S. 114). Aktuelle genaue Zahlen zur Beförderung von Fahrrädern mit der Bahn sind im Allgemeinen kaum verfügbar. Doch es gibt Zahlen aus dem Bahnland Nr. 1 in Europa, aus der Schweiz. Dort ist die Zahl der Fahrrad- bzw. Velobeförderungen von 363.000 im Jahr 2000 auf 589.000 im Jahr 2007 gestiegen (vgl. Europäisches Parlament, Generaldirektion Interne Politikbereiche, Fachabteilung B 2009, S. 64). Aber auch bei Regioradlern und Tagesgästen sind Bahnangebote wichtig, wenn sie keine Rundkurse herunterstrampeln und nach der Tagestour wieder vom Zielort B zum Startort A zurückzukommen müssen.

Eine gegensätzliche Entwicklung zeigt die Radmitnahme der Deutschen Bahn AG im Fernverkehr innerhalb Deutschlands: Wurden 1999 noch 575.000 Fahrräder transportiert, so waren es 2010 mit 272.000 nur noch weniger als die Hälfte (vgl. ADFC 2011c, S. 24). Die einstweilige Talsohle wurde 2007 mit knapp 250.000 beförderten Fahrrädern durchschritten. Soweit einmal Daten zur Nutzung der Bahn als komplementäres Reisemittel für die Radtour. Eine positive Entwicklung gab es jedoch im Verkauf der Fahrradkarten für den internationalen Verkehr, wo 2010 mit 43.000 um 2,9 % mehr Tickets verkauft wurden gegenüber 2009. Rückläufig sind die Zahlen bei den City-Nightline-Angeboten. 2010 beförderten die Nachtzuglinien 32.000 Räder, 2009 waren es noch 38.663. 2007 wurde schon an der 40.000-Marke gekratzt.

Die Wünsche an den Rad-Transportservice, speziell im Fernverkehr, sind jedoch viel stärker ausgeprägt. Laut einer bundesweiten repräsentativen Forsa-Umfrage vom August 2007 halten 80 % der Deutschen die Mitnahme von Fahrrädern im ICE für ein wichtiges Serviceangebot der Bahn, 57 % würden ihr Fahrrad gerne im ICE mitnehmen und 46 % würden öfter mit dem ICE fahren, wenn sie ihr Fahrrad mitnehmen könnten. Außerdem würde es 93 % der Befragten nicht stören, wenn andere Fahrgäste ihr Fahrrad im ICE mitnehmen würden (vgl. Koch 2009). Wenngleich Umfragedaten auf Basis von Konjunktivfragen immer problematisch sind, so deuten sie auf alle Fälle ein höheres Nachfragepotenzial für die Radmitnahme in den Fernzügen an. Entscheidend ist die konsequente Gästekommunikation der Angebote über Jahre hinweg.

Angebote für die Fahrradmitnahme in Zügen der nationalen Bahngesellschaften

Wie eben angedeutet, ist hinsichtlich der Fahrradmitnahme durch den Verkehrsträger Bahn stark nach Geschäftsfeldern zu differenzieren – im Nah- und Fernverkehr, im grenzüberschreitenden und im Nachtreise-Verkehr. Darüber hinaus positionieren sich zunehmend private Bahnunternehmen – Museums- und Schmalspurbahnen – im Freizeitsegment und bieten Mitnahmemöglichkeiten für Fahrräder an.

Fahrradmitnahme im Nahverkehr

Nahverkehrszüge sind vielfach mit Mehrzweckabteilen für Rad und Radler ausgerüstet, auf die das Fahrradsymbol in den Einstiegsbereichen hinweist. In der Regel befinden sich diese am Anfang des Zuges oder an dessen Ende. In den Einstiegsbereichen der Nahverkehrszüge können üblicherweise Fahrräder abgestellt werden, „wenn dadurch nicht andere Fahrgäste beim Ein- und Aussteigen behindert werden". Das Ausmaß der Fahrradmitnahme hängt jedoch von den zur Verfügung stehenden Kapazitäten ab, die vor v. a. zu den Haupt- bzw. Berufsverkehrszeiten knapp werden. Auf stark befahrenen Strecken werden an Wochenenden und in den Sommermonaten zusätzlich Gepäckwagen und Sonderzüge eingesetzt. Die Preise für die Fahrradmitnahme in Verkehrsverbünden weichen in der Regel von den Tarifen der Deutschen Bahn ab. In einigen Bundesländern ist die Fahrradmitnahme in Nahverkehrszügen zu bestimmten Zeiten und auf bestimmten Strecken sogar kostenlos möglich. Wenn auch Angebote und Preise (Fahrradkarte Nahverkehr, Fahrrad-Tageskarte, Fahrrad-Kurzstreckenkarte etc.) stark variieren, so gilt als Konstante jedoch, dass eine Mitnahmegarantie für Fahrräder leider nicht angeboten wird.

Einige Bahn-Nahverkehrsanbieter setzen dennoch gezielt auf das Fahrrad, wie z. B. die Berliner S-Bahn: 2006 wurden nicht nur über 8 Mio. Radgäste mit ihren Fahrrädern transportiert, sondern der S-Bahn-Betrieb förderte dies auch durch die Herausgabe von Radtouren-Beschreibungen sowie durch den Bau von Abstellanlagen und Fahrradstationen (vgl. ADFC 2007).

Fahrradmitnahme im Fernverkehr

Die Möglichkeit zur Fahrradmitnahme bieten in Deutschland zahlreiche Intercity- und Eurocity-Züge. Eingesetzt werden v. a. zwei Typen von Fahrradwagen: das Fahrradabteil im IC-Steuerwagen und das Fahrradabteil im Großraumwagen. Für die Mitnahme des Fahrrades in Fernverkehrszügen sind eine Fahrradkarte sowie eine Stellplatzreservierung erforderlich, die im Ticketpreis enthalten ist. Nicht möglich ist jedoch der Transport des Fahrrades in den Hochgeschwindigkeitszügen, nicht im ICE der Deutschen Bahn und auch nicht im Railjet der Österreichischen Bundesbahn. Dieses Faktum – wie auch die in den letzten Jahren vielfach erfolgte Einschränkung der Radmitnahme auf den weiten Strecken durch die Umwandlung von InterCity- zu ICE-Verbindungen – bilden seit Jahren einen brisanten Streitpunkt zwischen Fahrradlobby und Tourismusorganisationen einerseits und Bahnunternehmen andererseits. Und all dies vor dem Hintergrund des Erlasses der EU-Verordnung Nr. 1371/2007 über die Rechte und Pflichten der Fahrgäste, worin es heißt: „Die Eisenbahnunternehmen ermöglichen den Fahrgästen die Mitnahme von Fahrrädern im Zug, (…) wenn sie leicht zu handhaben sind, dies den betreffenden Schienenverkehrsdienst nicht beeinträchtigt und in den Fahrzeugen möglich ist." Da der Wortlaut der Verordnung keine Unterschiede zwischen den verschiedenen Zugarten macht, verpflichtet sie – so die Konsumentenschutzorganisationen – die Bahnunternehmen zur Radmitnahme in allen Zügen und damit auch im deutschen ICE (vgl. ECF 2008). Im Gegenzug wird darauf verwiesen, dass andere Bahnunternehmen wie die französische SNCF in den TGVs für Radmitnahmemöglichkeiten sorgen bzw. diese erweitern. Anfang Mai 2011 wurde zwischen Deutscher Bahn und Siemens ein Vertrag unterzeichnet, der in den neuen ICE-Zügen ab 2016 acht reservierungspflichtige Fahrradstellplätze vorsieht (vgl. Deutsche Bahn 2011). Im Ergebnis ist eine Entscheidung für oder gegen die Mitnahme von Fahrrädern im ICE strategischer Natur. Da sich die Ein- und Ausstiegszeiten verlängern und schwerer berechenbar werden, spricht das „Primat der Geschwindigkeit" gegen eine Fahrradmitnahme. Bei einem Blick in die Zukunft stellt sich darüber hinaus die Frage, ob mit der weiteren Vernetzung der Verkehrssysteme und -mittel das Ausleihen von Fahrrädern nicht praktischer ist, als die Mitnahme des eigenen Vehikels. Doch es darf auch vermutet werden, dass der Großteil der Radgäste im Radurlaub auf ihr eigenes Fahrrad setzt bzw. sich auf das eigene Fahrrad setzt.

Fahrradmitnahme in europäische Nachbarländer

Die Mitnahme von Fahrrädern ist von Deutschland in viele europäische Nachbarländer in den dafür zugelassenen Zügen möglich z. B. nach Belgien, Dänemark, Frankreich, Italien, Luxemburg, in die Niederlande, Österreich, Polen, in die Schweiz, in die Slowakei, Tschechien und Ungarn. Für die grenzüberschreitende Fahrradmitnahme ist eine internationale Fahrradkarte erforderlich, die auch eine kostenlose Stellplatzreservierung inkludiert. Zur Festigung der deutsch-französischen Nachbarschaft tragen auch die TGV-Züge auf der Strecke München-Paris bei, die Fahrräder mitnehmen, wenn die Reise grenzüberschreitend ist. Im Gegenzug ist dies jedoch bei der ICE-Verbindung zwischen Frankfurt und Paris nicht möglich.

Fahrradmitnahme in Nachtreisezügen

Fast alle Züge der City-Night-Line (Gesellschaft für Auto- und Nachtreisezüge der Deutschen Bahn AG) verfügen über Fahrradabteile, viele fuhren 2010 mit neuen Liegewagen mit über 20 Fahrradstellplätzen (Reservierungspflicht). Die Fahrradmitnahme ist gegen Kauf einer Fahrradkarte möglich.

Spezifische Radler- und Freizeitzüge

Abseits des Standard-Fahrplans gibt es saisonbezogene Angebote in Kooperation zwischen Bahn und Gebietskörperschaften bzw. Verkehrsverbünden, speziell an Fluss-Radwegen. So nimmt etwa entlang des Main-Radwegs zwischen Mai und Ende Oktober der „Fahrradzug" kostenlos Fahrräder (70 Stellplätze) zwischen Aschaffenburg und Bamberg an allen Samstagen, Sonntagen sowie an einigen Feiertagen mit. Gleiches gilt für die Bahnstrecken zwischen Ulm und Passau sowie zwischen Ulm und Regensburg. In Baden-Württemberg bringen verschiedene Sonderzugangebote an Sonn- und Feiertagen in den Sommermonaten Radler und Wanderer zu ihren Touren und von diesen wieder zurück. Beispiele dafür sind der „Kinzigtalexpress" von Freudenstadt nach Offenburg oder der „Taubertäler Radwanderzug" von Wertheim nach Weikersheim.

Im Norden stellt der zwischen Münster und Emden verkehrende „Emsland-Express" ein Erfolgsbeispiel dar (vgl. Torkler 2009, S. 6). Dort wurden 2006 die Züge mit klimatisierten Doppelstockwagen speziell für die Mitnahme von Fahrrädern umgebaut. Zuvor war das Stellplatzangebot für Fahrräder nicht ausreichend. Zudem gab es in der Hauptsaison regelmäßig Kapazitätsprobleme beim Transport von Fahrrädern. Nun gibt es 50 Fahrrad-Abstellplätze pro Zug, die durch eine ausgetüftelte Anordnung über die gesamte Zuglänge ein schnelles Ein- und Aussteigen ermöglichen. Für Gruppen ab sechs Personen mit Fahrrädern werden Plätze über die Verkaufsstelle zugewiesen bzw. reserviert. Das Zugpersonal erhält vor Fahrtantritt eine Information per SMS über die Reisegruppe und kann somit schon im Vorfeld andere Reisegäste informieren, die die reservierten Plätze eingenommen haben. Mit diesen Maßnahmen sind seit 2005 die Rad-Fahrgastzahlen stetig gestiegen, allein 2008 um über 18 %. 2010 sorgt der „RADExpress" für die Verknüpfung von Bahn und Bus auf Ausflugstouren, Busse mit Fahrradanhängern verkehren auf vier „Seiten-Radwegen" entlang der Emslandstrecke abgestimmt mit dem „Emsland-Express". Dafür gibt es das „Emsland-Touren-Ticket" – einmal zahlen und einen ganzen Tag im Emsland mit dem Fahrrad Bahn und Bus fahren. Damit wird Flexibilität auf den Radtouren geboten.

An der österreichischen Donau verkehrt seit April 2010 wieder ein Rad-Express, auf den Spuren des einstigen Rad-Trampers zwischen Wien und Passau. Einen wichtigen Beitrag zur Radler-Verbindung von oberösterreichischer Donau und südböhmischer Moldau leistet die Mühlkreisbahn mit eigenen Radwaggons. Auch die Tauern-Radweg-Radler können sich wieder über Zubringerdienste freuen, die Pinzgauer Lokalbahn bringt nach dem Wiederaufbau der 2005 vom Hochwasser zerstörten Strecke 2010 wieder Radler von Zell am See zum Start des Tauern-Radweges bei den Krimmler Wasserfällen. Durch den Aufstieg des niederösterreichischen Traisental-Radweges zu eine der Top-Rad-Pilgerrouten in Mitteleuropa hat sich weiter die Mariazellerbahn ein neues Segment im Freizeitbereich erschlossen (vgl. Miglbauer 2010, S. 18 f.).

Historische Bahnen und Schmalspurbahnen

Historische Bahnen bieten besondere Fahrerlebnisse. Teilweise nehmen sie auch Fahrräder mit, wie etwa in Niedersachsen der Moorexpress zwischen Osterholz-Scharmbeck und Stade, die Kleinbahn Leeste, die Bruchhausen-Vilsener Kleinbahn, die Delmenhorst-Harpstedter Kleinbahn oder auch die Harzer Schmalspurbahnen, die Fahrräder in den Zügen kostenlos befördern, „wenn es die Auslastung der Züge zulässt.". Auch im Hasetal fährt die historische Museumseisenbahn der Eisenbahnfreunde Hasetal und verbindet die Städte Meppen und Quakenbrück. In Österreich positionieren sich Schmalspurbahnen sehr stark mit touristischen Angeboten, worin die Fahrradmitnahme einen festen Bestandteil bildet. Beispiele dafür sind die Lokalbahnen von Stern & Hafferl (Salzkammergut, Linzer Lokalbahn) oder auch die Steiermärkische Landesbahnen, die auch die Radmitnahme entlang des Mur-Radweges anbieten. Fahrgäste berichten immer wieder von positiven Rad-Bahn-Reiseerfahrungen und von engagiertem Personal.

3.7.2   Fahrradmitnahme mit Bussen

Hier ist zu unterscheiden zwischen dem Fahrradtransport im Linienverkehr, spezifischen Radbussen als auch Bussen von Reiseunternehmen, die Urlaubsreisen anbieten.

Nachfrage nach Fahrradmitnahme im Busverkehr

Daten zur Radmitnahme in Bussen sind im Vergleich mit der Bahn in noch geringerem Umfang vorhanden. Selbst im Bahn- und Busland Schweiz. Dort bieten die „Postautos" die Mitnahme von Fahrrädern an. Auf den Passlinien der Zentralalpen (Grimsel, Furka, Susten, Nufenen, Gotthard) hat „PostAuto" 2009 im Vergleich mit 2008 mehr als doppelt so viele Fahrräder transportiert. Spezifische Bus-Shuttledienste zu Fernradwegen haben sich in den letzten Jahren ihr Angebot etabliert, vorwiegend auf Initiative privater Busanbieter. Die jährlichen Frequenzzahlen an den österreichischen Fernradwegen bewegen sich jährlich zwischen 500 und 3.000 Radgästen. Die Nachfrage wird von den Anbietern als gleich bleibend bis leicht steigend beschrieben. Eindeutig zugenommen hat jedoch die Zahl der Reisegäste, die mit Bus samt Radanhänger auf Urlaub fahren dabei zwischendurch auch für einige Stunden den Fahrradsattel dem Komfortsitz im Bus vorziehen. In Österreich beläuft sich der Anteil dieser Busreisenden 2009 auf ca. 15 % (vgl. Miglbauer/Pfaffenbichler/Feilmayr 2009, S. 10).

Angebote für die Fahrradmitnahme in Bussen

Fahrradmitnahme in Linien-Bussen

Im Großraum Hannover nehmen Busse kostenlos an Sommerwochenenden Fahrräder zu wechselnden Zielen mit. In den Sommerferien verkehren Sonderbusse zwischen Hannover und dem Steinhuder Meer. Der Weser-Ems-Busverkehr in Ostfriesland nimmt täglich von April-Oktober auf der Linie Norden-Harlesiel Fahrräder mit.

Sehr gut ausgebaut ist die Fahrradmitnahme in den Bussen in der Schweiz, was nicht überrascht. Die Eidgenossenschaft ist bekannt für seine „Postautos", von den Einheimischen auch „Poschti" genannt als Begriff für die motorisierten Nachfolger der Postkutschen. Die Buslinien werden von „PostAuto", einem Konzernbereich der Schweizerischen Post, betrieben auf ca. 800 Postautolinien mit knapp 2.000 Postautos. Auf dem Liniennetz von 10.363 km

werden jährlich über 100 Mio. Passagiere befördert. Die gelben „Postautos" nehmen Fahrräder mit, je nach Bustyp werden dabei bis zu fünf Velos am Heck des Busses aufgehängt oder
bis zu zehn Velos in einem Anhänger transportiert. Insbesondere in den touristischen Regionen Graubünden und Wallis wurden die Transportkapazitäten in den letzten Jahren deutlich
ausgebaut. Hier verfügen inzwischen alle „Postautos" über Veloträger am Fahrzeugheck.
Zusätzlich stehen an wichtigen Umsteige- und Tourismusorten Veloanhänger zur Verfügung.
Im Dezember 2008 ist „PostAuto" dem Velotarif beigetreten und hat das Sortiment an „Velo-
billetten", das bei der SBB, den meisten Bahnen sowie weiteren Unternehmen des öffentlichen Verkehrs in der Schweiz gilt, übernommen (vgl. PostAuto Schweiz AG, Pressemitteilung August 2011, S. 1 f.).

Fahrradmitnahme durch spezifische Radlerbusse

Ähnlich wie bei den Zügen gibt es auch spezifische Angebote der Busunternehmen für Radgäste, oft als ein Element im Transportservice von regionalen Verkehrssystemen. So verbindet ein Fahrradbus Passau und Haidmühle, die Donau und den Böhmerwald, mit dem Radweg am Schwarzenbergischen Schwemmkanal. Der Linienbus der „RBO Regionalbus Ostbayern GmbH" verkehrt zwischen beiden Orten an Sonn- und Feiertagen mit einem Fahrrad-
anhänger. Zu den profiliertesten Rad&Bus-Angeboten in Deutschland zählen gewiss die
„RegioRadler"-Busse, die die beliebtesten Radrouten von Eifel und Hunsrück sowie auch
entlang von Mosel, Ruwer und Sauer sanft mobil verknüpfen. In eingebauten Bus-Abteilen, im
Anhänger oder eben huckepack in der Fahrradbox können die Radgäste bis zu 25 Fahrräder
mitnehmen. Sie verkehren zwischen 01. April und 01. November immer samstags, sonntags
und feiertags. Damit erweisen sie in diesen Mittelgebirgsregionen einen wertvollen Dienst.
Um sicher zu gehen, dass Radler und Fahrrad einen Platz im Bus bekommen, ist eine Buchung
im Voraus sinnvoll. Weiter werden Raderlebniskarten angeboten (www.regioradler.de). Neben
dem schon seit einigen Jahren verkehrenden Nationalpark-Bus im Müritz-Nationalpark gibt
es in Mecklenburg-Vorpommern seit 2008 einen regelmäßigen Fahrradtransport mit Anhänger auf der Strecke Ueckermünde – Torgelow – Pasewalk. Auf der Insel Rügen bietet die
Rügener Personennahverkehrs GmbH zwischen Mai und Oktober unter dem Namen „RAD-
zfatz" Direkt-Linienbusse mit Fahrradanhänger an, auf dem jeweils bis zu 16 Räder Platz
finden.

Ein besonderes Angebot für die Kombination von Bus und Fahrrad gibt es in Tschechien mit
den Angeboten von „Cycklotrans". Busse mit Anhängern für Fahrräder verkehren regelmäßig
an den Wochenenden von Juni-September, im Juli und August auch an den Werktagen auf
acht Verbindungen in Südböhmen. Die Busse starten z.B. morgens in České Budějovice
(Budweis) und fahren nach Slavonice (Zlabings), Kvilda (Aussengefild), Nové Hrady (Grat-
zen), Hojná Voda, Český Krumlov (Böhmisch Krumau) und Horní Planá (Oberplan) und
gegen Abend wieder zurück. Einzelne Linien lassen sich mit weiteren Bus- und Zugverbin-
dungen kombinieren. An den Endstationen werden sogar Radtouren oder Wanderungen in
der Umgebung angeboten, die Beteiligten werden von Fahrern begleitet, unterwegs werden
Burgen, Schlösser und weitere attraktive Touristenziele besucht.

In Österreich sind seit Ende der 90er Jahre mehrere neue Radrouten aus dem Schatten des
großen Donau-Radweges getreten, mit z.T. sehr attraktiven „Bus-Zubringerdiensten" für Radgäste. Von Innsbruck aus, mit Zwischenstopp in Landeck, bringt etwa ein Bus der Landecker
Verkehrsbetriebe täglich Radgäste zum Malojapass (230 km), eine Buchung ist bis 16 Stunden
vorher am Vortag erforderlich. Auch am Drau-Radweg fährt täglich ein Transferbus zwischen

Sillian in Osttirol und Lavamünd in Südkärnten (311 km). Bei Bedarf werden auf der Fahrt Zwischenstopps eingelegt, eine Reservierung ist erforderlich. Auf ähnliche Art bieten private Bus-Reiseveranstalter Shuttledienste am Mur- und Enns-Radweg an. Grenzüberschreitend sind die Zubringerdienste zur „Via Claudia" zwischen Donauwörth und Venedig über Fern- und Reschenpass; erforderlich sind Mindestteilnehmerzahl und Reservierung.

Abb. 42:   Fahrradmitnahme bei LEITNER Touristik

Foto: Miglbauer 2010

3.7.3   Fahrradmitnahme auf Schiffen und Fähren

Uneinheitlich geregelt ist die Mitnahme von Fahrrädern auf Schiffen in Deutschland wie auch in Österreich. Dies hängt mit den unterschiedlichen Angebotsstrategien der Schiffsunternehmen zusammen. So nehmen die auf Rhein und Mosel verkehrenden Schiffe zumeist die Fahrräder ihrer Gäste mit, was gerade für die Radwege entlang dieser Flüsse eine attraktive Rückreisemöglichkeit darstellt. Oft wird darauf verwiesen, dass die Mitnahme einzelner Fahrräder „möglich ist" und Gruppen „sich zuvor anmelden sollen" wie etwa auf dem regelmäßigen Schiffsverkehr auf der Elbe zwischen Schmilka und Dresden sowie Dresden und Meißen/Riesa. Auf der Saar nehmen Fahrgastschiffe im Linienverkehr in aller Regel Fahrräder mit. Auf den Schiffen zu den Nordseeinseln und den Fördedampfern der Kieler Verkehrsgesellschaft sind Räder willkommen. Hingegen befördern Ausflugsschiffe im Normalfall keine Fahrräder. Lapidar gibt hingegen die Schweiz kund: Alle Linienschiffe und Fähren nehmen auch Fahrräder mit. Am Bodensee befördern alle Fähren und zahlreiche Schiffe Fahrräder.

In Österreich ist der Radtransport auf Schiffen an der Donau und an Seen großteils gratis, nur wenige Schifffahrtsunternehmen erheben einen Preis. Der Anteil der Radgäste auf den Schiffen beträgt einige wenige Prozent (vgl. Miglbauer/Pfaffenbichler/Feilmayr 2009, S. 10). Unverzichtbar sind hingegen die Radler für die Fähren an der österreichischen Donau, die nur ein personenbezogenes Entgelt erheben. Hier zeigt sich, dass ein breites Angebot an Fähren das Raderlebnis wesentlich bereichert, ein Wechseln der Blicke und Ansichten von unterschiedlichen Uferpositionen eröffnet, angefangen von Längsfähren bis hin zum Unikat der Drahtseilfähre in Ottensheim.

3.7.4   Handlungsempfehlungen

Wie eingangs erwähnt, besteht als wesentliche Herausforderung für den Radtourismus, diesen im Kontext der gesamten Mobilitätskette zu denken, zu planen und umzusetzen. Dies gilt jedoch nicht nur unter verkehrstechnischen Aspekten, sondern v. a. auch unter dem Gesichtspunkt des Landschaftserlebnisses, der eine flexible Kombination zwischen Rad und Transportmitteln erfordert oder einfach zwischen Land und Wasser durch attraktive Angebote von Schiffen und Fähren changieren lässt. Dazu werden als wesentlich erachtet:

- Radtouren sind als Kernstück einer gesamten Mobilitätskette zu planen und diese ist in die Angebots- und Produktentwicklung zu integrieren; das Augenmerk muss auf wesentlichen Fragen der Gäste liegen, die sich zentral zu Beginn jeder Radtour stellen, z. B.: „Wie komme ich vom Ziel wieder zurück zum Ausgangsort?" oder „wie kann ich eine Radtour um einen See flexibel mit Schiff und Fähren kombinieren?"

- Die Kombinierbarkeit von Fahrrad und Verkehrsträgern wie Bahn, Bus, Schiffen und Fähren ist als wesentliches Element des Landschaftserlebnisses sehen, das durch attraktive Verkehrsangebote wesentlich aufgewertet werden kann; Blickwechsel tragen dabei entscheidend zum Landschaftsgenuss bei.

- Radrouten sind im System der Mobilitätsangebote (Verkehrsverbünde etc.) zu verankern und es sind wechselseitig abgestimmte und passende Informationsangebote zu entwickeln (Ziel: die Bahn informiert hochkompetent über die Fahrradmitnahme im Zügen, die Radroutenanbieter ebenso über die Angebote der Verkehrsträger). Dies sollte nicht nur in ihren Informationsmedien (Websites, Routenplaner, Smartphone-Apps, Fahrplan-Aushänge etc.) geschehen, sondern auch durch persönliche Auskunft, etwa in Gäste-Informationsstellen unter Zuhilfenahme der Bahn- und Bus-Webportale. Eine bloße Überreichung einer Fahrzeitbroschüre ist oftmals nicht genug.

3.8   Rad-Reiseveranstalter

(Ernst Miglbauer)

Nachfrageentwicklungen

Radtourismus war in seinen Anfangszeiten stark von einer individualistischen Nachfrage geprägt. Buchbaren Radurlauben standen die freiheitsliebenden Radler der 80er Jahre kritisch gegenüber, weil Pauschalreisen zu sehr mit einem engen Ablauf – angeboten von einer Tourismus"industrie" – assoziiert wurden. Spätestens mit der Einführung der Bausteinreisen als individuelle Form der ursprünglich standardisierten Pauschalreisen hat sich in der Akzeptanz der Veranstalterreisen einiges geändert. Inzwischen ist mit dem Dynamic Packaging die flexibelste Variante der Zusammenstellung von Pauschalreisen in Echtzeit entstanden. In allen Fällen handelt es sich um die Auswahl und Kombination einzelner Reisebestandteile wie Beförderung, Beherbergung, Verpflegung und weiterer Dienstleistungen, die zu einem Leistungspaket zusammen gestellt werden, das den Bestimmungen des Reisevertragsgesetzes unterliegt (vgl. Stengel 2009, S. 65 f.).

Wie ist es heute um das radtouristische Segment der buchbaren Radtouren bestellt? Dazu ein paar Daten und Erfahrungen:

- **Anteil der Veranstalter-Radurlaube:** Die Radgäste, die ihren Radurlaub in Form einer Pauschalreise mit einem Radreiseveranstalter unternehmen, sind nach wie vor in der Minderheit. Laut *ADCF-Radreiseanalyse 2011* (vgl. ADFC 2011c, S. 15) lag der Anteil von radtouristischen Pauschalreisen 2010 bei 6 %, bei Auslandsreisen bei 19 %. Von vielen Radreiseveranstaltern wird dieser Anteil höher eingeschätzt.

- **Nachfrage nach maßgeschneiderten Angeboten von Reiseveranstaltern:** Buchbare Radreiseprogramme müssen seit Jahren mehr und mehr entsprechend den zunehmend individualistischen Präferenzen der Radgäste bzw. Radgästegruppen abgeändert werden. Dahinter verbirgt sich als Motiv der Kombinierwunsch von Komfortzukauf und individualistischen Gästewünschen.

- **Zukauf von organisierten Serviceleistungen:** Komfort und Urlaubsgefühl ohne Stress sind Qualitäten, die zunehmend von Radgästen bezahlt werden, v. a. auf Etappentouren, auch im Inland. Der Teil jener Radgäste, die nicht jeden Tag nach der Etappe eine Unterkunft suchen wollen, nimmt zu. Ebenso gibt es eine Nachfrage nach individuell buchbaren Leistungen (geführte Stadterkundungen, Abendessen in einem Museum, etc.). Diese Wünsche können am ehesten am Ende der Tagesetappe realisiert werden, kaum dazwischen, da schon eine Panne die Einhaltung einer geführten Besichtigung verhindern kann.

- **Steigende Nachfrage nach Kombinationen mit dem Rad:** Immer größer wird die Zahl von Bus-Reiseveranstaltern, die mit Bus und Radanhänger auf die Reise gehen. Dieser Anteil wird bei den österreichischen Bus-Reiseveranstaltern mit 15–20 % veranschlagt (vgl. Miglbauer/Pfaffenbichler/Feilmayr 2009, S. 10); aber auch Spezialisten aus anderen Tourismussegmenten setzen nach und nach auf die Kombination mit dem Fahrrad, z. B. spezialisierte Kulturreiseveranstalter, die eine zunehmend Anfragen nach Kulturreisen mit dem Fahrrad registrieren.

Anbieter in Deutschland, Österreich und der Schweiz

Insgesamt gibt es in Deutschland (je nach Abgrenzung der Geschäftsfelder) über 70 Reiseveranstalter, die Radreisen anbieten. Etwa 30 Veranstalter sind ausschließlich im Radsegment tätig (vgl. BMWi 2009, S. 142). Das Spektrum reicht von kleinen Anbietern mit Fokus auf Inlands-Regionen (Mecklenburger Radtour, Dreiländertours – Radreisen, Eifel Tourismus GmbH etc.) über spezialisierte Radreiseveranstalter (Velociped, radissimo, Rückenwind – Erlebnisreisen mit dem Rad, Weinradel etc.) bis hin zu großen Veranstaltern (Ameropa, TUI, DERTOUR etc.). Nicht berücksichtigt sind dabei Pauschalen von Tourismusorganisationen. Österreich kann im Verhältnis zu seiner Größe auf eine relativ hohe Dichte an Radreiseveranstaltern verweisen, darunter einige starke, einst angefangen mit oft bescheidener Ausstattung. Der größte unter ihnen ist Donau Touristik GmbH (Linz). Zu den profilierten zählen v. a. Oberösterreich-Touristik (Linz), Rad & Reisen (Wien), Eurobike/Eurofun Touristik GmbH (Obertrum), Austria Radreisen (Schärding) oder Donau-Radfreunde (Engelhartszell). In der Schweiz zählt Eurotrek (Zürich) zu den profilierten radtouristischen Anbietern, v. a. von Radurlauben auf den Routen von SchweizMobil.

Angebotsstruktur

In der „Grundlagenuntersuchung Fahrradtourismus in Deutschland" (vgl. BMWi 2009, S. 142) wurde die Struktur der Radreiseveranstalter in Deutschland sowie deren Angebote analysiert:

- **Reiseziele:** In Deutschland gibt es 71 Reiseveranstalter, die mindestens eine Radreise mit einem Reiseziel in Deutschland anbieten. Von diesen Reiseveranstaltern konnten insgesamt 1.873 Radreiseziele identifiziert werden; wovon sich 43 % (812 Radreisen) in Deutschland und zu 57 % im Ausland (1.063 Radreisen) befinden. 22 Radreiseveranstalter in Deutschland bieten ausschließlich Radreisen ins Ausland an; 58 aller 1.063 Reisen in ausländische Rad-Destinationen führen über Europa hinaus. Gut ein Drittel aller Angebote bezieht sich auf konkrete Radwege (Elbe-Radweg als am häufigsten angebotene Radroute, Donau-Radweg, etc.); zwei Drittel der Radreiseangebote gehen in bestimmte Radregionen (Masurische Seenplatte, Irland etc.).

- **Verwendeter Radtyp:** Radwanderreisen mit dem Trekkingrad dominieren zu 92 % die Radreiseangebote, die Mountainbike-Reisen sind zu 3 %, die Rennrad-Reisen zu 2 % vertreten. Zu den am stärksten angebotenen Mountainbike-Radtouren zählt die Überquerung der Alpen.

- **Radreisetypus:** Nicht überraschend dominiert bei Radwanderreisen mit dem Trekking-Rad die Etappenreise; hingegen ist bei Mountainbike- und Rennradreisen der Typus der Standortreise stärker vertreten (33 %/29 %).

- **Reisebegleitung:** Es werden sowohl Radreisen mit Begleitung angeboten als auch individuelle Reisen ohne Begleitung, jedoch mit Organisation der Unterkunft, des Gepäcktransports oder sonstiger Leistungen (z. B. Informationspaket, Besuch von Museen).

- **Reisedauer:** Die am meisten präferierte Radurlaubsdauer erstreckt sich auf sieben bis acht Tage, Radurlaube in Überseedestinationen dauern nicht überraschend länger.

- **Unterkunft und Verpflegung:** Übernachtung mit Frühstück stellt das gängigste Verpflegungspaket dar, was der Etappenreise als häufigste Reiseform am besten entspricht.

- **Individuell buchbare Radreisen:** Diese individualisierbare Pauschalreiseform wird seit Jahren vielfach von Radreiseveranstaltern offeriert: Radtouren ohne Reiseleiter, die Radgäste teilen sich selbst den Reiseablauf (Etappen, Programmpunkte, Pausen) ein. Leistungen des Veranstalters sind: Buchung Unterkünfte inkl. Verpflegung, Transport des Gepäcks von Hotel zu Hotel, Informations-Unterlagen für Gäste (Routenbeschreibung, Kartenmaterial), telefonische Erreichbarkeit sieben Tage pro Woche, Organisation von weiteren Leistungen auf Wunsch (Führungen, Schifffahrten, Anreise etc.). In der Regel sind die individuell buchbaren Reisen ohne Mindestteilnehmerzahl bzw. ab zwei Personen buchbar.

- **Kombinations-Radreisen:** Manche Radreiseveranstalter wie etwa „Die Mecklenburger Radtour" kombiniert Rad- mit Wandertouren, andere wie „Rückenwind-Radreisen GmbH" kombinieren wiederum Rad und Schiff entlang von Flüssen oder an Seen.

Die Vermarktung der Pauschalangebote erfolgt im Wesentlichen auf folgende Weise (vgl. BMWi 2009, S. 142):

- **Kommunikationsmittel:** Das Internet wird inzwischen von allen Radreiseveranstaltern als Vertriebsweg genutzt. 38 % der 71 deutschen Radreiseveranstalter vertreiben ihre Angebote nur noch über dieses Medium; 62 % bieten noch immer einen Saison- und Jahreskatalog an.

- **Buchungswege:** Auch beim Buchen der Radtour beim Veranstalter liegt das Internet mit 89 % vorne, die klassische Buchung via Postweg liegt mit 73 % an zweiter Stelle, vor der Buchung per Fax (66 %) und Telefon (54 %).

Nachfolgend zwei Beispiele zur Illustration buchbarer Programme von Radreiseveranstaltern:

Individuell geführte Radeltouren (Weinradel, Aachen)

Alte Pracht neu entdecken – Neiße, Spree, Elbe

Die Sachsen-Tour, 8 Tage, Tagesetappen zwischen 40 und 62 km, insgesamt 310 km

Programm:

Die Reise startet in Görlitz mit seinen mehr als 4000 Baudenkmälern, ein Tagesausflug führt nach Zittau, in die „Stadt der Fastentücher". In Bad Muskau erwartet die Gäste der Landschaftspark des Fürsten von Pückler-Muskau am Ufer der Neiße (UNESCO Weltkulturerbe). Weiter geht es nach Bautzen auf dem mächtigen Granitplateau über der Spree. Vom vornehmen Kurort Bad Schandau werden die Radler in die Kulturmetropole Dresden geführt. Am letzten Tag radeln sie zum prächtigen Schloss Moritzburg und in die „Porzellanstadt" Meißen. Durchgehend hochwertige Hotellerie bildet den komfortablen Rahmen für die abwechslungsreichen Reise.

Radstrecke:

Die Radetappen an Neiße, Spree und Elbe sind überwiegend flach und meist asphaltiert. Nur am 5. Tag und 7. Tag gibt es hügelige Abschnitte.

Termine:

2011 wurden vier Termine zwischen Ende Juli und Ende August für die achttägige Radreise angeboten.

Preise:

1.150 EUR pro Person (Doppelzimmer),

Einzelzimmerzuschlag 130 EUR pro Person;

Zuschlag E-Bike*: 120 EUR; (Weinradel, Katalog 2011, Aachen)

Geführte Gruppenreise E-Radtour (radissimo, Karlsruhe)

Rundreise Höhepunkte der Provence

8 Tage/7 Nächte, Tagesetappen zwischen 45 und 55 km, insgesamt 305 km per Rad, Schwierigkeitsgrad 1–2 von 3

Programm:

Radreise durch die Kulturlandschaft der Provence mit ihrem einzigartigen Licht und den intensiven Farben, die schon Maler wie van Gogh, Gauguin, Picasso, Matisse und Chagall anlockte. Neben der großartigen und abwechslungsreichen Landschaft besticht die Provence natürlich auch durch ihre Geschichte, Kunst und Architektur. Die Radtour startet in Orange, führt dann über Avignon, Arles in die Camargue, von dort über Tarascon und Uzès zurück nach Orange. In den Orten und Städten gibt es nicht nur Führungen durch die Altstadt und Besichtigung von römischen Amphitheatern, berühmten Kirchen und Schlössern, sondern es ist auch eine Fahrt mit einer Schmalspurbahn eingeplant.

Radstrecke:

Leichte bis mittlere Tour mit kleinen Anstiegen auf ruhigen Straßen und asphaltierten Wirtschaftswegen.

Termine:

2011 wurden fünf Termine zwischen Ende Mai und Mitte September für die achttägige Radreise angeboten.

Preise:

975 EUR pro Person (Doppelzimmer),

Einzelzimmerzuschlag 200 EUR pro Person;

Zuschlag E-Bike*: 150 EUR (vgl. radissimo)

---

* Hinweis der Verfasser: Mit E-Bikes sind im Sinne dieses Buches Pedelecs gemeint.

Fazit

Angebote von Radreiseveranstaltern sind ein zunehmend wichtiger werdender Bestandteil des Radtourismus. Die Triebfeder liegt in der Möglichkeit, maßgeschneiderte Reisen für eine zunehmend individualistische Nachfrage zu produzieren (Bausteine, Dynamic Packaging). Für attraktive Bausteine müssen die Voraussetzungen in den Radregionen und an den Radrouten geschaffen werden, um den Radgästen der Veranstalter besondere und privilegierte Leistungen bieten zu können (regionale Kulinarik, außergewöhnliche Führungen an Kulturorten etc.). Dies erfordert aber letzten Endes auch ein stärkeres Zusammenspiel zwischen den Radreiseveranstaltern und den Leistungsträgern vor Ort. Die Vorteile für letztere, wie Berechenbarkeit und Entlastung im Marketing und Vertrieb liegen auf der Hand.

4 Destinationsmanagement für Radtourismus

In den folgenden Abschnitten wird das Management für den Radtourismus erläutert. Da das Management auf unterschiedlichen Ebenen und in unterschiedlichen Organisationsformen stattfindet, werden zunächst die unterschiedlichen Auffassungen von einer Destination als Markteinheit erläutert und danach die Besonderheiten von Rad-Destinationen dargestellt, aus denen sich die speziellen Aufgabenstellungen des Destinationsmanagement im Bereich Radtourismus ergeben. Das Unterkapitel 4.4 beschäftigt sich mit den unterschiedlichen Organisationsformen, in denen, und den unterschiedlichen Organisationsebenen, auf denen der Radtourismus entwickelt wird. Basis des Radtourismus ist dessen Infra- und Suprastruktur, deren Entwicklung mehr oder weniger stark von der politisch motivierten Wirtschaftsförderung abhängt. Deshalb wird in diesem Teil des Buches auf die Wertschöpfung durch den Radtourismus eingegangen, wobei die durchaus unterschiedliche wirtschaftliche Bedeutung in vielen Ländern Europas beleuchtet wird.

4.1 Destinationen als Markteinheit

(Axel Dreyer)

Destinationen sind abgegrenzte Räume, die eine touristische Infrastruktur besitzen und als Reiseziel bekannt sind. In der wissenschaftlichen Diskussion werden mehrere Sichtweisen unterschieden:

Gästesicht

Aus Sicht potenzieller Reisender ist eine Destination nur dann als solche anzusehen, wenn sie in deren Köpfen und in deren Vorstellungen als zusammenhängendes Reisegebiet erkannt wird. Diese Zusammenhänge lassen sich entweder alleine aus geographischen oder aus geographischen in Verbindung mit kulturellen bzw. thematischen Beziehungen ableiten. Daher können Destinationen eine ganz unterschiedliche Größe besitzen, wichtig ist bloß die Existenz der Grundvoraussetzungen eines Reiseziels in Form von Übernachtungsmöglichkeiten, Gastronomie und Unterhaltung (vgl. Bieger 2005, S. 55 f.).

Geographische Sicht

Räumlich betrachtet muss eine Destination nicht zwangsweise ein Ort sein, sie kann auch ein Ortsteil (z. B. Ostseebad Heiligendamm als Ortsteil von Bad Doberan), ein Freizeitpark (z. B. Europapark Rust) oder sogar eine Clubanlage sein. Die Größe einer Destination ist von der Sichtweise der Gäste abhängig. Je weiter das Reiseziel entfernt ist, desto großräumiger wird eine Destination nach geographischen Gesichtspunkten gesehen. Westerland ist aus Sicht eines Hamburgers eine Destination, aus der Sicht eines Spaniers ist es wahrscheinlich nicht einmal mehr die Insel Sylt, sondern vielmehr Hamburg, die Nordseeküste oder Norddeutschland, weil diese Ziele in Spanien bekannter sind. Reisende aus weiter entfernten Quellgebieten wie z.B. Neuseeland oder USA, würden in diesem Falle wahrscheinlich Deutschland insgesamt oder sogar Europa als Destination betrachten.

Managementsicht

Die größte Herausforderung einer (Tourismus-)Destination ist, dass es meist keinen klar definierten Anbieter (Ausnahmen sind z.B. Freizeit- oder Ferienparks) gibt. An der Gestaltung der touristischen Leistungen sind viele verschiedene Leistungsträger beteiligt. Destinationen sind daher eher wie virtuelle Dienstleistungsunternehmen (vgl. Fuchs/Mundt/Zollondz 2008, S.186). Sie stehen stellvertretend für die verschiedenen Anbieter innerhalb der touristischen Zielgebiete, es bestehen ihnen gegenüber aber keine direkten Weisungsbefugnisse des Destinationsmanagements (vgl. Freyer 2006, S.253).

Ökonomisch betrachtet wird also in einer Destination ein „... touristisches Leistungsbündel von verschiedenen Anbietern produziert und gemeinschaftlich angeboten ..." (Freyer 2006, S.252). Vor dem Hintergrund der Führung als strategische Geschäftseinheit müssen Geschäftsfelder mit klar umrissenen Zielgruppen und Leistungsträgern (Hotels, Seilbahngesellschaften etc.) definiert werden. Eines dieser Geschäftsfelder kann der Radtourismus sein.

Eine große Herausforderung besteht darin, für die Gäste stimmige Urlaubswelten zu erzeugen, die den mit der entsprechenden Urlaubsform verbundenen Wünschen voll entsprechen (vgl. DMMA 2007).

4.2   Besonderheiten von Rad-Destinationen

(Axel Dreyer)

Für die Vermarktung ist das Grundverständnis von Destinationen als zu vermarktenden Einheiten entscheidend. Und gerade in dieser Hinsicht haben Rad-Destinationen gegenüber anderen Zielgebieten durchaus Besonderheiten aufzuweisen, die im Folgenden beschrieben werden.

Destinationen als Durchgangsziel

Radregionen und Reiseziele können von den Radlern unterschiedlich genutzt werden. Für den Radwanderer können sie ein Durchgangsziel sein, wenn sich Start- und Zielpunkt der Reise außerhalb der eigenen und in einer benachbarten Destination befinden (und der Radweg selbst nicht als Destination aufgefasst wird, wie wir es empfehlen!). Liegen Start- und Zielpunkt einer Radreise auseinander, ist der Transport der Räder zur An- und Abreise entweder durch optimal angepasste Verkehrsangebote oder durch eigene Bemühungen (Transfer des eigenen Fahrzeuges) zu bewältigen.

Diese Formen des Durchgangs-Radtourismus finden häufig entlang von Flüssen statt. Diese Radler werden heute immer noch als wenig interessant für die Destination angesehen, weil sie die Beherbergungsbetriebe oft spontan buchen (wenig Planungssicherheit für Beherbergungsbetriebe), nur für eine Nacht nutzen (geringer Deckungsbeitrag) und an den Etappenzielen keine größeren Ausgaben tätigen (vgl. Quack/Hallerbach 2007, S.8).

Für die Destinationen könnte es interessanter sein, wenn Radwanderer wenigstens den Start- oder Zielpunkt in der Destination wählen, weil sich dann möglicherweise weitere touristische Nutzungen ergeben könnten (z. B. Anschlussaufenthalt). Das touristische Angebot des Rad- weges könnte so auch besser Image bildend für die eigene Destination genutzt werden.

Destinationen als Hauptziel der Radreise

Eine andere Situation ergibt sich für die Destinationen, wenn dort Start- und Zielpunkt der Radler zusammentreffen. Für den Radler selbst ist diese Situation logistisch einfacher zu bewältigen, wenn die An- und Abreise z. B. mit dem eigenen Pkw stattfindet. An die übrigen Verkehrsträger dürften ansonsten ähnliche Anforderungen gestellt werden.

Wenn Start- und Zielpunkt der Radler zusammenfallen, können die Etappenziele in Form einer Rundreise oder strahlenförmig angefahren werden. Nicht jedes Etappenziel muss aller- dings innerhalb der Region/Destination liegen, sondern kann auch in benachbarte Destinatio- nen führen – je nachdem, wie groß die Vermarktungseinheit der Destination gewählt worden ist. Für viele Destinationen ist die Situation des strahlenförmigen Reisens interessant, weil sich so die Ausgaben der Radler am Start- und Zielort der Reise konzentrieren. V. a. die Be- herbergungsbetriebe können so mit besser planbaren Umsätzen und optimierten Deckungs- beiträgen arbeiten (vgl. Quack/Hallerbach 2007, S. 9; Dreyer/Linne 2008, S. 15 f.).

Radrouten als Destinationen

Aus touristischer Sicht reicht eine rein verkehrstechnische Betrachtung von Radwegen nicht aus. Aus touristischer Sicht sind verkehrstechnische und verkehrsrechtliche Bedingungen eine grundlegende, infrastrukturelle Angebotsvoraussetzung, ohne die Radtourismus gar nicht möglich wäre. Um aber einen florierenden Radtourismus organisieren zu können, ist ein zusätzliches Verständnis von Radwegen und Radrouten notwendig. Sie müssen schlicht und ergreifend als Destinationen aufgefasst werden. Diese Aussage bedeutet einen funda- mentalen Unterschied zu den vorherrschenden **Auffassungen** (zuvor nur Dreyer/Linne 2008, S. 17). **Genauer gesagt:**

> *„Ein touristischer Radweg ist eine ganzheitlich gestaltete Strecke für Radfahrer, die über eine erlebnis- und themenorientierte Routenführung verfügt und dem Radfahrer die Region entlang des Weges nahe bringt"* (Dreyer/Linne 2008, S. 17)

Eine optimale Wegweisung (Zielführung) wird vorausgesetzt. Diese muss durch zusätzliche informative Beschilderung, Einbeziehung von Sehenswürdigkeiten und eine enge Verknüp- fung mit den lokalen Leistungsträgern aus Beherbergung, Gastronomie und anderen Berei- chen ergänzt werden.

> *„Radwege sind demnach touristische Produkte, die in die Tourismuskonzeptionen der Regionen integriert werden müssen und diese strategisch, themen- und zielgruppen- spezifisch untermauern."* (Dreyer/Linne 2008, S. 17).

Auf der Grundlage dieser Definition wird allerdings deutlich, dass Radwege, die touristisch erfolgreich sein wollen, v.a. im Hinblick auf die touristische Infrastruktur zielgerichtet gestaltet und entwickelt werden müssen. Wer einen Radweg als touristisches Produkt begreift, kann ihn auch als Produkt betriebswirtschaftlich gestalten. Nun ist das Ziel, mit dem Produkt Radweg einen möglichst großen Umsatz zu erzielen und die Wertschöpfung in der betreffenden Region zu steigern. Dies gilt natürlich unter entsprechenden Rahmenbedingungen (Naturschutz etc.).

Gemäß diesen Überlegungen müssen neue Fragen gestellt werden, z.B. „Wie können wir die Radtouristen dazu bewegen, möglichst viel Geld vor Ort auszugeben?" So ist es möglicherweise von zentraler Bedeutung, viele Sehenswürdigkeiten, Attraktionen und kommerzielle Betriebe in das Produkt „Radweg" einzubeziehen. Gelegenheiten müssen genutzt werden, auf Attraktionen am Wegesrand im Vorfeld bei der Reiseentscheidung und später rechtzeitig auf dem Radweg aufmerksam zu machen und auf Abstecher hinzuweisen. Bis zu welcher Entfernung abseits des Radwegs gelegene Attraktionen einbezogen werden sollten, hängt von der Attraktivität der jeweiligen Sehenswürdigkeit ab, denn allzu große Umwege werden wohl von vielen Radlern nicht akzeptiert oder zumindest nicht spontan unternommen.

Zusammenfassende Begriffsbestimmung

Von einer **Rad-Destination** ist folgerichtig die Rede, wenn das Zielgebiet Angebote für Radfahrer bereitstellt und bei potenziellen Gästen als Radlergebiet (an)erkannt wird. Demgemäß muss das Gästesegment „Radtouristen" also eine der wichtigen Kundengruppen der Destination sein und im Rahmen des Destinationsmarketing konkret angesprochen und beworben werden (Zielgruppen- und Themendifferenzierung).

❗ Eine Rad-Destination

ist ein virtuell begrenzter Raum, der eine touristische Suprastruktur in Verbindung mit einer fahrradrelevanten Infrastruktur besitzt (mindestens also Radwege und für Radfahrer geeignete Beherbergungsbetriebe) und als Radreiseziel bei potenziellen Gästen bekannt ist.

4.3 Aufgaben des Destinationsmanagements im Radtourismus

(Axel Dreyer)

Wenn von Radtourismus die Rede ist, dann impliziert dies nicht alleine die Radwege und die Übernachtungsleistung, die ein Radurlauber in Anspruch nimmt, sondern den gesamten Reiseprozess bzw. die gesamte Dienstleistungskette. Kunden unterscheiden meist bei der Inanspruchnahme einzelner Leistungselemente (z. B. Gastronomie, ÖPNV) nicht nach den verschiedenen Unternehmen, sondern ordnen deren Qualität der gesamten Destination zu. Sie konsumieren ein umfassendes Leistungsbündel und durchlaufen die gesamte Dienstleistungskette, die ein (Rad-)Urlaub beinhaltet. Diese reicht von der Informationsgewinnung und Planung der Radurlaubsreise über die Anreise und den Aufenthalt in einer Destination bis hin zur Abreise. Dabei werden viele unterschiedliche Leistungen und Unternehmen in Anspruch genommen. So muss eine Destination mit dem Ziel, langfristig wettbewerbsfähig zu bleiben und eine bestmögliche Wertschöpfung zu erzielen, als eine strategische Wettbewerbseinheit am Markt auftreten (vgl. Bieger 2005, S. 58). Das Zusammenspiel der unterschiedlichen Leistungsträger (z. B. Hoteliers, ÖPNV, Reparaturservice, geführte Besichtigungen etc.) beeinflusst also die Attraktivität einer Destination und somit ihre Wettbewerbsfähigkeit nachhaltig, denn **für den Gast ist die Radreise ein Gesamterlebnis**. Daraus entsteht zwangsläufig für die Leistungsträger in einer Destination die Notwendigkeit der Zusammenarbeit.

Hauptfunktion des Destinationsmanagements ist also die kooperative Entwicklung und die Koordination von gemeinsamen Ressourcen innerhalb der Destination (vgl. Fuchs/Mundt/Zollindz 2008, S. 186). In diesem Zusammenhang wird heute häufiger von der Destination Governance gesprochen. Da die steigende Komplexität eine Gestaltung von Produkten aus einer Hand nicht ermöglicht, geht es heute im Destinationsmanagement nämlich viel mehr um die Steuerung eines sich selbst regulierenden Netzwerks einschließlich dessen Kontrolle (vgl. Pichler/Bò/Pechlaner 2011, S. 106 f.). *Freyer* nennt als Aufgaben für Tourismusorganisationen von Destinationen auf lokaler Ebene:

- die Förderung des Erscheinungsbildes (der Attraktivität) des Ortes,
- die Betreuung der Gäste am Ort sowie
- die Gewinnung neuer Gäste durch ein geeignetes Marketing (vgl. Freyer 2006, S. 265).

Auf regionaler Ebene (Tourismusregionen und Bundesländer) steht v. a. die Beratung und Vertretung der Mitglieder nach außen im Vordergrund. Teilweise findet auf dieser Ebene auch eine starke Kooperation mit den entsprechenden Gremien in den Gebiets- und Landesregierungen statt (vgl. Freyer 2006, S. 266).

Bieger hat die Funktionen der „Wettbewerbseinheit" Destination neu definiert. Er gliedert die Aufgaben innerhalb der Destination in vier konkrete Aufgabenbereiche: Planung, Angebotsgestaltung, Marketing und Interessenvertretung (vgl. Bieger 2005, S. 67 f.). In der nachstehenden Abbildung werden diese vier Funktionen des Destinationsmanagements näher erläutert und speziell auf Rad-Destinationen übertragen, wobei vor Ort entschieden werden muss, inwieweit diese Aufgaben durch eine oder vielleicht auch durch mehrere Organisationen (intern oder durch Outsourcing) durchzuführen sind.

Abb. 43:   Aufgaben des Destinationsmanagements im Bereich des (Rad-)Tourismus

Aufgaben des Destinationsmanagements im Bereich des (Rad-)Tourismus	
Aufgaben allgemein nach Bieger	Aufgaben im Bereich Radtourismus
Planung	
– Erarbeiten eines Entwicklungsleitbildes und einer Destinationsstrategie	– Festlegung der Radtouristen als Zielgruppe bzw. des Radtourismus als Kernthema in der Destinationsstrategie – Wegenetz- und Standortplanung: Entwicklung von Radwege- und Mobilitätskonzepten
Angebotsgestaltung	
– Betrieb einer Informationszentrale (EDV-System, Datenbank) und eines Informationsbüros	– Betrieb einer Internetplattform für Radler und evtl. eines Radinformationszentrums
– Gestaltung touristischer Produkte	– Sicherstellung der radtouristischen Infrastruktur – Gestaltung von Radprodukten (Radpauschalen, thematisierte Radwege, ...)
– Angebot bzw. Sicherstellung von Gästebetreuungs- und Animationsleistungen	– Angebot geführter (pädagogischer) Radtouren für Erwachsene und Kinder bzw. geführte Besichtigungen auf Radtouren
– Betrieb eines Qualitätssicherungs- und Entwicklungssystems über die Serviceketten	– Qualifizierungen von Radwegen und Radlerhotels (ggf. der gesamten Rad-Destination) – Zertifizierung und Überprüfung;
– Organisation großer Veranstaltungen und Events	– Organisation von Rad-Events (z. B. autofreier Radlertag)
– Sicherstellung der Schulung der Betriebsleiter und der Mitarbeiter im Gästekontakt	– Schulung der Radlergastgeber und des Frontpersonals in Informationszentren sowie der Radführer
– Organisation des Gäste-Feedback und Beschwerdemanagement	– Sicherung von Beschwerdemöglichkeiten über ganze Radrouten hinweg
Vermarktung	
– Erarbeiten einer Marketingstrategie und Positionierung der Destination	– Erarbeiten eines radtouristischen Marketingkonzepts
– Sicherstellung von Marktforschung resp. Auswertung von Marktforschungsresultaten auf die Destination bezogen	– Forschung zum Radfahren und zu den Bedürfnissen der Radler (radtouristischer Diskurs)
– Sicherstellung eines Markenmanagements (Positionierung, Pflege, Kooperationsstrategien)	– Schaffen einer radtouristischen Marke (mit „Leuchtturmradweg", Rad-Events etc.)
Interessenvertretung	
– Information der Branche und der Bevölkerung	– Z. B. Städte- und Radportal im Internet, Radler-Stammtisch
– Förderung des Tourismusbewusstseins	– Entwicklung eines radtouristischen Leitbildes – Gezielte Einbindung der Leistungsträger (Betriebe, Kultur etc.)
– Politische Interessenvertretung für konkrete Projekte, aber keine politische Arbeit für Rahmenbedingungen	– Kooperation vieler Akteure, die an den Facetten der Infrastruktur und des radtouristischen Angebots beteiligt sind

Quelle: eigene Darstellung auf der Grundlage von Bieger 2005, S. 67 f.

Kooperative Vermarktung

Kooperation ist für Destinationen also systemimmanent. Die Gastgeberrolle kann nur durch ein Bündel von Dienstleistungen erfüllt werden, das ein Betrieb alleine in der Regel nicht anbieten kann (von Freizeitparks mit Übernachtungsmöglichkeiten, die von einem Unternehmen betrieben werden, als eigenständige Destination einmal abgesehen), weil er die notwendigen Kapazitäten und Kompetenzen dafür nicht aufweist. Daher besitzt die Kooperation mit anderen, rechtlich selbstständigen Dienstleistern eine positive Wirkung, sofern die Vorteile der Attraktivitäts- bzw. Effizienzsteigerung nicht durch die zusätzlichen Koordinationskosten überkompensiert werden (vgl. Woratschek/Roth/Pastowski 2003, S. 255). Der spannende und oftmals leider kontraproduktiv wirkende Aspekt ist dabei, dass gleichartige Leistungsträger in direkter Konkurrenz zueinander stehen.

Zunächst einmal müssen die Betriebe dazu bereit sein, mit potenziellen Wettbewerbern zu kooperieren, um Gäste auf die Destination aufmerksam zu machen, ehe sie dann in den Wettbewerb um die Gunst des Gastes treten. Besonders schwerwiegend ist dieses Verhalten für die Beherbergungsbetriebe, da bei Individualreisen die spätere Buchung schon mit dem Erstkontakt (vor Antritt der Reise) in Zusammenhang steht, während gastronomische Betriebe auch noch um den Kunden kämpfen können, wenn er sich vor Ort befindet. Dementsprechend ist die Bereitschaft, im Destinationsmarketing zu kooperieren unterschiedlich groß. In jedem Falle kostet es aber vielen Betriebe noch Überwindung, auf Wettbewerber zuzugehen und mit ihnen zusammen zu arbeiten.

Jeder potenzielle Kooperationspartner wägt für sich selbst ab, wie die Nutzen-Kosten-Relation der Teilnahme an einem Netzwerk ist. Erschwerend kommt in der Destination hinzu, dass die Partner aus unterschiedlichen Branchen sowie gemeinnützigen Einrichtungen (Kultur/Sport) kommen und unterschiedliche Betriebsgrößen, Kapitalausstattung etc. aufweisen (vgl. Woratschek/Roth/Pastowski 2003, S. 278 f.). Nur der übergeordnete Wettbewerbsdruck der Destinationen untereinander vereint sie.

4.4 Organisationsgefüge im Radtourismus

(Ernst Miglbauer)

4.4.1 Organisationsformen und -ebenen im Überblick

Radtourismus wird in Deutschland und in Österreich von Tourismusorganisationen auf den unterschiedlichen Ebenen betrieben, fast immer als eines von mehreren Geschäftsfeldern. Als Trägerorganisationen fungieren im Grunde drei Formen:

*   **Tourismusverbände als eingetragene Vereine** (in Österreich Tourismusverbände als Körperschaften öffentlichen Rechts nach dem Tourismusgesetz). Sie sind in ihrem Bereich auf regionaler Ebene für die sehr breite Förderung des Tourismus und der Freizeitwirtschaft in ihrem Bundesland oder ihrer Region zuständig. Auf Landesebene fungieren sie als Koordinations- und Steuerungs-Plattform im klassischen Marketing wie auch als Service-Plattform für die nachgelagerten Verbände und Organisationen. Weiter forcieren sie die Positionierung auf international relevanten Märkten.

- **Tourismusgesellschaften mit beschränkter Haftung** mit mehreren Mitgliedern in Form von Verbänden, Körperschaften oder weiterer Gesellschaften: Sie fungieren vielfach als Trägerform für Destinationen und stellen schon eine stärkere Bündelung der Marketingaktivitäten dar, indem sie v. a. folgende Aufgaben ausüben: Beratung, Betreuung, Pflege und Koordination der Angebote der Mitgliedsgemeinden bzw. -unternehmen, Produktentwicklung, etc. Die Umsetzung erfolgt in Form von Incoming-Aktivitäten, zentraler Zimmervermittlung, Organisation von Veranstaltungen, Herausgabe von Tourismuskarten etc.

- **Arbeitsgemeinschaften** auf der Grundlage von Kooperationsvereinbarungen unter Verbänden, Vereinen und Gemeinden: Die Organisationsform hängt letzten Endes von Umfang und Potenzialen des radtouristischen Angebotes, der touristischen Stärke seiner kooperierenden Leistungspartner wie auch von seinen operativen Grundlagen ab.

Die politisch-administrative Gliederung entsprechend den Gebietskörperschaften stellt für die Organisation des Tourismus eine wichtige Rahmenbedingung dar. Oft wird Radtourismus auf regionaler Ebene als Teil des Kerngeschäfts betrieben. Doch gerade Fluss-Radwege überschreiten schnell einmal regionale Grenzen und erfordern damit auch Kooperationen mit Nachbarregionen. Insgesamt ist es jedoch wichtig zu sehen, welchen Anforderungen hinsichtlich der Aufgaben eines Destinationsmanagements auf welchen Ebenen Rechnung getragen werden muss; dies wird nachstehend erläutert.

Lokale Ebene

Die eigenständige Positionierung im Radtourismus ist in den seltensten Fällen auf lokaler Ebene sinnvoll. Unabdingbar ist jedoch die Positionierung des lokalen Angebots im abgestimmten regionalen Radtourismus. Eine eigene radtouristische Positionierung kann in größeren Städten mit dem Segment Fahrrad-Stadttouren Sinn machen (siehe auch in Kap. 2.2.2). Dann ist das lokale Tourismusmanagement für Planung, Angebotsgestaltung, Vermarktung und laufendes Management zuständig. Um das lokale Angebot bestmöglich auf überörtlicher Ebene zur Geltung bringen zu können, sollte sich das lokale Management v. a. um folgende Aufgaben kümmern:

- Planung: aktive Mitwirkung an der Erarbeitung der radtouristischen Strategie,

- Angebotsgestaltung: Entwicklung und Sicherung der Angebotsqualität vor Ort als zentrale Aufgabe, v. a. durch Einbindung der Kernleistungspartner hinter den radtouristischen Angeboten und Produkten (Pauschalen, geführte Touren etc.) sowie

- Vermarktung: v. a. Direktmarketing, Gästekommunikation (vor Ort, Internet) sowie Innenmarketing; Qualitätssicherungsmaßnahmen vor Ort.

Regionale Ebene

Hier sind primär Radregionen und Radrouten von regionaler touristischer Bedeutung zu verankern. Zu den zentralen Aufgabenbereichen des Managements zählen die Erarbeitung und das Monitoring der radtouristischen Strategie wie auch die Koordination der Angebotsentwicklung. Weiter sind hier die koordinierte Implementierung der Qualitätskriterien und die nachhaltige Umsetzung der Qualitätssicherung gefragt. Im Marketing geht es v. a. um Kommunikation und Öffentlichkeitsarbeit in der nationalen Vermarktung wie auch um die Kooperation mit Vertriebs- und Marktpartnern. Die regionale Tourismusebene stellt die Vernetzungsstelle zu übergelagerten Institutionen (Landesmarketinggesellschaften etc.), Organisationen und nationalen Kooperationen dar.

Bundesländerebene

Hier sind radtouristische Plattformen zur Entwicklung der landesweiten Strategie (Entwicklungsprioritäten für Radrouten etc.) zu nennen sowie die Abstimmung des Gesamtangebotes im Hinblick auf den Marktauftritt (sowohl national als auch international). Weiter geht es hier um:

• Unterstützung der Profilierung von regionalen Radrouten,

• Teilnahme an bundesländerbezogenen und nationalen Entwicklungen und Entwicklungsdiskursen (Qualitätsentwicklungen etc.) und

• Sicherung des Informations- und Erfahrungsaustausches mit den radtouristischen Akteuren auf regionaler Ebene als auch mit jenen auf überlagerte nationaler bzw. internationaler Ebene.

Nationale Ebene

Zu den wichtigsten Aufgaben auf dieser Ebene zählen die Positionierung v. a. in internationalen radtouristischen Quellländern sowie die Sicherung der Rahmenbedingungen für Qualitätsentwicklungen. Außerdem erfolgt die Teilnahme am internationalen Entwicklungsdiskurs durch fachspezifische Veranstaltungen. Die Durchführung der Aufgaben obliegt – je nach Land unterschiedlich – einer nationalen Tourismusorganisation, in der die Bundesländer und ggf. auch große Tourismusunternehmen zur Mitsprache berechtigt sind (z. B. der Deutsche Tourismusverband DTV). Darüber hinaus sind Aktivitäten der zuständigen Bundesministerien zu nennen.

Internationale Ebene

Im grenzüberschreitenden Radtourismus erfordert die Entwicklung der Radrouten bzw. Radroutennetze viele Ressourcen. Denn hier müssen vielfach erst die organisatorischen Grundlagen für die Kooperation geschaffen werden, was das Zusammenfinden unterschiedlicher institutioneller Kulturen erfordert. Auch wenn eine Förderung über transnationale EU-Förderprogramme erfolgt, so sind dennoch die Projektinhalte und Eigenmittelanforderungen im Detail oft unterschiedlich angelegt. In der Angebotsentwicklung geht es um die grenzüberschreitende Abstimmung der Routen und Themenschwerpunkte, weniger um eine volle inhaltliche Harmonisierung wie etwa durch eine einheitliche Beschilderung. Bislang (2010) werden Marketing und Vertriebsmaßnahmen wohl strategisch abgestimmt, doch der Großteil der Aufgaben wird von den Partnern nach Übereinkunft selbstständig ausgeführt.

4.4.2 Fallbeispiele von der regionalen Organisation bis zu grenzüberschreitenden Kooperationen

In den nachfolgenden Kapiteln werden die Aufgaben von Organisationen auf unterschiedlichen Ebenen **anhand von Fallbeispielen** aus unterschiedlichen Ländern beschrieben.

Regionale Organisation am Beispiel des Vulkanradwegs

(Grischa Begaß und Ernst Miglbauer)

Am 01. Mai 2000 wurde der 94 km lange Vulkanradweg zwischen Altenstadt nördlich von Hanau und Lauterbach nördlich von Fulda eröffnet (vgl. Region Vogelberg Tourismus GmbH 2010, S.6). Die Route verläuft bis auf geringe Ausnahmen auf den Trassen der einstigen Vogelsbergbahn durch das Herz von Hessen mit idyllischen Wald- und Wiesenlandstrichen. Für Radler bietet diese Radtour eine Sichtweise auf Landschaft, Dörfer und Städte wie Bahnreisenden bis Mitte der 70er Jahre. Heute zählt der Vulkan-Radweg zu den kleinen, aber feinen Perlen unter Deutschlands Radwegen in mehrfacher Hinsicht.

Als Trägerschaft für die Errichtung und den laufenden Betrieb des Vulkanradweges fungiert ein kommunaler Zweckverband. In Deutschland können Zweckverbände inzwischen auf eine lange Tradition in der Kooperation unter den Gemeinden verweisen, die sich nicht nur auf Tourismus- und Freizeitangebote bezieht. Ihrer Rechtsnatur nach sind Zweckverbände eine Körperschaft öffentlichen Rechts und ein Gemeindeverband. Sie eignen sich für die Kooperation bei der Errichtung der radtouristischen Infrastruktur und z.T. auch für die Angebotsentwicklung. Weiter wurde auch eine ausgezeichnete Website eingerichtet (www.vulkanradweg.de). Für das touristische Marketing des Vulkanradweges wie auch für die Produktentwicklung ist die Vogelsbergtouristik GmbH zuständig.

Einige Bereiche erfordern eine starke Kooperationen mit den Kommunen und Dienstleistern vor Ort, v.a. die Qualitätssicherung. Der Zweckverband organisiert im Auftrag der beteiligten Gemeinde auch Wartung und Instandhaltung der Strecken auf vorbildliche Art. Derzeit werden 3.000 EUR pro km und Jahr an Kosten für Personal und radtouristische Infrastruktur in den Haushalt eingestellt. Nachdem inzwischen die Investitionskosten getilgt sind, wird dieses Budget nicht nur für laufende Wartungsarbeiten wie Hecken-, Strauch- und Baumschnitt, Kehren des Weges, Mulcharbeiten am Rand usw., sondern auch zur Rücklagenbildung für größere Wartungsarbeiten verwendet.

In Kooperation mit den Leistungsträgern vor Ort erfolgt auch die Durchführung von Radveranstaltungen. Vorbildlich ist unter diesem Gesichtspunkt die Kombination von Radfahren und Kulinarik in Form des „Gastrofestivals Apfelwoche am Vulkanradweg" im September. Die teilnehmenden Restaurants bieten in der besten Apfelerntezeit nicht nur eine spezielle Apfel-Speisekarte (Apfelweinsuppe, Jakobsmuschel mit Apfel-Tomaten Chutney, Apfelwein und Apfelsaft von den Vulkanradweg-Apfelbäumen), sondern auch Kinderfeste und Gottesdienste. 2010 lautete das Thema des Rad-Kulinarik-Festivals „Der Apfel und die Verführung". Weiter gibt es seit 2011 ein Retro-Fahrradfestival, ein Oldtimerfestival in Kooperation mit dem Deutschen Fahrradmuseum in Bad Brückenau.

4.4.3   Bundesländer-Organisation

Niederösterreich – „Land der Radfahrer"

Niederösterreich verfügt über das umfangreichste Radwegenetz unter den österreichischen Bundesländern. Zwischen 1986 und 2005 wurden über 100 Mio. EUR (vgl. Weinberger 2007, S. 10) in ein Radroutennetz mit einer Gesamtlänge von 3.300 km investiert (die Größe des Bundeslandes entspricht mit 19.200 km² knapp einem Viertel Österreichs). Nach der 20-jährigen Aufbau- und Konsolidierungsphase erfolgte 2004 eine Zäsur. Denn seit damals konzentriert man sich auf sechs Haupt-Radrouten und ein kleinregionales Routennetz im Weinviertel, auf jene Routen, die touristische Wertschöpfung versprechen und damit über Freizeitradelausflüge hinausgehen. Diesen Haupt-Radrouten voran steht der NÖ-Abschnitt des Flaggschiffes Donau-Radweg, der das Bundesland in seiner vollen Breite mit Wien in seiner Mitte von der oberösterreichischen bis zur slowakischen Grenze auf 258 km durchzieht. Die längste Radroute ist der 422 km lange Kamp-Thaya-March-Radweg in der nördlichen Hälfte, die jüngste Erfolgsroute der 111 km lange Traisental-Radweg von der Donau bis in den steirischen Wallfahrtsort Mariazell. Für die sieben Haupt-Radrouten wurde ein umfassendes Radrouten-Entwicklungsprogramm (bis 2013) erstellt. Dieses zeichnet sich durch einen ganzheitlichen Ansatz aus, durch ein Zusammenwirken der Institutionen und Organisationen hinter folgenden Aufgabenbereichen:

- **Bauliches Optimierungsprogramm – Top-Radrouten:** Verbesserung der Routenführung (Beseitigung von Gefahrenstellen, Hindernissen etc.) und der Infrastruktur. Dafür werden noch einmal 26 Mio. EUR investiert, die zu zwei Dritteln durch das Land Niederösterreich über seine Wirtschaftsagentur ecoplus und zu einem Drittel durch die Gemeinden aufgebracht werden.

- **Radtouristische Angebots- und Produktentwicklung:** Konsequente Weiterentwicklung der Angebotsqualität durch Qualifizierung der Leistungspartner (Kooperationsgruppe von radfreundlichen Betrieben, Profilierung der Radservice-Leistungen – Reparatur, Vermietung, Transport etc.). Aufbau eines Qualitätsmanagementsystems und einer Wartungsorganisation. Sicherung von Basisleistungen mit Blick auf die möglichen Angebots-/Produkt-Markt-Kombinationen. Weiter gilt der Forcierung der radtouristischen Produktentwicklung ein starkes Augenmerk. Die inhaltliche Steuerung wie auch die Co-Finanzierung von externen Beratungsleistungen erfolgt über die Wirtschaftsagentur des Landes ecoplus unter Einbindung der Niederösterreich-Werbung (Landes-Marketing-gesellschaft im Tourismus) und der Destinationen. Schwerpunktsetzung in der Vermarktung der Radrouten: Sicherung von Basisleistungen mit Blick auf die möglichen Angebots-/Produkt-Markt-Kombinationen.

- **Schwerpunktsetzungen im radtouristischen Marketing:** Dazu gehören u. a. Qualitätsentwicklung des Radportals, Marketing-Arbeitstreffen nach der Radsaison zum Rückblick und zum Planen neuer Schwerpunkte, radgästespezifische Akzentsetzungen (z. B. kinder- und familienfreundliche Angebote – „Radeln für Kids").

- **Begleitende Grundlagen-, Monitoring- und Evaluierungsmaßnahmen:** Einerseits Digitalisierung der Radrouten und Optimierung der Nutzung der Informationstechnologien (GPS), andererseits immer wieder Frequenzmessungen und Gästebefragungen (2002, 2006, 2009) als auch Analyse der ökonomischen Effekte (2006, 2009) und der Beschäftigungswirksamkeit.

Darüber hinaus erfolgen auch stetige Abstimmungen zwischen dem Radfahren im Alltag (vgl. Land Niederösterreich 2011) und dem Radfahren in Freizeit und Tourismus (vgl. Niederösterreich Werbung 2011). Wesentliche Akteure in der Entwicklung des Radtourismus in Niederösterreich sind:

- **Projektgruppe Rad:** Diese Informations- und Abstimmungs-Plattform, fachübergreifend horizontal auf Landesebene organisiert, konzentriert sich auf die radtouristische Infrastruktur wie auch auf die Sicherung von Grundlagenentwicklung. Sie ist eine interdisziplinäre Arbeitsgemeinschaft, bestehend aus den Vertretern der betroffenen Landesstellen (Raumordnung, Geographische Informationssysteme, Straßenbau, Tourismus etc.), Vertretern der Landes-Tourismusorganisation sowie der Landes-Wirtschaftsagentur ecoplus. Die primäre Aufgabe dieser Plattform besteht im Informationsaustausch wie auch in der Forcierung projektbezogener Kooperationen (z. B. Frequenzmessungen, Schwachstellen-Erhebung, Entwicklung des landesweiten Wartungssystems).

- **Arge Rad:** Diese vertikal organisierte Arbeitsgruppe (Tourismusstellen Land – Destinationen/Regionen) ist hingegen auf die Koordination der operativen Umsetzung der touristischen Aufgaben auf Organisationsebene ausgerichtet. Sie übernimmt die Schnittstellenfunktion zu den regionalen Radrouten bzw. zu den regionalen Tourismusdestinationen. Neben diesen sind darin vertreten die Landestourismusorganisation Niederösterreich-Werbung und die Wirtschaftsagentur ecoplus. Weiter übernimmt sie die Steuerung und Koordination des Marktauftrittes des Radlandes Niederösterreich (z. B. Abstimmung von Marketing-Prioritäten und Radevents, touristischer Informationstransfer von der Landesebene zu den Regionen etc.).

- **Niederösterreich Werbung:** Als landesweite Tourismusorganisation mit primärer Funktion der Bewerbung seiner touristischen Angebote und Produkte, national als auch international, ist sie primär für die Ausführung der beschlossenen Werbemaßnahmen wie auch für die Begleitung der Angebots- und Produktentwicklung entlang der Radrouten auf der Grundlage des „Kursbuch Niederösterreichs" (Tourismusstrategie) zuständig.

- **ecoplus GmbH:** Als Wirtschaftsagentur ist ecoplus u. a. für die Entwicklung des Tourismusstandortes Niederösterreich zuständig in Form der inhaltlichen Steuerung und Co-Finanzierung von Infrastruktur- (Radrouten-Investitionen) und Angebotsentwicklungen im Tourismus (Entwicklung von Qualitätsstandards, Initiierung, Cofinanzierung und Begleitung regionaler Angebotsentwicklungsprojekte, Produktentwicklung etc.). Auch die Projektleitung des Radrouten-Optimierungsprogrammes erfolgt durch ecoplus, In Ergänzung und Synergie zu den umfassenden Entwicklungsprojekten wird derzeit die nationale Koordinationsfunktion für EuroVelo in Österreich mit den internationalen Kontakten vom Projektleiter der ecoplus wahrgenommen.

Fazit

Radtourismus wird im Bundesland Niederösterreich neben Angebotsthemen wie Weintourismus, Ausflugstourismus und Genusskombinationen von Kultur und Kulinarik mit dem Anspruch eines ganzheitlich organisierten Kerngeschäfts betrieben. Nicht verwunderlich aufgrund der Vielzahl der Akteure gelingt die Bündelung der Kräfte von sechs regionalen Tourismusdestinationen und Bundesländerorganisation für das erfolgreiche Agieren im Radtourismus noch nicht bzw. nicht immer auf einem durchwegs zufriedenstellenden Niveau. Hier gibt es in der Kooperation zwischen Regions- und Landeseinheit verschiedentlich noch Verbesserungspotenziale.

Dennoch kann festgehalten werden, dass die strukturellen Voraussetzungen dafür in einem sehr hohen Maße eingelöst werden, durch ein klar definiertes Entwicklungsprogramm und der klar zugeteilten Verantwortlichkeiten auf der Ebene der Akteure. Diese Lösung wäre auch für die nationale Ebene des Radtourismuslandes Österreich sinnvoll, seit 2010 wird daran gearbeitet. Unter dem Aspekt Vermarktungs-Netzwerke und Kooperationen besteht noch Handlungsbedarf. Das Qualitätsmanagement darf als einer der starken Bereiche verbucht werden, wegen des Routen-Optimierungsprogramms als auch der Forcierung der betrieblichen Qualitätskooperationen und der Erhebung der Radroutenqualitäten mit der Perspektive Zertifizierung von Radwegen. Ebenso gibt es ein festgeschriebenes und vertraglich vereinbartes Wartungsprogramm zur Sicherung und Weiterentwicklung der Radroutenqualität. Eine weitere Stärke ist der Wissenstransfer durch die aktive Rolle, v.a. der ecoplus-Wirtschaftsagentur, aber auch der Niederösterreich-Werbung in der internationalen Szenevernetzung.

4.4.4 Nationale Organisation

SchweizMobil – Veloland und Mountainbikeland Schweiz

Seit 1998 ist just die alpine Schweiz ein Rad-, nein ein „Veloland"! Damals wurden nach einer Aufbauarbeit von vier Jahren neun nationale Radrouten mit einer Gesamtlänge von 3.300 km eröffnet. Schritt- bzw. Trittmacher hinter der sanftmobilen Vernetzung der Eidgenossenschaft ist die 1995 gegründete Stiftung Veloland Schweiz, in der der Bund, sämtliche Kantone, öffentliche und private Verbände als auch Firmen vertreten sind. Der Erfolg der neuen Velorouten ermunterte zu ähnlichen Vernetzungsschritten für den „Langsamverkehr", etwa im Bereich Wandern. Doch damit nicht genug. Nach erfolgreichen Umsetzungen und intensiven Diskussionen war die Vision „SchweizMobil" als Dachmarke geboren. 2004 beschloss die Stiftung Veloland Schweiz, diese Vision umzusetzen. Zum Wandern und Velofahren als langsame Mobilitätsformen kamen noch Mountainbiken, Skaten und Kanufahren dazu. Wesentlich ist dabei die nutzer- und gästefreundliche Verknüpfung der Routen mit dem öffentlichen Verkehr, dem Gastgewerbe, wichtigen touristischen Dienstleistungen, Fahrzeugvermietern und Anbietern von buchbaren Mehrtagesreisen. Getragen von einem landesweiten Kooperationsgeist konnte im April 2008 das Gemeinschaftswerk „SchweizMobil" der Öffentlichkeit präsentiert werden. Die radtouristisch relevanten Segmente sind (Stiftung SchweizMobil 2010, S. 1 ff.):

- **Veloland Schweiz:** 2010 umfasst das Netz von „Veloland Schweiz" neun nationale, 52 regionale und 30 lokale Routen. Alle Routen zusammen haben eine Länge von 8.900 km und verlaufen weitgehend auf verkehrsfreien bzw. -armen Straßen.

- **Mountainbikeland Schweiz:** Das im Jahr 2004 konzipierte Routennetz umfasst 2010 etwa 4.000 km, bestehend aus 3 nationalen, 14 regionalen und 50 lokalen Routen. Alle Routen des Mountainbikelandes verlaufen weitgehend auf verkehrsfreien oder -armen Straßen, Feld- oder Waldwegen oder Singletrails und sind auf den Wegweisern mit einem Routenfeld gekennzeichnet.

Wesentliche Akteure in der Entwicklung des Radtourismus im Veloland Schweiz sind (Stiftung SchweizMobil, 2009a, S. 22 f.):

- **Stiftung SchweizMobil:** Die Stiftung SchweizMobil ist im Jahr 2008 aus der Stiftung Veloland Schweiz durch den Zusammenschluss der offiziellen SchweizMobil-Länder Wanderland, Veloland, Mountainbikeland, Skatingland und Kanuland hervorgegangen. Die Zwecksetzung der gemeinnützigen Stiftung besteht in der Umsetzung der Routennetze zum Langsamverkehr, insbesondere in Freizeit und Tourismus. Ihre Aufgaben bestehen auf vier Ebenen:

    a) Trägerschaft von Projekten, die der Erfüllung des Stiftungszwecks dienen; sie vertritt diese Projekte insbesondere gegenüber der öffentlichen Hand, interessierten Organisationen, Förderern, Benutzern und der Öffentlichkeit;

    b) Treuhänderfunktion der für die Verwirklichung der Projekte zur Verfügung gestellten Mittel;

    c) Kontroll- und Überwachungsstelle für den Fortbestand der betreuten Projekte und damit auch Mittlerin für deren Erhalt, Unterhalt und Entwicklung;

    d) Durchführung von Projekten, Aktionen und Veranstaltungen im Rahmen des Stiftungszweckes.

    Das gesamte „signalisierte" Langsamverkehrs-Routennetz SchweizMobil ist ein öffentliches Gut, ist für die Endbenutzer frei zugänglich und kostenlos nutzbar. Entsprechend wurde das Projekt SchweizMobil zu 91 % durch die öffentliche Hand finanziert (42 % Bund, 49 % Kantone). Die Stiftung SchweizMobil besteht aus 15 Mitgliedern (z. B. Schweizer Wanderwege, Pro Velo Schweiz, Schweizer Tourismus-Verband, Schweiz Tourismus, Schweizerische Bundesbahnen, Swiss Cycling, VeloSuisse, Touring Club Schweiz, Verkehrs-Club der Schweiz u. a.). Weiter wird die Stiftung von über 50 Partnern (z. B. Bundesamt für Straßen, Bundesamt für Sport, Fürstentum Liechtenstein, alle 26 Kantone, Interessengemeinschaft SchweizMobil, GastroSuisse, hotelleriesuisse, Verband öffentlicher Verkehr VöV, PostAuto Schweiz AG, Schlaf im Stroh – Verband Schweizerischer Schifffahrts-Unternehmungen) mitgetragen.

- **Velobüro Olten:** Im Auftrag der Stiftung SchweizMobil liegt beim Velobüro die zentrale Projektleitung im „Veloland Schweiz"; die Aufgaben bestehen in der Projektentwicklung, Planung und Umsetzungskoordination der Infrastruktur wie auch in der Planung und Umsetzung der Kommunikationsmittel.

Für SchweizMobil wurde in Zusammenarbeit mit Schweiz Tourismus, den Schweizerischen Bahnen (SBB) und den Schweizer Wanderwegen ein Corporate Design zur Verbesserung der Erkennbarkeit von Informationen zum Langsamverkehr entwickelt. Damit konnte von der Beschilderung der Routen bis zur Kommunikation ein einheitliches Erscheinungsbild geschaffen werden.

Konkret definierte Kooperationen bestehen mit folgenden Kernleistungsakteuren für eine sanfte Mobilität in Freizeit und Tourismus (Stiftung SchweizMobil, 2009a, S. 9 ff.):

- **Gastgewerbe:** Das bewährte Partnerschaftsmodell „Gastgewerbliche Partner Veloland Schweiz" wurde von der Projektgruppe „Beherbergung" mit allen Beherbergungsorganisationen aus Hotellerie und Parahotellerie sowie Schweiz Tourismus mit dem Ziel zu einem Partnerschaftsmodell „Beherbergungspartner SchweizMobil" entwickelt, ein lückenloses Netz an Partnerbetrieben verschiedener Betriebsarten entlang aller Routen anbieten zu können. Diese verpflichten sich zur Einhaltung spezieller Leistungsstandards („hotelleriesuisse", „schlaf im Stroh", Camping etc.). Bei Eröffnung von SchweizMobil konnten 2008 über 1.100 Beherbergungspartner aus Hotellerie und Parahotellerie entlang den Routen von SchweizMobil präsentiert werden.

- **Mobilitätsservice:** Die Schweizerischen Bundesbahnen SBB sind ein Kernleistungspartner von SchweizMobil. Das Serviceportal von SchweizMobil enthält alle notwendigen Tipps zur An- und Rückreise mit dem öffentlichen Verkehr, mit oder ohne Velomitnahme. Weiter sind dort alle 22.000 Haltestellen des öffentlichen Verkehrs lagegenau dargestellt und mit der elektronischen Fahrplanabfrage von www.sbb.ch verlinkt. Die Schweizerischen Bahnen transportierten 2010 über 600.000 Velos. Weiter zählen das „Postauto" und die Schifffahrt zu wichtigen Partnern von SchweizMobil. In der elektronischen Fahrplaninformation von www.sbb.ch wird beim Ausgangs- und Zielbahnhof jeweils ein Link auf die ortszentrierte Routenkarte von www.schweizmobil.ch gesetzt.

- **Reiseveranstalter:** SchweizMobil kooperiert im Bereich der buchbaren Angebote in erster Linie mit der Interessengemeinschaft (IG) SchweizMobil. Diese umfasst die wichtigsten Leistungsträger sowie die touristischen Regionen der Schweiz. Die IG SchweizMobil sichert auf allen nationalen und regionalen Routen von SchweizMobil die individuelle Buchbarkeit mit Übernachtung, Gepäcktransport und Fahrzeugmiete in vier verschiedenen Preiskategorien und ist verantwortlich für das Angebotsmarketing für SchweizMobil. Die Kommunikation der buchbaren Angebote der IG SchweizMobil auf www.schweizmobil.ch ist jedoch nicht exklusiv. SchweizMobil kommuniziert buchbare Angebote von etwa 35 Reiseveranstaltern.

- **Schweiz Tourismus:** Im nationalen Marketing spielt Schweiz Tourismus (vergleichbar mit der Deutschen Zentrale für Tourismus) die zentrale Rolle als nationale Marketing- und Verkaufsorganisation für das Reise-, Ferien- und Kongressland Schweiz. Über Schweiz Tourismus erfolgt das Dachmarketing von SchweizMobil und dies teilweise in Kooperation mit den Sponsoring-Partnern. Radtouristisch zu nennen sind insbesondere die vollständige Integration der Websites von SchweizMobil in jene von Schweiz Tourismus (MySwitzerland.com) und, als Beispiel im Jahr 2010 ein interaktiver Wettbewerb und eine Spezialbeilage zu SchweizMobil in Sonntags Blick und L'illustré (Auflage jeweils 400.000), eine Übersichtskarte zu SchweizMobil für den Markt Deutschland (Auflage 1.000.000), zwei größere Reportagen im Kundenmagazin von Sanitas (Auflage insgesamt über 1 Mio.) und eine umfangreiche, 23-seitige Reportage im Magazin Via (Auflage 250.000). Zur Sicherung der Marketing-Nachhaltigkeit hat SchweizMobil für die erste Entwicklungsphase 2009–2011 die Kooperation mit ST verlängert. Im Herbst 2008 konnte mit dem Migros Genossenschafts-Bund ein wichtiger Sponsoring-Partner für SchweizMobil gewonnen werden.

Qualitätsmanagement

Im Bereich Routen und Beschilderung wurden mit dem Bundesamt für Straßen (ASTRA), den Kantonen und den Schweizer Wanderwegen gemeinsam die für Rad- bzw. „Velo"routen notwendigen Grundlagen (Radwegequalitäten, Qualitätsmanagement) geschaffen. Ebenso wichtig wie die Basisqualität ist die nachhaltige Sicherung der Radroutenqualität. Die Qualitätskontrolle erfolgt durch die Kantone, ein- bis zweimal jährlich. Ergänzt wird die Kontrolltätigkeit der Kantone alle drei Jahre durch SchweizMobil. Als Grundlage dient ein Befahrungsplan. Die Ergebnisse werden in einem Befahrungsprotokoll festgehalten, samt Verbesserungsvorschlägen, und anschließend mit den Kantonen besprochen. Kontrollinhalte sind: Wegweisung (Funktion, Normkonformität, nationale Einheitlichkeit), Routenführung (Überprüfung GIS), Oberflächenbelag, Weg- und Umfeldqualität, Sicherheit und SchweizMobil-InfoPoints (vgl. Stiftung SchweizMobil 2009b, S. 3 ff.). Gegenstand dieser Gespräche sind auch Gefahrenstellen, um deren Sanierung die Bauträger unter der Federführung der Kantone gebeten werden. Seit der Eröffnung von Veloland ist dies in rund einem Drittel der 154 dokumentierten Gefahrenstellen bereits gelungen. Im Bereich Veloland wurde außerdem ein Projekt unter dem Namen Veloland 2030 gestartet, das die langfristige Qualitätssicherung bzw. –verbesserung sicherstellen soll.

Fazit

Im nationalen Radtourismus-Management kann „SchweizMobil" mit seinen Bereichen „Veloland Schweiz" und „Mountainbikeland Schweiz" eine Reihe von Stärken im Sinne von Best Practice vorweisen (Stiftung SchweizMobil, 2009a, S. 9 ff.):

- Radfahren und Mountainbiken werden mit „SchweizMobil" im Rahmen einer ganzheitlichen Vision für eine zukunftsorientierte und nachhaltige Mobilität eingesetzt.

- SchweizMobil basiert auf einem landesweit konsequent durchgezogenen und wahrnehmbaren Routenangebot. Damit wird der Anspruch der Definition eines Kerngeschäfts im Sinne von Angebots-Grundqualitäten in einem sehr hohen Maß erfüllt.

- Es besteht eine klare Differenzierung zwischen nationalen, regionalen und lokalen Routen. Entscheidend ist, dass die gesamte Angebotsgrundstruktur, einschließlich der radfreundlichen Tourismus- und Servicebetriebe konsequent auf der Grundlage eines Corporate Designs kommuniziert wird, beginnend von der Beschilderung („Signalisation") über die Werbe- und Informationsmittel bis hin zur Präsentation im Web (2010: 2,4 Mio. Zugriffe, Ausdruck von 600.000 Webkarten). Das Ergebnis ist ein einheitliches visuelles Erscheinungsbild. Dafür wurde das Veloland Schweiz auch mit dem „design preis schweiz" ausgezeichnet. Für die Kommunikation gibt es gemeinsam mit den Leistungspartnern vereinbarte Spielregeln.

- Zu den weiteren Angebotsstärken zählen auch die landesweit über den Jahresverlauf organisierten „slowUp-Events", dort kommt dem Fahrrad als sanftes Mobilitätsvehikel eine zentrale Rolle zu (ca. 450.000 Teilnehmer pro Jahr).

- Die wesentliche Grundlage für das Veloland Schweiz bzw. SchweizMobil ist durch die Bündelung seiner Interessen in der Stiftung SchweizMobil gegeben. Dies ist insofern beachtenswert, als gerade hier der den Eidgenossen vielfach nachgesagte Kantönligeist überhaupt nicht durchschlägt, sondern sich alle Akteure in den Dienste eines „nationalen Ganzen" stellen.

4.4.5   Grenzüberschreitende Radrouten und Radregionen

Einst war der Radtourismus Schrittmacher bei der Überwindung von regionalen Grenzen im Tourismus. 30 Jahre nach dem Aufkommen des Radtourismus sind erweiterte Grenzüberschreitungen ein Thema; Gründe dafür gibt es mehrere: Radgäste entdecken mehr und mehr die Lust am „Abfahren" von Rad-Fernrouten in Jahresetappen, wie etwa an der Donau oder an der Elbe, Radroutenanbieter nutzen mehr und mehr transnationale Förderprogramme für das grenzüberschreitende Anlegen von Radrouten. Eine wesentliche treibende Kraft im Ausbreiten des europäischen Radwegenetzes ist die „ECF – European Cyclist Federation" mit den „EuroVelo-Routen". Die ersten transnational beschilderten Verbindungen für Radler erschienen schon bald nach der Neugestaltung Europas ab 1989 auf gemeinsam herausgegeben Radkarten und in Radführern. Dazu zählen etwa die Regionen Weinviertel (Niederösterreich) und Südmähren (Tschechien) oder der Inn-Radweg, der das Engadin, Tirol, Oberbayern und Oberösterreich verbindet. Schon 1989 erschien dazu der „Bayerisch-Oberösterreichische Rad-Wanderführer" (vgl. Oberösterreich Tourismus/Werbegemeinschaft Donau OÖ/TV Ostbayern/Miglbauer/Invent GmbH 2008, S. 21). Das oberösterreichische Mühlviertel und Südböhmen werden seit den 90er Jahren radtouristisch mit einer Route entlang des Schwarzenbergischen Schwemmkanals, der einstigen Schwemmrinne für Holzscheiter von den Höhen des Böhmerwalds an die Zubringer der Donau, verbunden. Zu den frühen transnationalen Radfernverbindungen zählt auch der Radweg Berlin-Kopenhagen. Die Radroute entlang der Via Claudia Augusta führt die Radler auf den Spuren der Römer von der Donau über die Alpen an die Adria.

Das Radroutennetzwerk EuroVelo

Die Vernetzung Europas über transeuropäische Netze von Autobahnen und Straßen, Bahn-Hochgeschwindigkeitsnetzen und Binnenwasserstraßen gehört zu den wesentlichen Maßnahmen der Europäischen Union zur Umsetzung des Binnenmarktes wie auch der wirtschaftlichen und sozialen Kohäsion. Doch es gibt auch Netzwerke von Verkehrsverbindungen für die sanfte Mobilität. Dafür stehen die EuroVelo-Radrouten, die Europa vom Nordkap bis Gibraltar, von Moskau bis Santiago de Compostela überspannen. 2011 waren es zwölf, unter ihnen etwa die EuroVelo-6-Route, die Nantes, u.a. entlang der Loire und der Donau, mit dem Schwarzen Meer verbindet; oder die EuroVelo-1-Route, die Atlantikküsten-Route, die über beinahe 8.200 km vom Nordkap bis Sagres an der südlichsten Spitze Portugals führt. Die zwölf EuroVelo-Routen bringen es zusammen auf über 63.000 Routenkilometer (vgl. ECF 2009, S. 4 f.). Durch Deutschland werden sich elf EuroVelo-Routen ziehen, unter anderem der EuroVelo 2 (Galway/Irland – Moskau), EuroVelo 3 (Trondheim – Santiago de Compostela) oder der EuroVelo 5 (London – Brindisi, Via Romea – Francigena). Durch Österreich führen der EuroVelo 6 (Atlantik – Schwarzes Meer), der EuroVelo 7 (Nordkap – Malta, Mitteleuropa-Route) und der EuroVelo 9 (Ostsee – Adria, Bernsteinroute). Weiter sind auch der Iron-Curtain-Trail und der Rhein-Radweg in das Netzwerk aufgenommen worden. Hinter den EuroVelo-Routen steht die European Cyclists Federation (ECF, www.ecf.com), die für die Koordination der Entwicklung des Radroutennetzes und die Sicherung der Qualitätsstandards zuständig ist. Zu den Anforderungen zählen: Verlauf auf bestehenden oder geplanten nationalen oder regionalen Radrouten, Mindestlänge 1.000 km, Verlauf durch mindestens zwei Länder, international identifizierbare Routenbezeichnung, Wegweisung basierend auf den nationalen Wegweisungssystems, andererseits Verwendung der EuroVelo-Leitmarkierung basierend auf den ECF-Richtlinien. Partner von ECF in der Entwicklung des EuroVelo-Rad-routennetzes sind nationale EuroVelo-Koordinationsstellen, die für Implementierung und Qualitätsmanagement sowie für die Koordination auf Länderebene (Behörden, Tourismus-organisationen, Verkehrsträger etc.) sorgen.

Der touristische Mehrwert von grenzüberschreitenden Radrouten und Radregionen

Die grenzüberschreitenden Radverbindungen setzen sich aus den Radrouten der benachbar-ten Länder zusammen. Sie sind beschildert und in Karten, Führern und Websites vielfach präsent. Nicht überraschend ist ihr baulicher Zustand von Land zu Land oft unterschiedlich. Passt dann eigentlich ohnehin alles oder wartet für Radtouristiker doch noch einiges an Ent-wicklungsarbeit und nachhaltigem Management? So muss die Frage gestellt werden, worin denn die Qualität von grenzüberschreitenden radtouristischen Angeboten besteht. Geht es denn nicht lediglich um das bloße Aneinanderstückeln von Abschnitten an Radwegen ent-sprechend dem Verlauf auf den unterschiedlichen staatlichen Territorien mit ihren unter-schiedlichen Wegweisungen? Worin besteht der touristische bzw. radtouristische Mehrwert von grenzüberschreitenden Radangeboten?

Wesentliche Anreize für die grenzüberschreitende Konzeption von Tourismusregionen wer-den durch entsprechende Förderprogramme der Europäischen Union gegeben. Diese sind auch für den Radtourismus von großer Bedeutung. „Europäische Territoriale Zusammen-arbeit (ETZ)" ist neben „Konvergenz" und „Regionale Wettbewerbsfähigkeit und Beschäfti-gung" ein Ziel der europäischen Strukturpolitik. Zwischen 2007 und 2013 durchläuft das Programm unter dem Namen INTERREG seine vierte Periode. Zu den Programmzielen gehört die Intensivierung und Festigung grenzüberschreitender Zusammenarbeit, v. a. in den Bereichen Lebensqualität, Wirtschaft, Beschäftigung, Bildung etc. Als wesentliche Bereiche für die Qualität der grenzüberschreitenden Zusammenarbeit auf Grundlage dieses Pro-grammansatzes gelten neben der gemeinsamen Entwicklung, Ausarbeitung und Durchfüh-rung von Projekten v. a. gemeinsames Management (inkl. Personal) und gemeinsame Finan-zierung. Gefördert wird hier nur die Entwicklung von Tourismus- bzw. Radtourismusprojek-ten (Kosten für Angebotsentwicklung und Marketing) und nicht Kosten für das laufende Management. Denn für den nachhaltigen Betrieb eines radtouristischen Geschäftsfeldes durch grenzüberschreitende Kooperation der Tourismusorganisationen und -akteure müssen schon in der Entwicklungsphase bzw. in der Phase der Markteinführung von radtouristischen Angeboten und Produkten Vorkehrungen getroffen werden (Dispositionen im Management, Zurverfügungstellen von Finanz- und Personalressourcen). Die Anforderungen durch die grenzüberschreitenden Förderprogramme stellen aber nicht einen Selbstzweck für sich dar, sondern letzten Endes bedeutet es im Blick auf den Kunden bzw. den Gast Qualität, eine Radroute „wie aus einem Guss" mit allen ihren unterschiedlichen Vorzügen nutzen zu kön-nen. Idealtypisches mittel- bis langfristiges Ziel ist das Management des grenzüberschreiten-den (rad)touristischen Angebots durch Kooperation und Management auf hohem Niveau. Die Annäherung an dieses Leitbild erfordert noch einen langen Weg, dennoch lassen sich aber schon Erfahrungen und Herausforderungen in der Umsetzung von grenzüberschreitenden Radrouten und Radregionen anführen:

Grenzüberschreitende Planung und Strategieentwicklung

Die bauliche Planung einer grenzüberschreitenden Radroute ist zum größten Teil nicht Gegenstand der Kooperation zwischen den Akteuren der jeweiligen Nachbarstaaten. Denn hier wird vielfach auf bestehende Radwege bzw. Radroutenverbindungen in den jeweiligen Ländern zurückgegriffen, einschließlich der damit verbundenen Wegweisung und Infrastruktur (Rastplätze, Informationstafeln etc.). Und wenn dennoch die bauliche Errichtung noch zu realisieren ist, dann erfolgt diese in Kooperation mit den jeweils zuständigen nationalen bzw. regionalen Verwaltungsbehörden und Tourismusorganisationen. Die grenzüberschreitenden Handlungen beziehen sich auf die Koordination der jeweiligen Planungsarbeiten. Einen neuen Weg hat man bei der Realisierung der Vennbahn-Radroute (Aachen-Hohes Venn-Troisvierges-Luxemburg) eingeschlagen: Hier wird der Radweg auf der aufgelassenen Trasse der einstigen Vennbahn errichtet, doch schon zuvor wurden Strategie und Handlungserfordernisse für die Etablierung als grenzüberschreitende Flaggschiff-Radroute erarbeitet. Darin galt ein Augenmerk dem aktionsräumlichen Verhalten der gewinnbaren Radgäste, wovon die Standorte für die Informationsportale (Anbindung an den öffentlichen Verkehr etc.) abgeleitet wurden wie auch die Standorte für Erlebnisorte und Rastplätze an den schönsten Orten entlang der Radroute (Invent GmbH/planBe 2010, S. 22).

Verbunden mit der Errichtung der Infrastruktur sind auch nach Ländern unterschiedliche Machbarkeiten und Rahmenbedingungen zu sehen. So etwa gibt es Unterschiede in der baulichen Qualität der Radwege bzw. Radrouten in den Nachbarregionen Weinviertel (Niederösterreich) und Südmähren (Tschechien), die sich als eine Radregion formieren. Nicht überraschend gibt es im Vergleich mit der österreichischen Nachbarregion auf tschechischer Seite noch Defizite. Dies ist auch nicht verwunderlich, wenn man sich den langen Weg zur Qualität auf so manchen österreichischen „Radwegen" vor Augen hält. Diesen gilt es auch in der Kommunikation mit den Gästen Rechnung zu tragen. Andere Herausforderungen gibt es wiederum an Österreichs Südgrenze in der Kooperation zwischen steirischen und slowenischen Projektpartnern im Rahmen des Projektes „Erholung in der Natur – Grenzenloses Wandern und Radfahren". In Slowenien gibt es etwa keine Vorgaben hinsichtlich Haftpflicht bei Unfällen auf Rad- und Wanderwegen. Dies führte, so *Günther Steininger* von Steiermark-Tourismus, zu enormen Verzögerungen im Fortgang des Projektes.

Im Vergleich zur baulichen Planung ist die Entwicklung der radtouristischen Strategie schon viel eher Gegenstand grenzüberschreitender Kooperationen. Dazu zählen die oben erwähnte Expertise zur Vennbahn-Radroute oder auch die Erarbeitung der radtouristischen Strategie für den Rhein-Radweg im Rahmen des Projektes „Demarrage" (vgl. Euregio Rhein-Waal 2011, S. 2). In diesem grenzüberschreitenden Projekt (18 Partner aus 5 Ländern – Schweiz, Frankreich, Deutschland, Belgien, Niederlande; Projektleitung Euregio Rhein-Waal) wurde eine umfangreiche Entwicklungsstrategie (Angebotsentwicklung, Marketing, Kommunikation, Qualitätsmanagement) erarbeitet.

Grenzüberschreitende Infrastrukturentwicklung

Ebenso wie die bauliche Planung obliegt auch die Umsetzung der Infrastruktur weitgehend den jeweiligen Behörden und Organisationen in den Nachbarländern. Auch wenn dabei so weit wie möglich eine koordinierte Vorgehensweise eingeschlagen wird, entsprechen Wegweisung und Informationsträger (Infotafeln etc.) den jeweiligen landes- bzw. regionsspezifischen Richtlinien. Der länderübergreifende Charakter wird durch ein gemeinsames

Leitelement dokumentiert, das mit der jeweiligen Beschilderung kombiniert wird. Ein Beispiel dafür sind die EuroVelo-Routen (Routenname und Routenziffer mit EU-Sternen, einheitliches visuelles Erscheinungsbild). Auf ähnliche Weise soll das Corporate Design auf dem „Rhein-Radweg" und auch entlang der Vennbahn-Radroute umgesetzt werden. Realisiert wurde ein einheitliches visuelles Erscheinungsbild auf dem Elbe-Radweg, wobei aufgrund der gleichen Buchstabenanzahl („Elbe" auf Deutsch, „Labe" auf Tschechisch) schon eine bessere Mutierbarkeit gegeben ist. Die Erarbeitung eines gemeinsamen Leitelements bzw. Logos ist eine große Herausforderung, da hier vielfach die Vorstellungen der jeweiligen Länder auf einen gemeinsamen Punkt gebracht werden müssen.

Darüber hinaus gibt es radtouristische Infrastruktur-Projekte, die seit Jahren als neue Leuchttürme für grenzüberschreitende Radverbindungen stehen: Fußgänger- und Radfahrerbrücken wie jene über den Inn zwischen dem oberösterreichischen Wernstein und dem bayerischen Neuburg oder jene über den Einserkanal bei Wallern in Burgenland, die den Neusiedlersee-Radweg mit den ungarischen Nachbarn verbindet. Solche erzielen aufgrund ihrer architektonisch ansprechenden Gestaltung große Aufmerksamkeit.

Grenzüberschreitende Angebots- und Produktentwicklung

Die Entwicklung gemeinsamer Angebote und erst recht Produkte steht im grenzüberschreitenden Radtourismus erst am Anfang. Vernetzte und koordinierte Angebots- und Produktentwicklung ist deshalb ein Kernthema in grenzüberschreitenden Entwicklungsprojekten wie „Demarrage" für den Rhein-Radweg, für die Radregion Weinviertel-Südmähren oder Steiermark-Slowenien. Zu Beginn der Angebotsentwicklung wird oft ein Kriterienkatalog erstellt bzw. es werden bestehende Qualitätskriterien (z. B. für radfreundliche Betriebe) als Ausgangsbasis verwendet. Weiter wird eine gemeinsame inhaltliche Klammer erarbeitet, aufbauend auf touristischen Potenzialen und Stärken der jeweiligen Regionen. Eine solche kann das Thema *Wein* als radtouristisches Bindeglied zwischen Weinviertel und Südmähren oder *Genuss und Kulinarik* als starke Bande zwischen der Steiermark und Slowenien mit dem grenzüberschreitenden Mur-Radweg in der Mitte bilden. An der Vennbahn-Route ist das Thema Grenze mit seinen illustren Geschichten um Schmuggel, Exklaven oder grenzdurchschnittene Gasthäuser selbst zu einem von drei Themen gemacht worden (vgl. Invent GmbH/planBe 2010, S. 78). Der Sicherung von Angebotsqualitäten entlang der radtouristischen Dienstleistungsschleife hat sich auch die „Tourismus Arge Inn" verschrieben, eine Kooperation von sehr unterschiedlichen touristischen Organisationen entlang des Inn-Radwegs (Tourismusorganisation Engadin St. Moritz, Tirol Werbung GmbH, Tourismusgemeinschaft Inn-Salzach e. V., Oberösterreich-Tourismus, Tourist-Information Passauer Land etc.). Immerhin konnte durch dieses Bündeln der Kräfte in Kooperation mit externen Leistungsanbietern eine Shuttle-Bus-Verbindung zwischen Landeck (Tirol) und St. Moritz (Engadin) organisiert werden. Ähnlich arbeitet auf der Grundlage der Kooperation von drei Vereinen in Bayern, Tirol und Italien das Management der Via Claudia Augusta, um Serviceleistungen und Angebotsentwicklung zu organisieren.

Grenzüberschreitende Kommunikations- und Vertriebsmaßnahmen

In diesem Bereich wurden in der Vergangenheit schon verschiedene Maßnahmen in Form von Radkarten, Radführern, Informationsmaterialien und Website-Gestaltungen realisiert. Dies erfolgte bislang in Deutschland und Österreich fast durchweg in deutscher Sprache. Nach und nach gibt es auch mehrsprachige Übersetzungen, um damit stärker internationales Publikum zu gewinnen. Einen Schritt weiter geht man in der grenzüberschreitenden Radregion Weinviertel-Südmähren mit dem Angebot an Sprachkursen in Deutsch und Tschechisch für die Mitarbeiter im Tourismus, um so über ein Mindestmaß an Gästekommunikation in der Sprache der Gäste verfügen zu können.

Marketingfragen sind ein Kernthema in grenzüberschreitenden radtouristischen Projekten, auch weil jetzt vielmehr neue Qualitäten angestrebt werden, die über das bloße wechselseitige Bewerben und Verlinken der Websites hinausgehen. So etwa im grenzenlosen Wander- und Radwanderprojekt zwischen der Steiermark und Slowenien: Dort war die gemeinsame Konzeption und Umsetzung des strategischen und operativen Marketings ein zentrales Thema, d.h. keine gegenseitige Bewerbung, sondern nur gemeinsame Werbemaßnahmen. Dies stellte sich als besonders aufwändig heraus, da etwa jede der Partnerregionen Daten in gleicher Qualität für Maßnahmen zu einem definierten Zeitpunkt in die gemeinsam durchgeführten Marketingmaßnahmen einbringen musste. Die Website zum Angebot (www.hiking-biking.com) bietet Informationen in acht Sprachen an. Innerhalb des Projektes „Demarrage" wird für den Rhein-Radweg eine Webarchitektur für eine internationale Radroute realisiert, welche auf bestehenden Zuständigkeiten und Informationen aufbaut und diese nutzergerecht miteinander verknüpft (vgl. Euregio Rhein-Waal 2011, S. 4).

Grenzüberschreitender Informationsaustausch und Wissenstransfer

Diese Aktivitäten weisen auf den ersten Blick oft einen etwas informellen Charakter auf, da sie aufgrund der Zusammenarbeit „ohnehin erfolgen". Vielmehr sind dafür aber Ressourcen (Zeit, Finanzmittel etc.) vorzusehen, um diesen Anspruch durch die Durchführung von Exkursionen, Praktika und Wissensaustausch gerecht zu werden. Intranet, Skypen und Web-Meetings können eine wichtige Funktion erfüllen, aber der persönliche Austausch zwischen den Kooperationspartnern stellt immer noch die Perle in der Kommunikation dar. Beispielhaft wird diesem Anspruch in der Elbe-Radtourismus-Kooperation zwischen tschechischen und deutschen Partnern (Nadace Partnerstvi, Tourismusverbände an der tschechischen Elbe, IHK Magdeburg, Koordinierungsstelle Elberadweg Mitte) Rechnung getragen. Mindestens einmal pro Jahr erfolgen gemeinsame Fachtagungen, Seminarveranstaltungen oder Exkursionen in Deutschland oder Tschechien; Teilnehmer sind Unternehmer und Anbieter am Radweg; Marktforschungsergebnisse werden gegenseitig ausgetauscht; die Vertreter des tschechischen Teils sind zu den Arbeitstreffen der deutschen Koordinierungsstellen eingeladen (Irene Mihlan, Koordinierungsstelle Elberadweg Mitte).

Fazit

Grenzüberschreitende Strategien sind im Radtourismus seit dem Jahr 2000 mehr und mehr ein Thema geworden. Als treibende Kräfte fungieren zum einem die steigende Nachfrage am Erkunden von Nachbarregionen mit dem Fahrrad, zum anderen auch transnationale Förderprogramme der Europäischen Union, die Kooperationen über die Grenzen hinweg unterstützen. Als wesentlicher Akteur der „europäischen Integration" in der Radroutenplanung fungiert die „European Cyclist Federation – ECF" mit seinem EuroVelo-Radroutennetz.

Resümierend darf 2010 festgehalten werden: Grenzüberschreitende Kooperationen im Radtourismus beschränken sich nicht mehr nur auf das Publizieren einer gemeinsamen Radwanderkarte oder eines Folders. Mehr und mehr werden weitere Kooperationsqualitäten realisiert wie die Abstimmung in der touristischen Radroutenkonzeption, das Erstellen der Web-Contents mit zwei oder mehr Fremdsprachen oder gemeinsame Messeauftritte. Mehr und mehr wird auch wechselseitiger Informationsaustausch unter den Akteuren der kooperierenden Regionen praktiziert, der über die für die Einreichung von Förderanträgen oder die Abrechnung von Projekten notwendigen Arbeitstreffen hinausgeht.

Hingegen befinden sich die Kooperationsaktivitäten in den Bereichen der radtouristischen Angebots- und Produktentwicklung sowie des radtouristischen Qualitätsmanagements noch im Anfangsstadium. Manche Bereiche werden auch zukünftig weiter nach der jeweiligen Machart der Kooperationspartner umgesetzt werden. Dazu zählt vor allem die Beschilderung der Radrouten, deren Gemeinsamkeiten sich hier auf die Verwendung eines einheitlichen Logos bzw. einer einheitlichen Wort-Bild-Marke auf den Wegweisern reduzieren. Fast könnte man meinen, dass damit der Vielfältigkeit als einer der Qualitäten Europas Genüge getan wird. Entscheidend ist jedoch vielmehr, dass der Radgast sicher über die Grenze bzw. durch die benachbarten Regionen geführt wird.

4.5 Radtourismus in der Wertschöpfungskette und Ausgabeverhalten der Radtouristen

(Ernst Miglbauer)

4.5.1 Grundlagen

Wertschöpfungsanalysen im Radtourismus sind in vielen Ländern ein virulentes Thema geworden. Seit der nachhaltigen Etablierung dieser neuen Tourismusform in den 80er Jahren wurde bald die Notwendigkeit erkannt, der Politik Grundlagen für die Entscheidung über die Vergabe von Fördergeldern zur Weiterentwicklung des Radtourismus zur Verfügung zu stellen. Eine Datenbasis war und ist vonnöten, um zu erkennen, ob Steuergelder für den Ausbau der Infrastruktur gerechtfertigt sind. Zu diesem Zweck ist es sinnvoll festzustellen, welche Wertschöpfung Radtouristen in eine Region bringen. Darüber hinaus ist aus weiteren guten Gründen vielerorts eine Evaluierung angesagt:

- Mehr Wettbewerb unter den Routen: Radurlaube werden nicht mehr nur auf den Top-Radrouten der ersten Jahre genossen, sondern neue Routen abseits der bekannten Routen werden bewusst entdeckt.

- Konzentration auf touristische Top-Radrouten: Nach der unter Nutzergesichtspunkten undifferenzierten Entwicklung der Radwegenetze konzentrieren sich Gebietskörperschaften und Tourismusorganisationen mehr und mehr auf die gezielte Qualitätsentwicklung an jenen Routen, die touristisch am meisten nachgefragt und am besten zu positionieren sind.

Dies geschieht vor dem Hintergrund eines verstärkten Qualitätswettbewerbs und knapper werdender Ressourcen – finanzieller wie auch personeller Art (Sicherung der Wartung etc.). Tourismusorganisationen und Förderstellen möchten wissen, welche Wirkungen vom Radtourismus auf die Generierung von Wertschöpfung (Löhne, Gehälter und Gewinne) ausgehen.

Gästeanalysen an Radwegen, die Tages- und Nächtigungsgäste unterscheiden, Dauer des Radurlaubs abfragen, Tagesausgaben und gar deren grobe Verteilung auf Essen und Trinken, Übernachtungen, Transportkosten, etc. beinhalten, gibt es seit dem Anrollen der Fahrräder auf den Radwegen. Beispiele dafür sind u. a. die Studien von *Jilg* zum Radtourismus im Altmühltal (vgl. Jilg 2009) oder die erste Gästebefragung am Donau-Radweg von *Miglbauer/Schuller* (vgl. Miglbauer/Schuller 1991). In der Folge gab es eine Vielzahl an Diplomarbeiten von Geographiestudenten in Deutschland oder von Absolventen von Tourismuslehrgängen in Österreich. Im Jahr 2002 förderte die erste *Radreiseanalyse des ADFC* Marktdaten zum „Radreise-Weltmeister Deutschland" zu Tage. Radtouristische Analysen in Regionen und Ländern kamen jedoch erst in den letzten Jahren auf. Dazu zählen die Frequenzzählungen im Veloland Schweiz (2008) oder auf regionaler Ebene empirische Studien zu den regionalwirtschaftlichen Effekten des Radtourismus in Rheinland-Pfalz (vgl. MWVLW 2008) oder in Niederösterreich (vgl. ecoplus 2007), dem Schrittmacher-Bundesland in der Evaluierung der radtouristischen Effekte in Österreich.

In den Jahren 2008 und 2009 wurden Studien zu Wertschöpfungs- und Beschäftigungseffekten auf nationaler Ebene durchgeführt, in Deutschland und Frankreich ebenso wie in Österreich und den Niederlanden. Diese gehen auch einher mit der zunehmend besser werdenden Datenlage zu den Gästefrequenzen dank verbesserter Zähltechnologien, die nach und nach auf der Grundlage von regionalen Zählplänen an Radrouten eingerichtet werden.

Methodische Vorgehensweise

Methodisch sind für die Ermittlung der ökonomischen Effekte wie Wertschöpfung und Beschäftigung fünf Schritte erforderlich:

Ermittlung der radtouristischen Quantitäten (Mengengerüste):

Unterschieden wird dabei zwischen Fahrradtourismus ohne Übernachtungen (Tagestourismus) und Fahrradtourismus mit Übernachtungen. Entscheidend ist, dass nur jene Gäste erfasst werden, für die Radfahren die wichtigste Betätigung im Urlaub und nicht nur eine von mehreren gleichwertigen Aktivitäten im Urlaub darstellt. Radgästefrequenzen werden üblicherweise durch Zählungen an Radwegen entlang von Flüssen und Seen erhoben, wofür sich seit Jahren die Zähltechnologien wesentlich verbessert haben. Geht es aber um die flächendeckende Ermittlung der ökonomischen Effekte in Regionen und Ländern, dann ist der Stellenwert des Radtourismus in Gästebefragungen allgemeiner Art zum Tages- und Nächtigungstourismus gefragt. Diese Daten werden durch Telefonbefragungen oder repräsentative Gästebefragungen erhoben. In Deutschland basieren die Ergebnisse der „Grundlagenstudie Fahrradtourismus in Deutschland" (vgl. BMWi 2009) auf mehreren Erhebungen und methodischen Bausteinen wie v. a. auf einer Sonderauswertung der Grundlagenuntersuchung „Tagesreisen der Deutschen 2005–2007" (3,4 Mrd.) (repräsentative Interviews; dwif, München), den Qualitätsmonitor Deutschland-Tourismus (deutschlandweite vergleichende Gästebefragung, 15.000 persönliche Interviews mit Touristen) und der Studie „Radreisen der Deutschen 2008" (vgl. Trendscope 2008). Die Grundlagenuntersuchung „Fahrradtourismus in Deutschland" (2009) basiert auf den drei verschiedenen Definitionen von Radreisen (vgl. BMWi 2009, S. 25 ff. sowie die ausführliche Diskussion in Kap. 1.1 dieses Buches):

- Engste Definition: Reiseart Radurlaub und häufige Nutzung des Fahrrades, 22,0 Mio. Übernachtungen.

- Mittlere Definition: Urlaub mit Nebenmotiv Radurlaub: alle Reisenden mit Urlaubsart Radurlaub, unabhängig von der Nutzungshäufigkeit, 37,8 Mio. Übernachtungen.

- Weite Definition: Urlauber mit gelegentlicher Fahrradnutzung: alle Reisenden, die in ihrem Urlaub mindestens einmal ein Fahrrad nutzen, 79,9 Mio. Übernachtungen.

Um auf der sicheren Seite zu sein, wird bei eingehenden Analysen der Wertschöpfung im Radtourismus die engste Definition verwendet, in der Grundlagenuntersuchung Fahrradtourismus in Deutschland (2009) ebenso wie bei der Kurzstudie zum Wirtschaftsfaktor Radfahren in Österreich (vgl. Miglbauer/Pfaffenbichler/Feilmayr 2009, S. 5). Auch dort wurde nur auf jene Urlaubsgäste in den österreichischen Bundesländern abgestellt, die Radfahren als wichtigste Aktivität angaben, bei Reisen mit Übernachtungen wie auch bei Tagesausflügen. Nicht berücksichtigt wurden in der österreichischen Studie Spontanausflüge im Sattel. Die eng gefasste Definition ist auch deshalb angebracht, weil immer wieder für die Rechtfertigung von wirtschaftlichen Effekten im Radtourismus Umsätze mit Wertschöpfung gleich gesetzt werden. In Österreich bildeten für die „Kurzstudie zum Wirtschaftsfaktor Rad" die aktuellen offiziellen Tourismusdaten und T-MONA-Daten die Datengrundlage.

<u>Ermittlung der radtouristischen Tagesausgaben</u>

Tagesausgaben waren seit Beginn an ein wesentlicher Inhalt von Radgäste-Befragungen, vor allen an den Fluss-Radrouten. Der Grund dafür war in der Startphase des Radtourismus sehr evident, denn viele vermuteten hinter den „neuen Gästen" vielmehr mittellose Studenten. Doch es wurde bald klar, dass man im Tourismus doch auf die neu daher rollenden Radgäste (Angestellte, Freiberufler, Beamte, Ärzte etc.) setzen kann. Die Tagesausgaben der ersten Radgäste am österreichischen Donau-Radweg lagen 1990 mit 450 Schillingen (heute: ca. 33 EUR) bei 70 % der damaligen Durchschnitts-Tagesausgaben der österreichischen Urlaubsgäste (vgl. Miglbauer/Schuller 1991, S. 12). Touristische Tagesausgaben müssen stets im Blick auf die Preisniveaus in den Regionen gesehen werden und die ersten erfolgreichen Radrouten verliefen zum überwiegenden Teil durch tourismusextensive Regionen. Der einsetzende Radtourismus war somit ein Rettungsanker für so manche Tourismusbetriebe in Flusstälern. Das ist 20 Jahre später im Grunde immer noch so, doch inzwischen führen verbesserte Radserviceleistungen auch zu mehr Einnahmen. Heute werden die Tagesausgaben direkt ermittelt durch Befragungen an Radwegen oder im Rahmen von repräsentativen Befragungen via Telefon oder durch allgemeiner angelegte Gästeanalysen auf Bundesländer- oder Landesebene.

<u>Ermittlung der radtouristischen Umsätze</u>

Diese werden im Fahrradtourismus ohne Übernachtungen durch eine einfache Multiplikation der Tagesausgaben mit der Zahl der Tagesgäste ebenso im Fahrradtourismus mit Übernachtungen, jedoch unter Miteinbeziehung der Aufenthaltsdauer, ermittelt. Diese wird üblicherweise auch in Gästebefragungen erfasst.

<u>Ermittlung der radtouristischen Einkommenswirkungen – I. und II. Umsatzstufe</u>

Die Wertschöpfung, die Auswirkungen auf Löhne, Gehälter und Gewinne, werden nach einer Bereinigung der Brutto-Umsätze um die Mehrwertsteuer durch Multiplikation der Netto-Umsätze mit der Wertschöpfungsquote (dafür stehen je nach Branchen unterschiedliche empirische Werte zur Verfügung) ermittelt. Damit erhält man die Wertschöpfungseffekte der **I. Umsatzstufe, die durch Gastronomie- und Beherbergungsbetriebe, durch Handels- und Verkehrsdienstleistungen** erzielt werden. Die Ergebnisse der **II. Umsatzstufe** berücksichtigen auch die indirekten Leistungen, d. h. die **Vorleistungen**, die durch die touristischen Leistungsträger von Lebensmittelhandel, Bäckereien, Tankstellen etc. bezogen werden.

<u>Ermittlung der radtouristischen Beschäftigungseffekte</u>

Diese ergeben sich dadurch, dass die Netto-Wertschöpfung in Bezug zum durchschnittlichen Volkseinkommen pro Kopf gesetzt wird.

4.5.2   Wertschöpfung durch den Radtourismus am Beispiel Deutschland

In der „Grundlagenuntersuchung Fahrradtourismus in Deutschland" (vgl. BMWi 2009) wurde, wie schon erwähnt, von einer engen Definition des Radtourismus ausgegangen. Das heißt, dass jene Gäste berücksichtigt wurden, für die das Radfahren die wichtigste Betätigung im Urlaub darstellt. Die Daten dazu entstammen empirischen deutschlandweiten Erhebungen.

Abb. 44:   Radtouristische Frequenzen und Brutto-Tagesausgaben von Radgästen

Radtouristische Frequenzen und Brutto-Tagesausgaben von Radgästen		
Gästetypus	Anzahl	Tagesausgaben pro Tag/Person
Fahrradtourismus ohne Übernachtungen (Tagestourismus)	153 Mio.	16 EUR (28 EUR)
Fahrradtourismus mit Übernachtungen	22 Mio.	64,60 EUR (83,00 EUR)

Quelle: BMWi 2009, S.25 und 27 (in Klammern Vergleichswerte zu den Durchschnittsausgaben aller Tages-
            bzw. Nächtigungsgäste in Deutschland).

Nach Ausgabenbereichen gegliedert zeigt sich in der deutschen Studie folgende Struktur:

Abb. 45:   Ausgabenstruktur – Tagesausgaben

Ausgabenstruktur – Tagesurlauber		
Ausgabenart	Tagesausgaben – Fahrradtourismus	
	ohne Übernachtung	mit Übernachtung
Gastronomie	9,10	17,00
Übernachtung	–	30,00
lokaler Transport	0,10	1,10
sonstige Dienstleistungen	1,20	1,40
Freizeit/Unterhaltung	0,90	4,00
Lebensmitteleinkauf	2,00	4,60
Einkauf sonstiger Waren	2,70	6,50
	16,00	64,40

Quelle: BMWi 2009, S.27 f.

Das radtouristische Umsatzvolumen ergibt sich aus der Multiplikation der Radgästefrequenzzahlen mit den jeweiligen Tagesausgaben. In Deutschland führt der Radtourismus zu einem Umsatzvolumen von 3,869 Mrd. EUR, die sich zu 63,3 % auf den Fahrradtourismus ohne Übernachtungen (Tagestourismus) und zu 36,7 % auf den Fahrradtourismus mit Übernachtungen.

Abb. 46:   Radtouristische Brutto-Umsätze

Radtouristische Brutto-Umsätze	
Gästetypus	**Bruttoumsätze (Mrd. EUR)**
Fahrradtourismus ohne Übernachtungen (Tagestourismus)	2,448
Fahrradtourismus mit Übernachtungen	1,421
Gesamter Fahrradtourismus	3,869

Quelle: BMWi 2009, S. 29.

Nach Dienstleistungsbranchen aggregiert zeigt sich nach Radgäste-Typus unterschieden folgende Umsatzstruktur:

Abb. 47:   Radtouristische Umsatzstruktur (Brutto)

Radtouristische Umsatzstruktur (Brutto)		
Ausgabenart	**Umsatzanteil – Fahrradtourismus**	
	ohne Übernachtung	**mit Übernachtung**
Gastronomie & Beherbergung	13,7 %	10,1 %
Einzelhandel	29,4 %	17,2 %
Dienstleistungen	56,9 %	72,7 %
	100,0 %	100,0 %

Quelle: BMWi 2009, S. 30.

Zu welchen Einkommenswirkungen führen nun die durch die Radgäste, Tages- wie Nächtigungsgäste, getätigten Tagesausgaben? Die touristische Wertschöpfungsquote wurde in der deutschen Studie mit 38 % angesetzt.

Abb. 48:   Radtouristische Einkommenswirkungen

Radtouristische Einkommenswirkungen	
	Bruttoumsätze (Mrd. EUR)
Brutto-Umsatz	3,869
– abzüglich Mehrwertsteuer	0,525
Netto-Umsatz	3,344
– direkte Wertschöpfung – Umsatzstufe I. (38 %)	1,269
Vorleistungen	2,075
– indirekte Wertschöpfung – Umsatzstufe II.	0,623
Gesamte Wertschöpfung	1,892 Mrd.

Quelle: BMWi 2009, S. 31.

Demnach werden aus den Umsätzen der Fahrradtouristen in Deutschland auf der Basis einer vorsichtigen Definition von Radtourismus Einkommen in der Höhe von 1,892 Mrd. EUR erzielt, zu etwa zwei Drittel auf direkte Weise (Umsatzstufe 1.), zu einem Drittel auf indirekte Weise (Umsatzstufe 2.).

Im Blick auf die gesamten touristischen Umsätze Deutschlands, Tages- und Nächtigungstourismus, beträgt damit der Anteil des Radtourismus knapp 3 %. Dieser liegt damit etwas höher als etwa der Campingtourismus (2,6 %), aber auch deutlich unter dem Anteil des Städte- und Kulturtourismus (63,3 %).

Mit der Wertschöpfung von 1,892 Mrd. EUR ist ein Beschäftigungseffekt von 89.000 Arbeitsplätzen verbunden.

Fazit

Radtouristische Wertschöpfungsanalysen sind in den letzten Jahren auf der Ebene der Bundesländer sowie landesweit ein wichtiges Thema geworden. So sehr Daten zu den Einkommenswirkungen und Arbeitsplätzen gefragt sind, so sehr ist der Umgang mit diesen bei Tourismusorganisationen, Interessenvertretungen und Regierungsstellen vielfach ein unsicherer (hin und wieder kommt es sogar vor, dass Umsätze mit Wertschöpfung gleich gesetzt werden).

Wichtige Maßnahmen sind v. a. im methodischen Sektor erforderlich:

*   Systematisierung der Frequenzzählungen an Radwegen auf der Grundlage von Zähl- und Monitoringplänen (neue Zähltechnologien verbessern hier entscheidend die Voraussetzungen), um eine verlässlichere Datenbasis zu erhalten;
*   Austausch und Diskussion der Daten unter verschiedenen Radregionen, v. a. auch im Sinne eines Lernens durch Unterschiede in den Werten und Bewertungen;
*   Kooperation von Radtourismusregionen durch Abstimmung von Befragungen, um die Vergleichbarkeit der unterschiedlichen radtouristischen Positionen zu erhöhen.

4.5.3 Fallbeispiel: Wertschöpfung im Radtourismus am Beispiel von Rheinland-Pfalz

(Heinz-Dieter Quack und Bert Hallerbach)

Radtourismus kann wesentlich zur touristischen Wertschöpfung in einer Region beitragen. Dieser Beitrag lässt sich allerdings kaum direkt messen, da für radtouristische Infrastruktur kein Eintritte bzw. keine Nutzungsgebühren erhoben werden können. Eine indirekte Messung dieser Effekte ist aber über die Erhebung der Tagesausgaben der Radtouristen durchaus möglich, wie es im Rahmen eines Pilotprojektes des Landes Rheinland-Pfalz zur Ermittlung der regionalwirtschaftlichen Effekte aus dem Radtourismus vorgenommen wurde. Mit Hilfe umfangreicher Befragungen wurden diese Effekte quantifiziert und hinsichtlich ihres Beitrages zur regionalen Wertschöpfung bewertet.

Letztlich kann mit den Ergebnissen dieses Projektes die Frage beantwortet werden, ob die Investitionen, die in den Radtourismus fließen, über die erzielten regionalwirtschaftlichen Effekte zumindest indirekt gegenfinanziert werden können.

Radtouristische Infrastrukturen – aktive Tourismusförderung

Die radtouristische Infrastruktur in Deutschland besteht aus einem hierarchischen Wegenetz, dessen Elemente sich hinsichtlich der räumlichen Dimensionen unterscheiden (vgl. Schneewolf/Grimm 2006, S. 4):

- Das D-Routennetz bestehend aus zwölf nationalen Routen mit einer Länge von ca. 12.000 km,

- Radfernwege, die von den Bundesländern, Landkreisen oder kreisfreien Städten oder touristischen Institutionen konzipiert werden,

- Radwanderwege, die auf lokaler/kommunaler Ebene geplant werden.

Allein die Inventarisierung des touristisch nutzbaren Radwegenetzes in Deutschland ist kaum möglich, da verschiedene Träger beteiligt sind und die Wege nur lückenhaft dokumentiert und erfasst sind (vgl. BMVBS 2007, S. 146). Laut Nationalem Radverkehrsplan Deutschland (NVRP) stehen rund 125 Radfernwege mit einer Länge von ca. 38.000 km zur Verfügung. Nach einer Schätzung der Bundesländer beläuft sich die Länge der radtouristischen Netze und Routen auf ca. 50.000 km. *Hoffmann und Froitzheim* haben alle touristisch beworbenen Radfernwege erhoben und schätzen deren Anzahl auf ca. 280 mit einer Netzlänge von ca. 75.000 km. Die Quantifizierung der lokalen/kommunalen Radwanderwege ist vor diesem Hintergrund schier unmöglich.

In Rheinland-Pfalz bildet das großräumige Radwegenetz von 1979 die Basis der radtouristischen Infrastruktur, welches 2003 grundlegend überarbeitet wurde. Von der geplanten Netzlänge sind zum Stand bis 2007 rund 3.700 km nutzbar; die im touristischen Marketing wirksamsten Elemente sind die sieben Radfernwege sowie verschiedene Premiumrouten, die hohe Qualitätsstandards erfüllen können. Im Sonderprogramm für den Radwegebau stehen jährlich ca. 3 Mio. EUR zum weiteren Ausbau des Netzes und für Lückenschlüsse zur Verfügung (vgl. MWVLW 2007a). Als grober Richtwert für die Einrichtung eines Radweges ohne Pflegemaßnahmen im weiteren Verlauf der Nutzung dieser Wege können ca. 150.000 EUR pro km angesetzt werden. Dieser Wert schwankt jedoch stark in Abhängigkeit von den örtlichen Gegebenheiten.

Radtourismus ist somit ein touristisches Segment, in das alleine durch die öffentliche Hand hohe Investitionen geflossen sind, wobei bisher kaum eine Überprüfung der Rentabilität dieser Investitionen vorgenommen wurde. Dabei sind Investitionen in die radtouristische Infrastruktur immer auch als aktive Tourismusförderung zu verstehen. Radfahrer haben aufgrund ihres aktionsräumlichen Verhaltens vielfältige Berührungspunkte mit anderen touristischen Infrastrukturen, wie etwa Gastronomie und Beherbergung, Sehenswürdigkeiten und kulturelle Infrastrukturen oder auch gesundheitstouristischen Infrastrukturen. Eine aktive Förderung der radtouristischen Infrastruktur kann somit immer auch als indirekte Förderung der Tourismuswirtschaft insgesamt verstanden werden.

Radtourismus in Rheinland-Pfalz: Eine Grundlagenuntersuchung

Im Rahmen eines Projektes zur Ermittlung der regionalwirtschaftlichen Effekte aus dem Radtourismus sollten exemplarisch für Rheinland-Pfalz die wirtschaftlichen Wirkungen aus dem Radtourismus erhoben werden.

Die Erhebung dieser Effekte lässt sich mit vertretbarem Aufwand nur über eine nachfrageseitige Erhebung der Ausgaben der Radtouristen durchführen. Diese Erhebungsform ist generell die geeignete Methode, wenn die wirtschaftliche Bedeutung von touristischen Segmenten erhoben werden soll (vgl. Harrer 2003, S. 150).

Die Basis der Studie bildete eine Befragung von 5.500 Radfahrern an rheinland-pfälzischen Radwegen, die aufgrund ihrer unterschiedlichen Topographie und Streckenführung das Spektrum an radtouristischen Infrastrukturen im Land repräsentieren können:

- Mosel-Radweg
- Kraut & Rüben-Radweg
- Nahe-Radweg
- Maare-Mosel-Radweg

Die Befragungen hatten neben der Erhebung der Ausgaben zum Ziel, das radtouristische Aufkommen für ein Jahr mit Hilfe von Zählungen zu quantifizieren sowie weitere Verhaltensaspekte der Radtouristen zu erfassen, die für das Marketing und die Produktgestaltung relevant sein können.

Das radtouristische Volumen

Die Basis für die Hochrechnung der Effekte bildete die Ermittlung des radtouristischen Volumens auf den untersuchten Radwegen. Dieses Volumen wurde mittels Zählungen über eine gesamte radtouristische Saison (März 2006 bis November 2006) erfasst. Zur Ermittlung des radtouristischen Volumens auf Landesebene mussten die Anteile der Radtouristen aus weiteren Befragungen abgeschätzt werden.

Insgesamt bewegen sich über ein Jahr rund 780.000 Radfahrer auf den untersuchten Radwegen, wobei die Verteilung der Radfahrer auf die einzelnen Wege sehr unterschiedlich ausfällt: Dominierend ist der Mosel-Radweg, auf den rund 53% oder 410.000 Radfahrer entfallen. Dagegen ist der saisonale Verlauf an den Radwegen gleich: Saisonaler Höhepunkt ist der Monat September. In der Zeit der Schulferien geht dagegen der Radtourismus in Rheinland-Pfalz deutlich zurück. Die Saison startet im Frühjahr in Abhängigkeit von den Osterfeiertagen und endet abrupt im Oktober. In den Monaten November bis März findet dagegen so gut wie kein Radtourismus statt.

Für das Land Rheinland-Pfalz insgesamt können auf Basis landesweiter Studien die radtouristischen Volumina abgeschätzt werden. Insgesamt beläuft sich der Anteil der Radtouristen auf ca. 18,5 Mio., davon 1 Mio. Übernachtungsgäste und ca. 17 Mio. Tagesgäste. Die radtouristische Nachfrage entspricht somit ca. 10% der gesamten touristischen Nachfrage.

Abb. 49:   Radtouristisches Volumen an ausgewählten Radwegen in Rheinland-Pfalz

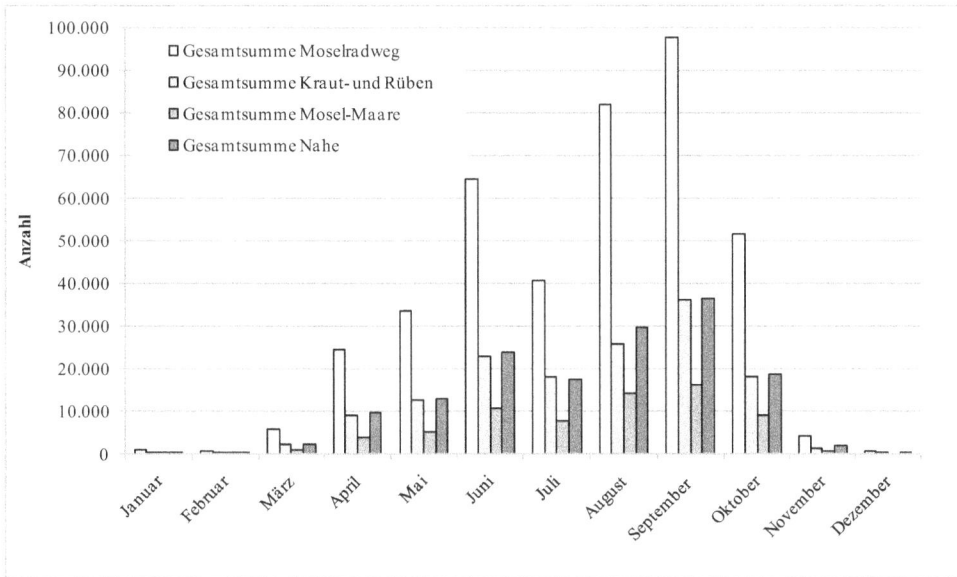

Quelle: nach MWVLW 2007, S. 93.

Ausgaben der Radtouristen

Die wesentliche Basis für die Berechnung der wirtschaftlichen Effekte aus dem Radtourismus stellen die Ausgaben der Radtouristen dar. Diese wurden im Rahmen der Befragungen differenziert nach verschiedenen Ausgabenklassen erhoben.

Insgesamt wurden von den Radtouristen rund 356 EUR für die gesamte Reise und alle mitreisenden Personen ausgegeben, Tages- und Übernachtungsgäste inbegriffen. Pro Person und Tag ergeben sich Ausgaben in Höhe von rund 62 EUR bei Übernachtungsgästen und rund 22 EUR bei Tagesgästen.

V. a. die Ausgabenwerte der Übernachtungsgäste schwanken stark in Abhängigkeit von der Art des Radurlaubes und deuten damit auch schon an, welche Zielgruppen die wirtschaftlich attraktivsten sind:

* Mehrtagesgäste, die streckenorientierte Radtouren unternehmen, d.h. jeden Tag die Unterkunft wechseln, geben im Durchschnitt pro Person und Tag ca. 43 EUR aus.

* Mehrtagesgäste, die eine feste Unterkunft gewählt haben und sternförmige Ausflüge mit dem Rad (sekundärer radtouristischer Ausflugsverkehr) unternehmen, geben im Schnitt pro Person und Tag ca. 96 EUR aus.

Ursache für diese großen Unterschiede sind v. a. die höheren Ausgaben im Bereich der Unterkunft, da die Radtouristen mit einer festen Unterkunft qualitativ höherwertige Betriebe wählen als die Mehrtagesgäste, die täglich ihre Unterkunft wechseln. Bei dieser Gruppe senkt der höhere Anteil von Camping und Jugendherbergen die durchschnittlichen Ausgabenwerte ab.

Radtouristen werden in der Literatur sehr häufig als Gästegruppe dargestellt, die aufgrund ihrer Ausgabenhöhe wirtschaftlich interessanter als andere sind. Ein Vergleich der Radtouristen mit den Touristen allgemein zeigt jedoch, dass Radfahrer hinsichtlich der Ausgabenhöhe unter denen der Touristen generell zurückbleiben. Laut *DWIF* (vgl. Maschke 2005, S. 91) geben die Übernachtungsgäste in Rheinland-Pfalz insgesamt rund 81 EUR aus, die übernachtenden Radtouristen dagegen nur rund 62 EUR. Werden allerdings die übernachtenden Radtouristen differenziert, zeigt sich, dass die in einer zentralen Unterkunft übernachtenden Radtouristen (sekundärer radtouristischer Ausflugsverkehr) hinsichtlich des Ausgabenniveaus deutlich über dem der Gäste allgemein liegen. Grund hierfür sind die deutlich höheren Ausgaben im Bereich der Unterkunft. Streckenfahrer dagegen konzentrieren sich eher auf das Fahren an sich und geben auch im Rahmen der Radreise weniger Geld für gastronomische Angebote aus. Hier findet also eine Konzentration auf die eigentliche Thematik des Radurlaubes statt – das Radfahren.

Hinsichtlich der Tagesgäste liegen die Ausgaben der Radtouristen insgesamt ebenfalls unter den Ausgabewerten der Tagesgäste in Rheinland-Pfalz: Ein Tages-Radtourist gibt im Schnitt rund 22 EUR aus, ein Tagesgast in Rheinland-Pfalz insgesamt knapp 28 EUR (vgl. Maschke 2005). Die größten Unterschiede liegen hier in den Ausgaben für Gastronomie und Verpflegung: Radtouristen geben im Schnitt rund 13 EUR für diesen Bereich aus, die Tagesgäste allgemein nur knapp 9 EUR. Dagegen sind die Ausgaben der Radtouristen im Bereich sonstige Einkäufe deutlich geringer: 2 EUR gegenüber 15 EUR. Radtouristen legen somit weniger Wert auf das gesamte Thema Shoppen/Einkaufen.

Bezogen auf die einzelnen Radwege zeigen sich ebenfalls größere Unterschiede: Der Kraut&Rüben-Radweg kann deutlich höhere Ausgabenwerte erzielen, als die übrigen Wege. Bei den Mehrtagesgästen ca. 92 EUR (alle Radwege zusammen: 62 EUR), bei den Tagesgästen ca. 34 EUR (alle Radwege zusammen: 22 EUR). Ursache hierfür ist das dichtere Angebot an gastronomischen und selbstvermarktenden landwirtschaftlichen Betrieben, welche den Radtouristen entsprechende Angebote offerieren. Ein Indiz dafür, dass radtouristische Wertschöpfung sich auch nur dort entfalten kann, wo den Radfahrern aufgrund der Streckenführung und der Leistungsträger entsprechende Angebote unterbreitet werden.

Abb. 50:   Vergleich der Ausgaben pro Kopf und Tag

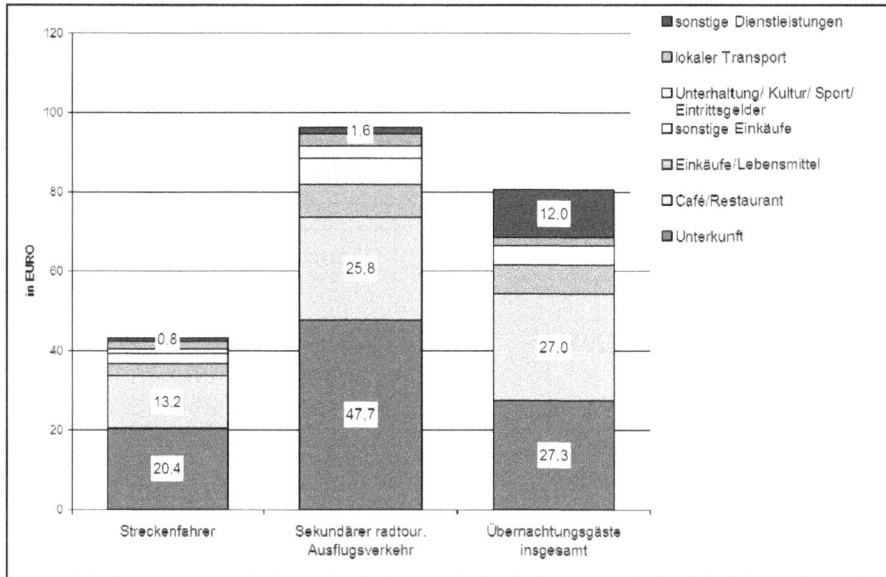

Quelle: MWVÖW 2007; DWIF 2005.

Die regionalwirtschaftliche Bedeutung des Radtourismus in Rheinland-Pfalz

Die Basis für die Berechnung der regionalwirtschaftlichen Effekte aus dem Radtourismus in Rheinland-Pfalz stellen die erhobenen Ausgabenwerte an den Radwegen sowie das radtouristische Volumen dar. Die Berechnung der Effekte folgt dem Berechnungsweg des *DWIF*, in dem über die Ermittlung der Brutto- und Nettoumsätze auf Basis der Ausgaben die Einkommenswirkungen auf der ersten und zweiten Umsatzstufe mit Hilfe von geschätzten Wertschöpfungsquoten berechnet werden (vgl. Harrer 2004).

Für die vier untersuchten Radwege ergibt sich ein gesamtes Ausgabenvolumen durch die Nutzer dieser Radwege in Höhe von ca. 134 Mio. EUR pro Jahr. Allein aus diesem Bruttoumsatz errechnet sich eine Wertschöpfung auf der ersten Umsatzstufe in Höhe von ca. 53 Mio. EUR und auf der zweiten Umsatzstufe in Höhe von ca. 18 Mio. EUR – insgesamt somit eine gesamte Wertschöpfung in Höhe von ca. 71 Mio. EUR.

Für den Radtourismus in Rheinland-Pfalz berechnet sich auf Basis der dargestellten Daten ein Bruttoprimärumsatz in Höhe von ca. 726 Mio. EUR, woraus sich eine zusätzliche Wertschöpfung aus dem Radtourismus in Höhe von ca. 340 Mio. EUR ergibt. Wird ein Arbeitsplatzäquivalent in Höhe von ca. 25.000 EUR pro touristischen Arbeitsplatz zu Grunde gelegt, können ca. 14.000 touristische Arbeitsplätze direkt mit dem Radtourismus in Verbindung gebracht werden.

Im Vergleich mit dem Tourismus in Rheinland-Pfalz insgesamt erwirtschaftet der Radtourismus ungefähr 10 % der gesamttouristischen Wertschöpfung in Höhe von ca. 3,5 Mrd. EUR und trägt somit in einem hohen Maße an der wirtschaftlichen Bedeutung des Tourismus bei.

Abb. 51:   Wertschöpfung durch den Radtourismus in Rheinland-Pfalz

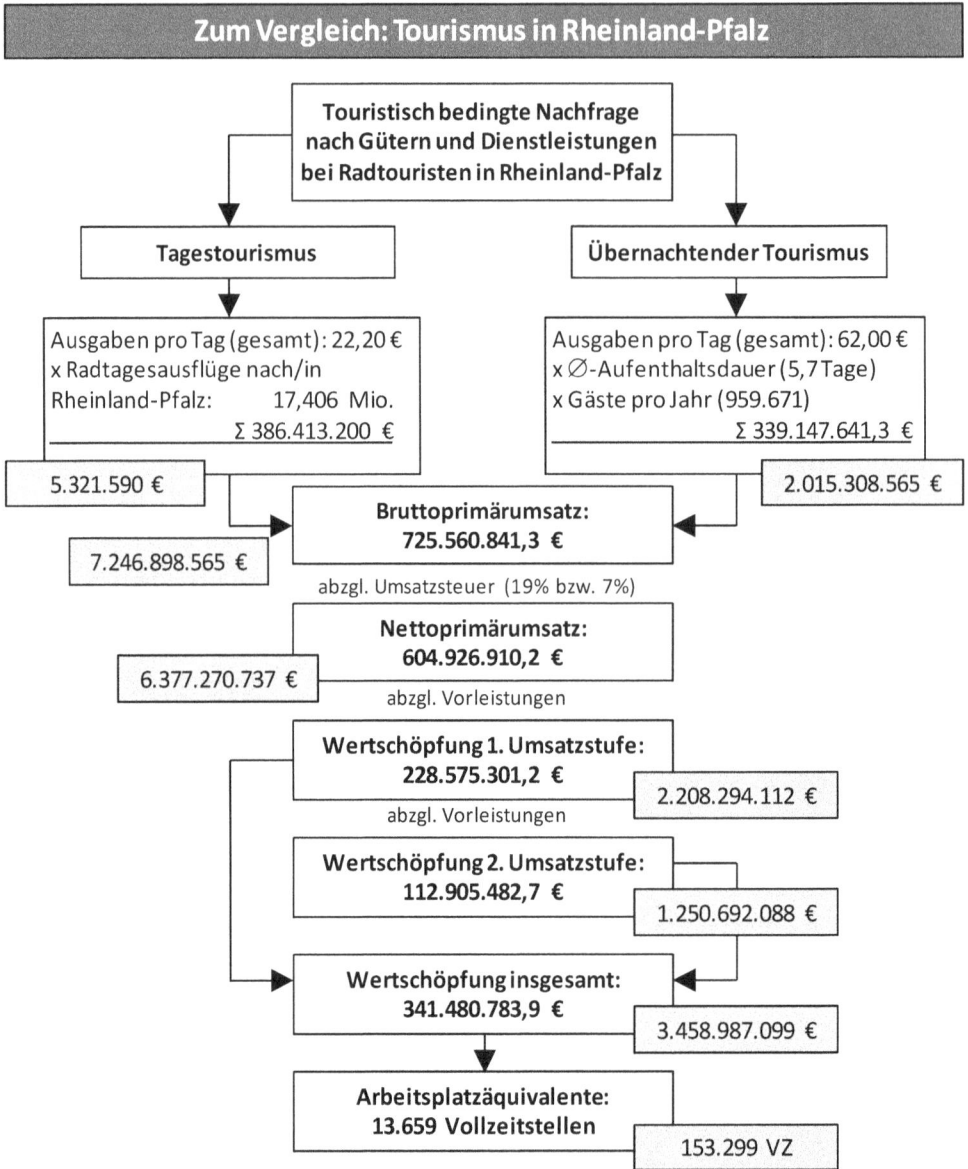

Zum Vergleich: Tourismus in Rheinland-Pfalz

Touristisch bedingte Nachfrage
nach Gütern und Dienstleistungen
bei Radtouristen in Rheinland-Pfalz

Tagestourismus | Übernachtender Tourismus

Ausgaben pro Tag (gesamt): 22,20 €
x Radtagesausflüge nach/in
Rheinland-Pfalz: 17,406 Mio.
Σ 386.413.200 €

Ausgaben pro Tag (gesamt): 62,00 €
x ∅-Aufenthaltsdauer (5,7 Tage)
x Gäste pro Jahr (959.671)
Σ 339.147.641,3 €

5.321.590 €

2.015.308.565 €

Bruttoprimärumsatz:
725.560.841,3 €

7.246.898.565 €

abzgl. Umsatzsteuer (19% bzw. 7%)

Nettoprimärumsatz:
604.926.910,2 €

6.377.270.737 €

abzgl. Vorleistungen

Wertschöpfung 1. Umsatzstufe:
228.575.301,2 €

2.208.294.112 €

abzgl. Vorleistungen

Wertschöpfung 2. Umsatzstufe:
112.905.482,7 €

1.250.692.088 €

Wertschöpfung insgesamt:
341.480.783,9 €

3.458.987.099 €

Arbeitsplatzäquivalente:
13.659 Vollzeitstellen

153.299 VZ

Quelle: MWVLW 2007.

Fazit: Radtourismus lohnt sich

Die Projektergebnisse zeigen deutlich, dass Radtourismus einen hohen Beitrag zur touristischen Wertschöpfung in einer Region leisten kann. Die Frage, ob die Investitionen in den Radtourismus auch eine – wenn auch nur indirekte – Refinanzierung ermöglichen, lässt sich in Abhängigkeit von diesen Daten klar beantworten.

Werden für die vier untersuchten Radwege die Kosten pro km Radweg in Höhe von ca. 150.000 EUR veranschlagt, so ergibt sich auf Grundlage einer Gesamtlänge von ca. 553 km eine Gesamtinvestition von ca. 83 Mio. EUR (ohne laufende Wartungs- und Instandhaltungskosten). Allein diese vier Radwege erwirtschaften eine jährliche Wertschöpfung in Höhe von ca. 71 Mio. EUR. Die Investition in die vier Radwege macht sich somit nach etwas mehr als einem Jahr schon bezahlt, wenn die Investitionen als Maßnahmen der regionalen Wirtschaftsförderung zur Erhöhung der regionalen Wertschöpfung verstanden werden. Eine solche Wertschöpfung kann allerdings nur erzielt werden, wenn die radtouristischen Produkte Teil einer abgestimmten Produktentwicklung des Radtourismus sind. Hierzu gehören, neben einer qualitativ hochwertigen Infrastruktur mit Beschilderung, professionelle Marketingaktivitäten sowie motivierte Leistungsträger, die entsprechende Angebote für Radtouristen entwickeln. Das Beispiel Kraut&Rüben-Radweg zeigt deutlich, dass durch ein vielfältiges gastronomisches Angebot auch die Wertschöpfung steigen kann. Die reine Zurverfügungstellung von Wegen dagegen schafft noch keine Wertschöpfung. Erst die Vernetzung mit anderen Leistungsträgern und touristischen Segmenten initiiert touristische Wertschöpfung aus dem Radtourismus.

Als Fazit aus der Untersuchung kann gezogen werden, dass Investitionen in Radtourismus durch die erzielbare Wertschöpfung mehr als aufgefangen werden können, wenn eine indirekte Betrachtung der Wertschöpfungsentstehung angelegt wird. Diese Wertschöpfung entfaltet ihre volle Wirkung aber erst dann, wenn das Produkt Radtourismus von allen Akteuren und Leistungsträgern auch als solches verstanden und ausgestaltet wird. Die Berücksichtigung der Ansprüche der radtouristischen Nachfrage gehört ebenso dazu, wie die Einhaltung aktueller Qualitätskriterien im Bereich Wegeinfrastruktur und Beschilderung sowie begleitende Angebote von Gastronomie, Beherbergung und weiteren touristischen Akteuren. Ebenso ist eine Einbindung in öffentliche Verkehrssysteme zwingend, um die Erreichbarkeit der Radrouten zu gewährleisten.

Wird Radtourismus entsprechend entwickelt und vermarktet, dann ergeben sich große Chancen, auch wirtschaftlich einen hohen Nutzen für die jeweilige Region aus dieser Tourismusform zu gewinnen.

4.6   Wirtschaftliche und politische Bedeutung des Radtourismus in europäischen Ländern

(Ernst Miglbauer)

Radtourismus hat sich nach seinem Aufkommen in Deutschland und Österreich zu Beginn der 80er Jahre in anderen europäischen Ländern sehr unterschiedlich entwickelt. Im Sinne eines kurzen Überblicks zu weiteren europäischen Ländern soll versucht werden, dessen aktuelle Position einzuschätzen. Dies erfolgt üblicherweise v. a. durch eine quantitative Einschätzung der Investitionen und der damit ausgelösten Wertschöpfungseffekte. Doch das dafür erforderliche solide Zahlenmaterial liegt nur in wenigen Ansätzen in einer guten Qualität vor. Damit können auch kaum relative Größen, etwa durch den Vergleich mit anderen touristischen Segmenten ermittelt werden. Wünschenswert wäre hier, analog zur Ermittlung der Rad-Nutzungsanteile in europäischen Ländern auch Werte für den Radtourismus zu ermitteln. Für die Einschätzung der radtouristischen Position wurden sieben Länder herangezogen:

- Niederlande und Dänemark als Länder mit einer hoch entwickelten Radfahrkultur,

- Italien und Tschechien als Länder mit einer stark aufkommenden Bedeutung des Radtourismus sowie

- Schweiz, Österreich und Deutschland als Länder mit einer starken Bedeutung des Radtourismus.

Deutschland

<u>Daten und Fakten zur Mobilität mit dem Fahrrad</u>

Wie wohl in keinem anderen Land prägen Fahrrad und Auto den Mobilitätsdiskurs in Deutschland bzw. im „Autoland Deutschland". Denn die Autoproduktion gehört zu den Trümpfen der deutschen Industrie und Deutschland wird mit dem Autofahren identifiziert. Doch diese viel gepriesenen Stärken verzeichnen seit Jahren verstärkten Gegenwind: die Devise „Freie Fahrt für freie Bürger", 1974 ausgerufen vom ADAC, dem mitgliederstärksten Verein Deutschlands, entpuppt sich angesichts stark anwachsender täglicher Staukilometer immer mehr als bloßer Mythos.

Während die deutschen Autohersteller 2011 kritisiert wurden, weil sie die E-Mobilitäts-Entwicklung verschlafen hätten, frohlocken Fahrradhersteller und -händler. Sie blicken von einer gut situierten Marktposition aus optimistisch in die Zukunft, ein wesentlicher Grund dafür ist der Rückenwind bei Pedelecs und E-Bikes. Seit 2002 hat sich bis 2010 der Fahrradbestand um 4 Mio. auf 69 Mio. Stück erhöht (vgl. ZIV 2011b, S. 2), die Zahl der Haushalte mit Fahrrad steigt (Zunahmen hat es v. a. beim Zweit- und Drittrad gegeben) und bei der Wahl der Mobilität auf den Verkehrswegen hat es mit Abstand die größten Zuwächse zwischen 2002 und 2008 beim Fahrrad gegeben (S. 19 f.). 2005 wurden in Deutschland pro Einwohner durchschnittlich 291 km vom Sattel aus strampelnd zurückgelegt, der Abstand zu den Spitzenreitern Dänemark (936 km) und Niederlande (848 km) war 2005 allerdings noch immer groß (vgl. Meschik et al. 2010, S. 40). Im Gegensatz zu den niederländischen Nachbarn blieb in Deutschland das Fahrrad der „Drahtesel des kleinen Mannes". Hier fehlte die bürgerliche Trägerschicht für das Vorantreiben von Radwegenetzen wie in den Niederlanden (vgl. Ebert 2010, S. 410 f.). Einige Städte wie v. a. Münster und Erlangen wuchsen dennoch in die Rolle allseits beobachteter Radlerstädte hinein. Breit wurde das Fahrrad in den 80er und 90er Jahren wieder entdeckt; die Zeitschrift „natur" titelte 1988 sein Heft 4 mit „Die Spass-Maschine", die Illustrierte BUNTE sah in seiner Ausgabe Nr. 37/1992 im Fahrrad nicht nur ein neues Lustobjekt, sondern auch eine „neue Droge der Nation" (vgl. Kutscher 1994, S. 15). 30 Jahre später, so scheint es, gibt es aber auch Gegenwindböen, etwa in der Ausgabe Nr. 37 des Wochenmagazins „Der Spiegel" (2011, S. 66, „Der tägliche Kampf zwischen Radlern und Autofahrern wird härter") oder mit dem Erscheinen des Buches „Neben der Spur. Das Fahrradhasserbuch" (Zoch/Pannen 2011). Doch diese medialen Erregungen dürften eher ein Indiz für erforderliche Lösungen der Verkehrsprobleme generell sein.

Stellenwert des Radtourismus

Deutschland ist nicht nur Reiseweltmeister[4], sondern, so darf mit guten Gründen vermutet werden, auch Rad-Reiseweltmeister. Laut Marktstudie „Radreisen der Deutschen 2010" haben knapp ein Fünftel der Deutschen schon einmal einen Urlaub unternommen, dessen Hauptaktivität im Radfahren bestand. Mehr als doppelt so viele, 41 %, haben bereits Urlaube verbracht, bei denen Radfahrten eine von mehreren Urlaubsaktivitäten darstellten. Mit knapp 70 % sind die Etappentouren-Urlaube wie etwa an der Weser oder der Donau am stärksten ausgeprägt, Radurlaube mit einer Fixunterkunft wurden bereits von 46 % durchgeführt. Rennrad- und Mountainbike-Urlaube sind hingegen eindeutig in der Minderheit (vgl. Touristik Medien 2011). Nach einer Untersuchung des *Europäischen Tourismus Institutes* in Trier haben 2009 53 % der Radler ihren Sommerurlaub in Deutschland verbracht (vgl. ADFC 2010, S. 5).

Das touristische Radroutennetz umfasste 2008 75.900 km (vgl. BMWi 2009, S. 69), Spitzenreiter unter den Bundesländern ist Niedersachsen (11.803 km) vor Nordrhein-Westfalen (11.084 km) und Baden-Württemberg (8.946 km) (vgl. BMWi 2009, S. 181). In Bezug auf die Landesfläche ist Bremen mit 0,72 touristischen Radroutenkilometern pro qkm Spitzenreiter vor Hessen (0,43) und Saarland (0,35). In der Hitparade der beliebtesten Radrouten Deutschlands liegt seit 2008 das Trio Elbe-, Main-, und Weser-Radweg vorne, im Ranking der beliebtesten Radregionen Deutschlands Bayern, Franken und Mecklenburg-Vorpommern (vgl. ADFC 2011c, S. 17/20, ADFC 2010, S. 17/19, ADFC 2009b, S. 21/25). Ähnlich wie in den Nachbarländern Schweiz oder Dänemark ist auch in Deutschland ein landesweites Routennetz ein Thema. Unter dem Dach einheitlicher Standards sollen sich, wie im nationalen Radverkehrsplan 2002 formuliert, zwölf Premium-Radwege über das Land erstrecken, versehen mit einem einheitlichen Logo, optimaler Infrastruktur und versehen mit übergreifenden touristischen Konzepten. Der Startschuss dazu fiel 2008 mit dem Pilotprojekt „D-Route 3/ Europaradweg R1". Besonders erfolgreich im Marketing von Radrouten sind ADFC und Deutsche Zentrale für Tourismus mit dem landesweiten Medium „Deutschland per Rad entdecken", das 170 Radrouten aus allen Bundesländern enthält. 2010 wurde der aktualisierte Katalog mit einer Auflage von 500.000 zum achten Mal aufgelegt (vgl. ADFC 2011c). Gerade im Zusammenspiel zwischen ADFC, Tourismusorganisationen (Deutsche Zentrale für Tourismus, Deutscher Tourismusverband e. V., Länder) und Kommunen liegt eine wesentliche

---

[4]   76 % der 65 Mio. Deutschen – Personen ab 14 Jahre in Privathaushalten – haben 2008 wenigstens eine Urlaubsreise unternommen; dieser Anteil ist so hoch wie in keinem anderen Land.

Triebkraft für die kontinuierliche Qualitätsentwicklung des Radroutennetzes. Daraus entspringen immer wieder neue Entwicklungsimpulse wie die Qualitätszertifizierung von Radrouten und daraus wieder neue Nachfrageimpulse, gerade auch für Radrouten abseits der „Radroutenstars". Mit der Strahlkraft von erarbeiteten vier oder gar fünf Sternen dekoriert rücken diese nun auch vermehrt in das Blickfeld des qualitätsorientierten radtouristischen Publikums.

Der Radtourismus sorgt in Deutschland für eine Wertschöpfung von 1,892 Mrd. EUR und einen Beschäftigungseffekt von 89.000 Arbeitsplätzen. Zieht man die durch den Radtourismus induzierten Umsätze heran, so liegt der Anteil des Radtourismus bei knapp 3 % (im Detail siehe dazu unter 4.5.2, Wertschöpfung durch den Radtourismus am Beispiel Deutschland).

Österreich

Daten und Fakten zur Mobilität mit dem Fahrrad

Das Fahrrad hat als Freizeitvehikel in den letzten 20 Jahren eine Renaissance erlebt. Damit noch nicht mithalten kann das Zweirad bei der Verwendung im Alltagsverkehr. Hier liegt Österreich mit 162 km zurückgelegter Strecke pro Jahr im europäischen Mittelfeld (vgl. Meschik et al. 2010, S. 40). Im Bundesländervergleich wird just im alpinen Vorarlberg am meisten mit dem Fahrrad gefahren, der Radverkehrsanteil liegt dort bei 15 % (vgl. Amt der Vorarlberger Landesregierung 2009, S. 4). Unter dem Aspekt des Anteils der mit dem Fahrrad zurückgelegten Wege in den fünf größten Städten Österreich liegt die Festspielstadt Salzburg mit 16 % an der Spitze, vor Graz (14 %) und Innsbruck (13 %) (vgl. Meschik et al. 2010, S. 40). Klimadiskussion und steigende Treibstoffpreise sorgen seit 2006 dafür, dass v. a. in den Städten mehr zum Fahrrad als Fortbewegungsmittel gegriffen wird. Als Freizeitsport ist das Radfahren in Österreich seit Jahren sehr beliebt. Lt. *GfK Austria Sozialforschung 2008* ist das Radeln die beliebteste Sportart, 33 % der Frauen sind regelmäßig im Sattel unterwegs, 45 % gelegentlich. In fast allen Bundesländern Österreichs ist der Ausbau des Radwegenetzes ein Thema, doch nach dem Ausbau wird selektiver in der Erweiterung des Radwegenetzes vorgegangen. Es wird stärker zwischen Radwegen für touristische Angebote und Radwegen für den lokalen Freizeit- und Alltagsverkehr unterschieden. Aus Sicht der Tourismuspolitik bedeutet dies, dass jene Radrouten in ihrer Entwicklung vorangetrieben werden, die auch touristisch relevant sind.

Stellenwert des Radtourismus

Unter den österreichischen Bundesländern gelingt es Oberösterreich im Bundesländervergleich am besten, aus dem landesweiten Radwegenetz die höchsten ökonomischen Effekte im Radtourismus zu generieren (vgl. Oberösterreich Tourismus 2006, S. 32). Dazu trägt v. a. der Donau-Radweg bei, mit großem Abstand folgend der Salzkammergut-Radweg zwischen dem alpinen Süden des Bundeslandes und der Mozartstadt Salzburg und der Inn-Radweg entlang der Grenze zu Bayern. Doch im Blick auf die radtouristische Wertschöpfungskette gibt es auch kleine Segmente, die dank ihrer Angebotsdichte und Servicequalität für verhältnismäßig gute Umsätze sorgen, wie etwa die Fähren entlang der Donau oder die Verleihangebote in den gesundheitstouristischen Destinationen des Landes. Der Anteil jener Gäste, die Radeln im Urlaub als reiseauslösendes Motiv deklarieren, liegt zwischen 9 und 19 %. Auf etwa das Doppelte kommen die Anteile jener Gäste, bei denen Radeln eine von mehreren Urlaubsaktivitäten darstellt (vgl. Miglbauer/Pfaffenbichler/Feilmayr 2009, S. 10). Weitere radtouristisch starke Bundesländer im Segment Radwandern sind Salzburg, Steiermark, Burgenland und Niederösterreich, im Segment Mountainbiken Tirol. Berücksichtigt man über den Radtourismus hinausgehend noch weitere Radbereiche wie Produktion, Handel, Service, Sport und Infrastruktur, dann ist Oberösterreich mit 189,2 Mio. EUR an direkter und indirekter Wertschöpfung das stärkste Rad-Bundesland Österreichs (gesamte Wertschöpfung 882,5 Mio. EUR). Dazu tragen wesentlich Standorte in der Produktion (KTM) und im Handel bei.

Schweiz

Daten und Fakten zur Mobilität mit dem Fahrrad

Die Schweizer lieben das „Velo" immer mehr, v. a. in der Freizeit. „Velofahren" war 2009 die Sportart Nr. 1 in der Schweiz (vgl. Ladner 2010, S. 20). Nur etwa ein Viertel fährt nie mit dem Rad. 1,1 Mio. Schweizer nutzen das Velo regelmäßig auf dem Weg zur Arbeit und wieder nach Hause. Gemäß *Bundesamt für Statistik* (bfs) beträgt die jährlich zurückgelegte Streck pro Schweizerin bzw. Schweizer über alle Verkehrsmittel (Auto, Bahn, Tram, Flugzeug, Velo, zu Fuß) im Durchschnitt 19.109 km. Davon entfielen 264 km auf das Fahrrad (www.velosuisse.ch/de/velobranche, 2010).

Stellenwert des Radtourismus

Radtourismus hat sich in der Eidgenossenschaft mit „Veloland Schweiz" und „Mountainbikeland Schweiz" als nachhaltige nationale Agenda etabliert. Zusammen mit Inline-Skating, Wandern und Bootswandern stellt die sanfte Fortbewegung auf zwei Rädern unter der nationalen Strategie „SchweizMobil" ein Netzwerk für den „Langsamverkehr" dar, das 2008 aus der Taufe gehoben wurde (mehr in Kap. 4.4.4). Damit wurde ein entscheidender Öffentlichkeitseffekt zur Einstimmung der Schweizer auf sanfte Mobilitätsformen, insbesondere das Fahrrad, angestoßen.

Radtouristische Umsätze

Für die neun nationalen Routen des „Velolandes Schweiz" wurden 2008 die damit generierten Jahresumsätze erhoben:

Abb. 52:   Umsätze in Mio. CHF

Umsätze in Mio. CHF				
Umsatzbereiche	**Tagesreisen**	**Kurzreisen**	**Fernreisen**	**Gesamt**
Essen & Trinken	47	9	20	76
Transport	14	3	10	27
Übernachtung	–	9	26	35
Anderes	2	1	4	7
Gesamtausgaben	63	22	60	145

Quelle: Stiftung SchweizMobil 2009c, S. 3

Italien

<u>Daten und Fakten zur Mobilität mit dem Fahrrad</u>

Im Hinblick auf die zurückgelegten Radkilometer pro Jahr liegt Italien in der Liste der europäischen Länder mit 154 km im Mittelfeld (vgl. Meschik et al. 2010, S. 40). Italien ist eines der Länder der Profi- und Hobby-Rennradler und es wird immer mehr auch ein Land der Radwanderer. Seit den ersten Jahren des neuen Jahrtausends wird zunehmend erkannt, dass es auch abseits des Giro d'Italia ein Radvolk gibt, dessen Triebfedern v. a. Landschaftsgenuss, Gesundheits- und Fitnessbedürfnis sind. Seit 2005 weisen die Radler-Frequenzen eine Zuwachsrate von über 20 % auf (vgl. Gioseffi/Botazzi 2008, S. 85). Das mag als neues Phänomen wahrgenommen werden, ist es aber nicht. Denn nicht übersehen werden darf, dass es in einigen Städten Italiens seit Jahren Aktivitäten zur Förderung der Radmobilität gibt. So ist etwa Ferrara „die" Radstadt Italiens und keinesfalls mit Ferrari zu assoziieren.

<u>Stellenwert des Radtourismus</u>

Das nationale Radroutennetz steckt in Italien noch in seinen Anfängen. Seitens des nationalen Radfahrerverbandes „Federazione Italiana Amici della Bicicletta" gibt es seit 2006 einen Vorschlag für ein landesweites Routennetz, allen 14 Radrouten (www.fiab-onlus.it) voran steht als Nummer eins in der klassisch-italienischen Tonart die „Ciclopista del Sole", eine Radroute vom Brenner bis nach Verona. In den Städten Meran und Bozen sind in den letzten Jahren vermehrt Radwege und Radverleihstationen entstanden; Südtirol erweist sich einmal mehr als Vorreiter in der Entwicklung, es setzt immer mehr auf den Radtourismus entlang der Talsohlen. Die Radverbindungen zwischen Brenner und Salurn, zwischen Reschenpass (Vinschgau) und Salurn sowie der Pustertal-Radweg zwischen Innichen und Lienz zählen zu den attraktivsten. Dazu tragen v. a. auch die vorzüglichen Bahnservice-Angebote entlang der letzten beiden Radrouten bei. Fix verankert ist in Südtirol nicht unerwarteter Weise das Mountainbike-Segment. 16 Südtiroler Hotels haben sich spezialisiert und zur Mountainbike-Holidays-Gruppe zusammengeschlossen, als Teil einer grenzüberschreitenden Kooperation mit den Schweizer und österreichischen Kollegen. Schon vorgemerkt in den Trainingsplänen der Hobby-Radsportler sind die italienischen Bike-Hotels mit über 40 Hotels (bislang in den Regionen Piemont, Ligurien, Lombardei, Venetien, Emilia Romagna, Toskana, Marken, Abruzzen und Apulien sowie in den autonomen Provinzen Trentino und Südtirol) (vgl. Italy Bike Hotels 2011).

Ein Unikat im städtischen Radtourismus ist das Promenieren mit dem Fahrrad auf der 4,2 km langen Stadtmauer von Lucca (Toskana), einem gigantischen baumbestandenen Festungswerk. Eine „Passeggiata delle Mura" eröffnet erhobene Einblicke in die Altstadt und Ausblicke bis weithin zum Apennin. Die am meisten präferierten Regionen für einen Radurlaub der Italiener sind die Toskana und Südtirol. *Cristina Gioseffi* und *Giovanni Bonazzi* von Giro Libero, dem größten der etwa acht italienischen Radreiseveranstalter, sehen Wachstumschancen für die nächsten Jahre (vgl. Gioseffi/Botazzi 2008, S. 86).

Tschechien

<u>Daten und Fakten zur Mobilität mit dem Fahrrad</u>

Die Tschechen lieben die Aktivitäten im Freien. Zu den nationalen Leidenschaften im Grünen zählen der Aufenthalt im Wochenendhäuschen im Grünen, Pilze suchen, Heimwerken und Angeln. Im Blick auf die Sportaktivitäten ist das Radfahren mit 21,9 % zur beliebtesten körperlichen Aktivität im Grünen aufgestiegen, vor dem Schwimmen (19,5 %), Wandern (17,9 %) und Skifahren/Snowboarding (12,5 %). 2009 wurden etwa 380.000 Fahrräder verkauft, damit gibt es inzwischen – so *Daniel Mourek*, einer der unentwegten Strampler hinter den tschechischen Greenways bei Nadace Partnerství, der tschechischen Umweltstiftung Partnerschaft, ganz stolz – mehr Fahrräder als Pkws (vgl. Mourek 2008, S. 87 ff.). In Tschechien wird das Fahrrad immer beliebter als Mobilitätsmittel in der Freizeit und auch im Urlaub.

Probleme gibt es allerdings noch immer in der Fahrradnutzung im Alltag, besonders in den Städten. Hier hat der motorisierte Verkehr noch immer Vorrang, v. a. noch immer in der Verkehrsplanung. Prag zählt etwa zu den Spitzenreitern unter den europäischen Hauptstädten im Blick auf die Pkw-Dichte pro Bewohner. Da haben es die Velomobilen noch schwer. Der Anteil der täglichen Radler am großstädtischen Verkehr liegt (erst) zwischen 2 und 3 %. In einigen Städten wie Pardubice (Pardubitz), Hradec Kralove (Königgrätz) oder Olomouc (Olmütz) ist der Anteil der Alltagsradler inzwischen wieder leicht gefallen, nachdem der Mangel an Radinfrastruktur bzw. der sehr schleppende Ausbau die Radlust wieder gebremst hat. Doch gerade die durch die Autos verursachten Probleme in den Städten wie auch das Bedürfnis, dem Stress zu entfliehen und etwas für die Gesundheit zu tun, sind ein Grund für die steigende Akzeptanz des nicht-motorisierten Zweirades in Freizeit und Urlaub.

<u>Stellenwert des Radtourismus</u>

Seit 2005 gibt es auch eine nationale Radentwicklungsstrategie. Die Routenplanung sieht eine Hierarchie an Radrouten nach dem Muster der Schweiz oder Dänemarks vor: Radfernrouten, Regional- und Lokalrouten. Diese bezieht sich v. a. auf den Ausbau der Routen und die Sicherung von Begleitmaßnahmen. Der Tourismus nimmt darin eine wichtige Position ein, indem zwei wesentliche Zielsetzungen verfolgt werden: Einerseits Schaffung von Rahmenbedingungen für den Radtourismus, andererseits Forcierung der Fahrradnutzung für die Erholung im Grünen. In der nationalen Tourismusstrategie „Conception of the National Policy for Support of Tourism in the Czech Republic" wird Radtourismus als eine neue Alternative für Outdoor-Spaß und körperliche Betätigung in den grünen Gebieten in Urlaub und Freizeit gesehen. Die Website der nationalen Marketing-Plattform Czech Tourism offeriert Radwandern und Mountainbiking in ihrem Aktivsportsegment (vgl. CzechTourism 2011).

Im Jahr 2007 umfasste das Routenangebot über 1.000 km Radwege und über 20.000 km lokale Radrouten sowie vier EuroVelo-Routen (4, 7, 9 und 13). Die EuroVelo-Route 4 verbindet Bayern mit Böhmen über Prag, sie führt weiter Richtung Mähren über Brno (Brünn) und dann entlang der March über Ostrava (Ostrau) nach Polen. Die EuroVelo 7 durchzieht Böhmen von Oberösterreich kommend entlang der Moldau bis nach Prag, von dort führt sie weiter über die Elbe und die Usti-Region nach Sachsen. Der EuroVelo 9 verläuft auf ihrem Weg von Danzig nach Istrien durch Mähren, über (Olomouc) Olmütz, (Brno) Brünn und die UNESCO-Kulturerbe-Schlösser Lednice und Valtice weiter nach Wien. Die neue EuroVelo 13 zieht sich entlang des einstigen Eisernen Vorhangs dahin, auf fast 600 km entlang der Grenzen zu Deutschland und Österreich.

Neben den EuroVelo Routen sollen sechs bis acht „Prioritätsradkorridore" mit einstelliger Nummerierung v.a. entlang wichtiger Flüsse wie Elbe, Moldau oder March, Ohře (Eger), Bečva, Orlice, Jizera (Iser) führen. Und es sollen wichtige Verbindungsachsen zwischen Prag und Dresden, Prag und Wien, Prag und Nürnberg, Prag und Salzburg, Brünn und Wien oder Brünn und Krakau entstehen. Diese Fernradrouten sollen in Anbindung an den öffentlichen Verkehr alle 14 Regionen Tschechiens nach dem „SchweizMobil"-Muster verbinden. Als erste Fernstrecke wurde mit Unterstützung von Greenways Tschechien – ganz alten historischen Banden folgend – Prag und Wien verbunden.

Trotz vieler Verbesserungsmöglichkeiten auf Streckenabschnitten hat sich das Radroutennetz sehr schnell entwickelt, schneller als vielleicht manche externen Beobachter angenommen hatten. Die Nachfrage nach tschechischen Radrouten durch die Inlandsgäste hat sich sehr positiv entwickelt, aber auch ausländische Touristen kommen zunehmend mit dem Fahrrad; ihr Anteil wurde 2006 mit 4,4% beziffert. Am zügigsten wurde der tschechische Abschnitt des Elbe-Radwegs (teilweise EuroVelo 7) entwickelt, im Jahr 2010 war etwa ein Drittel der 370 Elbe-Kilometer in Tschechien mit einem festen, meist asphaltierten Untergrund versehen.

Niederlande

<u>Daten und Fakten zur Mobilität mit dem Fahrrad</u>

In den Niederlanden gibt es mehr Fahrräder als Einwohner – 18 Mio. Fahrräder für 16 Mio. Einwohner (vgl. Stichting Landelijk Fietsplatform 2009, S. 3). Trotz wachsender Verkehrswege hat das Fahrrad seine Position in der Alltagsmobilität der Holländer halten können. Spitzenwerte mit einem Anteil von um 30% erreichen Städte wie Groningen (37%), Zwolle (36%), Enschede (31%) und Amsterdam (28%). Zum Vergleich: Im westfälischen Münster sind es 36% (vgl. Meschik et al. 2010, S. 41). Bei den zurückgelegten Fahrradkilometern pro Einwohner liegen die Niederlande im europäischen Länderranking hinter Dänemark mit 848 km an zweiter Stelle. Den Niederlanden ist es im Vergleich zu den meisten anderen Staaten in Europa gelungen, ihre bis nach dem Zweiten Weltkrieg entwickelte Radfahrkultur nicht der aufkommenden Motorisierung zu opfern, sondern sie konsequent weiter zu entwickeln. Die Grundlagen dafür wurden schon um die Jahrhundertwende gelegt. Denn damals stellte das Fahrrad in den Niederlanden ein Element der nationalen Identifikation dar. Liberale Bürger propagierten das „Radwandern als Mittel der individuellen Selbstvergewisserung und der nationalen Selbstbestimmung" (Ebert 2010, S. 409). Nach der Jahrhundertwende formten diese liberalen Gruppen das Fahrrad zu einem Mittel der Erziehung zu einem niederländischen Bürger. Damit ist auch der oft kolportierte Zusammenhang zwischen flacher Landschaft und häufiger Radnutzung wesentlich relativiert. Der nationale Rad-Masterplan von 1990 stellte somit nur einen Meilenstein in der Fortschreibung der Erfolgsgeschichte des Fahrrades als Mittel der sanften Alltagsmobilität dar. Insgesamt ist Radurlaub in den Niederlanden eine populäre Reiseform. 52% der Holländer sind in ihrer Freizeit mit dem Fahrrad unterwegs (vgl. Stichting Landelijk Fietsplatform 2009, S. 3).

Stellenwert des Radtourismus

Die Niederlande verfügen über ein sehr starkes radtouristisches Image. Die Fahrräder sind aber auch Bestandteil des Klischees von den Niederlanden, beinahe wie Windmühlen, Tulpen und Grachten, was durch die Wahrnehmung als „plattes" Land verstärkt wird. Motor der Vernetzung Hollands über Radrouten ist die „Stichting Landelijk Fietsplatform". Inzwischen wurden bereits 20 „Landelijke Fietsroutes" (LF-Routen oder Radfernwege) eingerichtet, die durch das ganze Land führen und bestmöglich mit den entsprechenden Routen der Nachbarländer verknüpft sind (vgl. Stichting Landelijk Fietsplatform 2009, S. 1). Zu einer Tradition geworden ist inzwischen schon der „Niederländische Fahrradtag" im Mai: Die Radler starten an 365 Orten, um auf den 30–35 km langen Routen quer durchs Land zu „fietsen". Zu besonderen touristischen Angeboten zählen die Radangebote des Nationalparks „De Hoge Veluwe" mit seinen etwa 1.000 weißen Miet-Fahrrädern für die Natur-Tour. Einen Umstieg vom Auto auf das Fahrrad bietet an rund 30 Stellen die Region Achterhoek mit ihren „Toeristische Overstappunten" (Touristische Umsteigestellen). An diesen können die Urlauber ihr Auto abstellen und zu Streifzügen durch die Natur losstrampeln. Im internationalen touristischen Marktauftritt Hollands ist der Radtourismus jedoch kein auf den ersten Blick ins Auge springendes Thema. Vielmehr dürfte in den Niederlanden Radtourismus den Charakter einer genuinen touristischen Angebots- und Querschnittsmaterie einnehmen.

Dänemark

Daten und Fakten zur Mobilität mit dem Fahrrad

Dänemark ist mit 936 km der Spitzenreiter unter den europäischen Ländern im Blick auf die zurückgelegten Fahrradkilometer pro Einwohner und Jahr (vgl. Meschik et al. 2010, S. 40). Kopenhagen ist mit einem Anteil von 32 % in der Fahrradnutzung auf allen Wegen die „Radler-Hauptstadt" Europas (vgl. Meschik et al. 2010, S. 41).

Stellenwert des Radtourismus

„Denmark is the most interesting country for holiday cycling in Europe" heißt es selbstbewusst auf einer der Webseiten der nationalen Radlerorganisation „Idéværkstedet De Frie Fugle" (Foreningen Frie Fugle 2011). Seit 1993 durchzieht Dänemark ein vorbildlich angelegtes Netz von inzwischen zwölf verbundenen nationalen Radrouten mit einer Gesamtlänge von 4.000 km („nationale cykelrute"). Darüber hinaus gibt es auf Kreisebene noch eine Vielzahl regionaler Radrouten. Zu den längsten nationalen Top-Routen zählen die Ostküstenroute und die Limfjordsroute mit einer Länge von jeweils 600 km, zu den internationalen Verbindungen v. a. der Rad-Fernweg Kopenhagen-Berlin. Im Radtourismus setzt Dänemark wie auch in anderen wichtigen touristischen Angebotsthemen auf eine Qualitätsstrategie. Diese erfährt der Gast über das Qualitätslogo von „Cycling Denmark". Neu ist hier, dass damit nicht nur Radrouten, sondern auch Radregionen ausgezeichnet werden. Zu den Kriterien von Radregionen zählen u. a. (vgl. visit denmark 2011): Möglichkeit der Fahrradmiete (sowohl für Kinder wie für Erwachsene), Routenbeschreibung für jede Radroute, mindestens 50 km Radrouten mit vorhandener Radkarte, Routenbeschreibung und Karte auf Dänisch, Deutsch und Englisch; die Mitarbeiter der Touristeninformation haben die Radwege der Region selbst „erfahren" etc. Um das Qualitätslogo zu erhalten, müssen sich touristische Unterkünfte und Radroutenanbieter einer Zertifizierung unterziehen und Mindestkriterien erfüllen.

Fazit

Nach diesem kurzen und fragmentarischen Überblick darf konstatiert werden, dass Radländer mit einer hoch entwickelten Alltags-Radelkultur – wie die Niederlande oder Dänemark – auch über eine hochwertige radtouristische Infrastruktur verfügen. Dies ist auch die Konsequenz eines hohen Standards in der Alltagsradinfrastruktur. Insofern dürfte hier kein Bruch zwischen der Fahrradmobilität im Alltag und im Tourismus bestehen. Radtourismus ist in diesen Ländern eine nationale Angelegenheit, wenngleich sich das auch nicht immer in den nationalen touristischen Werbemedien ablesen lässt. Nicht weniger wichtig ist jedoch, dass beide Länder schon lange als starke Radurlaubsländer wahrgenommen werden.

Zu sehen ist aber, dass sich Radtourismus auch unabhängig von der Infrastruktur für die Alltagsradnutzung entwickeln kann. Das zeigen die Beispiele Tschechien und Italien. Hier scheint der Mangel an Radwegen in den Städten, oft bedingt durch die gleichzeitige Forcierung der Infrastruktur für den motorisierten Verkehr, ein wesentlicher Grund für die stärker aufkommende Nutzung des Fahrrades in Freizeit und Urlaub zu sein. Diese negative Befindlichkeit manifestiert sich dann als radtouristische Triebfeder in der vorübergehenden Abkehr vom städtischen Alltag mit seiner Hektik und seinen Autoschlangen. Relativ schnell konnte sich Radtourismus in Tschechien als touristisches Schwerpunktsegment aufschwingen. Im Vergleich dazu setzte die radtouristische Entwicklungsarbeit in Italien erst relativ spät ein. Aber Italien verfügt über Regionen, die eine Anziehungskraft auf Radgäste ausüben, obwohl es dafür kaum eine entsprechende Infrastruktur gibt. Das gilt für Regionen wie die Toskana oder Umbrien.

Auf einem sehr hohen Niveau entwickelt zeigt sich der Radtourismus in der Schweiz, auf einem hohen auch in Deutschland und Österreich. Das gilt v. a. für die radtouristische Infrastruktur. Beeindruckend in Deutschland ist die Entwicklung im Bereich der „radfreundlichen Betriebe".

5 Marketing für Rad-Destinationen

Im Marketing geht es sowohl um strategische, als auch operative Maßnahmen. In der Strategie wird die längerfristige Positionierung einer Rad-Destination im Wettbewerbsumfeld festgelegt. Es wird entschieden, welche Kundengruppen mit welchem Produktportfolio auf welchen Märkten angesprochen werden sollen. Im operativen Geschäft werden mit Hilfe der Marketinginstrumente die strategischen Vorgaben umgesetzt. Der klassische Marketingmix setzt sich aus den Instrumenten Produktpolitik (schwerpunktmäßig Produktgestaltung, Markenbildung, Qualität), Preispolitik, Vertrieb und Kommunikation zusammen. Aus Dienstleistungsaspekten kommen noch die Instrumente Prozessgestaltung, Personalpolitik und Ausstattungspolitik (Gestaltung des Dienstleistungsumfeldes) hinzu; diese soll jedoch im Folgenden keine Rolle spielen und detaillierten Analysen vorbehalten bleiben. Die nächsten Kapitel behandeln die für den Radtourismus speziell wichtigen Themen und dies sind die strategische Positionierung, die Produktgestaltung, das Qualitätsmanagement sowie Kommunikation und Vertrieb touristischer Produkte.

5.1 Strategische Positionierung

(Axel Dreyer)

Zahlreiche Urlaubsgebiete kämpfen um die Gunst der Radtouristen und um Marktanteile. Grundvoraussetzung für den Entwurf einer eigenen, Erfolg versprechenden Marketingstrategie ist eine genaue Kenntnis der eigenen Möglichkeiten und der Marktentwicklungen. In Anlehnung an *Porters* Triebkräfte des Wettbewerbs muss zur Einschätzung der eigenen Wettbewerbssituation die zentrale Beobachtung gemacht werden, wie sich die übrigen Rad-Destinationen verhalten.

Darüber hinaus müssen folgende Fragen beantwortet werden:

- Wie ist das Buchungs- und Reiseverhalten allgemein und speziell im Aktiv- bzw. im Radtourismus? (Bedürfniswandel und Nachfrageentwicklung; siehe dazu auch Kap. 2)

- Wer sind meine potenziellen Konkurrenten und mit welcher Wahrscheinlichkeit werden neue Wettbewerber in den Markt eintreten?

- Welche Reisen werden möglicherweise anstatt des Radtourismus nachgefragt? (Substitutionsprodukte und branchenfremde Konkurrenten)

- Welche Möglichkeiten und Grenzen bestehen hinsichtlich der Leistungsträger in der eigenen Destination und hinsichtlich möglicher Partner? (vgl. Porter 1992, S. 26)

Aufbauend auf die aus der Beantwortung der Fragen resultierenden Informationen werden die strategischen Optionen festgelegt, die zu einer eindeutigen Positionierung der Destination führen sollen, wobei man sich verschiedener Grundstrategien bedienen kann, z. B. der Präferenzstrategie (Abhebung, z. B. durch Innovationen) oder der Strategie der Qualitätsführerschaft (vertiefend Freyer 2009, S. 371 ff.).

Strategische Angebotsentwicklung

Um eine Destination für Radler attraktiv gestalten zu können, ist es sinnvoll den Radtourismus in einen größeren Zusammenhang zu stellen und aufzuzeigen, mit welchen Instrumenten erfolgreiches Destinationsmarketing betrieben werden kann. Der Radtourismus benötigt als Zugpferd der Vermarktung einen „Leuchtturm" in Form eines außergewöhnlichen Angebots für Radler der jeweiligen Gruppierung (Tourenradler, Mountainbiker etc.). Dies kann z. B. eine thematisch inszenierte Radroute sein, die mit attraktiven Rastplätzen, kulturellen Sehenswürdigkeiten und kulinarischen Einkehrmöglichkeiten inhaltlich und emotional „aufgeladen" worden ist.

In Abhängigkeit vom Wettbewerb sollte in Destinationen als Hauptziel für Radler nach Sportarten oder Aktivangeboten gesucht werden, die als Ergänzung zum Radangebot dienen und die aktivtouristische Positionierung unterstützen. Um sich vom Wettbewerb abzuheben, ist es wahrscheinlich günstiger, sich jüngere, im Markt noch nicht so etablierte Sportarten zu suchen (so genannte Trendsportarten). Solche neuen und modernen Sportarten bieten die Möglichkeit, sich ein zeitgemäßes Image zuzulegen, das auch den etablierten Angeboten in der Destination entgegenkommt.

Auf der anderen Seite müssen unabhängig vom Sportangebot in der Destination weitere ergänzende Angebote zur Verfügung stehen. Denn obwohl für Radler das Aktivangebot zentral ist, sind weitere Leistungen erforderlich, um ihren Aufenthalt abzurunden. Dazu zählen je nach Zielgruppe z. B. Wellness- und/oder Kulturangebote. Für die strategische Vermarktung ist besonderes Augenmerk darauf zu legen, dass um das Radlerangebot herum interessante Veranstaltungen initiiert werden. Denn mit Events wird nicht nur die Destination punktuell belebt (sie sind also ein Produktbestandteil der Destination), sondern sie lassen sich auch vortrefflich als Aufhänger für die Öffentlichkeitsarbeit verwenden und entfalten auf diese Weise auch einen werbenden Charakter. Ein außergewöhnliches Rad-Event ist z. B. die L'Eroica, eine jährlich im Herbst im Chianti-Gebiet in der Toskana stattfindende Radrundfahrt für historische Rennräder, zu der bis zu 3.000 Teilnehmer kommen (vgl. Wikipedia Foundation Inc. 2011).

Wenn Reiseziele also über entsprechende, für Radler-Zielgruppen relevante Angebotsvoraussetzungen verfügen und diese optimal erfüllt und konsequent kommuniziert werden, ist die Nachfrage gesichert.. Anders hat die Destination im bestehenden Wettbewerbsumfeld keine nachhaltigen Erfolgsaussichten. Nur eine einmalige Landschaft reicht nicht aus, um Radler langfristig zu begeistern, auch wenn die Natur für viele Radler ein wichtiges Element im Radtourismus darstellt. Es ist außerdem angesichts der Wettbewerbssituation unzureichend, nur Radwege zu bauen und verkehrstechnisch auszuschildern. Nachhaltigen Erfolg kann ein Reiseziel, eine Destination, nur dann haben, wenn es sich vom Wettbewerbsumfeld strategisch abgrenzen kann.

Der Marktzugang erfolgt über die Sportarten

Generell lässt sich mit Hilfe von Sportarten die Zielgruppenansprache besonders gut und mit geringen Streuverlusten bewerkstelligen. Beim Radsport können sowohl die Kommunikation als auch z. T. der Vertrieb u. a. über den ADFC, Fachmessen und Fachzeitschriften organisiert werden, da es z. B. eine Reihe spezifischer Radlermagazine gibt, deren Leser alle zu den Zielgruppen für Rad-Destinationen zählen.

Abb. 53:   *Strategische Positionierung und Vermarktung von Destinationen mit dem Radsport*

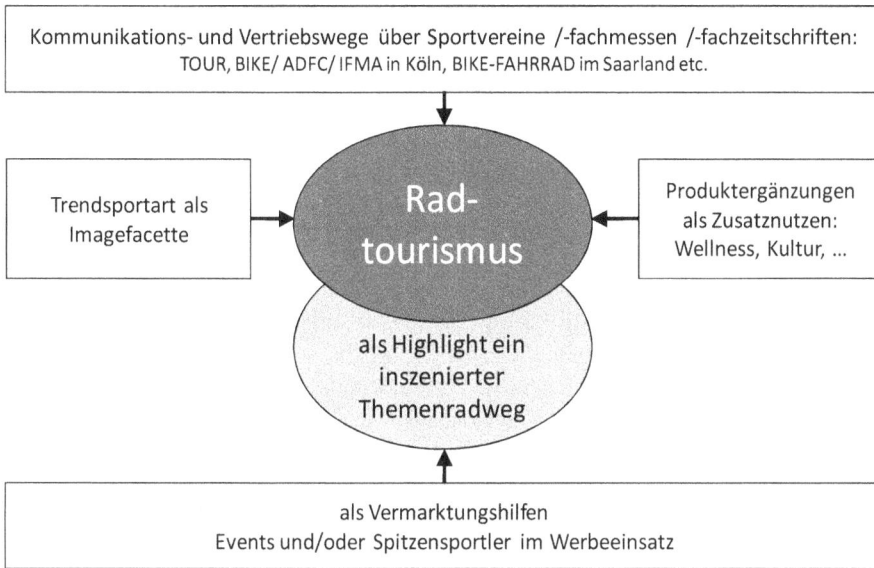

Quelle: Eigene Darstellung.

5.2   Produktgestaltung im Radtourismus

(Axel Dreyer)

Das Gelingen einer Reise ist vom Zusammenwirken vieler Akteure und Unternehmen abhängig. Produktgestaltung kann nun auf der Ebene jedes einzelnen Leistungsträgers betrachtet werden (Hotelübernachtung als „Produkt", der ICE als „Produkt" der Deutschen Bahn etc.) oder eine gesamte Reise in den Mittelpunkt stellen (eine Pauschalreise von Neckermann als „Produkt"); es kommt auf die Betrachtungsebene an, denn die Möglichkeiten der Produktgestaltung sind dementsprechend unterschiedlich. Die Handlungsprinzipien ändern sich jedoch nicht. Wenn man einmal vom (physischen) Umfeld absieht (Hotelbett, Zugabteil etc.) ist das eigentliche „Produkt" immateriell (Übernachtung, Transfer von A nach B etc.), weshalb häufig von Dienstleistungen oder Dienstleistungsprodukten gesprochen wird. Wir verwenden nachfolgend die Begriffe Produkt, Dienstleistung und Dienstleistungsprodukt synonym.

Produktpolitik und die Grundlagen der Produktgestaltung

Produktpolitik umfasst mehrere Bereiche, mit deren Hilfe Produkte und Dienstleistungen marktfähig gemacht werden. Zu diesen zählen:

- die konkrete Produktgestaltung,
- die Markenpolitik, mit deren Hilfe dem Produkt ein unverwechselbares Image gegeben werden soll,
- die Festlegung des Serviceniveaus (ein Stern oder fünf Sterne?).

Produktgestaltung umfasst alle Maßnahmen, die zur Festlegung oder Veränderung von Produkteigenschaften unter absatzwirtschaftlichen Gesichtspunkten getroffen werden. Es geht also nicht nur um die erstmalige Gestaltung, sondern auch um die stetige Weiterentwicklung und Verbesserung einer Leistung. Dabei stehen für ein Unternehmen folgende Fragen im Mittelpunkt:

- Welche Bedürfnisse besitzen meine Kunden?
- Welche Erwartungen haben sie daher bezüglich eines Produktes?
- Welche(n) Nutzen müssen meine Produkte daher stiften?

Der Nutzen einer Reise lässt sich in den Hauptnutzen und den Zusatznutzen einteilen. Dementsprechend bestehen Produkte (a) aus Hauptleistungen (Kernprodukt) zur Befriedigung des Hauptnutzens und (b) Zusatzleistungen. Der Begriff Zusatzleistung wirkt abwertend, ist es aber nicht, denn touristische und tourismusnahe Produkte sind im Hinblick auf das Kernprodukt oft relativ austauschbar (Hotel plus Verpflegung). Oder denken Sie an die Vielzahl kleiner Heimatmuseen, die sich aus Sicht eines Besuchers häufig nicht wirklich voneinander unterscheiden. Selbst bei Bergwerksmuseen/Schaubergwerken, die es vielerorts in Deutschland gibt, ist es für den Gast nicht leicht, das Besondere zu erkennen. Die Differenzierung einzelner Produkte von Konkurrenzangeboten geschieht häufig erst durch besondere Zusatzleistungen (Begrüßungssekt, Stadtrundfahrt im Oldtimerbus, eine unterhaltsame Führung durch einen Bergwerksschacht mit einem kleinen Schnaps etc.).

Ein wesentliches Anliegen der Produktgestaltung besteht darin, durch Innovationen ein Produkt einzigartig zu machen und damit einen Wettbewerbsvorteil zu erzielen. Dieser wird häufig auch als „unique selling proposition" (USP) bezeichnet. Ein USP bedeutet, dass ein Produkt nur bei seinem „Erfinder" zu erhalten ist, womit dieser ein zeitlich begrenztes Angebotsmonopol besitzt, das ihm wiederum gewisse Freiräume in der Preisgestaltung einräumt. Allerdings sind USPs im Tourismus, in dem es nicht auf langwierige Forschungsleistungen wie bei technischen Gütern zur Generierung neuer Produkte ankommt, sondern eher auf den Ideenreichtum und das richtige „Händchen" für die Nachfrage, nur von sehr kurzer Dauer. Wenn ein Produkt erfolgreich ist, finden sich schnell Nachahmer, die mit so genannten „me too"-Produkten den Vorteil zunichtemachen. Radelangebote haben leider nicht so häufig etwas Einzigartiges, weshalb besondere Anstrengungen unternommen werden müssen, für Innovationen zu sorgen.

Zwei wesentliche Aspekte ziehen sich inhaltlich durch alle Überlegungen zur Produktgestaltung im Tourismus, nämlich

- die Orientierung an den speziellen Bedürfnissen verschiedenartiger **Kundengruppen** sowie

- die Orientierung an **Themen**, die wiederum diese speziellen Bedürfnisse verkörpern können.

Im Radtourismus besteht der Hauptnutzen (neben der Übernachtung) eben nun einmal im Radfahren und dem damit verbundenen Landschaftsgenuss, weshalb die Radwege und Radrouten als Produkte im Sinne dieser Ausführungen aufgefasst werden sollten, die – im Rahmen der Möglichkeiten und unter Wahrung der Verantwortung für die Natur – gestaltet werden müssen. Die Produktgestaltung ist heute und in Zukunft immer stärker auf den Erlebnischarakter abzustellen (multisensuale Ansprache – Einbeziehung aller Sinne), wobei gerade die thematische Produktgestaltung als Schlüssel zur Erlebnisorientierung gilt. Das Thema liefert die inhaltlichen Zusammenhänge, die zur multisensualen Gästeansprache genutzt werden können.

Produkte können einerseits als Leistungsangebote einzelner Unternehmen und Institutionen aufgefasst werden; landschafts- und themengestalterische Maßnahmen führen zum Produkt „Radroute" in der Destination. Andererseits besteht das Produkt „Reise" aus dem Zusammenwirken vieler einzelner Unternehmen als Leistungsträger. Zum Beispiel bündeln Reiseveranstalter einzelne Angebote verschiedener Leistungsträger zu einem neuen, komplexen Produkt: der Pauschalreise. Bei den Urlaubsreisen im Allgemeinen sind Pauschalreisen in den letzten Jahren verhältnismäßig beliebt und nehmen rund 40 % des Marktvolumens ein. Warum? Klar definierte Leistungsbündel sind übersichtlich und erleichtern daher die Kaufentscheidung. Ein verringertes Kaufrisiko kommt hinzu: Die Tatsache, nur einen Vertragspartner zu haben, schafft Rechtssicherheit und die Kosten sind für den Gast einfacher überschaubar. Dies gilt ganz besonders für die sich allgemein (bisher weniger im Radtourismus) steigender Beliebtheit erfreuenden all-inclusive-Reisen, bei denen im festen Reisepreis zahlreiche Leistungen einschließlich der Verpflegung enthalten sind, so dass für den Konsumenten die Nebenkosten des Urlaubs besser kalkulierbar werden (vgl. Dreyer/Menzel/Endreß 2010, S. 237 f.).

Produktgestaltung aus Destinationssicht

Ein Radurlaub ist mehr als nur eine reine Aneinanderreihung von relevanten Bausteinen. Das Angebot muss für den Radler vielmehr ein gesamtes „Radelerlebnis" bieten und dem Radler sollten im Rahmen der Produktpolitik neben den **klassischen Kernleistungen** (z. B. Übernachtungsleistung, Radweg, radtouristische Infrastruktur) auch **Zusatzleistungen** (z. B. Wellness, Gepäcktransfer) geboten werden, mit deren Hilfe sich eine Region vielleicht von anderen abgrenzen und Wettbewerbsvorteile sichern kann.

Das Zusammenspiel vielfältiger Produktkomponenten ist für einen zufriedenstellenden Radurlaub maßgebend und somit auch für den wirtschaftlichen Erfolg einer Destination von Bedeutung. Es ergibt sich aus Komponenten des **ursprünglichen Angebots** (z. B. schöne und abwechslungsreiche Natur wie Flussläufe, Seen, Umgebungslandschaften) und des **abgeleiteten Angebots** (z. B. Kultur und Infrastruktur) einer Destination sowie den Handlungen der Radler (z. B. Kontaktsuche während der Rast, Erholung etc.). Die Komponenten des Radurlaubs stehen in vielfältigen Beziehungen zueinander. Sie werden vom Gast in individueller Kombination genutzt und formen schließlich das Gesamterlebnis der Reise.

Produktgestaltung für Touren-Radtourismus

Im Rahmen der Überlegungen zur Gestaltung von Radrouten als touristische Produkte sollte zuerst das Denken in Etappenstrukturen verfeinert werden. Jeder gedruckte Radreiseführer teilt bei seiner Beschreibung einen Radweg in einzelne Abschnitte von Ort zu Ort ein. Es kann allerdings nicht sein, dass diese Einteilungen alleine wenigen Autoren in den Verlagen überlassen werden. Von den touristisch Verantwortlichen für die Radwege sollten die Etappenstrukturen aktiv gestaltet werden. Als Basiswert für die Länge einer Etappe ist dabei von 40–50 km auszugehen. Natürlich ist dies nur ein Näherungswert für einen durchschnittlichen Tourenradler. Aber er dient der Orientierung und muss den örtlichen Gegebenheiten und an unterschiedliche Bedürfnisse verschiedener Radlergruppen ein Stück weit angepasst werden.

Bei der Planung von Etappen als touristische Teilprodukte eines Radwegs muss man sich von verschiedenen Gedanken leiten lassen, wobei die Nachfragerstruktur im Vordergrund steht. Ist die Etappe Teil einer größeren Strecke, die üblicherweise von Durchzugsradlern durchfahren wird oder wird der Radweg eher von Tages- bzw. Wochenendtouristen frequentiert? Davon hängt es ab, ob auf die verkehrliche Erreichbarkeit (Autobahnanschluss, Bahnhof, Fahrpläne von Bussen und Bahnen) der Ausgangs- beziehungsweise Zielorte einer Etappe besonderen Wert gelegt werden muss. Will man z. B. einen Fluss begleitenden Radweg insbesondere als Strecke für Wochenend-Touristen vermarkten, dann muss man die Erreichbarkeit des Ausgangsortes der ersten Etappe sowie die Erreichbarkeit des Zielortes der zweiten Etappe mit der Bahn gewährleisten. Oder es muss die Rückführung vom Zielort der zweiten Etappe zum ursprünglichen Ausgangsort gut organisiert sein (Radler-Taxi, Bus etc.) (vgl. Dreyer/Linne 2008, S. 15 f.).

Ein weiterer ganz wesentlicher Aspekt ist das Angebot von Übernachtungsmöglichkeiten an den jeweils geplanten und zu vermarktenden Etappenzielen. Als Etappenorte kommen nur Ziele in Frage, die eine ansprechende touristische Infrastruktur zu bieten haben.

Abb. 54:   Ideale Anforderungen an Etappen und ihre Start- bzw. Zielorte im Überblick

Ideale Anforderungen an Etappen und ihre Start- bzw. Zielorte im Überblick
— Länge 40–50 km
— Gute Erreichbarkeit der Start- bzw. Zielorte mit der Bahn und auf der Straße
— Existenz radlerfreundlicher Beherbergungsbetriebe
— Existenz radlerfreundlicher Gastronomiebetriebe
— Existenz eines Fahrradreparaturbetriebs
— Möglichkeit des Radtransports per Taxi, evtl. auch Schiff
— Angenehme Ortsatmosphäre

Quelle: Dreyer/Linne 2008, S. 62.

Radrouten als Marke

Die großen, überregionalen Radwege kennzeichnet ein Name in Verbindung mit einem Logo; diese Wort-Bild-Marke ist zumeist auch rechtlich geschützt. Viele glauben deshalb, diese Radwege seien eine Marke. Dies ist ein Irrtum. Echte Marken mit Konsumwirkung entstehen erst wirklich in den Köpfen der Verbraucher durch ein klares und eindeutiges Markenversprechen des Anbieters. Nun steht man in allen Destinationen vor der Herausforderung, dass nicht ein Anbieter, sondern alle Leistungsträger und die in einer Destination lebenden Menschen gemeinsam für den Eindruck der Gäste verantwortlich sind. Daher ist es schwierig, ein solches klares Markenversprechen zu erzeugen. Eine noch größere Herausforderung ist es, dieses Versprechen auch einzulösen, denn das kann nur durch entsprechende, überall gleichbleibend hohe Qualität geschehen. Sollte es Abschnitte, am Wegesrand liegende Betriebe oder Orte geben, die das Qualitätsversprechen nicht erfüllen können, so ist das Markenversprechen insgesamt bereits gefährdet (vgl. Dreyer/Menzel/Endreß 2010, S. 240 f.; Dreyer/Linne 2008, S. 62 f.).

Die folgende Abbildung zeigt die wichtigsten Markenfunktionen, die immer darin münden müssen, einen Mehrwert und einen besonderen Nutzen für den Gast zu erzeugen. Die Positionierung eines Marken-Radweges gegenüber allen anderen Radwegen kann nur gelingen, wenn eine Profilierung insbesondere über die Produktgestaltung möglich ist.

Abb. 55:   Mehrwert durch Markenbildung

| KUNDE | Identifizierung Image | Mehrwert Kunden-Nutzen | Gewinn Preis-Un-abhängigkeit | ANBIETER |
| Marken-erwartungen | Vertrauen Sympathie | | Positionierung Profilierung | Marken-versprechen |

Quelle: Dreyer/Linne 2008, S. 62.

Produktgestaltung durch Inszenierung

Inszenieren bedeutet das Hervorheben, Betonen, Verstärken des natürlichen Potenzials der Landschaft ohne dieselbe zu belasten. Unscheinbare Dinge gewinnen durch geschickte Inszenierung an Bedeutung bzw. erlangen ihre eigentliche Bedeutung zurück. Maßnahmen zur Inszenierung folgen natürlich keinem Selbstzweck, sondern sie sollen dazu beitragen, dass Streckenradler mehr Geld in einer Region ausgeben, indem mittels attraktiver Angebote Besichtigungs- und Konsumwünsche geweckt werden und sich ihre Aufenthaltsdauer ggf. verlängert.

Durch folgende Maßnahmen bzw. Gestaltungsprinzipien wird die Inszenierung von Radwegen unterstützt (in Anlehnung an Alpinresearch 2009):

- Natürliche Atmosphäre der Wegabschnitte erlebbar machen,

- an zentralen Etappenorten klare Eingangssituationen schaffen, die dem Radler den Startpunkt einer Strecke signalisieren,

- Übersichtskarten und Informationen über den bevorstehenden Wegabschnitt bzw. die Route bereitstellen und damit Orientierungssicherheit bieten,

- Aufbau eines Spannungsbogens durch Anwendung der Inszenierungsinstrumente (z. B. Storytelling) und

- Einbindung des Radwegs bzw. der Radroute in das weiter greifende (Vermarktungs-) Konzept der Region, wobei das Thema der Radroute bzw. der Inszenierung das bestehende Image der Rad-Destination unterstützen muss.

Obwohl der Gedanke, Attraktionen zu inszenieren, nicht so neu ist und in Freizeitparks sowie neuerdings auch in modernen Museen (z. B. Auswandererhaus in Bremerhaven) praktiziert wird, sind **konsequent** auf Rad-Destinationen sowie einzelne Radrouten **angewendete Inszenierungskonzeptionen** (noch) nicht vorhanden, wenn man einmal von der Ausweisung eines Routenthemas absieht (vgl. Dreyer/Menzel/Endreß 2010, S. 246 f.).

Reisebausteine und Rad-Pauschalen

Produktgestaltung ist gleichbedeutend mit Bedürfnisbefriedigung für den Gast, an dessen Nutzen das Produkt ausgerichtet werden muss. Und Produktgestaltung ist „Problemlösung". Wenn man so will, soll mit der Gestaltung erreicht werden, dass für jedes Bedürfnis (oder für jedes „Problem") ein Produktbestandteil vorhanden ist. An dieser Stelle soll der Aspekt Rad-Pauschalreise vertieft werden. Um der Individualität der Kunden gerecht zu werden, werden immer seltener Pauschalreisen mit festen, unveränderlichen Reisebestandteilen angeboten, sondern immer häufiger einzelne Reise-Bausteine, die nach den eigenen Wünschen (oder „Problemen") zu einer Pauschalreise zusammengefügt werden können.

Ein gutes Beispiel ist das Angebot „Radeln ohne Gepäck", das an dem Bedürfnis bestimmter Radfahrer ausgerichtet ist, die zwar gerne von Ort zu Ort radeln, aber nicht mit kargem Gepäck auskommen wollen, das sie obendrein noch in der Satteltasche mitführen müssen. Für Kunden mit diesem Wunsch wurde eben der Reise-Baustein „Gepäcktransport" erfunden. Je mehr Transportangebote es nun angebotsseitig in der Destination gibt, desto flexibler kann der Radler planen.

Da Zufriedenheit mit dem Angebot sich nur einstellen kann, wenn der Gast die richtige Erwartungshaltung aufbaut, müssen gute Reiseausschreibungen in Bezug auf die Radroute die folgenden Aspekte mindestens realitätsnah und zielgruppengerecht beschreiben:

- klare und eindeutige Aussagen zur Radroute hinsichtlich

  - Länge der Tagesetappen,
  - Wegbeschaffenheit,
  - Anforderungen an die Kondition, Steigungsprofil, kumulierte Höhenmeter und
  - Schwierigkeitsgrad, Anforderungen an die Sicherheit,

- thematische Ausrichtung, Besichtigungs-Highlights

- realistische Beschreibung der Unterkünfte und Verpflegung,

- Ausschreibung alternativer Bausteine (z. B. 3- oder 4-Sterne-Hotel, Anreise per Bahn oder dem Auto, Lunchpakte oder Einkehrmöglichkeiten etc.), sofern Alternativen möglich sind.

5.3   Qualitätsmanagement im Radtourismus

5.3.1   Grundlagen des Qualitätsmanagements radtouristischer Angebote

(Axel Dreyer)

Entsprechend der Tatsache, dass die Radreise ein von verschiedenen Leistungsträgern erzeugtes Gesamterlebnis hervorruft, muss die Qualität aller Bestandteile gewährleistet sein, um ein Maximum an Gesamtqualität erzielen zu können, die wiederum Voraussetzung für die Zufriedenheit des Gastes ist. Hinsichtlich der auch bei anderen Reiseformen vorhandenen Bausteine (wie z. B. Beherbergung) wird auf die einschlägige Literatur verwiesen. Wir gehen hier nur auf radtouristisch relevante Produktbestandteile ein.

Produktmanager

Die Produktentwicklung touristisch genutzter Radwege im Hinblick auf die Qualitätssicherung und möglicherweise auch noch auf eine thematische Ausrichtung und Inszenierung, die die gesamte Gestaltung der radtouristischen Basis- und Infrastruktur umfasst, ist nur möglich, wenn sich eine Person als Produktmanager hauptamtlich darum kümmert. Diese Aufgabe erfordert tourismuswirtschaftliche Kenntnisse und ein hohes Maß an Kommunikationsfähigkeit, die zur Integration der beteiligten Betriebe und Kooperationspartner benötigt wird. Es bedarf zahlreicher Gespräche und viel Überzeugungsarbeit, um die unterschiedlichen Interessen zu bündeln und hinter den Zielen der Qualitätssicherung und Produktentwicklung zu vereinen (vgl. Dreyer/Linne 2008, S. 67). Die Mitarbeiter des Projektbüros der Interessengemeinschaft EmsRadweg in Nordrhein-Westfalen übernehmen z. B. seit 2007 diese Aufgaben (vgl. böregio 2011, S. 14 f.; Interessengemeinschaft Emsradweg 2011).

Rad-Ranger

Für den täglichen Service und die Arbeit mit dem Gast ist darüber hinaus der Einsatz von Rad-Rangern (hosts) anzustreben, wie es sie z. B. schon in manchen Regionen Nordrhein-Westfalens gibt. Zu ihrem Aufgabengebiet sollte es gehören, den Gast über Sehenswürdigkeiten, Gastronomie und Beherbergungsmöglichkeiten zu informieren, bei kleineren Pannen zu helfen oder den Weg zum nächsten Reparaturbetrieb zu weisen und den betreuten Radweg sauber zu halten (vgl. WDR 2007).

Abb. 56:   Beispiel für Radwegs-Ranger

Fahrradhelfer patrouillieren am Fluss

Die rollenden Ruhrtal-Ranger

Von Fiete Stegers

Sie helfen Radfahrern beim Platten mit dem Flickzeug in der Satteltasche und kennen den Weg zur nächsten Gaststätte: Vier Ranger sehen auf dem Schwerter Abschnitt des Ruhrtal-Radwegs nach dem Rechten. Die Fahrradpatrouille ist eine Qualifizierungsmaßnahme für Arbeitslose.

12 Kilometer lang ist ihr Revier

Gemütlich rollen Mike Weinand, Serkan Ilter und Carsten Kosch auf ihren Rädern mit den dicken Satteltaschen den Schotterweg entlang, rechts von ihnen die Ruhr, links sattiges Grün und gelbe Rapsfelder. Zwölf Kilometer misst der Abschnitt des Ruhrtal-Radwanderwegs in Schwerte. Die drei jungen Männer in ihren dunkelblauen T-Shirts fahren ihn heute schon zum dritten Mal entlang. Bei weit über zwanzig Grad perlt der Schweiß unter den Fahrradhelmen hervor auf die Stirn. Trotzdem hat Carsten Kosch an der Spitze der Truppe für jeden entgegenkommenden Radfahrer, für die Spaziergängerinnen mit Hund und für das Rentnerpaar auf der Bank ein freundliches "Guten Tag!" übrig. Das gehört zum Job.

Quelle: WDR 2007.

Wege-Paten („adopt a bike path")

Wo der Einsatz von Rad-Rangern nicht möglich ist, bietet sich auch die Vergabe von Paten-schaften für Abschnitte eines Radweges an[5]. Patenschaften können Firmen, Vereine, Familien oder Einzelpersonen übernehmen. Aufgabe ist v. a. die Erhaltung der Sauberkeit des Radwegs und seiner Rastplätze. Um zur Übernahme einer Patenschaft zu bewegen, muss an das Zusammengehörigkeitsgefühl appelliert werden. Es ist klar, dass es in Zeiten sinkenden ehrenamtlichen Engagements nicht leicht ist, Menschen zu einer solchen Patenschaft zu bewegen, aber das darf von dem Versuch nicht abhalten (vgl. Dreyer/Linne 2008, S. 67).

---

[5]   In Amerika werden ganze Landstraßen von Ehrenamtlichen sauber gehalten. Schilder am Straßenrand weisen aus, wer für einen Straßenabschnitt zuständig ist (Adopt a highway – litter control: Mitarbeiter).

5.3.2   Qualitätssicherung von Radwegen

(Wolfgang Richter)

Die Qualität einer Radroute wird durch Anforderungen der Nutzer definiert. Nach *Garvin* kann bei Radrouten von einem kundenbezogenen Qualitätsverständnis ausgegangen werden (vgl. Garvin 1984). „Diese Sichtweise definiert Qualität als die perfekte Realisierung aller Kundenanforderungen an ein Produkt. Das Fehlen von Merkmalen (fehlende Umsetzung einer Kundenanforderung) wirkt sich damit negativ auf die Qualität des Produktes aus. Die Identifikation von Anforderungen und deren Realisierung in Produkte erfolgt durch das Forschungsgebiet des Marketings. Da die Anforderungen zwischen Personen unterschiedlich ausfallen können, kann kein Produkt mit absoluter Qualität für alle radtouristischen Zielgruppen geschaffen werden." (Garvin 1984)

Die Gruppe der Radtouristen ist sehr inhomogen. Sie reicht von Familien mit Kindern über Reiseradler der Altersgruppe 50+ bis hin zu Mountainbikern. Entsprechend unterschiedlich fallen die Anforderungen an radtouristische Angebote, in diesem Falle Radfernwege, aus.

Abb. 57:   Bedeutung verschiedener Anforderungen an einen Radfernweg

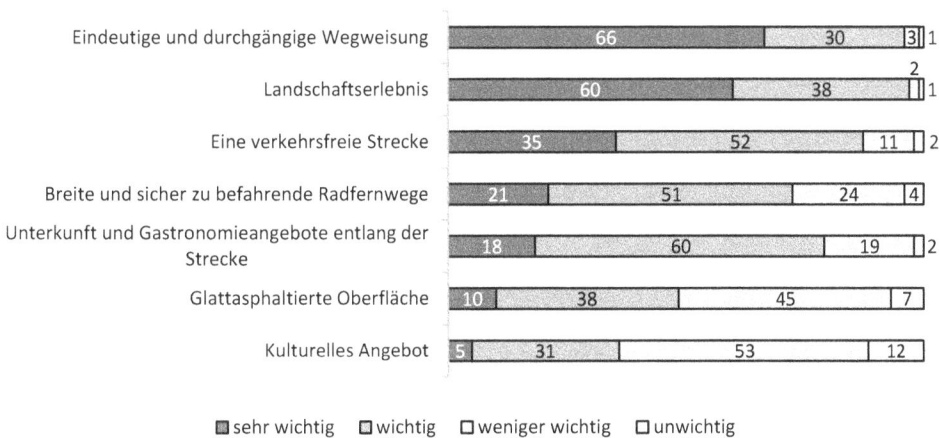

Quelle: ADFC-Radreiseanalyse 2007.

Auch die Untersuchung zum Radtourismus in Rheinland-Pfalz zeigt, dass die landschaftliche Attraktivität, eine durchgängige Wegweisung der Route und das Angebot an Gastronomie und Übernachtungsangeboten entlang der Strecke als besonders wichtig erachtet werden.

ADFC-Qualitätsradroute

Seit seiner Gründung im Jahre 1979 setzt sich der Allgemeine Deutsche Fahrrad-Club für sichere und nutzbare Radwege ein. Der ADFC-Fachausschuss Tourismus definierte bereits 1999 Mindestanforderungen für Radfernwege.

ADFC-Definition für Radfernwege

Radfernwege sind überregionale, beschilderte Radrouten, die vornehmlich dem touristischen Fahrradverkehr dienen und bestimmte Mindeststandards aufweisen.

Abb. 58:   *Eigenschaften von Radfernwegen*

Eigenschaften von Radfernwegen
– Eindeutiger Name
– Konzeption als Strecke, Rundkurs oder Netz
– Mindestlänge von 150 km oder Empfehlung von mindestens zwei Übernachtungen
– Durchgängige Befahrbarkeit (Fahrrad mit 20 km/h, 20 kg Gepäck und 28 mm Reifenbreite, aber auch mit Tandem oder Anhänger)
– Empfohlene Mindestbreite von 2 m
– Allwettertauglichkeit (sowohl nach langer Trockenheit als auch nach längerem Regen noch befahrbar)
– Einheitliche und durchgängige Wegweisung in beide Fahrtrichtungen (nach den Empfehlungen des ADFC/der Forschungsgesellschaft für Straßen- und Verkehrswesen)
– Naturnahe Routenführung
– Sichere Befahrbarkeit (möglichst geringe Belastung durch Autoverkehr)
– Touristische Infrastruktur entlang der Route (Vorhandensein von Beherbergungsbetrieben, Schutzhütten, Gastronomie, Abstellanlagen, Bereitstellung touristischer Informationen etc.)
– Anbindung an öffentlichen Verkehr mit Fahrradbeförderung (Anreisemöglichkeiten, Fahrradmitnahmemöglichkeiten in Bus und Bahn entlang der Route)
– Realistisches und zielgruppenspezifisches Marketing (Zentrale Informationsstelle, Bereitstellung von Grundinformationen, Karten- und Radwanderführer, Pauschalen)
– Regelmäßige Wartung/Kontrolle der fahrradtouristischen Infrastruktur

Quelle: ADFC/Fachausschuss Tourismus 2004.

Abgeleitet aus der ADFC-Definition für Radfernwege, Ergebnissen der *ADFC-Radreiseanalyse* und Auswertungen von Beschwerden von Nutzern deutscher Radfernwege entwickelte seit 2004 eine Arbeitsgruppe des ADFC-Fachausschuss die Kriterien zur Erfassung der Qualität von Radfernwegen in Deutschland. Zehn Kriterien dienen der Bewertung eines Radfernweges. Dies sind u.a. ein eindeutiger Name, ein „Nationaler Rang", die Befahrbarkeit und Sicherheit, die Oberfläche, Qualität der Wegweisung, Routenführung, Verkehrsbelastung mit Kfz-Verkehr, touristische Infrastruktur, Anbindung der Route an öffentliche Verkehrsmittel, Marketing für das Produkt Radfernweg. Je nach Qualität der Kriterien werden zwischen 1 und 100 Punkten vergeben bzw. Punkte von einer Grundpunktzahl abgezogen. Je nach erreichter Punktzahl können ein bis fünf Sterne, analog der Hotelklassifizierung erreicht werden. Die Verwendung des Labels „ADFC-Qualitätsradroute" ist auf drei Jahre beschränkt. Nach diesem Zeitraum erfolgt eine erneute Überprüfung der Qualitätskriterien, soweit der Routenbetreiber die Verwendung des Labels fortführen möchte.

Bisher wurden 20 Radfernwege nach den Kriterien als ADFC-Qualitätsradrouten mit drei, vier und fünf Sternen ausgezeichnet. Dies sind (vgl. ADFC 2011e):

mit 5 Sternen

*****	Main-Radweg in Bayern und Hessen
*****	Liebliches Taubertal – Der Klassiker in Baden-Württemberg

mit 4 Sternen

****	Deutsche Fußball-Route NRW in Nordrhein-Westfalen
****	EmsRadweg in Nordrhein-Westfalen und Niedersachsen
****	Fulda-Radweg/HR1 in Hessen
****	Fürst-Pückler-Weg in Brandenburg
****	Lahntalradweg in Nordrhein-Westfalen, Hessen und Rheinland-Pfalz
****	Oderbruchbahn-Radweg in Brandenburg
****	Oder-Spree-Tour in Brandenburg
****	RuhrtalRadweg in Nordrhein-Westfalen
****	Saar-Radweg im Saarland und Rheinland-Pfalz
****	Südschwarzwald-Radweg in Baden-Württemberg
****	Vom Main zur Rhön in Bayern

mit 3 Sternen

***	Alte Salzstraße in Schleswig-Holstein und Niedersachsen
***	Radweg Berlin – Kopenhagen in Berlin, Brandenburg, Mecklenburg-Vorpommern
***	Bischofstour in Brandenburg
***	DahmeRadweg in Brandenburg
***	Kohle- Wind- & Wasser-Tour in Brandenburg
***	Oder-Neiße-Radweg in Sachsen, Brandenburg und Mecklenburg-Vorpommern
***	Spree-Radweg in Sachsen, Brandenburg und Berlin

Qualitätssicherung radtouristischer Produkte bedeutet, den geschaffenen Zustand zu erhalten bzw. zu verbessern. Kernpunkte einer Qualitätssicherung radtouristischer Angebote sind

- der Zustand der Route (Oberfläche, verkehrssicherer Zustand, funktionierendes Wegweisungssystem),

- der begleitenden Infrastruktur (Zustand der Rastplätze, Abstellanlagen entlang der Route, vorhandene Gastronomie und Beherbergung) und

- Aktualität der Informationsmedien (Karten, Internetauftritt, Infotafeln, GPS-Daten).

Alle genannten Bereiche erfordern in der Regel personelle und finanzielle Aufwendungen in unterschiedlicher Höhe. Der Unterhaltungsaufwand der Wegeoberfläche hängt u. a. von der Topographie, des Randbewuchses und zweckbestimmter Nutzung des Weges ab. So können Radwege in wassergebundener Ausführung bei Nutzung durch Reiter innerhalb kürzester Zeit für Radfahrer unbefahrbar werden.

*Abb. 59:   Radwanderweg mit gut geeigneter Oberfläche in Flandern (links) und mit einer schlechten,
            wassergebundenen Oberfläche*

Foto: ADFC-Fachausschuss Tourismus o. J.

Problematisch sind wassergebundene Decken in Steigungsstrecken oder Überflutungsbereichen von Flüssen, wo Starkregen oder Überschwemmungen die Deckschicht abschwemmen bzw. tiefere Rinnen entstehen können. In den genannten Beispielen hilft nur das Verbot der Benutzung durch Reiter oder anderer Verkehrsteilnehmer auf diesen Wegen bzw. die Befestigung der Oberfläche mit Pflaster oder Asphalt.

Bei Asphaltoberflächen tritt oft die Erscheinung auf, dass Baumwurzeln die Oberflächen anheben und die Befahrbarkeit (Komfort) erheblich einschränken oder auch zur Sturzgefahr von Radfahrern führen kann. Bei Bäumen mit flachen Wurzeln (z.B. Pappeln) hilft oft nur ein verstärkter Unterbau, die Verwendung wasserdurchlässigen Pflasters (Ökopflaster) oder die Bauausführung in wassergebundener Decke.

Fehlende oder mutwillig verdrehte Wegweiser können für Nutzer einer Route sehr ärgerlich sein. Wenn infolge eines Missstands an entscheidender Stelle mehrere Kilometer in die falsche Richtung gefahren wird, kann dies das Image der gesamten Route beeinträchtigen.

Aus diesem Grund sollte jede vermarktete Radroute/Radfernweg mindestens einmal im Jahr, vor Beginn der Saison überprüft werden. Dabei festgestellte Mängel sollten kurzfristig beseitigt werden. Optimal ist eine zweite Befahrung in der zweiten Hälfte der Saison (z.B. August), um Radtouristen im Herbst unangenehme Überraschungen zu ersparen. So setzt die Provinz Limburg in Belgien auf ihrem umfangreichen Routennetz ein spezielles Servicefahrzeug ein, das auch Mängel sofort beseitigen kann.

Nur eine regelmäßige Unterhaltung kann die langfristige Qualitätssicherung sicherstellen. Wurden beim Bau eines Radweges Fördermittel des Landes, von Bund oder Europäischer Union zur Finanzierung verwendet, muss der bestimmungsgemäße Zweck in der Regel für 10 oder 15 Jahre gewährleistet werden. Andernfalls können Fördermittel zurückgefordert werden. In der Vergangenheit wurde diesem Sachverhalt oft wenig Beachtung geschenkt. Die Androhung von Rückforderungen hat in einigen Fällen zur nachträglichen Qualitätsverbesserung von „älteren" Radwegen geführt.

Abb. 60:   Kontrollfahrzeug des Fietsroutenetzwerk Limburg (Belgien)

Foto: ADFC-Fachausschuss Tourismus o. J.

5.4   Vermarktung radtouristischer Leistungen

(Ernst Miglbauer)

Das beste radtouristische Angebot ist nichts wert, wenn der Kunde nichts davon erfährt. In diesem Sinne kommt der Kommunikation mit Gästen gerade in Zeiten der Reizüberflutung mit Fernsehsendungen, Printmedien und Werbebotschaften eine besondere Bedeutung zu. Die rasant steigende Bedeutung des Internets als Informations- und Buchungsmedium macht Kommunikation mit den (potenziellen) Gästen zu einem dominierenden Thema. Dies gilt v. a. vor dem Hintergrund des Wettbewerbs der Tourismusdestinationen im Kampf um Gäste, der auch vor dem Radtourismus nicht halt macht. Es wird deutlich, dass immer mehr Radrouten um Touristen werben.

Nachfolgend werden aus Sicht des Praktikers die wichtigsten Aspekte der Vermarktung, getrennt nach Kommunikations- und Vertriebsmaßnahmen vorgestellt. Doch zunächst ein kleiner Blick in die jüngere Geschichte: Der in den 1980er Jahren aufkommende Radtourismus hatte Gastgeber und Gäste-Informationsstellen vor neue Herausforderungen gestellt. Denn die Frage, wo man denn als Radler am nächsten Tag übernachten könne, überschritt gleich einmal gehörig so manchen schmalen Horizont lokaler Touristiker, die sich zudem fast ausschließlich ihren lokalen Nächtigungsbetrieben verpflichtet sahen. Die Gastgeber waren nun gefordert, regionsübergreifend touristische Informationen anzubieten, anfangs noch oft etwas widerwillig. Insofern ist im Radtourismus auch ein Schrittmacher für die regionsübergreifende Kooperation im Tourismus zu sehen. Doch es gab auch noch eine zweite Herausforderung, die mit dem Aufkommen des Internets zusammenhing. Denn viele Gastgeber glaubten, dass sie nun mit den vielen Informationsangeboten im globalen Netz von ihrer Informationsverantwortung entlastet wären. Doch es stellte sich eine Portion Ernüchterung ein, als sie feststellen mussten, dass die Radgäste „immer noch so viel wissen wollen" (vgl. Oberösterreich Tourismus/Werbegemeinschaft Donau OÖ/TV Ostbayern/Miglbauer/Invent GmbH 2008, S. 17). Inzwischen hat sich längst der radtouristische Markt gewandelt. Nicht einmal die Bekanntheit einer Radroute ist inzwischen ein hinreichender Radreisegrund mehr. Qualität, Serviceleistungen und ihre Kommunikation über die richtigen Kanäle zur richtigen Zeit sind ein ganz wesentliches Kriterium bei der Wahl des Radurlaubs.

5.4.1   Kommunikationsmaßnahmen

Bevor die verschiedenen Kommunikationsmedien behandelt werden, wird noch der Frage nach dem **Informationsverhalten von Radtouristen** nachgegangen. Dazu gibt die Grundlagenuntersuchung „Fahrradtourismus in Deutschland" (vgl. BMWi 2009, S. 52 f.) Auskunft. Mehr als zwei Drittel der deutschen Radtouristen begeben sich vor der Reise auf Informationssuche; dies bedeutet aber auch, dass etwa 30 % im Vorfeld der Reise keine bis kaum Informationen benötigen, vielleicht weil sie mit der Urlaubsregion bzw. der Radroute vertraut sind oder weil sie Stammgäste sind. Bei den **Informationsquellen** für die Radurlauber dominiert eindeutig mit 64 % das **Internet**, bei Radurlaubern noch stärker als beim Rest der Deutschlandurlauber. Dabei wird vorwiegend über Suchmaschinen auf die Inhalte zugegriffen oder direkt über die Websites der Tourismusregionen, weniger bei denen der Gemeinden und Betriebe. Dies ist ein starkes Indiz für die Bedeutung der Tourismusregion als Orientierungsrahmen für Radtouristen. Auf den folgenden Plätzen rangieren bei den Informationsquellen **„Freunde und Bekannte"** mit 30 % (Deutschlandurlauber 40 %). Danach kommen mit deutlichem Rückstand „Touristinformation" (18 %/Deutschlandurlauber 10 %), „Reiseliteratur/Reiseführer" (17 %/13 %), „Prospekte und Kataloge" (16 %/12 %), „Reisebüros zu Hause" (8 %/18 %).

Zur **Kommunikationspolitik** gehören die Bereiche

- „Klassische" Werbung (Spots im TV, im Radio, Anzeigen, Außenwerbung, Printmedien),

- Direktkommunikation (Werbebriefe, Telefonmarketing),

- Multimediakommunikation (Homepage, Bannerwerbung, E-Mails, SMS/MMS),

- Public Relations (Presse- und Medienarbeit, u. a. Veröffentlichungen, Betriebsbesichtigungen, Journalistenreisen) und

- Sponsoring/Events.

Vermarktungsfunktionen von Internet und Katalog

Die für die Reisebranche typischen **Kataloge** und das **Internet** nehmen eine besondere Funktion ein, denn sie sind gleichzeitig **Werbe- _und_ Vertriebsmittel**. Im Internet muss systematisch zwischen der Informations-, Kommunikations- und Vertriebsfunktion unterschieden werden. Es wird zunehmend Wert darauf gelegt, mit buchbaren Angeboten die Websurfer zum Konsum anzuregen (Vertriebsfunktion) (vgl. Dreyer/Menzel/Endreß 2010, S. 251 f.).

Im Folgenden werden ausgewählte, aus Sicht des Praktikers für den Radtourismus besonders wichtige Kommunikations- und Informationsmedien beschrieben:

- klassische Kommunikationsmittel: Image- und Informations-Faltblätter, Anzeigen, Internet, Texte und Bildmaterial, Karten, Radtourenbuch,
- Presse- und Medienarbeit sowie
- Gästekommunikation: Begeisterte Gäste als „Werbeträger", Social Web, Leistungsträger und lokale Bevölkerung als Werbeträger, Direktkommunikation.

Klassische Kommunikationsmittel – inklusive Internet

Kommunikationsinstrumente wirken nicht isoliert. Deshalb sind alle Kommunikations- und Werbemaßnahmen aufeinander abzustimmen und im Hinblick auf ihre wechselseitigen bzw. ergänzenden Wirkungen und in ihrer touristischen bzw. radtouristischen Tauglichkeit zu bewerten.

Image-Faltblätter

Dieses klassische Werbemedium verliert für touristische Einzelanbieter an Bedeutung. Im Radtourismus kann ein Imagefolder im gesamten Kommunikationssetting am ehesten einen Sinn machen, wenn damit Leitprodukte positioniert werden. Image- und Werbemittel müssen die radtouristischen Zielgruppen mit ihren zentralen Bedürfnissen, Werten und Wünschen in Wort und Bild auf vielfältige Art ansprechen.

Informations-Faltblätter

Dieses weit verbreitete Kommunikationsmittel hat auch zu Zeiten virtueller Kommunikation immer noch seinen Wert, zumal viele Gäste „etwas in der Hand haben wollen", das man noch dazu „schnell mal einstecken" kann. Qualitätsanforderungen sind zielgruppenspezifisch entsprechend den vorrangig anzusprechenden Radtourismus-Gästen zu entsprechen (z. B. Informationen zu kinder- und familienfreundlichen Angeboten). Das bedeutet unter touristischen Kriterien v. a. auch Fremdsprachen-Versionen. Weiterhin erforderlich ist Top-Bildmaterial, das die radtouristischen Angebote und Produkte bestmöglich visuell, authentisch und emotional ansprechend vermittelt (an derartigem Bildmaterial besteht im Tourismus vielfach ein Engpass).

Anzeigen

Inserate zählen zu den klassischen Kommunikations- bzw. Marketingmaßnahmen im Tourismus. Auch eine Anzeigenschaltung, ob nun in Printmedien oder im Internet, ist im Gesamtkontext zu sehen und macht abseits von Standardprodukten v. a. dann Sinn, wenn sie in Verbindung mit einem redaktionellen Artikel und/oder einem konkreten touristischen Produkt in einem zielgruppenrelevanten Medium platziert werden kann. Inwieweit damit die radtouristischen Gäste erreicht werden können, ist an den **Mediadaten** der Publikation abzulesen, die von den Verlagen angeboten werden (auch im Internet). Darin finden sich nicht nur Insertionspreise und Auflagenhöhe, sondern auch die Nutzerprofile bzw. Profile der Leserschaft, zunehmend auch auf Basis der diesen zugrunde liegenden Wertehaltungen (Sinus-Milieus).

Internet

Eine Internetlösung in Form einer Website gehört längst zur Standardausstattung von radtouristischen Anbietern, ob nun Regionen oder Betrieben. Auch hier sind die Grundanforderungen wie Ausrichtung der Inhalte entsprechend den radtouristischen Zielgruppen (inkl. Fremdsprachenversionen) zu erfüllen. Von besonderer Bedeutung ist das Internet v. a. im Blick auf die Phase der Reiseentscheidung, da damit die Informationen schnell abgerufen werden können. Das trifft besonders bei Tagesausflügen mit dem Rad zu.

Das Internet ist kein Selbstläufer, sondern es muss v. a. als Mittel im Gesamtmarketing gesehen werden. Eine wesentliche Stärke im Vergleich mit herkömmlichen Printmedien in der Kommunikation mit dem Gast ist die Möglichkeit der schnellen Aktualisierbarkeit der

Inhalte. Das setzt als ganz wesentliche Erfordernisse laufende Wartung der Inhalte (Content) ebenso voraus, wie die laufende Überprüfung der Homepage auf ihre Suchmaschinentauglichkeit (SEO – Search Engine Optimization). Moderne Suchtechnologien führen spezifische Interessen mit spezifischen Angeboten effizient zusammen. Die bisherige Umsetzung in der Radtourismusbranche ist hinsichtlich der enormen Kommunikationspotenziale noch bescheiden, zumal sich mit dem Aufkommen digitaler Communitys und Weblogs ganz neue Möglichkeiten auftun.

<u>Texte und Bildmaterial</u>

Um die versprochenen radtouristischen Erlebnisinhalte bestmöglich zu vermitteln, sind besondere Qualitäten in den Texten und Bildern gefragt, die die Erlebnisstärken von Radrouten und Radregionen bestmöglich vermitteln, Bedürfnisse und Sehnsüchte ansprechen und inspirierend wirken. Wichtige Aspekte sind weiterhin, Authentisches und Überraschendes zu vermitteln, aber möglichst keine Klischees zu bedienen und keine erkennbar gestellten, „glatten" Aufnahmen zu präsentieren.

Presse- und Medienarbeit – Nachhaltig Aufmerksamkeit und Glaubwürdigkeit sichern

Das Ziel von Medien- bzw. Pressearbeit im Radtourismus besteht im Aufbau und in der nachhaltigen Sicherung von Bekanntheit und Glaubwürdigkeit, Aufmerksamkeit und Interesse an den radtouristischen Angeboten und Produkten mit dem letztendlichen Ziel, bei den potenziellen Radtourismus-Gästen den Wunsch nach einem Radurlaub auszulösen. Insofern kommt die Medienarbeit v. a. in der Phase der Anregung zur Reise zum Tragen. Die Entscheidung für die passenden Medien – Printmedien, Radio und TV – konzentriert sich v. a. auf die Frage, ob damit die potenziellen Radgäste erreicht werden. Aufschluss darüber geben die Nutzerprofile und Reichweiteninformationen in den Mediadaten der Medien.

Typisch für die Arbeit im Tourismus – und dies ist bei Radreisen nicht anders – ist das Abhalten von Pressekonferenzen zu besonderen Anlässen (z. B. neue Produkte, neuer Jahreskatalog, besondere Events) sowie die Durchführung von Journalistenreisen zur Vorstellung von Radrouten und -regionen.

Direkte Gästekommunikation – herkömmlicher und neuerer Art

Nichts ist überzeugender als das persönliche Gespräch! Die Vermittlung von positiven Urlaubs- und Reiseerfahrungen durch Gäste an Freunde, Verwandte und Kollegen auf begeisternde Art ist ein wertvolles Gut, das entwickelt und gepflegt werden muss. Direkte Kommunikation über touristische Angebote und Produkte von Mensch zu Mensch, früher „Mundpropaganda", heute „Face-to-Face-Communication" genannt, schafft Vertrauen, gibt Sicherheit, ermöglicht Nachfragen und Vergewisserung.

<u>Weitererzählen und Weiterempfehlen – Begeisterte Gäste als „Werbeträger"</u>

Dieser Kommunikationsweg klingt banal, ist aber effektiv! Dies wird eintreten, wenn die Gäste nicht nur zufrieden vom Radurlaub heimkehren, sondern von diesem beglückt und beseelt „von einem der schönsten Jahreserlebnisse" Freunden und Bekannten erzählen. Die nachhaltigen Effekte schlagen sich bisweilen in der Wiederkehr der Gäste nieder – aus Erstgästen werden Stammgäste! – und auch in der Anregung von Freunden und Bekannten zu einem Aufenthalt. *Born* sagt „für den ersten Eindruck gibt es keine zweite Chance". *Roth* (1999) bestätigt, dass ein angenehm verlaufender Beginn eines Hotelaufenthalts dafür sorgt, dass sich Gäste später seltener beschweren. Die Schaffung einer Willkommensatmosphäre und das Verständnis, dass der Aufenthalt für den Gast ein Gesamterlebnis ist, sind also (nicht nur im Radtourismus) Erfolg versprechend (vgl. Dreyer/Linne 2004). Damit wird eines klar: Die Erzielung größter Gästezufriedenheit wird zum entscheidenden Kriterium – ohne Qualität ist alles nichts.

Direkte Gästekommunikation der neueren Art – Social Web

Social-Web-Dienste wie Wikipedia, YouTube, Facebook und Twitter haben in den letzten Jahren den Umgang mit Medien signifikant verändert. Menschen gruppieren sich virtuell um bestimmte Interessen – um allgemeine Reiseziele ebenso wie um Wander- und Radrouten. Sie geben Empfehlungen und Tipps kund, fragen nach ganz spezifischen Informationen, tauschen ihre authentischen Reiseerfahrungen aus, verraten zuverlässige Insider-Tipps, bewerten Hotels und Festivals. Soziale Interaktionen finden im Internet statt – fast wie beim Stammtisch – lediglich die Kommunikationspartner sind nicht physisch präsent. Ebenso wie bei der direkten Gastgeber-Gäste-Kommunikation gilt auch hier: Entscheidend ist, was Dritte über das radtouristische Angebot sagen. Das Social Web ist nicht als zusätzliches Instrumentarium in der Kommunikation mit dem Gast zu sehen, sondern es ist mit all seinen Möglichkeiten ganzheitlich zu betrachten.

Wichtig für das Agieren im Social Web ist, dass seitens der touristischen Akteure interessante Inhalte im Web geschaffen werden, die Diskussionen anregen. Denn nur so wird informativer „user-generated content" produziert, der Rückschlüsse auf Gästewünsche und Verbesserungspotenziale ermöglicht und den Kunden einen Mehrwert bietet. Eine interessante Entwicklung im Web 2.0 ist das „Crowdsourcing", das „die Auslagerung von Arbeits- und Kreativprozessen an die Masse der Internetnutzer" (Crowdsourcing Blog 2011) beschreibt. Über diesen Weg können bspw. Raddestinationen ihre Gäste dazu aufrufen, Lösungsvorschläge für bekannte Problemstellungen, aber auch Produktinnovationen zu liefern. Der Gast wird darüber noch stärker an die Destination gebunden; es wird das Gefühl vermittelt „etwas bewirken zu können. Auch die Chance für Unternehmen, Kosten einzusparen, ist nicht zu vernachlässigen und unterstreicht das Potenzial solcher Web 2.0-Anwendungen.

Neues für den Gast und Rückmeldungen für den Gastgeber

Das Ziel des Direktmarketings, auch Dialogmarketing genannt, ist ein weiteres Mittel im Aufbau und in der Pflege der Gästebeziehungen. Dies bedeutet nicht nur Ein-Weg-Kommunikation, sondern v. a. interaktives Kommunizieren. Dies kann telefonisch oder schriftlich erfolgen z. B. in Form des E-Mails oder Chats. Mit dieser Form der Kommunikation eng mit dem Gast verbunden sind Newsletter. Neuheiten im Angebot wie neue radtouristische Angebote und Produkte, Novitäten im Angebot und v. a. neue Jahresprogramme werden so Stamm- bzw. potenziellen Radtourismus-Gästen mitgeteilt, nicht in Form einer platten Massensendung, sondern möglichst individuell (persönliche Anrede, Bezugnahme auf das eine oder andere Ereignis). Den Gästen soll auch die Möglichkeit zur Rückmeldung gegeben werden, entweder im Sinne einer freien Formulierung oder formal vorgegeben, etwa in Form eines kurzen Fragebogens, mit dem sie ihre Zufriedenheit mit der Radreise sowie zukünftige Interessen ausdrücken können.[6]

---

[6]   Zum Beschwerdemanagement in Destinationen Dreyer/Born 2004, S. 239 ff.

5.4.2   Vertriebsmaßnahmen

Im Zentrum des touristischen Vertriebs stehen die unterschiedlichen Wege, über die touristische Produkte zu den Gästen gelangen. Dazu dienen im Radtourismus neben dem immer bedeutender werdenden Direktvertrieb (via Internet) v. a. die Vertriebspartner in Form von Reiseveranstaltern und Reisebüros. Ausgehend von den einzelnen Leistungsträgern einer Destination bietet die folgende Abbildung einen Überblick über die möglichen Vertriebswege.

Der Vertrieb umfasst

- die Vertriebswegegestaltung (direkter oder indirekter Vertrieb – siehe Abb. 61),
- die Verkaufsförderung (z. B. eine Expedienten-Hotline, Road Show) und
- die Messepolitik.

Den direkten Vertrieb, der ohne Umweg und damit ohne die Abgabe von Verkaufsprovisionen zum Reisekunden führt, nutzen viele Hotels und kleinere Reiseveranstalter. Prospekte und Kataloge werden direkt im Stile des Versandhandels an die Reiseinteressenten verschickt und die Buchung der Reise erfolgt beim Hotel bzw. Veranstalter selbst. Das Internet zählt zu den modernen Kanälen, die neben der Information auch eine Buchungsmöglichkeit bereitstellen. Beim indirekten Vertrieb liegen gegenüber dem Direktvertrieb eine oder mehrere Vertriebsstufen (Reiseveranstalter bzw. Reisebüros) dazwischen.

Abb. 61:   Touristische Vertriebswege im Überblick

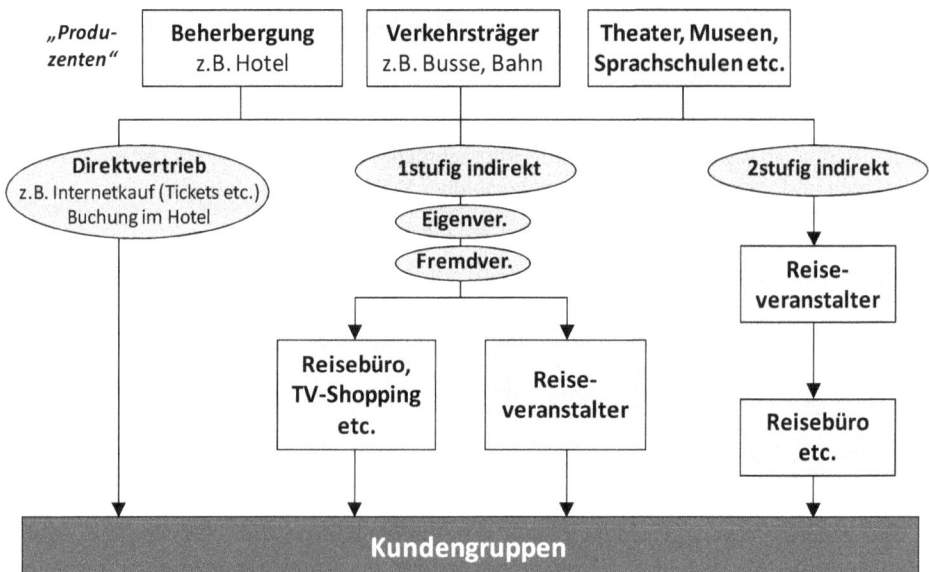

Quelle: Dreyer 2006, S. 17.

Direktvertrieb

Bei dem immer wichtiger werdenden Direktvertrieb erfolgt der Verkauf der Leistungen definitionsgemäß an Endkunden („End", weil sie das letzte Glied der Vertriebskette sind) ohne Einschaltung eines Mittlers. Einige Beispiele dazu: Die telefonische Reservierung eines Konsumenten bei einem Leistungsträger, z. B. einem Hotel, ist ebenso Direktvertrieb wie der Kauf einer Eintrittskarte über das Internet oder die E-Mail-Buchung eines Verbrauchers bei einem Reiseveranstalter.

Indirekter Vertrieb

Indirekter Vertrieb liegt vor, wenn eine oder mehrere Unternehmen beim Absatz der Dienstleistung dazwischengeschaltet werden. Liegt Eigenvertrieb vor, dann gehören diese Vertriebsstellen im Gegensatz zum (in Zeiten von Nachfrageschwankungen risikoärmeren) Fremdvertrieb dem Unternehmen (bzw. Konzern) und man kann auf sie einen größeren betriebswirtschaftlichen Einfluss ausüben. Beispiel: Ein Hotel vergibt zu einem um 25 % reduzierten Preis (marktübliche Kondition) Kontingente an einen Reiseveranstalter, der daraus seinerseits mit Flug und Transfer eine Pauschalreise erstellt. Diese vertreibt er entweder über ein Reisebüro oder seinerseits im Direktvertrieb. Der Reisemittler kann mit einer Provision in einer Größenordnung von 10 % vom Reisepreis rechnen.

Zu den touristischen Wiederverkäufern im indirekten Vertrieb können u. a. folgende Einrichtungen gezählt werden (Schwerpunkt Veranstalter):

- Reiseveranstalter mit dem Schwerpunkt Radreisen (z. B. Velotours, radissimo, etc.),
- Reiseveranstalter mit dem Schwerpunkt Sportreisen (z. B. DERTOUR),
- Busreiseveranstalter (häufig regionale Herkunft, Aufenthalts- und Rundreiseprogramme),
- Zugreiseveranstalter (Ameropa, Veranstaltertochter der Bahn),
- Reisebüros mit eigenen Veranstalterprogrammen,
- Incentive- und Event-Agenturen (Erlebnisorientierung) sowie
- Incoming-Agenturen (u. a. Tagesbausteine, Ausflüge).

Reiseveranstalter und Reisebüros

Reiseveranstalter erstellen selbst touristische Produkte bzw. in Zusammenarbeit mit Leistungspartnern vor Ort (z. B. Hotels) und bieten diese „in eigenem Namen" den Kunden bzw. Gästen an. Dies kann direkt erfolgen, über Internet oder über Reisebüros. Letztere, die Reisebüros, vermitteln Produkte des Reiseveranstalters an Endkunden, diese bekommen dafür auch eine Vermittlungsprovision. Vonseiten der touristischen Betriebe ist die Zurverfügungstellung von Nächtigungskontingenten erforderlich. Die Vorteile durch den Vertrieb touristischer Produkte über Reiseveranstalter bestehen für Anbieter v. a. in der Marktkenntnis der Gäste-Herkunftsländer und dem damit verbundenen Vertriebsnetz. Vorteile für den Kunden bzw. für den radtouristischen Gast bestehen in Form von Komfort und Sicherheit. Von wesentlicher Bedeutung ist, dass immer mehr die touristischen Produkte entsprechend den Wünschen der Anfrager abgeändert bzw. maßgeschneidert werden müssen (Bausteine), bevor gebucht wird.

Reiseveranstalter im Radtourismus – Komfort und herausgehobene Leistungen

Radtourismus ist eines von vielen Segmenten am Reiseveranstalter-Markt, der je nach ange-botenen Reisedestinationen in seiner Größe variiert. Touristische Produkte nehmen mit zu-nehmender Entfernung zwischen Herkunftsland und Urlaubsdestination an Bedeutung zu. Die Gründe dafür liegen auf der Hand: Sprachkenntnisse, länderspezifisches Know-how und nicht zuletzt Service zur Überbrückung der interkulturellen Unterschiede werden zugekauft. Dennoch zeigt sich aber auch bei den Nahdestinationen zunehmend die Tendenz zum Zu-kauf: Komfort und Qualität in Form besonderer und herausgehobener Leistungen (Reiseer-eignisse basierend auf Geheimtipps, regionale Kulinarik etc.).

Messen

Die Beteiligung an Messen gehört zu den häufig genutzten Marketinginstrumenten der Rei-severanstalter und der Tourismusregionen, obwohl die Effizienz der Messeauftritte umstritten ist. Die wichtigsten Reisemessen in Deutschland sind kombinierte Konsum-(Besucher-) und Fachmessen. Neben den Brancheninsidern haben daher auch breite Kreise von Reiseinteres-sierten Zugang zu den Messen, deren größte (auch weltweit) die Internationale Tourismus-börse (ITB) ist, die jedes Jahr Anfang März in Berlin stattfindet. Dort wird nicht nur jedes Jahr zum Auftakt der ADFC-Fachveranstaltungsreihe die ADFC-Radreiseanalyse präsentiert, sondern auf immer mehr Messeständen von Ländern und Regionen sind in den letzten Jahren Radtouren und Radurlaube immer mehr in den Vordergrund gerückt. Darüber hinaus gibt es eine Vielzahl von Radreisemessen, die von den lokalen Verbänden des ADFC organisiert werden. Eine der bedeutendsten davon ist die ADFC-Radreisemesse in Bonn. Beispiele be-deutsamer Tourismusmessen sind weiterhin die CMT Stuttgart (Internationale Ausstellung für Caravan-Motor-Touristik), die Leipziger Messe Touristik & Caravaning (die größte Tou-rismusmesse in Ostdeutschland) oder auch der Reisemarkt Köln International.

6 Zehn Erfolgsfaktoren für Management und Marketing im Radtourismus

(Axel Dreyer, Rainer Mühlnickel und Ernst Miglbauer)

In vielen Regionen Europas hat das Fahrrad in den letzten Jahrzehnten ein hohes Maß an gesellschaftlicher Akzeptanz erlangt. Noch in der Entwicklungsphase beschleunigter Automobilisierung wurde dem Fahrrad vielfach der Nimbus eines antiquierten Fortbewegungsmittels für ärmere Leute zugeschrieben, wenngleich es immer schon Regionen gab, in denen die Fahrradkultur hoch entwickelt war, denken wir nur an die Niederlande oder manche Regionen Norddeutschlands. In zahlreichen Ländern, etwa in manchen ost- und südeuropäischen Gegenden, ist die Akzeptanz des Fahrrads als Fortbewegungsmittel sowohl im Alltag als auch in der Freizeit noch nicht gesichert. Dort wird oft noch nicht verstanden, dass man mit Radfahren im Tourismus auch Geld verdienen kann, was die Nutzung von touristischen Potenzialen durch Investitionen in radtouristische Infrastruktur oder durch Positionierung als touristisches Kerngeschäft bremst. Radtourismus ist somit im Vergleich zu anderen Angebotssegmenten des Aktivtourismus wie Wander- oder Skiurlaub in vielen Regionen Europas noch relativ junger Natur. Mit der Erfahrung der letzten Jahrzehnte in Deutschland, Österreich und der Schweiz lassen sich zehn wesentliche Erfolgsfaktoren für den Radtourismus formulieren:

1. **Tourismusregionen als Rad-Destinationen begreifen**

   Von einer Rad-Destination ist die Rede, wenn das Zielgebiet umfassende Angebote für Radfahrer bereitstellt und bei potenziellen Gästen als Radlergebiet auch (an)erkannt wird. Im Rahmen des Destinationsmanagements muss der Radtourismus als strategisches Geschäftsfeld verstanden werden. Dementsprechend müssen Radler als Zielgruppe konkret angesprochen werden. Angebotsseitig muss auf die radtouristische Infrastruktur und deren Weiterentwicklung großen Wert gelegt werden.

2. **Konsequentes Destinationsmanagement betreiben**

   Destinationen als entscheidende Angebots- und Wettbewerbseinheiten müssen professionell organisiert, geführt und gemanagt werden. Die Hauptfunktion des Destinationsmanagements besteht darin, die kooperative Entwicklung und Koordination von gemeinsamen Ressourcen innerhalb einer Rad-Destination sowie die Produktion und Gestaltung des touristischen Angebotes zu steuern. Erfolg stellt sich nur ein, wenn die Organisation der Zusammenarbeit mit den regionalen touristischen Akteuren gelingt (Stichwort: Destination Governance). Die zentrale Herausforderung besteht darin, die rechtlich selbstständigen Partner zu einem Anbieterverbund zusammenzuführen.

Als wichtige Aufgaben sind die Erarbeitung eines radtouristischen Leitbildes und das Marketing (z. B. Betrieb einer Internetplattform, Entwicklung von Radpauschalen und geführten Radtouren, Qualifizierung von touristischen Leistungsträgern, Organisation des Beschwerdemanagements) anzusehen. Der Einsatz von Personal und Sachmittel, um ein langfristiges Management auch für den Radtourismus zu realisieren, ist hierbei ein entscheidender Faktor. Es macht keinen Sinn, nur kurzfristig ein Angebot aufzubauen, das langfristig nicht erfolgreich gesichert werden kann (z. B. Pflege der Infrastruktur, radspezifische Gästebetreuung).

3.   Strategische Angebotsentwicklung verfolgen

Die Entwicklung der Angebote und Produkte für Radfahrer muss im Einklang mit weiteren Zielgruppen im Kontext des übergeordneten Destinationsmarketing erfolgen. Als Zugpferd benötigt der Radtourismus mindestens einen „Leuchtturm" in Form eines außergewöhnlichen Angebots; dies kann z. B. eine thematisch inszenierte Radroute sein oder eine ganz außergewöhnliche Sehenswürdigkeit am Wegesrand etc. Bei der thematischen Aufbereitung ist es von besonderer Bedeutung, dass das Thema zur Destination passt bzw. sogar für sie steht. Um das Angebot rund zu machen, ist es sinnvoll, passende Bausteine zur Ergänzung zu entwickeln, wie z. B. Wellnessangebote (Rad + Wellness), kulturelle Abendveranstaltungen (Rad + Kultur), oder vielleicht auch nur Locations für gesellige Runden (Rad + Wein).

Ein Radurlaub ist mehr als nur eine reine Aneinanderreihung von relevanten Bausteinen. Das Angebot muss für den Radler vielmehr ein gesamtes „Radelerlebnis" bieten und dem Radler sollten im Rahmen der Produktpolitik neben den klassischen Kernleistungen (z. B. Übernachtungsleistung, Radweg, radtouristische Infrastruktur) auch Zusatzleistungen (z. B. Gepäcktransfer) geboten werden, mit deren Hilfe sich eine Region vielleicht von anderen abgrenzen und Wettbewerbsvorteile sichern kann.

Das Zusammenspiel vielfältiger Produktkomponenten ist für einen erfüllenden Radurlaub maßgebend und somit auch für den wirtschaftlichen Erfolg einer Destination von Bedeutung. Es ergibt sich aus Komponenten des ursprünglichen Angebotes (z. B. schöne und abwechslungsreiche Natur wie Flussläufe, Seen, Umgebungslandschaften) und des abgeleiteten Angebotes (z. B. Kultur und Infrastruktur) sowie den Handlungen der Radler (z. B. Kontaktsuche während der Rast, Erholung etc.). Die Komponenten des Radurlaubs stehen in vielfältigen Beziehungen zueinander. Sie werden vom Gast in individueller Kombination genutzt und formen schließlich das Gesamterlebnis der Reise. Eine strategische Angebotsentwicklung muss darauf ausgerichtet sein, die Angebote der Leistungsträger miteinander zu verzahnen und dafür zu sorgen, dass eine geschlossene Servicekette für den Gast entsteht.

4. Produktgestaltung durch Inszenierung verbessern

Radrouten fallen nicht vom Himmel, sondern sind das Ergebnis eines langwierigen Planungsprozesses. Daher ist es von außergewöhnlicher Bedeutung, in diesem Prozess die Bedürfnisse der radelnden Touristen sehr genau zu berücksichtigen. Um sich vom Wettbewerb abzuheben, kann dies für einige Radrouten darin gipfeln, diese durch das Hervorheben und Betonen der Landschaft mit Hilfe spezieller gestalterischer Maßnahmen zu inszenieren. Dazu gehört z.B. die Schaffung von Eingangssituationen am Beginn eines Etappenabschnitts, die Bereitstellung von Übersichtskarten, um bei den Radlern kognitive Landkarten zu erzeugen, die wiederum für Orientierungssicherheit sorgen und das Erzählen einer Geschichte.

Obwohl der Gedanke der Inszenierung von Attraktionen nicht so neu ist und in Freizeitparks sowie neuerdings auch in modernen Museen (z.B. Auswandererhaus in Bremerhaven) praktiziert wird, sind konsequent auf Rad-Destinationen sowie einzelne Radrouten angewendete Inszenierungskonzeptionen kaum vorhanden, wenn man einmal von der Ausweisung eines Routenthemas absieht. Auf der zu befahrenden Strecke muss das Thema jedoch auch erlebbar und sichtbar gemacht werden und daran mangelt es im Regelfall noch (vgl. auch Dreyer/Menzel/Endreß 2010, S. 246).

5. Radrouten als Markenprodukt auffassen

Echte Marken, die im Konsumverhalten der Verbraucher fest verankert sind, entstehen in ihren Köpfen. Sie wirken erst durch ein klares und eindeutiges Markenversprechen des Anbieters, das durch Werbung und andere Kommunikationsmaßnahmen gefördert wird. Im Gegensatz zum Konsumgütermarketing ist die Erzeugung eines Markenprodukts im Tourismus nicht so einfach. In Destinationen steht man vor der Herausforderung, dass nicht ein Anbieter, sondern alle Leistungsträger sowie die dort lebenden Menschen gemeinsam für den Eindruck der Gäste verantwortlich sind. Daher ist es schwierig, ein klares Markenversprechen zu erzeugen, und eine noch größere Herausforderung ist es, dieses Versprechen auch einzulösen, denn das kann nur durch entsprechende, überall gleichbleibend hohe Qualität geschehen. Sollte es Abschnitte oder am Wegesrand liegende Betriebe bzw. Orte geben, die das Qualitätsversprechen nicht erfüllen können, so ist das Markenversprechen insgesamt bereits gefährdet. Die Positionierung eines Marken-Radweges gegenüber anderen Radwegen kann darüber hinaus nur gelingen, wenn eine Profilierung insbesondere über die Produktgestaltung möglich ist (vgl. auch Dreyer/Menzel/Endreß 2010, S. 240 f. und Dreyer/Linne 2008, S. 62). Eine eigene Homepage ist die Basis moderner Vermarktung, weshalb professionelles Suchmaschinenmarketing (SEO bzw. SEM) unabdingbar ist. Darüber hinaus ist der Einsatz von Radwanderkarten in Verbindung mit Rad-Reiseführern essenziell. Einer Radregion, für die es keinen Reiseführer gibt, wird das touristische Potenzial abgesprochen.

6.   Qualitätsmanagement betreiben

Qualitätsmanagement für eine touristische Radroute bedeutet also kontinuierliche Weiterentwicklung und Sicherung des Angebotes auf allen Ebenen. Dies betrifft zunächst die Radroute selbst in ihren Kernbestandteilen. Zu sehr erliegen viele Touristiker immer noch dem Trugbild, dass nach der Beschilderung des neuen Radweges dieser „nun fertig" sei. Vielmehr geht es nach diesem vermeintlichen Schlussakt erst richtig los, denn nun muss die Wartung der Radwege gesichert werden (Absicherungen, einwandfreie Beschilderung und deren ständige Kontrolle der etc.). Diese Leistungen zur Sicherung der Radroutenqualität können nicht von den Tourismusakteuren alleine ausgeführt werden, hierzu bedarf es Kooperationsvereinbarungen mit den Kommunen, kommunalen Zweckverbänden, Wartungsgemeinschaften und Straßenbauverwaltungen. Eine eindeutige Zuständigkeit muss gewährleistet sein.

Keineswegs nachrangig darf die Qualitätssicherung und -entwicklung von Gastronomie und Beherbergung am Wegesrand betrachtet werden. Es ist hinlänglich bekannt, dass nach der Rückkehr von einer Urlaubsreise Freunden und Bekannten gerade darüber ausführlich berichtet wird.

Der Anfang ist inzwischen gemacht, (ähnlich wie im Wandertourismus) Radwege als Qualitätswege zu zertifizieren. Parallel dazu existieren die verschiedensten Qualitätssiegel für Beherbergungsbetriebe. Die meisten dieser Siegel erfüllen nicht die Funktion einer Marke, wirken aber nach innen und sorgen für eine stetige Verbesserung der Leistungsträger.

7.   Ständigen Austausch der Leistungsträger und kooperative Vermarktung vorantreiben

Diese Forderung gilt insbesondere für den Durchzugstourismus (Ziel- bzw. Fernrouten) und in etwas weniger ausgeprägtem Umfang für den Aufenthaltstourismus in Radregionen. Denn bei ersteren ist bald einmal eine Regionsgrenze oder gar eine Landesgrenze überschritten. Bis zum Aufkommen des Radtourismus in den 1980er Jahren hatten die Gästebetreuer in den touristischen Informationsstellen dafür zu sorgen, dass die Betten in ihrer Gemeinde oder in ihrer Region gefüllt werden. Bei den Radgästen können sie heute nur dann punkten, wenn sie auch Nächtigungsmöglichkeiten in der Nachbargemeinde oder -region vermitteln.

Neben der Zusammenarbeit entlang der vielfach regionsübergreifenden Radrouten sind im Radtourismus Kooperationsqualitäten mit Partnern gefordert, deren Kerntätigkeiten sich nicht immer auf den Radtourismus beziehen wie z. B. die Kooperation mit den Kommunen und Wegerhaltungsorganisationen oder mit öffentlichen Verkehrsträgern. Im Vergleich mit einem Bikepark, der ähnlich einem Unternehmen geführt werden kann, ist die Akteursstruktur im Radtourismus vielmehr heterogener Natur. Auch wenn von diesen vielfach eine Vereinbarung oder zumindest ein Commitment zur Übernahme von Leistungsdurchführung vorliegt, so ist diese immer wieder einzufordern. Das Management im Radtourismus muss sehr oft von diesen oft sehr uneinheitlichen Strukturen ausgehen und die Leistungspartner bündeln, um so ein Mindestmaß an Homogenität an Qualität bieten zu können. Denn der Radgast merkt es sofort, ob in einer Radregion auch wirklich an einem Strang gezogen wird.

8. Klimafreundlichkeit hervorheben

Der Radelurlaub gehört zu den besonders klimafreundlichen Tourismusformen. Wird Radfahren immer mehr zu einer markanten Urlaubsmobilität, dann wird damit auch ein Beitrag zur angestrebten Entkoppelung von Mobilität und Umweltverbrauch erbracht. Diese Tatsache sollte kommuniziert werden. Des Weiteren sollte daran gearbeitet werden, klimaneutrale Angebote zu schaffen, was nur mit Hilfe der Gastbetriebe möglich ist. Destinationen, die als Vorreiter für klimaneutralen Tourismus dienen (z.B. Werfenweng im Salzburger Land), setzen bei der Mobilität auf den Elektro- und Muskelantrieb und versuchen, die Anreise klimaschonend zu organisieren (z.B. mit Shuttle-Bussen ab Bahnhof).

9. Kundenbindungsmaßnahmen einsetzen

Zentrales Element der Kundenbindung sind das Empfehlungsmarketing und ein Beschwerdemanagement, das über die gesamte Radroute hinweg funktioniert. Auch mit Hilfe von Events kann versucht werden, erneute Reiseanlässe zu schaffen, die wiederum für Wiederholungsbesuche sorgen können.

Neben diesen eher qualitätsbezogenen Perspektiven der Kundenbindung sollte – unter Berücksichtigung der kritischen Aspekte – vermehrt der Einsatz von Social Networks (z.B. Facebook) genutzt werden, wie es z.B. der Tourismusverband Franken mit dem Mainradweg praktiziert.

10. Wissen durch Marktforschung verbessern

Ein regelmäßiges und genaues Nutzermonitoring ist notwendig, um Maßnahmen im Bereich des Ressourcenmanagements, der Produktentwicklung, des Qualitätsmanagements sowie der Vermarktung zielgerichtet planen, steuern, kontrollieren und begründen zu können. Dazu ist die Erfassung des Mengengerüstes und der Verhaltensweisen der Radtouristen unter Einschluss der Verkehrsmittelnutzung regelmäßig durchzuführen. Das Monitoring umfasst auch Befragungen, z.B. zum Printmedieneinsatz oder zur Servicefreundlichkeit; die Anbieter von touristischen Leistungen sind daher ausdrücklich in alle Maßnahmen einzubeziehen.

7 Fallstudien

7.1 Der Klassiker: 25 Jahre Donau-Radweg

(Ernst Miglbauer)

Der Donau-Radweg gilt mit seinem 365 km langen Abschnitt zwischen Passau und Wien als Inbegriff für die Erfolgsgeschichte des Radtourismus, wie sie zu Beginn der 80er Jahre in Ländern v. a. Deutschland, Niederlande, Dänemark und Österreich einsetzte. Heute, nach über 25 Jahren, können aus den Erfahrungen wesentliche Schlüsse für die Gestaltung von Radtourismusangeboten gezogen werden. Vor allem auch die Konklusion, dass auch erfolgreiche Fluss-Radwege keine Selbstläufer für immer sind und in bestimmten Abständen immer wieder Reflexion und Zukunftsdiskurs erforderlich sind, wie dies beispielhaft im November 2007 im Rahmen eines hochkarätigen internationalen Symposiums in Linz erfolgte, organisiert von Oberösterreich Tourismus, der Werbegemeinschaft Donau und dem Tourismusverband Ostbayern, dokumentiert in der Publikation „Radgenuss am Fluss – Eine europäische Erfolgsgeschichte an Donau und Inn" (vgl. Oberösterreich Tourismus/Werbegemeinschaft Donau/TV Ostbayern/Miglbauer/Invent GmbH 2008).

Anfänge des Donau-Radtourismus

Wann genau die Fahrräder als Mittel für Freizeit- und Urlaubsspaß am Donau-Radweg ins Rollen kamen, kann rückblickend nicht genau festgemacht werden. Der Startzeit des Donau-Radtourismus kann man sich, auch nach dem Studium vieler Dokumente, und Presseberichte nur annähern. Heute besteht Konsens darüber, dass der Beginn des touristischen Radelns an der Donau in der ersten Hälfte der 80er Jahre lag. Diese Unschärfe hat nicht so sehr etwas mit mangelndem tourismushistorischen Bewusstsein zu tun, sondern sie ist bedingt durch die Natur von touristischen Innovationen, die stärker nachfragegetrieben sind. Denn genau zu lokalisieren, ab wann ein Gästeaufkommen touristisch relevant ist oder ob es sich dabei doch nur um eine kurzweilige Modeerscheinung handelt, ist kaum möglich. Dies umso mehr, als der Radtourismus zu einer Zeit einsetzte, als in vielen Regionen die klassische Form der langen Erholungsurlaube und Sommerfrischen Ende der 70er Jahre zu Ende ging. Und zu dieser reiste man natürlich ab den 60er Jahren vermehrt motorisiert an, mit dem eigenen Pkw. Das oberösterreichische Donautal zwischen Passau und dem Strudengau an der Grenze zum Bundesland Niederösterreich mit Linz in der Mitte gibt ein schönes Beispiel für diese touristische Wendezeit ab. Donaustädtchen wie Grein oder Donaumärkte wie Engelhartszell lebten lange von den klassischen Sommerfrischlern, v. a. jenen aus Wien. Diese traditionellen Gäste brachen zu Beginn der 70er Jahre nach und nach weg, auch bedingt durch den Ausbau der Infrastruktur für den motorisierten Verkehr wie im Oberen Donautal. Mit der Eröffnung der neuen Autobahn 1979 fuhr man am Donautal vorbei. Damit blieben potenziellen Gästen nicht nur die landschaftlichen Reize wie die Schlögener Schlinge verborgen, sondern im Donautal blieben auch die Urlauber aus. In Teilbereichen konnte „Tourismus" vorübergehend generiert werden wie etwa mit dem Bau des Donau-Kraftwerkes Ottensheim Mitte der 70er Jahre. Denn mit der Vermietung der Gästezimmer an Bauarbeiter lebten Tourismusbetriebe im Umfeld einige Jahre ganz gut. Doch dann war man auch gezwungen, nach neuen Gästeschichten Ausschau zu halten. Dabei gab es wie im Falle des Landgasthofes Dieplinger durchaus Überraschungen. Einige Vermieter setzten nach der Eröffnung des Donau-Kraftwerkes auf die stärker daherpaddelnden Bootstouristen. „Doch die kamen meist nicht in unsere neuen Zimmer, sie übernachteten meistens im Freien", so *Karl Langmayr* vom Landgasthof Dieplinger zwischen Aschach und Ottensheim. Aber nach dieser Enttäuschung kamen glücklicherweise die Radler, nicht nur des Weges, sondern auch in ihre Gästezimmer.

Der neu aufkommende Donau-Radtourismus machte sich eine alte, inzwischen längst brachliegende Infrastruktur zu Nutze, die alten Treppelwege bzw. Treidelpfade an den Ufern. Auf diesen verkehrten bis zur Mitte des 19. Jahrhunderts von Pferden stromaufwärts gezogene Fracht-Schiffszüge mit Getreide, Salz und Wein. Diese wurden in den 70er Jahren immer mehr als ideale Freizeitmöglichkeit für kleine Ausflüge mit dem Rad entdeckt. Findige Touristiker vom damaligen Tourismusverband Mühlviertel initiierten nach dem Übereinkommen mit den Grundeigentümern bald die Beschilderung der ersten Streckenabschnitte an der Donau. Mühlviertel-Geschäftsführer Traunmüller publizierte 1984 den ersten Radwanderführer zum Donau-Radweg „Meine Radfahrt an der Donau" („Führer über die Radwege an der oberösterreichischen Donau und dem angrenzenden Gebiet"). Damals wurden auch die ersten buchbaren Radtouren organisiert, etwa durch Franz Angerer, einer der damaligen Radreise-Veranstalter-Pioniere, und Herbert Würtinger, heute Geschäftsführer von „Euro-Bike". Letzterer war im Gegensatz zum Ersteren eigenen Erinnerungen zufolge noch etwas skeptisch, ob diese neuen Radelangebote auch auf Nachfrage stoßen würden. Nicht nur die Radgäste waren damals oft abenteuerlustig, auch die Organisation der Touren war hin und wieder abenteuerlich. Zur Not mussten mangels ausreichender Räderzahl auch Fahrräder von Freunden für Radtouren ausgeborgt werden. Dann lösten die verschwitzten Gestalten mit ihren neuen kurzen Hosen auch so manches Stirnrunzeln bei Gastgeber gehobener Häuser aus, die noch dazu „nur eine Nacht bleiben wollen" (vgl. Oberösterreich Tourismus/Werbegemeinschaft Donau/TV Ostbayern/Miglbauer/Invent GmbH 2008, S. 15 f.).

Ob man mit den neuen Radgästen wirklich nachhaltig Tourismus machen könne, darüber wurde noch Jahre lang diskutiert. Dies verdeutlicht eine Begebenheit 1987 in der oberösterreichischen Donau-Region Strudengau. Damals versuchten Tourismusverband und Gastbetriebe mehr von den neuen Radgästen durch die Entwicklung eines regionalen Radwanderangebotes zu profitieren. Ein Tourismusberater meinte damals, dass man im Tourismus gar nicht auf die neuen Radler setzen sollte, denn mit diesen könne man doch keinen Tourismus „machen". Auf diesen Expertenrat hin gab es heftigen Widerspruch vonseiten einiger regionaler Tourismusbetriebe. Sie hatten im Nachhinein betrachtet die touristischen Zeichen der Zeit damals richtig gedeutet. Drei Jahre später, 1990, wurde vom damaligen Arbeitsmarktbetreuer *Ernst Schuller* und vom Tourismus- und Regionalberater *Ernst Miglbauer* die erste Gästebefragung am Donau-Radweg durchgeführt. Spätestens dann war klar, dass es sich bei den „neuen Radlern" ganz und gar nicht um mittellose Studenten handelte, sondern hier eine neue, eher wohlbetuchte Gästeschicht im Anrollen war, die zu insgesamt 60 % aus mittleren bzw. leitenden Angestellten und selbständig Tätigen bestand. Die Studenten waren mit knapp 10 % unter den neuen Radgästen unterrepräsentiert. Wesentliche Erwartungen an den Radurlaub an der Donau waren: Landschaftserlebnis (86 % aller Radgäste), Fitness und Bewegung (81 %), „Weg vom Auto" (70 %), Abwechslung (46 %), Kultur und Geschichtliches

(42 %) sowie „Unabhängig sein" (42 %). Damit wurde auch deutlich, dass der neue Radtourismus nicht so sehr eine sportliche Angelegenheit war, sondern vielmehr ein Phänomen des Wertewandels in den 80er Jahren darstellte – mit einer zunehmenden Bedeutung von Natur, Gesundheit, Landschafts- und Kulturerlebnis (vgl. Miglbauer/Schuller 1991, S. 11). Das Fahrrad war ein Vehikel zur Realisierung dieser neuen Lebensstilwerte, im Rahmen einer zeitweiligen Auszeit von den Belastungen des Alltags und des Berufes, abseits vom motorisierten Verehr. Der Wandel der gesellschaftlichen Rahmenbedingungen hin zu postmateriellen Werten („Postmaterialismus", „Erlebnisgesellschaft") vollzog sich v. a. in Deutschland. Darin lagen vermutlich auch die Potenziale, die sich schon früh dafür eigneten, erfolgreich Radtourismus an der Donau zwischen Passau und Wien zu entwickeln, die das Erfahren des Flairs eines international bekannten und mit Emotionen (Musik etc.) aufgeladenen europäischen Flusses mit dem attraktiven Ziel Wien möglich werden ließen. Anders ausgedrückt wäre der Erfolg des Radtourismus am Donau-Radweg nicht ohne die neuen, breit aufgenommenen gesellschaftlichen Werte in Deutschland möglich gewesen. Auch in quantitativer Hinsicht, wo nicht nur Deutschland in absoluten Zahlen das wichtigste Gäste-Herkunftsland für Österreich darstellt, sondern sich im Blick auf die absoluten Zahlen damals wie heute mit dem Titel „Radreise-Weltmeister" schmücken darf. Dass die Tourismusverbände und -betriebe damals diese Konstellation erkannt haben, die qualitativen und quantitativen radtouristischen Potenziale Deutschlands für den Angebotstrumpf Donau und Wien genutzt und sich auf die neuen Gäste „eingestellt" haben, darin liegt aus heutiger Sicht auch ein wesentlicher Teil des Erfolges.

Entwicklung des Gästeaufkommens

2010 wurden am Donau-Radweg zwischen Passau und Orth an der Donau an 17 Stellen Radzählungen durchgeführt, kombiniert mit einer Befragung von 2.400 Gästen. Diesen Erhebungen zufolge lassen sich die Radgästeströme an der Donau mit folgenden Zahlen beziffern (vgl. BMWFJ 2011): 2010 waren 437.000 Radler am Donau-Radweg unterwegs, zu je einem Drittel als Urlauber, Tagesradler und Alltagsradler. 38.000 Radgäste sind jährlich von Passau nach Wien unterwegs oder in die Gegenrichtung. Wenngleich der Radtourismus an der Donau sich entgegen ersten Spekulationen nicht als eine vorübergehende Erscheinung ausgebildet hat, so kann keinesfalls von einer linear ansteigenden optimistischen Stimmung in den letzten beiden Jahrzehnten gesprochen werden. Insgesamt kann der Donauraum in Österreich auf 13 Mio. Nächtigungen und 6 Mio. Ankünfte verweisen. Darunter befinden sich Wien mit 10,9 Mio. Nächtigungen und 4,9 Mio. Ankünften (Statistik Austria, Ankünfte- und Nächtigungsstatistik, 2011). Einen großen Aufschwung hinsichtlich Gästeankünfte und Gästenächtigungen erfuhr der Donau-Radweg in der zweiten Hälfte der 80er Jahre. Um 2000 hat sich die Zuwachskurve allmählich gekrümmt, die Radgäste-Statistiken haben sich dann in den Folgejahren auf einem stabilen Niveau bewegt. Ab etwa 2005 herrschte bei vielen Radtourismusbetrieben weitgehend die einhellige Einschätzung vor, dass sich der Radtourismus an der Donau immer noch auf einem guten Niveau bewegt, dass er aber im Vergleich mit den 90er Jahren doch spürbar niedriger liegt. Doch diese Einschätzung gilt bloß für den Lebenszyklus der bisherigen Produkt-Markt-Kombinationen (vgl. Fischer 2006, S. 5). Nach den Phasen Einführung, Wachstum und Reife dürfte im Radtourismus auf dem klassischen Abschnitt von Passau nach Wien jetzt schon die Sättigungsphase im Blick auf die traditionell starken Märkte Deutschland, Niederlande und Österreich eingekehrt sein. Das spiegeln auch Rückmeldungen von Rad-Reiseveranstaltern in Deutschland und in den Niederlanden wider.

Das bedeutet aber auch, dass neue Herkunftsländer beworben werden müssen. Dass dies kein reiner Wunschgedanke ist, belegt das Faktum, dass in vielen Ländern Europas wie etwa Italien, Großbritannien, Tschechien oder Ungarn über individuelle Radtrips hinaus das Bedürfnis nach Radurlaub stärker aufkommt. Für den Donau-Radweg bedeutet dies, stärkere Internationalisierung als Herausforderung aufzugreifen.

Wichtige Angebotsentwicklungen

Die ersten Wegweisungsschilder wurden auf dem österreichischen Donau-Radweg zu Beginn der 80er Jahre gesetzt, wenngleich auch noch nicht durchgängig, sondern eher lokal begrenzt wie etwa im Umfeld von Linz. Bald darauf erschienen die ersten Radkarten und Radführer (Manfred Traunmüller, „Meine Radfahrt an der Donau"; Paul Pollak, „Der Donau-Radweg"; Herbert Hübner „Radwandern an der Donau"). Nach und nach wurden auch Serviceleistungen ausgebaut, wie etwa die Radmitnahme in Zügen, die die Radgäste nach dem Ziel Wien wieder zurück zum Startort Passau brachten. 1990 wurden zwei Rad-Informationsstellen direkt am Donau-Radweg eingerichtet. Damit sollte v.a. die Information über touristische Angebote in den Gemeinden wie v.a. auch die Vermittlung von Nächtigungsmöglichkeiten verbessert werden. In der Folge wurden auf dem oberösterreichischen Abschnitt immer wieder bauliche Verbesserungen in der Routenführung vorgenommen, auch die Fährverbindungen zum Überqueren der Donau wurden vermehrt. Das Infrastrukturangebot wurde um Telefon-Notrufsäulen erweitert. 2004 erfolgte eine Beschilderung der Donau-Radroute auf ihrem oberösterreichischen Abschnitt im Rahmen des neuen bundeslandweiten Beschilderungsprogramms für die touristischen Hauptrouten. Fazit bleibt, dass die Rückmeldungen der Radgäste zum Donau-Radweg sehr gut sind, aber noch einiges zu tun bleibt, um auch zukünftig überzeugende Qualität bieten zu können.

Während Individualradler schon in der Vergangenheit immer wieder über Wien hinaus weiter ostwärts radelten, oft bis zum Schwarzen Meer, blieb die Entwicklung des Angebotes noch zurück. Doch seit 2006 wird der Donau-Radweg durch Entwicklungsmaßnahmen auf bestimmten Abschnitten in seiner gesamten europäischen Dimension wesentlich aufgewertet, dies ganz im Sinne der Donau als „den" europäischen unter den Strömen des Kontinents. Dies gilt für die Slowakei und Ungarn, v.a. aber für Serbien. 2006 brachte die Kartographie Huber in München die ersten Radwanderkarten zum Donau-Radweg für den Verlauf östlich von Wien heraus (vgl. GTZ/Huber Kartographie 2006). 2007 wurden die ersten 320 km zwischen ungarischer Grenze und Belgrad mit bester Qualität beschildert. In den beiden nächsten Jahren folgt die zweite Hälfte mit dem Eisernen Tor. Insgesamt verläuft der 665 km lange serbische Abschnitt zu 85% auf Asphalt. Schon 2006 wurde die kroatische Seite des Donau-Radweges in Ostslawonien mit Wegweisern ausgestattet. Ein Jahr später wurde eine Fährverbindung zwischen dem kroatischen Vukovar und der serbischen Seite wieder eröffnet. Dies ist ein Ausdruck für die gut funktionierende Zusammenarbeit der beiden Staaten, die zu Beginn der 90er Jahre durch Feindseligkeit und Krieg „verbunden" waren. Das Bettenangebot konnte in den beiden Anrainerstaaten an der Donau seit 2005 verdoppelt werden. Diese Entwicklungen zeigen, wie schnell bei neuen Donau-Nachbarn die radtouristische Entwicklung vorangehen kann – durch eine effektive Zusammenarbeit zwischen den Verwaltungsbehörden und der Wiederaufbau-Entwicklungsagentur GTZ (Gesellschaft für Technische Zusammenarbeit). Im Rahmen der Aktivitäten der ECF (European Cyclists Federation) bekommt der Donau-Radweg noch eine weitere, weit über seine Quelle hinausgehende Bedeutung im Rahmen des Projektes EuroVelo 6. Dieser verbindet die Loire von Nantes beginnend mit der Donau bis Budapest über eine Strecke von 3.600 km und zehn Länder hinweg. 2007, nach der Eröffnung des beschilderten Abschnittes an der Loire, wurde der EuroVelo 6 offiziell eröffnet.

Organisation des Donau-Radtourismus

Der Beginn des Donau-Radtourismus fiel in eine Zäsurperiode im österreichischen Tourismus. Dabei gab es längere Zeit eine Koexistenz von Tourismusorganisationen, die schon lange gedient haben und neueren Trägerstrukturen. Traditionelle Tourismusverbände, damals noch Fremdenverkehrsverbände genannt, wie der Tourismusverband Wachau-Nibelungengau oder Tourismusverbände auf Gemeindeebene mussten sich auf die neuen radelnden Gäste „einstellen". Dies fiel in traditionellen Sommerfrischeregionen nicht leicht, da die Gäste nach „nur einer" Übernachtung wieder die Region verließen. Andererseits schlossen sich Ende der 70er Jahre bzw. Anfang der 80er Jahre Gemeindeverbände zu neuen regionalen Tourismusorganisationen zusammen wie z.B. die sechs Gemeinden im Donautal nach Passau zur „Werbegemeinschaft Oberes Donautal".

1991 wurde eine Kooperation mit der neu gegründeten „Werbegemeinschaft Donau Oberösterreich" eingegangen, zusammen mit der „Werbegemeinschaft Donauland-Strudengau" sowie zwei angrenzenden Tourismusregionen und der Landeshauptstadt Linz. 2008 wurde mit der „Arge Donau Österreich" eine touristische Plattform für die gesamte österreichische Donau aus der Taufe gehoben, bestehend aus den Landestourismusorganisationen der Bundesländer Ober- und Niederösterreich sowie Wien als auch der zwei „Werbegemeinschaften Donau Oberösterreich" und „Donau Niederösterreich". Dieses Erfordernis stellte sich v.a. angesichts der stärkeren Positionierungserfordernisse im radtouristischen Wettbewerb. In Oberösterreich vereinigt die „Werbegemeinschaft Donau" 42 Gemeinden (355.000 Einwohner) unter ihrem Dach, darunter vier bayerische Gemeinden. Die Organisation besteht aus dem Tourismusverband „Werbegemeinschaft Donau Oberösterreich" auf der Grundlage eines Vereins, der zu 100% Eigentümer der „WGD Tourismus GmbH" ist. Gesellschafter der „Donau Niederösterreich Tourismus GmbH" sind die Tourismusverbände und Städte entlang der Donau, das Bundesland Niederösterreich und die Tourismuswirtschaft entlang der Donau. Hinter „Wien Tourismus" steckt der Wiener Tourismusverband als Körperschaft öffentlichen Rechts.

Das Management des Kerngeschäfts Donau-Radtourismus ist eine zentrale Funktion der Werbegemeinschaft Donau Oberösterreich, ca. 60% der Ressourcen werden darauf verwendet. Dazu zählen v.a.:

- Konsequente Weiterentwicklung des Donau-Radweges,

- Betrieb von drei Rad-Informationsstellen
  (Jochenstein, Aschach/Donau und Mauthausen),

- Koordination der Angebotsentwicklung einschließlich der Einbindung der Verkehrsträger,

- Koordination der Betriebskooperation Top-Radstopps
  (2010 26 Betriebe zwischen Passau und Wien),

- Organisation der jährlichen Eröffnungsveranstaltung „Rad total im Donautal".

Weiter wurde 2006 die Moldau mit der Donau über das Projekt „Raderlebnis Donau-Moldau" verbunden. Dafür wird in Kooperation mit den „Österreichischen Bundesbahnen" ein eigenes 4-Tage-Ticket angeboten. Eine Fahrrad-Mitnahme in zwei eigenen Waggons mit einem speziellen Design besteht für jeweils 38 Fahrräder. Das Nahtstellenmanagement bezieht sich auf die Kooperation mit wichtigen Leistungspartnern wie den „Österreichischen Bundesbahnen" (hier ist die Entwicklung der Bahnverbindung entlang der Donau zu einer Freizeit-Bahnverbindung geplant) oder Schifffahrtsunternehmen. Der Vertrieb der radtouristischen Produkte erfolgt fast durchwegs in Kooperation mit den am Donau-Radweg eingeführten Veranstaltern von Radreisen.

Zu den wichtigen Aufgaben im Qualitätsmanagement zählt zukünftig die forcierte Weiterentwicklung des Netzes an radfreundlichen Betrieben („Top-Radstops"). Gästebefragungen erfolgen in regelmäßigen Abständen, so auch 2010. Jedoch ist der Ausbau zu einem integriertem Qualitätssicherungssystem in Kooperation mit landesweiten Initiativen noch zu verstärken. Eine große Herausforderung stellt die Anbindung an den öffentlichen Verkehr da, so Rückmeldungen aus der letzten Gästebefragung 2010 (vgl. BMWFJ 2011).

Wesentliche Erfahrungen

Der Donau-Radweg zählt, so viel kann hier nach intensiven Recherchen von Radreiseprogrammen, nach vielen Gesprächen mit internationalen Radreiseveranstaltern und Tourismusexperten behauptet werden, weltweit zu den bedeutendsten radtouristischen Routen. Dafür ist ganz wesentlich das internationale Renommee der Donau zusammen mit Wien verantwortlich, aber auch das aktive Aufgreifen des neuen Tourismussegments durch die touristischen Leistungsträger und Organisationen. Nach über 25 Jahren Radtourismus an der Donau lassen sich im Rückblick, auf die Erwartungen der Anfangszeit als auch auf die Veränderungen im Laufe der Jahre, die v. a. von allgemeinen gesellschaftlichen und touristischen Rahmenbedingungen geprägt waren, folgende zentrale Aussagen formulieren:

a. **Nachhaltigkeit des Radtourismus**

Noch bis zu Beginn der 80er Jahre gab es bei manchen touristischen Akteuren an der Donau Bedenken, ob der Radtourismus auch eine nachhaltige Tourismusform darstellt und nicht nur einen vorübergehenden, kurzlebigen touristischen Trend. Eine wesentliche Herausforderung für Tourismusbetriebe bestand in der Erfüllung der Betten-Nachfrage nach „nur einer Nacht". Dieses, in der Anfangszeit immer wieder artikulierte Problem hat sich in der Zwischenzeit gelöst. Allerdings besteht bei vielen Tourismusbetrieben der mittleren Qualitätskategorien der Wunsch nach Gästen, die mehrere Nächte verweilen. Sie würden zukünftig mehr regionale Rad-Angebote mit einem festen Quartier favorisieren. Aber unter dem Strich besteht eine sehr positive Haltung gegenüber weiteren Entwicklungsmaßnahmen im Radtourismus.

b. **Umgang mit Unsicherheiten**

Radeln ist im Allgemeinen und besonders an der Donau immer wieder äußeren Einflüssen unterworfen, die zu oft unvorhersehbaren Schwankungen der Radgäste-Frequenzen führen, etwa durch Witterungs- und geänderte Klimaverhältnisse. Bis zur Mitte der 90er Jahre wurden „gespürte" Rückgänge in der touristischen Vorsaison von den Gastgebern oft gleich als ein „Vorbeisein" des Radtourismus gedeutet. Inzwischen gilt jedoch die Erkenntnis gesichert, dass das Radgästeaufkommen ganz wesentlich von der Witterung beeinflusst wird, die zur Zeit der Entscheidung für die Radtour vorherrscht. Konkret formuliert, lässt schönes Wetter in den ersten Frühlingsmonaten die Radfrequenz in den Sommermonaten ansteigen. Wenn die Radtour einmal angetreten wurde, dann wird diese auch bei Schlechtwetter selten abgebrochen. Aber auch der Klimawandel ist indirekt ein Thema am Donau-Radweg: Umleitungsmanagement bedingt durch Überflutungen hat an Bedeutung gewonnen.

c. **Steuerbarkeit von Radgästen:**

Der Erfolg des Donau-Radtourismus lässt auch bei touristischen Leistungsträgern im Nahbereich der Donau Wünsche nach einem Halten der Gäste in der Region durch Anbieten von Routen in das Hinterland aufkommen. Diese Wünsche wurden v. a. in den ersten 15 Jahren vielerorts stark geäußert, auch in Form von ausformulierten Projekten gegenüber Förderstellen. Doch nach 25 Jahren Erfahrung ist klar, dass die Radgäste an der Donau nur sehr bedingt steuerbar sind. Wenn Tourismusregionen Radler auch für das „Hinterland" gewinnen wollen, dann müssen sie dafür eigene radtouristische Produkte entwickeln und diese gesondert bewerben. Auch die individualistischen Radtouristen suchen zum überwiegenden Teil Bekanntes und weithin bekannte Sehenswürdigkeiten auf. Insofern besteht hier gar nicht so ein großer Unterschied zum „normalen" Tourismus. Ebenso erfolgen die Besuche von Museen und kleineren Sehenswürdigkeiten entlang der Donau nicht auf spontane Art, sondern die Zeit für Besichtigen und Verweilen wird eingeplant, am ehesten schon zu Hause vor dem Antritt zur Radtour, spätestens am Vortag des Besuches. Manche Gäste-Informationsstellen und Tourismusbetriebe, äußern den Eindruck, „dass sich heute die Radler an der Donau nicht mehr so viel Zeit nehmen wie früher".

d. **Information und Kommunikation:**

Begrenzte Steuerbarkeit von Radtouristen bedeutet aber keinesfalls, dass die Radgäste nur wenig Interesse für Sehens- und Erlebenswertes an der Donau aufbringen würden. Zu Beginn des Radtourismus wurde das Personal von Tourismus-Informationsstellen und -Betrieben durch die Radgäste immer wieder in seinem Auskunftsvermögen überfordert. Mit dem Aufkommen des Internets erwarteten sich viele eine Entlastung in der Gästeinformation. Doch diese Hoffnung erwies sich als trügerisch. Denn manche Vermieter sind auch in Zeiten des Informationsüberflusses verschiedentlich noch verwundert über den kaum versiegenden touristischen Wissensbedarf ihrer Radgäste. Das Fazit daraus ist, dass zwar über das Internet viel an Informationen geboten werden kann, dass diese aber vielfach besser strukturiert angeboten werden müssen. Weiter ist ein persönliches Kennen der Radrouten auch in Zeiten der neuen Informationstechnologien ein wesentlicher Qualitätsfaktor. Manche Vermieter und Gastwirte an der Donau fahren hin und wieder den Radweg ab, um Neues kennen zu lernen, damit sie es Gästen besser vermitteln können.

Herausforderungen für die Zukunft

Insgesamt kann sich die Radroute an der österreichischen Donau einer sehr hohen Zustimmung erfreuen. Das melden Gäste immer wieder zurück, aber auch Rad-Reiseveranstalter.

Die Stärken sind v.a. (vgl. Oberösterreich Tourismus/Werbegemeinschaft Donau/TV Ostbayern/Miglbauer/Invent GmbH 2008; BMWFJ 2011):

- beeindruckend schöne Landschaften (z.B. Schlögener Schlinge, Wachau),

- schöne Märkte und Städte, die mit einer Radtour kombiniert werden können (insbesondere Wien),

- gutes Preis-Leistungs-Verhältnis der Tourismusbetriebe ,

- ein sehr hohes Maß an Gastfreundschaft in den Tourismusbetrieben und Informationsstellen, auch gegenüber Familien;

Dennoch müssen nach wie vor und v.a. im Blick auf die erfolgreiche Weiterentwicklung des radtouristischen Angebotes Qualitätsmaßnahmen gesetzt werden, insbesondere wenn man die breite Beliebtheit des Donau-Radweges für eine Urlaubstour halten will. Als vorrangige Maßnahmen für eine weitere Entwicklung werden gesehen:

- **Weiterhin Sicherung der Qualität in der radtouristischen Infrastruktur**

  Dieser Bereich wird bei aller Gästezufriedenheit ein „ewiges" Thema darstellen: Optimierungen im Routenverlauf und in der Anbringung der Wegweisung sowie Umleitungsschildern bei und nach Überflutungen und aufgrund von Baustellen einerseits, andererseits Sicherung der Wartungsqualität im Sinne eines effektiven Weiterleitens von Gästebeschwerden hin zur Mängelbehebung. Eine bundesländerübergreifende Wegweisung am Donau-Radweg wie auch eine Integration in das EuroVelo-Programm bleibt eine Zukunftsmaßnahme für die nächsten Jahre.

- **Weiterer Ausbau des Qualitätsangebotes an radfreundlichen Betrieben**

  Vieles an touristischer Grundqualität wird geboten, allen voran die Gastfreundschaft und auch das Preis-Leistungs-Verhältnis. Dennoch ist eine Verbreiterung des Angebotes an profilierten radfreundlichen Betrieben eine wichtige Zukunftsaufgabe, v.a. zu Zeiten eines verschärften Wettbewerbs. Das heißt aber auch eine stärkere Ausrichtung der Betriebe auf ein internationales Publikum. Dies bedeutet wiederum den Erwerb von Grund-Sprachkompetenzen als Servicequalität für die Gäste aus neuen Quellmärkten sowie eine Differenzierung des Angebotes. So bevorzugen italienische Gäste weniger regionale österreichische Kost, sondern bevorzugen auch im Radurlaub eher ein ausreichendes Angebot an Pasta-Gerichten. Und für die meist in der Zusammenstellung „Paar + zwei Bambini" radelnden Gäste müssen noch mehr Familienzimmer geboten werden.

- **Touristisches Monitoring der Radgäste-Entwicklung**

  Zahlen zur Entwicklung des radtouristischen Gästeaufkommens sind erforderlich, um davon ausgehend in Kombination mit wiederkehrenden Befragungen die Wertschöpfungseffekte herleiten zu können. Dafür gibt es jetzt auch neue technologische Möglichkeiten in Form von Zählanlagen, die eine wesentliche Verbesserung gegenüber den bisherigen, sehr fragmentarischen Schätzverfahren darstellen. Hier ist eine Zusammenarbeit über die Bundesländer sinnvoll. Monitoring-Maßnahmen müssen jedoch darüber hinausgehen, Entwicklungen in den Quellländern müssen in die Konzeption der Produkt-Markt-Kombinationen einfließen.

- **Nutzung neuer Technologien in der Gästekommunikation und –information**

  Die dynamische Entwicklung der neuen Informationstechnologien bietet immer wieder neue Varianten für die Kommunikation mit den Radgästen: Einerseits verbesserte Informationsservicequalitäten für Radgäste, die auch am Handy abrufbar sind, andererseits Kooperationspotenziale mit virtuellen Radgästeszenen (Webcommunitys etc.). Diese entledigen die Gastgeber am Donau-Radweg jedoch nicht ihrer Informations- und Kommunikationsrolle. Denn bei all diesen Entwicklungen müssen „alte Tugenden" gegenüber den Gästen wie eh und je gepflegt werden, z. T. noch mehr als früher, weil die Radgäste durch ihre virtuellen Vorinformationen noch mehr Details von ihren Gastgebern zum Routenverlauf und Servicediensten wissen möchten.

- **Verstärkte Angebots- und Produktentwicklung:**

  Dieses Erfordernis stellt sich v. a. im Blick auf Sättigungtendenzen auf traditionellen Märkten. Grundsätzlich gilt das Augenmerk zünftig in einem viel stärkeren Umfang als bisher:

  - Radgästen aus Quellländern, in denen Radtourismus als Urlaubsform zurzeit stärker aufkommt.

  - Radel-Angebote an der Donau für Gruppen-Reisegäste, die an der Donau mit dem Bus zu Sehenswürdigkeiten und Kulinarischem unterwegs sind und dabei auch Halbtagesetappen mit dem Rad absolvieren.

  - Angebot von profilierten Rundrouten an der „berühmten" Donau für Tagesgäste.

Ein Thema von mittelfristiger Perspektive ist gewiss auch, über Ländergrenzen hinweg noch intensiver mit den Partner-Tourismusorganisationen in Deutschland wie auch mit den Anrainerstaaten nach Österreich (v. a. mit Ungarn, Serbien, Kroatien, Rumänien etc.) zusammenzuarbeiten.

7.2   Radtourismusdestination Eifel

(Grischa Begaß und Ernst Miglbauer)

Die Eifel ist eine über die Landesgrenzen hinaus bekannte Region, deren Zutrauen in ein attraktives Radwanderangebot noch vor zehn Jahren ob ihrer Mittelgebirgstopographie ein eingeschränktes gewesen ist. Bekannt war die Eifel bis vor wenigen Jahren jedoch über das Radrennsportteam „Gerolsteiner". Doch inzwischen hat sich die Position der Eifel in Deutschlands Radregionen geändert, denn dort rangiert sie inzwischen als einer der Aufsteiger in der *ADFC-Radreiseanalyse 2010* unter den Top 10 der beliebtesten Radelregionen Deutschlands, neben vergleichbaren Radregionsgrößen wie dem Bodensee oder dem Münsterland (vgl. ADFC 2011c, S. 20). Das dürfte doch ein Hinweis sein, dass inzwischen anspruchsvolle Hügelwelten abseits von vollkommen platten Landstrichen und Flüssen einerseits sowie alpinen Regionen andererseits bei Radgästen punkten können, wenn Sie ihnen Radelangebote mit Qualität und Profil anbieten.

Radtouristische Positionierung

Radtourismus ist in der Eifel neben dem Wandern eine besondere Form des Naturerlebnisses: Radfahren, so ein erster Blick auf die digitale Visitenkarte, die Website von Eifel Tourismus GmbH, ist einer der vier Grundpfeiler im touristischen Angebot der Eifel, neben Wandern, Naturerlebnis und Gastlichkeit (vgl. Eifel Tourismus GmbH 2011). Im direkten Vergleich liegt das Radfahren gewiss – noch – hinter dem Wandern. Die Tourismusdestination Eifel sieht sich hoher Qualität verpflichtet. Dazu wurden systematisch mehrere Qualitätsmanagement-Maßnahmen durchgeführt, v. a. im Bereich Gastronomie und Beherbergung. Ein Lohn dafür war die Zuerkennung des „Sonderpreises Servicequalität" im Rahmen der Verleihung des „Deutschen Tourismuspreises" 2009. Dazu hat der Radtourismus mit seinen vom ADFC zertifizierten Bett+Bike-Betrieben auch seinen Beitrag beigesteuert. Ein wichtiger Aspekt der Zuerkennung bezog sich auf den ganzheitlichen und grenzüberschreitenden Ansatz.

Radtouristisches Angebot

In der Eifel gibt es ein Rad-Routennetz, v. a. entlang von Flüssen und ehemaligen Bahntrassen. Auf über 1.500 km erstreckt sich das Netz touristisch beworbener Radrouten der Eifel zwischen den Eckpunkten Aachen – Köln – Trier wie auch grenzüberschreitend nach Belgien und Luxemburg. Das Routennetz setzt dabei auf besondere Schwerpunkte in der Angebotsinfrastruktur: Einerseits auf Radroutenverläufe entlang von Flüssen (Kylltalradweg, 130 km; Sauertalradweg, 60 km; Ahr-Radweg, 77 km; RurUfer-Radweg, 180 km etc.) und andererseits auf Routen, die auf inzwischen stillgelegten Bahntrassen verlaufen (Maare-Mosel-Radweg, 58 km; Eifel-Ardennen-Radweg, 37 km etc.). All diese Radrouten sind in einer hochwertigen einheitlichen Qualität beschildert, mit geringen Abstrichen auf dem Gebiet von Nordrhein-Westfalen.

Dahinter steht eine klare Qualitätsorientierung: Durch langjähriges Engagement der Eifel-Tourismus GmbH als auch vonseiten des zuständigen Landesbetriebs Mobilität des Landes Rheinland-Pfalz in Gerolstein konnten in dessen Zuständigkeitsbereich zahlreiche Radrouten vorbildlich ausgebaut werden: Anstatt befahrene Landstraßen mit teuren, aber meist unattraktiven Radwegen auszustatten, wurden parallel verlaufende alte Bahntrassen zu flachen, autofreien Radwegen ausgebaut. Dabei wurden z. T. historische Bahnbrücken saniert, neue

Radlerbrücken gebaut, Tunnel renoviert oder im Tal der Sauer sogar ein Feuchtgebiet in aufgeständerter Bauweise aufwendig, aber naturverträglich überquert. Die neu angelegten Strecken sind in der Regel auf einer Breite von 2,5 m asphaltiert, autofrei und mit wiederkehrenden, hochwertigen Gestaltungselementen ausgestattet (Schutzzäune auf Bahndämmen oder an Hängen, Rastplätze, Schutzhütten, Infotafeln usw.). Dieses Netz auf ehemaligen Bahntrassen wird von Fachleuten wie *Dr. Achim Bartoschek* (www.bahntrassenradeln.de) gelobt: „Dichte und Qualität der in der Eifel schon vorhandenen Bahntrassenwege legen es nahe, diese mit den Luxemburger und den in Ostbelgien entstehenden Bahntrassenwegen zu einem großräumigen Netz zu verbinden". *Harald Enders* vom Landesbetrieb Mobilität in Gerolstein hat diese planerische Vision als ‚Bahnradpark Eifel' formuliert, der Eifel und Hunsrück mit rund 250 km an Bahntrassenwegen umfassen soll. In der Gesamtperspektive lässt sich diese Struktur bis ca. 2012 mit der Vennbahn-Route und auf längere Sicht u. a. mit den Linien 163 und 164 in Belgien und Luxemburg auf rund 600 km (reiner Bahntrassenanteil) erweitern.

Durch die weitgehend flache Führung in Flusstälern, die oft hoch oben per Bahn oder Bus erreichbar sind, ist entspanntes Radeln meist auch für Durchschnittsradler machbar. Auf den einstigen Bahntrassen können mit maximal sanften 2,5 % Steigung sogar Höhenzüge bequem überwunden werden. Die wenigen anspruchsvolleren Routen und Routenabschnitte sind vor Ort auf den Zielwegweisern mit Steigungssymbolen markiert. Auch sämtliche Broschüren und Informationen im Netz fallen durch ihre Vermarktung nach dem Motto „Sagen, was Sache ist" auf. Denn alle Routen werden objektiv eindeutig charakterisiert: flach oder sportlich anspruchsvoll, wassergebunden oder rennradtauglich, für Kinder geeignet oder streckenweise verkehrsreich. Lediglich die Verknüpfung mit dem Radsport (MTB, aber auch Rennrad) ist noch ausbaufähig.

Unter dem Aspekt des Faktums „eine Tourismusdestination – zwei Bundesländer" ist interessant, dass die Radverkehrsnetze gemäß den Empfehlungen der FGSV (Forschungsgesellschaft für Straßen- und Verkehrswesen) mit zielgerichteten Haupt- und (meist) neutralen Zwischenwegweisern ausgestattet sind. Der einzige Bundesländer-Unterschied liegt in den Farben (grün bzw. rot auf weiß). Begrüßenswert und auch von touristischer Bedeutung sind die eigenen und einheitlichen Ortseingangsschilder für Radler in Rheinland-Pfalz.

Fast alle Haupt-Radrouten der Südeifel wurden 2009 bis 2010 vom ADFC anhand der Zertifizierungskriterien für Radfernwege erfasst. Als erster Schritt soll voraussichtlich der Kyll-Radweg 2012 als eigener Radfernweg ausgezeichnet werden. Nach Abschluss der Ausbauarbeiten wird in den folgenden Jahren angestrebt, ein ganzes „Bündel" an hochwertigen (Bahn-)Radrouten als grobes Netz (= ein Produkt) zertifizieren zu lassen. Eine wichtige Verbindung in die Nordeifel und die dortigen Quellmärkte wird ab 2012 die internationale Radroute auf der einstigen Vennbahntrasse (Aachen – Monschau – St. Vith – Luxemburg) schaffen, die von Anfang an auch als Premium-Route geplant ist.

Über 50 Betriebe sind in der Eifel nach den Kriterien der „Bett+Bike Betriebe" des ADFC zertifiziert. 19 davon sind auch als Qualitätsbetriebe der Regionalmarke Eifel ausgezeichnet, dazu gehören auch Urlaubsbauernhöfe, landwirtschaftliche Betriebe mit Ferienwohnungen oder auch ein Bauernhofcafé. Die Regionalmarke Eifel wird über Lebensmittel und Holzprodukte hinaus an touristische Dienstleistungen vergeben, wenn eine kontrollierte Qualität und die garantierte Herkunft aus dem Naturraum Eifel für den Verbraucher transparent nachgewiesen werden kann.

Gäste der Eifel können sich bei den zertifizierten Gastgebern wie Restaurants und Hotels auf eine angenehme Unterkunft, ehrliche Gastfreundschaft und regionale Küche freuen. Strenge Qualitätskriterien und umfassende Kontrollen garantieren aber nicht nur die echte Eifeler Qualität, sondern tragen auch zur nachhaltigen Wirtschaftsweise in der Kulturlandschaft Eifel bei.

Radrouten und Öffentlicher Verkehr

Die Anbindung an das Netz des öffentlichen Verkehrs ist differenziert zu sehen, denn mancherorts ist dieses in der Fläche dünn. Als Einstieg in das vielseitige Radroutennetz ist es aber zumindest für mehrtägige Touren gut geeignet: Die Hauptstrecken der Deutschen Bahn tangieren die Eifel von drei Seiten: (Brüssel –) Aachen – Düren – Köln im Norden, die Rhein-Schiene im Osten und die moselparallele Strecke (Luxemburg –) Trier – Koblenz im Süden. Die Eifel-Bahnlinie Köln – Trier durchquert die Region mit Nahverkehrszügen von Nordost nach Südwest, hauptsächlich entlang von Urft und Kyll mit ihren Radrouten. Daneben bringen Stichbahnen entlang von RurUferRadweg (Düren – Heimbach), Erft-Radweg (Euskirchen – Bad Münstereifel) und Ahr-Radweg (Remagen – Ahrbrück) die Radler zumindest ein Stück hinauf in die Eifel, sowie entlang des Vulkanpark-Radwegs in die Voreifel (Andernach – Kaisersesch). Eupen ist gut an das belgische Bahnnetz angebunden. Ein sehr attraktives und gut genutztes Ergänzungsangebot sind die im regelmäßigen Takt fahrenden Buslinien „regio-Radler" (vgl. Zweckverband Schienenpersonennahverkehr Rheinland-Pfalz Nord 2011) mit komfortablem Transportanhänger, die direkt an Mosel- und Maare-Mosel-Radweg verkehren und mehrere weitere Radrouten punktuell anbinden. Und schließlich verkehren die Museumsbahnen „Eifelquerbahn" und „Oleftalbahn" wie auch die Fahrradbusse von Aachen in den Nationalpark Eifel sowie von Prüm ins belgische St. Vith, allerdings leider meist nur an Wochenenden und Feiertagen. Besonders stark in das Netz der öffentlichen Verkehrsmittel eingebunden ist die Kinderradroute. Denn nicht nur parallel zum Kinderradweg Densborn – Gerolstein – Bewingen und Daun – Gillenfeld, sondern auch zwischen den Teilstrecken fahren fahrradfreundliche, öffentliche Verkehrsmittel – Ein- und Ausstieg sind beinahe jederzeit möglich!

Radtouristische Angebote, Produkte und Marketing

Basierend auf dem Eifel-Radroutennetz werden mehrtägige Radtourenangebote beworben. Dabei wird auf natürliche und erworbene Stärken der Kulturlandschaft Eifel gesetzt: Die Radtour durch das „Krimiland Eifel" folgt den Spuren der Mordgeschichten von Jacques Berndorf, Ralf Kramp, Carola Clasen und Co. Die Eifel-Höhen-Tour führt zu tiefen Einsichten und glänzenden Aussichten rund um den Nationalpark Eifel und den Deutsch-Belgischen Naturpark. Aber auch dem 3-Länder-Charakter wird Rechnung getragen: Zwei Tage lang führt die „Deutsch-Luxemburgische Fünf-Täler-Tour" ebenfalls im Sinne des grenzenlosen Europas durch die Flusstäler von Nims, Prüm, Sauer, Mosel und Kyll. Weiter gibt es pro Jahr etwa 15 Radveranstaltungen von regionaler Bedeutung, quer durch alle Segmente des Radelns: Saisonauftaktveranstaltungen, Aktionstage mit einer Krankenkasse und autofreie Erlebnistage ebenso wie Mountainbikefestivals, Cross-Duathlons und Marathons.

Handfestes Medium für die Kommunikation des radtouristischen Angebots ist das jährlich erscheinende „Radmagazin Eifel", das in überaus ansprechender Form Qualitätsinformationen zu den Hauptradwegen der Eifel (einschließlich ostbelgischem Teil), Tourentipps (mehrtägige Radangebote, Touren für E-Bikes) sowie Informationen zu den Bereichen Radservice, Transport mit Bahn, Bus und Schiff sowie zu den Erlebnistagen bietet. Von Qualität zeugt auch der Webauftritt. Darin findet der Radgast bzw. der potenzielle Radgast sehr gut strukturiert hochwertige Informationen zu Routen und Angeboten, Rad-Veranstaltungen und radfreundlichen Gastgebern, und besonders auch zu den Kombinationsmöglichkeiten mit Bahn und Bus.

Bundesländerübergreifendes Management im Radtourismus

Die Eifel Tourismus (ET) GmbH mit Sitz in Prüm, gegründet im Jahr 2000, bündelt und koordiniert alle in den Teilregionen der Eifel vorhandenen Kräfte und tritt nach außen als zentrale Marketing-Organisation der Eifel auf. Zu den Gesellschaftern der Eifel Tourismus (ET) GmbH gehören neun Landkreise und 41 Kommunen[7]. Die Eifel Tourismus GmbH ist somit ein Beispiel für eine bundesländerübergreifende Tourismusdestination, die gerade im Radtourismus aufgrund seiner weiträumigen Natur ein Erfordernis darstellt.

Doch auch mit den Regionen der Nachbarländer Belgien (deutschsprachige Gemeinschaft, aber auch frankophones Wallonien) und Luxemburg wird Kooperation im Radtourismus praktiziert. Im Herzogtum gibt es ein grobmaschiges Netz nationaler Radfernwege, die in vergleichbar guter Form beschildert sind. Der Sauer-Radweg entlang des auf der Grenze verlaufenden Flusses ist als Rundkurs oder abwechselnd auf beiden Ufern nutzbar. In Luxemburg hat man sich die Nachbarregion anscheinend als Vorbild genommen. Denn Gestaltungsmerkmale der Vision „Bahnradpark Südeifel" finden sich dort mehrfach wieder. Die Radstrecken des belgischen Knotenpunktsystems sind trotz anderer Systematik grenzüberschreitend gut nach Deutschland angebunden: die Knotenpunkte im Radverkehrsnetz NRW tragen in der Städteregion Aachen zusätzlich eigene Nummern und die Zielwegweiser weitere Einschubschilder. In Gegenrichtung lassen sich die Themenrouten leider noch nicht so gut im belgischen Netz fortführen.

Fazit

Radtourismus kann auch in anspruchsvolleren Mittelgebirgsregionen realisiert werden, wenn man den Gästen bzw. potenziellen Gästen nicht nur die Attraktivität von Radrouten und Radtouren vermittelt, sondern auch, dass diese in einer Mittelgebirgsregion wie der Eifel aufgrund einer selektiven Führung entlang von Flüssen und aufgelassenen Bahntrassen auch für weniger sportliche Radler machbar sind. Die Tourismusregion Eifel kann als bundesländerübergreifende Destination in hohem Maß den Anforderungen des Radtourismus entsprechen, der mit seinem weiträumigeren Routennetz und den damit verbundenen Aktionsradien der Radgäste bald einmal die regionalen Grenzen überschreitet. Qualität im Radtourismus wird auf allen Angebots- und Service-Ebenen angestrebt, dazu zählt die Zertifizierung von Radrouten ebenso wie die von Gastbetrieben nach radfreundlichen Kriterien und für den agrartouristischen Teil nach jenen der Regionalmarke Eifel. Entscheidend ist letzten Endes, dass einerseits die radtouristische Entwicklung auf der Grundlage einer klaren Entwicklungsstrategie erfolgt und andererseits diese von wesentlichen Akteuren (Radwegeplanung, Tourismusorganisation) engagiert umgesetzt wird.

---

[7] Stand: 01.01.2009.

7.3   Der beliebte Deutsche: Elberadweg

(Rainer Mühlnickel)

Daten und Fakten

Der Elberadweg ist ein internationaler Radfernweg, der in Deutschland zwischen Schöna an der tschechischen Grenze und Cuxhaven an der Nordsee verläuft. Insgesamt umfasst er 1.187 km, wovon sich ungefähr zwei Drittel in Deutschland befinden. Die offizielle Eröffnung des Elberadweges fand im Jahr 2002 statt. Der Radweg gliedert sich auf deutschem Gebiet in drei regionale Teilabschnitte, welche in den jeweiligen Zuständigkeitsbereichen der Koordinierungsstellen Elberadweg Süd, Mitte und Nord liegen. Der Weg ist als D-Route Teil des Radfernwege- und Bundesradroutennetzes Deutschlands. In den ADFC Radreiseanalysen der Jahre 2005 bis 2009 wurde er zum beliebtesten Radfernweg Deutschlands gewählt (vgl. ADFC 2005, 2006, 2007, 2008, 2009b). 2009 wurde der Elberadweg von ca. 145.000 Reiseradlern befahren; sie waren durchschnittlich neun Tage auf dem Radweg unterwegs. Die Tagesausgaben lagen durchschnittlich pro Tag bei 66 EUR pro Tag (vgl. ADFC 2011c).

Der südliche Abschnitt des Radweges, welcher rund 260 km lang ist, verbindet Schöna/Schmilka mit Dessau-Roßlau und bietet ein abwechslungsreiches Angebot für Radreisende. Touristische Attraktionen stellen bspw. die Felsenwand der Nationalparkregion Sächsische Schweiz mit ihren Tafelbergen, die kulturhistorisch interessante Großstadt Dresden sowie das Elbtal dar. Entlang der Sächsischen Weinstraße führt der Radweg durch die Karl-May-Stadt Radebeul sowie Meißen, einer der ältesten Orte in Sachsen. Weitere Höhepunkte sind die Sportstadt Riesa, die einstige kurfürstlich-sächsische Residenz Torgau, die Lutherstätten in Wittenberg sowie das Bauhaus und die Meisterhäuser in Dessau.

Das mittlere Teilstück folgt dem Verlauf der Elbe für etwa 260 km von Dessau-Roßlau nach Wittenberge. Sowohl das Biosphärenreservat Mittlere Elbe, als auch die Altmark sowie die Prignitzer Elbtalauen bieten einzigartige Flora und Fauna. Bauwerke der Straße der Romanik, die Landeshauptstadt Magdeburg, die Hansestädte Werben oder Havelberg sowie Lenzen und Wittenberge gilt es zu entdecken.

Der nördliche Teil des Radweges verläuft von Wittenberge nach Brunsbüttel und Cuxhaven. Diese Strecke von ca. 360 km führt durch das UNESCO-Biosphärenreservat „Flusslandschaft Elbe" und Naturschutzgebiete der Marsch in die Elbmetropole Hamburg. Der Radweg verläuft in diesem Abschnitt durch das „Alte Land", Deutschlands größtem zusammenhängenden Obstanbaugebiet, vorbei an Häfen und Städten wie der historischen Hansestadt Stade, durch die maritime Landschaft der Unterelbe bis zum Nationalpark Wattenmeer (Koordinierungsstelle Elberadweg 2010).

Hinsichtlich der radfreundlichen Beherbergungseinrichtungen und gastronomischen Einrichtungen weist der Elberadweg ein dichtes Netz auf. Der Radweg ist durchgängig beschildert und die Wegequalität ist je nach Bundesland und Region sehr unterschiedlich. In Sachsen verläuft die Strecke hauptsächlich auf asphaltierten und befestigten Wegen und mit wenig Autoverkehr. Einzelne Streckenabschnitte in Sachsen-Anhalt weisen zum einen Wegstücke auf etwas stärker befahrenen Straßen und zum anderen auf Feldwegen und Kopfsteinpflasterstraßen auf. Der Streckenverlauf in Niedersachsen und Mecklenburg-Vorpommern ist mit gut ausgebauten Radwegen versehen. So verläuft der Großteil dieser Route auf asphaltierten

Wegen neben oder auf dem Elbdamm. Der Streckenabschnitt von Hamburg nach Cuxhaven verläuft fast ausschließlich auf gut befestigten Radwegen und Landstraßen mit wenig Verkehr (vgl. Esterbauer Verlag 2006 und 2007).

Abb. 62:   Elberadweg

Quelle: Koordinierungsstelle Elberadweg 2010.

Nach ADFC-Informationen lassen sich 243 Bett+Bike Betriebe, welche nicht weiter als 4 km vom Radweg entfernt sind, finden. Seit 1998 wird außerdem das Prädikat „Radfreundliche Unterkunft am Elberadweg" vergeben. 2008 gab es 439 Betriebe dieser Klassifizierung. Hinsichtlich der Gastronomie weist der Radweg ebenfalls ein dichtes Netz auf. Immer mehr Gaststätten wollen den Anforderungen der Radreisenden gerecht werden und erweitern ihr Angebot. Diese Gastbetriebe erhalten analog zu den Unterkünften die Plakette „Radfreundlich". Bezüglich der Wegequalität, der Streckenführung sowie der touristischen Infrastruktur erfüllt der Elberadweg insgesamt die notwendigen Anforderungen der Zielgruppe der Radtouristen. Neben zahlreichen Printmedien wie Informationsbroschüren, Faltblättern, Unterkunftsverzeichnissen sowie dem von den Elberadweg-Koordinationsstellen bereitgestellten Elberadweg Handbuch, wird der Radweg im Radreisekatalog „Deutschland per Rad entdecken" und vielen Radreiseanbietern vermarktet. Die Radtourenbücher werden von unterschiedlichen Verlagen angeboten. Die Website ist aktuell im Jahr 2009 überarbeitet worden (Koordinierungsstelle Elberadweg 2010).

Radtouristische Untersuchungen zum Elberadtourist

Radtouristische Untersuchungen über einen Radfernweg sind notwendig, um ein relativ einheitliches Bild der Nachfrageseite zu bekommen. Was ist typisch für Radtouristen auf dem Elberadweg hinsichtlich des Ausgabenniveaus, der Organisation der Radreise, der Reiseform und der Ansprüche an die radtouristische Infrastruktur? Welche wirtschaftliche Bedeutung des Radtourismus hat der Elberadweg für die Destinationen an diesem Radweg und welche weiteren Entwicklungsmöglichkeiten sind zu erarbeiten? Zu überlegen ist auch, warum der Elberadweg von den Mitgliedern des ADFC immer wieder zu erfolgreich bewertet wurde.

Jährlich empirische Untersuchungen am Elberadweg werden seit 2001 in Sachsen-Anhalt vom Magdeburger Tourismusverband Elbe-Börde-Heide e. V. und der Koordinierungsstelle Elberadweg Sachsen-Anhalt durchgeführt. Im Jahr 2005 lag die Anzahl der Teilnehmer der Befragung bei 3.300 Radfahrern (vgl. Öhlschläger 2007). Mittels Frequenzzählungen, Kurzbefragungen und ausführlichen Gästebefragungen wurden erstmals im Jahr 2003 in Sachsen Daten zum Radleraufkommen und der Struktur der Radler erhoben.

Diese Studie ist die bislang umfangreichste Untersuchung der Radtouristen am Elberadweg (vgl. Futour Büro Nord-Ost 2004). Aufgrund der durchgeführten Untersuchungen können folgende Merkmale für den Elberadtourist abgeleitet werden:

Abb. 63:   Merkmale des Elberadtouristen

Merkmale des Elberadtouristen	
Reiseform und Reisezeit	Zwei Personen ohne Kinder von Mai–September (Hauptreisezeitraum)
Alter	70–80 % der Radler zwischen 36 und 65 Jahre
Beruflicher Abschluss	Fast die Hälfte der Radler haben einen Hochschulabschluss
Informationsquellen und Reiseentscheidung für den Elberadweg	Über die Hälfte informiert sich selbst (Eigeninitiative) und über Mund-zu-Mund-Empfehlung; Informationen über das Internet nehmen zu.
Buchungsverhalten für die Übernachtung	90 % spontan vor oder während der Tour
Reisedauer der Radtouristen	Durchschnittlich 9 bis 10 Tage
Ausgaben für die Übernachtung und Tagesausgaben pro Tag und Person	40–50 % geben für die Übernachtung 26–50 EUR (durchschnittlich 40 EUR) aus; plus 16–25 EUR für Tagesausgaben

Quelle: in Anlehnung an ADFC 2009b; Rühl 2009, S. 55; Öhlschläger 2007, S. 17.

In der Anbieterbefragung von Rühl 2009 entlang des nördlichen Abschnitts des Elberadweges wird das hohe Engagement (75 % der Betriebe) für den Radtourismus betont. Kleine Anbieter haben sich auf diese Zielgruppe konzentriert. Mit zunehmender Größe der Einrichtungen nimmt das fahrradtouristische Engagement der Leistungsträger ab. Dieser Einsatz drückt sich in der hohen Auslastung durch die Fahrradgäste aus. Das radtouristische Qualitätssiegel, sei es die Auszeichnung des ADFC oder die Zertifizierung der „Radfreundlichen Betriebe an der Elbe", wird nach der überwiegenden Meinung der Leistungsträger bei der Auswahl der Beherbergungseinrichtung von Radfahrern berücksichtigt (vgl. Rühl 2009, S. 51 ff.).

Zu den Problemen, die am häufigsten von den Leistungsträgern genannt wurden, zählen die Ausschilderung sowie die Wegebeschaffenheit des Elberadweges. Insgesamt ist das Niveau sehr hoch, aber es werden noch Verbesserungswünsche deutlich. In der Untersuchung in der Prignitz 2007 haben ca. 37 % Probleme beim Folgen der Beschilderung. Die Wegebeschaffenheit ist dagegen insgesamt zufriedenstellend.

Fazit

Der Radtourismus stellt für die Regionen entlang des Elberadweges ein sehr attraktives und wichtiges Element des Tourismussektors dar. In Hinblick auf die Zukunft ist zu erwarten, dass Radfahren auch weiterhin eine beliebte Freizeitbeschäftigung sein wird. Daher ist es entscheidend, die Stellung des Elberadweges als beliebtester Radfernweg zu halten.

Die Optimierung der Serviceleistungen in Bezug auf die Radreisenden wird zunehmend an Bedeutung gewinnen. Leistungsträgerbefragungen bieten die Möglichkeit, die aktuelle Angebotssituation zu beschreiben und die gewonnenen Ergebnisse mit Daten von Radlerbefragungen und Frequenzzählungen abzusichern. Eine kontinuierliche jährliche Zählung und Befragung sollte zwingend durchgeführt werden. Denn letztendlich kann mit Hilfe von Informationen aus radtouristischen Erhebungen eine langfristige Verbesserung des Angebotes angestoßen werden, durch die wiederum die Kundenbedürfnisse bestmöglich befriedigt und dadurch wertvolle Einnahmen für die Anbieter gesichert werden können.

Der Elberadweg wird deshalb ausgewählt, weil der Weg durch eine kulturell interessante und sehr abwechslungsreiche Landschaft am Fluss Elbe führt. Zu nennen sind u. a. die Großstädte Hamburg, Magdeburg, Dessau, Dresden. Aber auch die Landschaftstypen wie die Nordsee und das Elbsandsteingebirge sprechen viele Touristen an. Die große Nachfrage und die Beliebtheit des Elberadweges lassen sich durch die sehr gute Beschilderung und Ausstattung der radtouristischen Infrastruktur, aber auch durch die verkehrsarme Wegeführung und asphaltierten Radwege erklären. In einer für Rheinland-Pfalz vorliegenden Fahrradstudie (vgl. ETI 2007) wurde klar herausgearbeitet, dass Flusslandschaften, mit großem Abstand gefolgt von Seenregionen und Küstenlandschaften, die beliebtesten Landschaftsformen für Fahrradurlaube im Inland darstellen. Ein besonderes Interesse besteht auch an einer intakten und vielfältigen Gastronomie, wobei sich (regions-)typische Speisen und Getränke besonderer Beliebtheit erfreuen (vgl. BMWi 2009).

7.4 Der Produktorientierte: Angebotsvernetzung im Aller-Leine-Tal

(Rainer Mühlnickel)

Seit den 1990er Jahren hat der Fahrradtourismus an Bedeutung gewonnen und seinen Anteil am Gesamttourismus ausgebaut. Viele Regionen wollen an der damit verbundenen positiven wirtschaftlichen Entwicklung teilhaben, so auch das Aller-Leine-Tal in Niedersachsen. Die Förderung des Fahrradtourismus ist auch als Entwicklungsziel im regionalen Entwicklungskonzept des „Kooperationsraum Aller-Leine-Tal" (vgl. böregio – Büro für Stadt- und Regionalentwicklung 2003) verankert. Aus diesem Grund wurde von der LAG (Lokale Aktionsgruppe im Rahmen des LEADER-Programms) die Projektgruppe „Radwandern im Aller-Leine-Tal" gegründet und damit beauftragt, das Aller-Leine-Tal als fahrradfreundliche Region zu entwickeln. Insbesondere die bestehende fahrradtouristische Infrastruktur sollte ausgebaut und ein Vermarktungskonzept entwickelt werden. Dies konnte durch einen moderierten kooperativen Prozess erfolgreich umgesetzt werden. In diesem Prozess wurde neben angebotsspezifischen Vermarktungsbausteinen für das Außenmarketing auch ein Innenmarketing installiert – ein Novum im Radtourismus. Das Innenmarketing hat entscheidend dazu beigetragen, die Akteure zu motivieren und das Aller-Leine-Tal radtouristisch zu erschließen.

Der Kooperationsraum Aller-Leine-Tal

Der Kooperationsraum Aller-Leine-Tal liegt in einem ländlich geprägten Teil Niedersachsens, genauer im Städtedreieck Bremen-Hamburg-Hannover. Zu ihm gehören die Gemeinden bzw. Samtgemeinden aus den Kreisen Celle, Soltau-Fallingbostel, Verden/Aller und die Städte Celle und Verden.

Die Region hatte bereits in den zurückliegenden Jahren erkannt, dass die Zusammenarbeit über Verwaltungsgrenzen hinaus neue Potenziale eröffnet, Kräfte bündelt und zukunftsweisende Entwicklungen ermöglicht. Mit dem Ziel einer besseren gemeinsamen Vermarktung, nicht nur im Radtourismus, haben sich die Samtgemeinden Ahlden, Rethem/Aller und Schwarmstedt daher zu einer übergreifenden Zusammenarbeit im Bereich des Tourismus entschlossen und den Zweckverband Aller-Leine-Tal gegründet. Im Landkreis Celle besteht zusätzlich seit 1997 die Tourismus Region Celle GmbH (TRC), die eng mit dem Zweckverband Aller-Leine-Tal zusammen arbeitet (vgl. KoRiS 2001, S. 3 ff.).

Unabhängig von dieser kommunalen Zusammenarbeit haben sich in der Region auf privater Ebene touristische Leistungsträger zusammengefunden, um die Vermarktung zu verbessern, neue Angebote zu entwickeln und die Kooperation zwischen den Fremdenverkehrsvereinen voran zu treiben.

Abb. 64:   Kooperationsraum Aller-Leine-Tal

Quelle: Zweckverband Aller-Leine-Tal 2005.

Die Stärken der Region im Bereich Tourismus und Naherholung liegen im landschaftlichen Potenzial der Flüsse Aller und Leine. Touristische Aktivitäten sind auf den Wassersport s, das Reiten und Radwandern ausgerichtet. Die historischen Städte Celle und Verden, einige Museen, z. B. das Erdölmuseum in Wietze und die angrenzenden Freizeitparks „Serengeti-Park Hodenhagen" und „Vogelpark Walsrode" sind ebenfalls touristisch interessant. Großes fahrradtouristisches Potenzial besteht durch den Radfernweg Aller-Radweg, der den Kooperationsraum auf dem Abschnitt von Verden bis Celle durchzieht, die Aller-Nebenstrecken und einige örtliche Fahrradrouten. Aufgrund seiner geografischen Lage kann für das Aller-Leine-Tal ein großes Nachfragepotenzial aus den 50–150 km entfernten Ballungsräumen Hamburg, Bremen, Lüneburg, Hannover und Braunschweig angenommen werden.

Das Innenmarketing im Fahrradtourismus

Eine qualitativ hochwertige Produktgestaltung und eine erfolgreiche Vermarktung setzen professionelles, planvolles Handeln voraus, das die Bevölkerung und Leistungsträger adäquat einbindet. Neben dem Außenmarketing trägt daher das Innenmarketing wesentlich zum Erfolg einer Vermarktungskampagne bei. Das Innenmarketing ist wichtig, um die Akteure in der Region zu motivieren und zu aktivieren. Ein fahrradtouristisches Angebot kann sich nur dann erfolgreich am Markt platzieren, wenn die Bevölkerung und Leistungsträger der entsprechenden Region das Angebot mittragen und aktiv an der Qualitätssicherung und -verbesserung mitwirken. Damit wird bereits deutlich, dass dem Innenmarketing und der Einbindung der Akteure bei der Vermarktungskonzeption der Aller-Radwanderwege eine wesentliche Bedeutung zukam.

Im Kooperationsraum Aller-Leine-Tal wurde eine Arbeitsstruktur mit einer Beteiligungsebene, einer Steuerungsebene und einer Entscheidungsebene geschaffen. Auf der Beteiligungsebene wurden die interessierten Bürger und die Leistungsträger auf der Basis von Arbeitsgruppen und Workshops beteiligt. Besonders für die Vermarktung war es förderlich, die Anbieter von radtouristischen Leistungen so weit wie möglich mit einzubeziehen. Auf der Steuerungsebene setzte sich eine Lenkungsgruppe aus Vertretern der Gemeindeverwaltungen des Zweckverbandes Aller-Leine-Tal, der Tourismusverbände und Vertretern touristischer Einrichtung (Erdölmuseum Wietze) zusammen. Hier wurden wichtige Entscheidungen für die Verwaltung und Politik vorbereitet. Beispielsweise wurden anstehende Werbemaßnahmen und Maßnahmen zur Angebotsverbesserung (die teilweise zuvor in den Arbeitsgruppen oder Workshops erarbeitet wurden) diskutiert und entschieden (vgl. böregio 2005, S. 20 ff.). Ein weiterer wichtiger Baustein im Innenmarketing war eine offensive Presse- und Öffentlichkeitsarbeit. Mit Beginn der Vermarktungskampagne wurden kontinuierlich und regelmäßig alle Möglichkeiten der Pressearbeit ausgeschöpft: Pressegespräche, Pressemitteilungen, Sonderbeilagen, Einladung der Presse zu allen wichtigen Veranstaltungen, Veröffentlichung von Fachartikeln in Fachzeitschriften. Auf diese Weise konnte die Idee „Fahrradregion Aller-Leine-Tal" im Bewusstsein der Bevölkerung verankert werden (vgl. böregio 2005, S. 38 ff.). Der Beteiligungsprozess wird auch heute noch im Rahmen der LEADER-Förderung und durch die breite Beteiligung der Arbeits- und Projektgruppen bei der Umsetzung des Regionalen Entwicklungskonzepts (REK) durch die LAG fortgeführt. Der Radtourismus hat sich im Aller-Leine-Tal als das wichtigste Standbein des Tourismus etabliert und soll zukünftig weiter gestärkt werden. Dazu soll das vorhandene Radwegenetz weiter ausgebaut und innovative Angebote und spezielle Serviceleistungen entwickelt werden (vgl. KoRiS 2007, S. 1, 65).

Abb. 65:   Arbeitsstruktur der Vermarktungskampagne

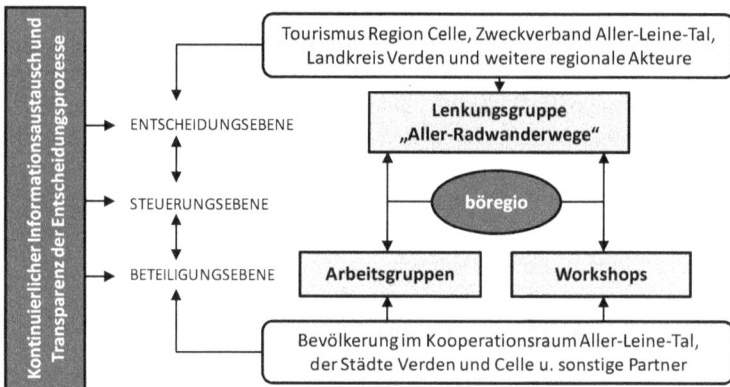

Quelle: böregio 2005, S. 22.

Angebotsgestaltung und Vermarktungsbausteine für die „Aller-Radwanderwege"

Der Aller-Radweg, die Aller-Radweg-Nebenstrecke und die regionalen Radrouten boten ein sehr gutes Ausgangspotenzial. Sie sind zu einem zusammenhängenden Radwegenetz weiterentwickelt worden, das vielfältige Möglichkeiten für die Bildung thematischer Routen und für eine individuelle Routengestaltung bietet. Die Wegeführung, Wegequalität und die Beschilderung wurden optimiert, sodass die Aller-Radwanderwege nun die im Tourismus geforderten Anforderungen erfüllen. Die vorhandene, begleitende Infrastruktur ist ausreichend, aber noch verbesserungswürdig. So besteht insbesondere ein Mangel an Rastplätzen und Schutzhütten sowie an Fahrradabstellanlagen und -servicestationen.

Die Profilbildung zielte darauf ab, dass der Kooperationsraum Aller-Leine-Tal für die Radfahrer und Radfahrerinnen als Einheit wahrnehmbar ist. Alle Aufenthaltsvarianten, die im Zusammenhang mit der Nutzung der Aller-Radwanderwege in Verbindung stehen, sollten unter einem einheitlichen Produktnamen und einem einheitlichen Logo mit hohem Wiedererkennungswert vermarktet werden. Die strategisch wichtige Anlehnung an die bereits eingeführte touristische Dachmarke „Aller-Leine-Tal" mit ihrem schon bestehenden Identifikationspotenzial wurde in den Workshops und Lenkungsgruppen-Sitzungen schließlich durch die Entscheidung für den Produktnamen „Radeln im Aller-Leine-Tal" erreicht. Der Aller-Radweg, der gleichzeitig als ausgewiesener Radfernweg fungiert, erhielt ein eigenständiges Logo, das nur geringfügig von dem des Aller-Leine-Tal-Logos abweicht und mit dem er bis nach Sachsen-Anhalt hinein ausgeschildert ist (vgl. Mühlnickel 2006, S. 103).

Abb. 66:   Einheitliches Logo und Erscheinungsbild

Quelle: böregio 2005, S. 41.

Im Verlauf der Vermarktungskampagne sind dann folgende Vermarktungsbausteine entwickelt worden (vgl. böregio 2005, S. 31 ff.):

- Printmedien (z. B. Imagebroschüre, Unterkunftsverzeichnis speziell für Radfahrer, Faltblatt),

- Einführung des Internetauftritts „www.radeln-aller-leine-tal.de",

- Optimierung der Messepräsens,

- Platzierung des Aller-Radweges im Angebotskatalog des ADFC „Deutschland per Rad entdecken" sowie

- Etablierung eines jährlich wiederkehrenden „Aller-Rad-Tages".

Eine Radfahrer-Befragung über die gesamte Fahrradsaison 2007 verdeutlichte die Erfolge der Vermarktungskampagne. Die Streckenqualität, Ausschilderung und der Service der Tourist-Informationen werden im Durchschnitt mit „gut" beurteilt. Insbesondere der Aller-Radweg wird als „empfehlenswertes Produkt" bezeichnet. Die Befragung zeigte auch, dass sich die Radfahrer überwiegend in den Tourist-Informationen, übers Internet und durch Radkarten und Prospektmaterial informieren. Die Einführung dieser Vermarktungsbausteine hat sich also gelohnt. Bei der Beherbergung konnte im Verlauf der Vermarktungskampagne der Anteil der Bett+Bike-Betriebe von 35 Betrieben im Jahr 2004 auf 43 Betriebe im Jahr 2007 gesteigert werden. Eine Anbieterbefragung im Jahre 2007 ergab in den Betrieben eine Steigerung der radfahrenden Gäste um rund 10 % (vgl. böregio 2007, S. 43 ff.).

Abb. 67: Startseite der Internetpräsentation „Radeln im Aller-Leine-Tal"

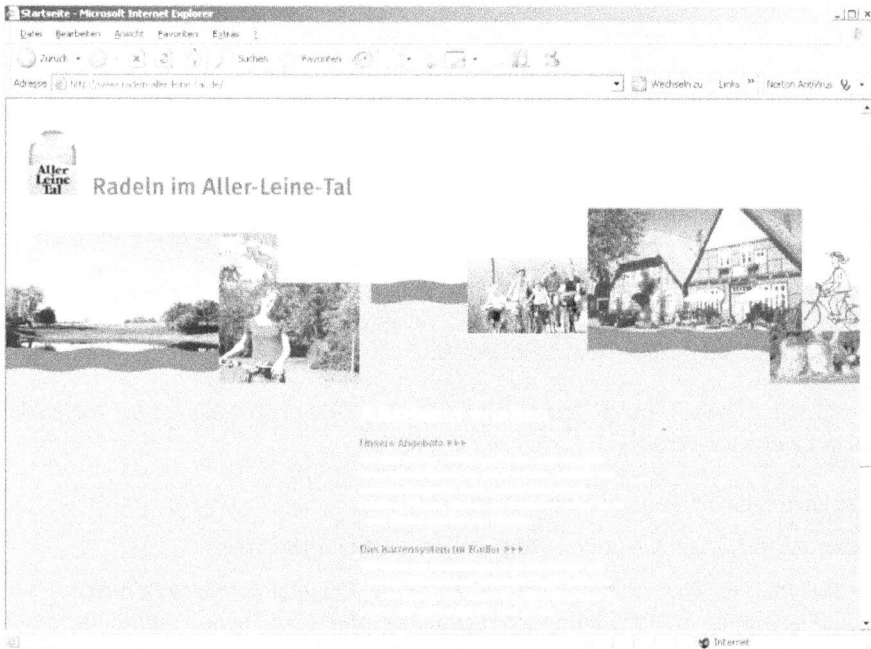

Quelle: Tourismusregion Aller-Leine-Tal 2008.

Fazit und Ausblick

In Zusammenarbeit mit allen Akteuren und Arbeitsgruppen ist in relativ kurzer Zeit sehr viel entwickelt worden. Das Produkt „Aller-Radwanderwege" wird inzwischen über vielfältige Kommunikationsbausteine erfolgreich vermarktet. Als besonders wichtig haben sich für die Vermarktung folgende Teilaspekte erwiesen:

- Eine Sensibilisierung der Bevölkerung, der touristischen Leistungsträger und Politiker für die Entwicklungsmöglichkeiten des Radtourismus.

- Eine langjährige Beteiligungskultur im Aller-Leine-Tal erleichterte die Umsetzung von Maßnahmen im Radtourismus.

- Eine schnelle Ausschilderung des Radwegenetzes und die Anfertigung von Kartenmaterial waren für die Motivation aller Beteiligten sehr wichtig.

- Die Vorteile eines touristischen Radwegenetzes müssen für alle Kooperationspartner erkennbar sein. Sie zeigten sich im Aller-Leine-Tal z. B. an einer Zunahme der Übernachtungen von Fahrradtouristen in fahrradfreundlichen Unterkunftsmöglichkeiten. Inzwischen ist auch die Quote der Bett+Bike-Betriebe (ca. ein Viertel des gesamten Bettenangebots in der Region) spürbar gestiegen.

- Durch die Treffen der Lenkungsgruppe wurde eine kontinuierliche Kommunikationsplattform geschaffen, die die radtouristischen Belange des Aller-Leine-Tals (Zweckverband Aller-Leine-Tal) und des überregionalen Radfernweges Aller-Radweg (Tourismus Region Celle) berücksichtigte.

- Zum Informations- und Erfahrungsaustausch über den Stand der Maßnahmen eigneten sich Workshops (z. B. zum Thema Bett+Bike) mit den Vertretern der Kommunen. Hier konnten Schwierigkeiten, aber auch positive Anregungen erörtert werden.

- Durch das EU-Förderprogramm LEADER+ wurden frühzeitig Mittel für die Kommunikationsbausteine (Printmedien, Internetpräsentation, Beschilderung) einkalkuliert und bereitgestellt.

- Die abgestimmte Präsentation auf Messen und die Organisation einer medienwirksamen Veranstaltung zur Eröffnung des Aller-Radweges (Aller-Radtag als Event) erhöhte die Aufmerksamkeit und Bekanntheit des Produktes.

- Durch das erfolgreiche Innenmarketing sind neue radtouristische Produkte entwickelt worden. Eine Energie-Route im Aller-Leine-Tal informiert Radfahrer über das Thema Energie (Wasserkraft, Sonne, Wind, Erdwärme).

Zukünftig müssen jedoch folgende Handlungsfelder zur Weiterentwicklung des regionalen Radtourismus bearbeitet werden:

- Bessere überregionale Vermarktung,

- Verbesserung der Zusammenarbeit mit Hotellerie und Gastronomie,

- die für Radreisende zentrale Frage von Quantität und Qualität der gastronomischen Versorgung (Gaststätten, Übernachtungsmöglichkeiten) bleibt im Kooperationsraum weiterhin ein Thema, auch wenn die Angebotsdichte schon jetzt räumlich ausreichend ist,

- Ausbau der Kundenbetreuung bzw. Hotline,

- Ausbau des Service z. B. Bustransfer, Radverleih, Gepäcktransport, One-way Fahrrad-verleih,

- Landkreis- und länderübergreifende Zusammenarbeit beim Aller-Radweg und

- Ausbau der Verbindungswege zwischen den anderen Radfernwegen (Radfernweg 15/Heide Tour, Radfernweg 4/Leine-Heide-Radweg und Radfernweg 12/Von der Weser bis zur Elbe) im Aller-Leine-Tal.

7.5   MTB-Parks – das Beispiel Leogang in Österreich

(Stefan Tölle)

Grundlage dieser Fallstudie ist eine Diplomarbeit „Mountainbiking in Tirol – Eine Analyse des Tiroler Mountainbike-Modells aus geographischer Sicht" an der Universität Mainz im Studiengang Geographie. In dieser Arbeit wurde u. a. der Bikepark in Leogang (Salzburger Land) dahingehend untersucht, welche positive Entwicklung dieser Park auf das vorhandene touristische Angebot hat (vgl. Tölle 2002).

Basierend auf den Ergebnissen (qualitative Interviews) von 2001, wurde im Sommer 2007 ein Interview mit der Geschäftsführung des Bikeparks Leogang vereinbart, um positive Ent-wicklungen oder auftretende Probleme in dieser Veröffentlichung zu beschreiben. Durch die Beobachtung des laufenden Betriebs in der Hochsaison und Gespräche mit den Kunden konnten die Eindrücke von 2001 mit den heutigen verglichen werden.

Leogang – Lage und Tourismus

Der Ort Leogang liegt im österreichischen Bundesland Salzburg. Zusammen mit der Ge-meinde Saalfelden am Steinernen Meer liegt der Ort in der Region Pinzgau. Die Loferer und Leoganger Steinberge bilden den nördlichen Abschluss des Tals, der Asitz den südlichen Abschluss. Mit dem Pass Hochfilzen und der im Tal verlaufenden Ost-West Eisenbahnlinie Wörgl (Kitzbühel) – Bischofshofen (Zell a. See) liegt Leogang verkehrsgünstig. Mit dem Rückgang des Bergbaus und der Landwirtschaft bot die Entwicklung des Tourismus in den 50er Jahren eine alternative Einkommensgrundlage. Der klassische Wandertourismus im Sommer und Alpiner Wintersport waren bis Anfang der 90er Jahre die Standbeine der Tou-rismuswirtschaft. Dem spürbaren Rückgang der Sommergäste und daraus resultierenden Übergewicht der Wintersaison sollte mit zwei Strategien begegnet werden: Qualitätsverbes-serung (Trend zu 4- bis 5-Sterne-Kategorie) und Verbesserung des Sportangebots (vgl. Thur-ner 2001, S. 3). Der Zusammenschluss mit Saalbach-Hinterglemm zur Skischaukel mit 300 km Pisten und 55 Liften wurde notwendig.

Die Region wurde neben anderen Natursportarten (Paragliding) auch für Mountainbiker erschlossen. Mit der Übernahme des Mountainbike-Wegemodells der österreichischen Bun-desforste ab 1998 wurden die Forstwege der Region beschildert. Die Initiative Bike-Hotel e. V. und die Firma „mts" erarbeitete mit den Touristikern vor Ort ein Konzept, in Leogang den bis dahin größten Bikepark Europas zu bauen. Das Wintersportgebiet um die Asitzbahn bot die nötige Infrastruktur (Hotel, Gastronomie, Parkplätze, Bergbahn).

Abb. 68:   Nächtigungsstatistik Land Salzburg – Vergleich Leogang, Saalbach-Hinterglemm, Saalfelden Jahre 2005–2010

Nächtigungsstatistik Land Salzburg					
Ort	Jahr	Betten	Nächtigungen Sommer	Nächtigungen Gesamt	Zunahme Sommer
Leogang	2005	3227	141.830	392.174	–
	2006	3227	138.953	389.090	– 2.877
	2007	3455	151.362	451.976	+ 12.409
	2008	3551	172.317	477.710	+ 20.955
	2009	3508	190.327	510.307	+ 18.010
	2010	3772	218.788	–	+ 28.461
Saalbach-Hinterglemm	2005	13671	559.841	1.958.854	–
	2006	13356	505.176	1.933.488	– 54.665
	2007	13701	541.253	2.007.531	+ 36.077
	2008	14298	517.342	1.954.699	– 23.911
	2009	13456	499.890	1.988.212	– 17.452
	2010	13614	536.012	–	+ 36.122
Saalfelden	2005	2847	111.236	223.365	–
	2006	2840	100.012	216.984	– 11.224
	2007	2869	105.062	233.497	+ 5.050
	2008	2992	104.099	225.912	– 963
	2009	2957	108.805	213.303	+ 4.706
	2010	2817	100.621	–	– 8.184

Quelle: eigene Darstellung in Anlehnung an Land Salzburg 2011.

Bikepark Leogang

Der Bikepark Leogang ist ein abgesperrtes Areal, in dem Wege und Pisten für die extremen Formen des Mountainbikings bereitstehen: Downhill, Freeride, North Shore. Der Park ist nach Angaben des Betreibers immer noch die größte Anlage dieser Art in Europa. In Deutschland gibt es die „Pionier-Anlagen" in Todtnau, Winterberg und Bischofsmais, die als erste eine Steighilfe oder Bergbahn mit künstlich gebauten Pisten für Abfahrer verbunden haben. Seit 2003 wird in jeder Region, die ein Mountainbike-Wegenetz ausschildert, auch ein Bikepark geplant. Dieser ist ein wichtiger Anziehungspunkt für jüngere Fahrer und meist auch Veranstaltungsort für Bike-Events. Ähnlich wie in anderen anlagengebundenen Sportarten (Skateboard, Snowboard, BMX) treten die Fahrtechnik des Bikers und die Ausstattung des Bikes in den Vordergrund.

Abb. 69:   Bikepark in Leogang

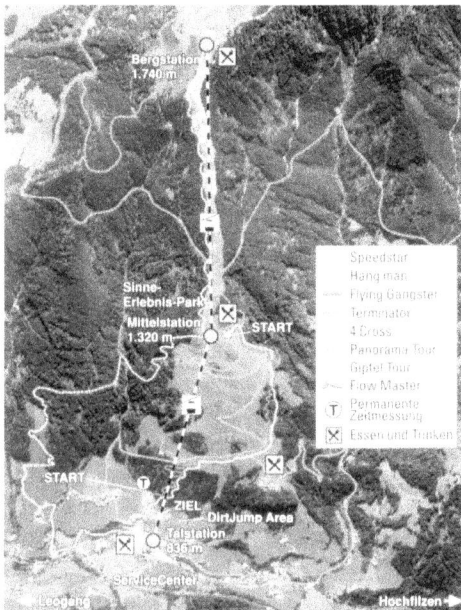

Quelle: Tourismusinformation Saalfelden-Leogang 2007.

Planung und Kooperation

Die Planung und Ausführung der Anlage in Leogang wurde 2000 von Oliver Grossmann, einem ehemaligen Weltpokal-Fahrer, durchgeführt und überwacht. Die Ziele waren eine anspruchsvolle Streckenführung, eine Erweiterungsmöglichkeit der Strecken und die landschaftsökologische Verträglichkeit der Baumaßnahmen (vgl. Bike-Hotel e.V. 2001, S.19; „bike"-Magazin 2001, S.190).

Grundmotivation der Entwicklung eines Bikeparks ist nach *Watzek* immer: „…die Schaffung von natürlichen Erlebniswelten rund ums Thema Mountainbiking. […] Territorien und Parks zu schaffen, wo der Biker sich austoben kann und die nicht einen irrsinnigen Eingriff in die Natur darstellen. Man schaffte ein gebündelt absolut spezialisiertes Angebot" (Watzek 2001, S.2).

Durch einen Zusammenschluss von Sponsoren aus der Radindustrie, Bekleidung und Ernährung entstand eine stabile Finanzgrundlage, die es ermöglichte, vom Radverleih bis zur Seilbahnnutzung eine einheitliche Preisstruktur durchzusetzen. Die zahlreichen Steighilfen werden überwiegend im Winter genutzt, bieten aber Sportbikern die Möglichkeit ohne Kletterei nur technisch anspruchsvolle Passagen zu fahren. Die Skiarena Saalbach-Hinterglemm-Leogang ist eine der größten in Österreich und bietet allein in Leogang 3.227 Gästebetten in der Sommersaison 2006 (vgl. Land Salzburg 2007, S.4). Zusammen mit zwei speziellen Bike-Hotels, die auf die Bedürfnisse der Sportler zugeschnitten sind, wird ein qualitativ hochwertiges Angebot geschaffen. Zudem ist Leogang von Salzburg und dem Voralpenland relativ schnell erreichbar und verfügt über einen Bahnhof, was in Tourismusorten der Alpen eine Ausnahme darstellt.

Ausstattung und Nutzer (2001)

Das hauptsächliche Ziel eines Bikeparks ist „Action". Verglichen mit dem Zeitaufwand sollen viele Abfahrten möglich sein. Die hohe Varianz der Streckenführung ist wichtig und ein professionelles Angebot: Das heißt, die Betreiber brauchen als Guides Personen, die selber besser fahren als die Kunden.

Die Kundenorientierung ist der entscheidende Faktor eines Bikeparks wie Leogang. Extremes Fahren und Grenzerlebnisse der Nutzer sind nur dann möglich, wenn der Nutzer sich blind auf Material und Absicherung verlassen kann. Die Absicherung bezieht sich einerseits auf die Streckenmarkierung und Umfahrung von Hindernissen, die als zu schwer erscheinen, andererseits auf die Aussperrung von Fremdnutzern. Nur dann kann eine Konzentration auf das Wesentliche seitens der Biker erfolgen.

Im August 2001, etwa sechs Wochen nach der Eröffnung des Bikeparks Leogang (damals noch BikeWorld), nutzten viele einheimische Biker den Park, um sich mit Gleichgesinnten auszutoben. Die Nutzung ist eng an die Laufzeiten der Bergbahn gekoppelt, da niemand ein Downhill-MTB (Mountainbike) knapp 500 Höhenmeter bergan schieben möchte. Der Service ist entscheidend, ob im nächsten Jahr oder in der nächsten Saison der Gast wieder vor Ort ist.

Als Kommunikationsplattform dienen bekanntlich Internetforen, auf denen jede kleine Abweichung von der Norm ausgiebig diskutiert wird. Besonders im halbprofessionellen Anlagensport (Downhill, Freeride) sind positive Aussagen für den Betreiber enorm wichtig geworden; sie dienen als Marketinginstrument, um Trends zu erkennen und eine Entwicklung am Markt zu gewährleisten.

Kurze Erläuterung zu den Begriffen:

Single Trail: einspuriger, bis ca. 50 cm breiter Pfad ohne Ausweichmöglichkeit.

Etappenfahrer: Biker, der täglich eine Tagesetappe für die Überquerung von Mittel- oder Hochgebirgen, Rennen usw. zurücklegt.

Downhill: möglichst steile und enge Passage, die zwischen oder über natürliche Hindernisse führt, Wechsel zwischen langsamen Trial und schneller Abfahrt üblich, tiefe Sprünge zur Überwindung der Hindernisse nötig

Freeride: schneller und nicht nur waldgebunden, meist künstliche Schanzen und Hindernisse, etwas breitere Passagen und Steilkurven, lange Sprünge möglich

North-Shore: Fahrt auf künstlichen Planken (Leitern) und Wippen, relativ hoch über Grund, teilweise im Wald, meist aber auf Wiesen, Absprünge und Rampen, teilweise auch mit Schanzen und Stapeln bebaut

Cross: hier als Abwandlung der aus Moto-Cross und BMX abgeleiteten Wettkampf-Variante im MTB-Sport; zwei oder mehr Fahrer treten auf Zeit an. Sprünge und Kurven ähnlich wie Freeride.

Dirt jump: (aus dem BMX-Sport abgeleiteter,) abgesperrter Parcour mit Sprunghügeln, die für Figuren (z.B. Salto etc.) genutzt werden.

Incentives: von Firmen für Angestellte/Kunden angebotene Motivationsmittel (z.B. MTB-Kursus), damit die Bindung zur Firma/Marke erhöht wird.

Ein abgeschlossener Bikepark hat mehrere Vorteile:

- Ähnlich einer Go-Kart-Bahn oder Moto-Cross-Strecke können Biker an ihre Grenzen gehen, ohne Unbeteiligte zu gefährden.

- Die Strecken sind dauerhaft gesichert und beschildert.

- Es gibt genügend Auslaufzonen und es herrscht Einbahnverkehr.

- Durch die Bergbahn und andere Aufstiegshilfen können die Mittelstation oder die Bergstation in ca. 15 min erreicht werden.

Die Strecken gliedern sich in steilen Downhill (quer durch den Wald), schnellen Freeride mit Sprüngen (meist auf Schotter), bike-cross (ähnlich einer Halfpipe) und Single-Trail-Track (Naturpfad, sehr schmal, lange Abfahrt). In der freien Natur oder auf den beschilderten Strecken der MTB-Wegenetze wären weite Sprünge undenkbar. Auch ist eine ständige Wiederholung der Übung bis zur technischen Perfektion ohne Bikepark nicht machbar oder sehr gefährlich. Auf einem kleinen Übungsparcours können Anfänger und Wiedereinsteiger die Platzreife erlangen. Der angeschlossene Radverleih, der unbedingt zu jedem Bikepark dazugehört, erlaubt es auch, wie in einem Freizeitpark, ohne Rad anzureisen, den Vormittag über zu fahren und sich nicht um Schäden am Material zu kümmern. Spezielle Downhill-Bikes sind extrem schwer und teuer; für den normalen Nutzer also nicht lohnenswert, wie auch die notwendige Schutzausrüstung für eine Abfahrt.

Genau aus diesem Grund sind alle Bikeparks, egal welcher Größe, für Nutzer aller Altersschichten sehr attraktiv. Sie bieten aus einem Guss ein Komplettangebot und üben, bei entsprechendem Service, eine hohe Anziehungskraft aus.

Zielgruppen

Ein Bikepark ist vom Entwurf her nicht für Gelegenheitsfahrer gedacht. Zwar dient ein angeschlossener Bikeparcours zum Fahrtechnik-Training, doch ist es ohne entsprechende Fahrpraxis kaum möglich, binnen Tagesfrist bspw. einen North-Shore-Track zu fahren. Vielmehr sollen junge, aktive Mountainbiker angezogen werden, die abseits der beschilderten Touren einen besonderen „Kick" suchen. In der Diplomarbeit von *Tölle* heißt es 2002: „Der Park (Leogang) liegt also im Trend der Erlebniswelten, die Grenzerfahrung mit einem Höchstmaß an Komfort und Ausstattung ermöglichen. Es ist weiterhin damit zu rechnen, dass […] spezielle Terrains wie Skateboard-Pipes, Bikeparks und Klettergärten bald in die Landschaft gehören wie Tennisplätze" (Tölle 2002, S. 48). All diejenigen, die durch die Auseinandersetzung mit der Natur mittels extremer Natursportarten dem Konsum und Kommerz entfliehen wollen, finden in einem Bikepark keine Erfüllung. Die trendorientierten Biker aber, die ständig auf der Suche nach Neuheiten sind und viel Geld und Zeit investieren, wollen genau dieses Podium haben, um sich darstellen zu können. *Watzek* schilderte die Situation im Interview 2001 sehr anschaulich: „Das ist halt so […], dass man sagt, man will den sportlich orientierten Mountainbiker, also nicht den Etappenradfahrer […], wie es ihn an allen Flüssen gibt. […]. Sondern den Mountainbiker, […] der sich das ganze Jahr über damit beschäftigt, d. h. der also auch eine gewisse Liebe zum Reparieren von Federgabeln hat und sein Rad mehr liebt als seine Frau!" (Watzek 2001, S. 2).

Dabei wird das Miteinander der Biker nicht als Konkurrenz gesehen. Besonders die jüngere Sportlergruppe, die nicht stundenlang Höhenmeter fahren möchte, geht gern in Bikeparks.

Diese Gruppe der 15 bis 35-Jährigen ist begeisterungsfähig und das Können zählt mehr als das optimale Rad. Ein Meinungsaustausch wird persönlich und wie erwähnt auch über Internetforen gepflegt. Die Gruppenreise oder eine Vereinsbindung sind kein Widerspruch zum Naturerleben oder der Grenzerfahrung, die ja durch das Sportgerät eine individuelle bleibt.

Der Bikepark in Leogang zielt nicht auf Incentives (vgl. Watzek 2001, S. 3; Grundner 2007, S. 2). Eine geschlossene Veranstaltung findet nur zu den zwei bis drei Hauptevents statt.

Ausgangslage 2001 und heutiger Stand

Die Anlage

Wie bereits angesprochen, differenziert sich der Bikepark Leogang in drei lange Abfahrtsstrecken (Single-Trail, Downhill und Freeride) und eher kurze Wettbewerbsstrecken (Dirtjump, 4-Cross, North-Shore-Track). Die Anlage ist ausdrücklich für internationale Wettbewerbe und Festivals ausgelegt. Die Wartung der Strecken wurde von Anfang an von den Bergbahnbetreibern der Leoganger Bergbahnen durchgeführt, die auch die Skipisten Sommer wie Winter pflegen (vgl. Tourismusinformation Saalfelden-Leogang 2007).

2001 war der Bikepark nach einem Probebetrieb mitten in der Saison (01. Juli 2001) geöffnet worden. Der Bikeparcours war zu diesem Zeitpunkt noch im Bau. Der Radverleih befand sich relativ weit vom eigentlichen Bikepark und war nur über Stufen erreichbar. Ein Vorteil waren die vielen Parkmöglichkeiten und der einfache Zugang zum Bikepark – Kontrollen für die Nutzung gab es kaum. Auch war die Bergbahn noch nicht komplett auf den Radtransport ausgelegt und die Räder konnten nur außen mitgeführt werden. Als Unterkunft und Verpflegungsstation diente (und dient) das Hotel „Salzburger Hof" (Bike-Hotel). Erst mit der kompletten Saison 2002 und verschiedenen Events wurde der Bikepark zur versprochenen Topmarke. Die Prognose von *Watzek* traf teilweise ein: „... Produkte wie die BikeWorld (Bikepark) (fördern) den Trend v. a. bei den unter 25-Jährigen hin zu Downhill, Dual (-Cross) usw. [...] (Es ist) eine Bereicherung der Szene, weil es bei der Zielgruppe auch eine Altersstruktur hat, wo der Freund gleich mitmacht, weil es trendig wird" (Watzek 2001, S. 2).

Abb. 70:   Ansicht North-Shore und Cross vom Zielbereich/Talstation

Quelle: Tölle 2007, S. 77.

Seit der Wintersaison 2005 sind die Leoganger Bergbahnen alleiniger Betreiber des Bike-Parks Leogang. Bereits zur Saison 2004 wurden umfangreiche Umbaumaßnahmen durchgeführt, um die Wartung der Strecken zu verbessern. Der North-Shore-Track wurde gebaut und der Single-Trail beschildert. Nach einem Umbau der Kabinen der Seilbahn konnten die kostbaren Downhill-Bikes nun innen transportiert werden. Die Seilbahntalstation wurde komplett erweitert und ein Parkhaus angeschlossen. Auf dem Parkhaus finden sich Zuschauertribünen und der Zieleinlauf. An die Bergbahn angeschlossen sind ein Restaurant, der Radverleih mit Sportgeschäft und eine Tourist-Info-Station. Kostenlose Duschen und Schließfächer sind im Kellergeschoss vorhanden. Die Doppelnutzung als Ski- und Bike-Arena führte zum Neubau eines Hotels, einer Bar und einer Skischule mit Kinderbetreuung neben der Talstation. Neu hinzugekommen sind eine Kinderwelt mit Bobbahn und der neu gebaute Übungsparcours daneben. Ein Förderband bringt die Anfänger ca. 20 Höhenmeter den Berg hinauf, um zum Start zu gelangen.

Interviews 2001 und 2007

Die Strukturen der Interviews mit *Watzek* und *Grundner* von 2001 und 2007 weichen stark voneinander ab. 2001, im Rahmen der Diplomarbeit, ging es ausschließlich um die Einschätzung *Watzeks* hinsichtlich der Erfolgsaussichten eines MTB-Wege-Modells aus Sicht des Marketings. Der Hinweis auf die BikeWorld Leogang war eine Zusatzinformation. Beim Interview mit *Grundner* wurden nur Fragen zum Bikepark gestellt.

Nach Aussage von *Grundner* lohnen sich die großen Investitionen, da die Zuwächse im Mountainbike-Tourismus mittlerweile auf hohem Niveau stagnieren, während der Rückgang im Sommertourismus seit Inbetriebnahme des Spezialangebots gestoppt werden konnte. Die Erfahrungen mit den „neuen" Gästen sind durchweg positiv. Eine kostenlose MTB-Karte informiert über die beschilderten Routen und die Bikeparks. In Saalbach-Hinterglemm ist ein zweiter Park entstanden, der „adidas-Freeride". Die Kombination der Tageskarten für die Bergbahnen erlaubt eine gemeinsame Nutzung; beide Parks sind auch über das MTB-Wegenetz miteinander verbunden.

Eine Steigerung der Nächtigungszahlen im Sommer ist nur durch Mountainbiking nach Aussagen *Grundners* und der Prognose *Watzeks* nicht möglich. Die Aufwertung des Ortes durch junges, kaufkräftiges Publikum war hingegen ein erwünschter Effekt. Das Out-of-bounds-Weekend im Bikepark Leogang hat mittlerweile einen festen Platz im Freeride-Kalender, der ixs-downhill-Cup sowie das Saisonfinale werden überregional angenommen.

Die Kundenstruktur des Bikeparks lässt sich nach Aussage *Grundners* (vgl. Grundner 2007, S. 1) wie folgt strukturieren:

- Alter der Gäste im Bikepark zwischen 15 und 35 Jahre,
- professionelle Ausstattung (downhill-freeride),
- schon Bikepark-Erfahrung,
- hohes fahrtechnisches Niveau,
- hoher Serviceanspruch,
- konsumfreudig,
- viele Tagesgäste aus Österreich sowie
- ausländische Touristen aus Nachbarregionen (Tirol, Bayern).

Als Grundlage dienen die Angaben auf Tageskarten oder im Radverleih. Eine freiwillige Erhebung der Daten durch die Bergbahnen finden im Rahmen einer Gästebefragung statt.

Für die Kundenansprache wird überwiegend das Internet genutzt. Zeitschriftenwerbung und überregionale Werbung auf Messen wird nur für Events geschaltet.

Ausblick

Der Bikepark Leogang ist wirtschaftlich und durch sein Image fest etabliert. An den Dimensionen und Streckenlängen der einzelnen Routen wird sich in Zukunft nicht viel ändern. Die fahrtechnischen Besonderheiten werden aber weiter variieren und neu geschaffen. Eine gewisse Wetterunabhängigkeit durch befestigte Pisten und einem wetterfesten Bikeparcours sorgt auch in mäßigen Sommern für Kundschaft. Für den Bereich des Dirtjump und Teile der Single-Trails ist eine feuchte Oberfläche sogar wünschenswert, da ein höherer Grip entstehen kann.

Die Gesamtheit des Parkgeländes wird auch im Winter als Skipark genutzt. Eine Snowboard-Arena und die Bandbreite von schwerer Rennpiste bis zum Übungshang der Skischulen werden präpariert. Diese Doppelnutzung wird durch die Lage zwischen 800 und 1.800 m Höhe möglich.

Fazit

Mit der BikeWorld in Leogang wurde 2001 ein Bikepark eröffnet, der in seiner Dimension Europas größter Fahrtechnik-Parcours für Mountainbiker war. Die feste Integration in das touristische Konzept der Orte Leogang und Saalfelden und die Bündelung der Aktivitäten im sommertouristischen Angebot führten zu einem Erfolg. Die Zusammenarbeit aller Anbieter der Mountainbike-Infrastruktur (Bergbahnen, Bike-Hotels, Verleih und Werkstatt) im Pinzgau verdeutlicht einerseits den wirtschaftlichen Zwang, größere Strukturen für Spezialangebote zu schaffen, andererseits die Notwendigkeit, durch Spezialisierung (Bikeparks, Events) ein Angebot als Topmarke zu entwickeln.

Diese Spezialisierung in Form von künstlichen Erlebniswelten wirft aber auch Probleme auf. Falls der Trend zu Downhill und Freeride bei den jungen Gästen abreißen sollte, muss ein Rückbau stattfinden. Extreme Natursportarten beinhalten das Risiko schwerer Unfälle. Diese sind nach Presserecherchen bislang im Bikepark Leogang nicht geschehen, doch zeigt das Beispiel der Nachbargemeinde Kaprun wie schnell ein Name als Symbol für ein Unglück geprägt wird. Außerdem bringt die Konzentration auf eine Sportart wieder die Abhängigkeit mit sich, die der klassische Wandertourismus der Sommersaison (oder der Alpine Skitourismus der Wintersaison) bereits in den 1990er Jahren zeigte.

Jede Region, die mittlerweile ein Mountainbike-Wegenetz irgendwo in Deutschland, Österreich und der Schweiz anbietet, schafft einen Bikepark. Damit werden Kurzurlauber gehalten und die erhofften jüngeren Gäste gelockt. Wenn wie oben angesprochen, „Action" und Events in vielen Mittelgebirgen (Sauerland, Harz, Eifel usw.) geboten werden, geht die Exklusivität verloren.

Im Hinblick auf den viel zitierten Klimawandel kann eine Verlagerung auf den Sommertourismus in den Alpen eine erfolgversprechende Maßnahme sein. *Elsässer und Bürki* gaben in ihrer Studie „Auswirkungen von Umweltveränderungen auf den Tourismus" zu Bedenken: „Wenig schneesichere Skigebiete müssen mit einem Rückgang an jüngeren Gästen, Tagesgästen und Skifahrern mit wenigen Skitagen im Jahr rechnen." (Bürki/Elsässer 2003, S. 871). Genau auf diese Gäste zielt ein Angebot wie der Bikepark. Die Extremsportler sind nach einer Studie von *Escher* im Mai 2000 am Gardasee jünger, spontaner, einkommensstärker, konsumfreudiger, gern in Gruppen unterwegs und mobiler als traditionelle Sommertouristen (Escher 2000, S. 82, 136). In niedrigen bis mittel hohen Lagen der Alpen wird bei fehlender Schneesicherheit die Sommersaison interessanter werden als sie es durch den tief greifenden Wandel im Leitbild der Tourismusmacher seit den 90er Jahren ohnehin schon ist.

Zu beachten ist außerdem, dass die Studie nur ein Exkurs aus einer umfangreicheren Untersuchung ist. Deshalb sind die Aussagen über die Region Saalfelden-Leogang und das Mountainbiking nur räumlich und zeitlich eng begrenzt zu interpretieren. In der Region Pinzgau wird es mutmaßlich Anbieter von Wander- und Klettertourismus oder Wassersport geben, die eine Konzentration auf den Bikeparcours nicht gutheißen. Denn die Gäste des hochspezialisierten Bikeparks sind nicht Sporttouristen, die zwei oder drei Sportarten in einer neuen Region ausprobieren. Sie kommen nur zum Radfahren und halten sich tagsüber in einem etwa 3 km^2 großen Areal auf, wo sie mit allen relevanten Angeboten versorgt werden. Doch die Etablierung einer neuen Gästegruppe für den Sommertourismus hat in der Region zu einer Stabilisierung der Nächtigungszahlen geführt, von der wiederum alle Anbieter profitieren.

7.6   Die Volksbank Arena Harz: MTB-Entwicklung in einer Mittelgebirgsregion

(Rainer Mühlnickel und Heike Volkmann)

Einleitung

Der Harz, das nördlichste Mittelgebirge Deutschlands, ist ein traditionelles Zielgebiet für den Naturtourismus. Er bietet Erholung in der Natur, v.a. Wandern und Wintersport sind sehr beliebt. Zu den landschaftlichen Highlights gehören der Brocken (1.142 m) und das Oberharzer Wasserregal mit seinen vielen Talsperren. Ferner bieten die Bergbaumuseen, Schlösser und traditionsreichen Ortschaften ein abwechslungsreiches kulturelles Angebot. Der Harz verfügt über eine gut ausgebaute Infrastruktur z.B. Wanderwege, Schutzhütten, Unterkünfte und Gastronomie, die auch für das Radfahren genutzt werden können.

In den vergangenen Jahren wurde die Freizeitregion Harz vom touristischen Strukturwandel überproportional stark betroffen. Beispielsweise führten die milden Winter zu Einbrüchen im Wintersporttourismus und eine Überalterung der Gäste mit wenig nachrückenden jüngeren Gästegruppen sorgte allenfalls für lokales Wachstum. Insgesamt ließ sich ein deutlich merkbarer Rückgang der Übernachtungszahlen und der Aufenthaltsdauer der Gäste feststellen. Im Jahresvergleich 2006 zu 2007 sanken die Übernachtungszahlen um 4,5 % (vgl. Tourismusverband Niedersachsen e.V. 2008). Diesem Trend sollte durch ein neues Angebot, dem Mountainbiking, entgegengewirkt werden. Aufgrund seiner naturräumlichen Voraussetzungen und infrastrukturellen Ausstattung bietet der Harz beste Voraussetzungen für den Mountainbike-Tourismus.

In einem aufwendigen, fast zweijährigen Planungsprozess wurde das Mountainbike-Routennetz „Volksbank Arena Harz" entwickelt. Die Herausforderungen bestanden zum einen in der Errichtung eines Angebotes, das die Erwartungshaltung der Zielgruppe Mountainbiker optimal erfüllt und zum anderen in der Berücksichtigung der Interessen vieler verschiedener Beteiligter sowie der Schaffung von Akzeptanz für das neuartige, sporttouristisch orientierte Angebot. Dieses Fallbeispiel beschreibt die wesentlichen Planungsschritte, von der Entwicklung der Qualitätskriterien und der Routensystematik, über den Abstimmungsprozess bis zu den Marketingmaßnahmen.

Zielsetzungen für den Mountainbike-Tourismus im Harz

Das Mountainbiking entwickelte sich in den vergangenen Jahren von einer Trendsportart zu einer beliebten Sportart breiter Bevölkerungsschichten. Als Freizeit- und Urlaubsbetätigung ist das Mountainbiking ein beachtliches Reisemotiv. Aufgrund seiner naturräumlichen Gegebenheiten, der bestehenden touristischen Infrastruktur und den im Oberharz geplanten Downhill- und Freeride-Angeboten, MTB-Sportveranstaltungen wie dem Harzer Mountainbike-Event bietet der Harz ideale Voraussetzungen für den Mountainbike-Sport. Als neues Angebotssegment kann das Mountainbiking dazu beitragen, neue Gästegruppen zu gewinnen und den Tourismus im Harz neu zu beleben.

Als Zielgruppen kamen die Sport- und Naturbiker sowie die Ruhe- und Erholungsbiker in Betracht. Aufgrund der sehr bewegten Topographie bilden die Sport- und Naturbiker die Hauptzielgruppe. Bei dieser Gruppe dominieren sportliche Motive, Fitness und der Leistungsgedanke. Es werden dementsprechend hohe Ansprüche an die Streckenführung gestellt, z. B. Routenlängen von 40–80 km, Höhenmeter von 750–1.500 m und abwechslungsreiche Wegebeschaffenheiten mit einem hohen Anteil schmaler, fahrtechnisch anspruchsvoller Pfade, den sogenannten Single-Trails. Durch geeignete Routenführung, d. h. Begrenzung der Streckenlänge (30–50 km) und Höhenmeter (500–750 Höhenmeter) ließen sich im Harz auch Routen für die Ruhe- und Erholungsbiker entwickeln. Diese Gruppe bevorzugt das entspannte Erleben und den Naturgenuss, während der sportliche Leistungsgedanke eher im Hintergrund steht. Beide Zielgruppen stellen einen hohen Anteil im Mountainbike-Tourismus dar und sind aufgrund der naturräumlichen Gegebenheiten und bei entsprechender Routenplanung für den Harz sehr wichtig.

Mit der Entwicklung des Mountainbike-Angebotes waren folgende Zielsetzungen verbunden:

- Erschließung neuer touristischer Zielgruppen, insbesondere aus der jüngeren und mittleren Generation.

- Weiterentwicklung des touristischen Images des Harzes, hin zu einer Region für sportliche Aktivurlauber und damit Stärkung der Submarke „Der Sportharz".

- Verlängerung der Saison im sporttouristischen Bereich. Bisher dominierte v. a. der Wintersport. Die vielen schneearmen Winter führten hier zu deutlichen Besucherrückgängen. Das Mountainbiking ist eine Chance, die Saison im Bereich Sporttourismus ganzjährig zu verlängern.

- Verbesserung der Auslastung der Bettenkapazitäten vom Frühjahr bis zum Herbst und damit verbunden auch eine Erhöhung der Wertschöpfung je Übernachtung.

Qualitätskriterien und Routensystematik

Wie oben erläutert, stellen die Mountainbiker keine homogene Zielgruppe dar. Je nach persönlicher Motivation ist ihr Fahrverhalten mehr (Sport- und Naturbiker) oder weniger (Ruhe- und Erholungsbiker) sportlich orientiert und es werden dementsprechend unterschiedliche Ansprüche an die Streckenqualität (Höhenmeter, Streckenlänge, Anteil der Single-Trails) gestellt. Ferner sind der Naturgenuss, landschaftliche Besonderheiten sowie die touristische Infrastruktur und die Einbindung von Sehenswürdigkeiten entscheidende Qualitätsmerkmale für den Mountainbike-Tourismus. Daneben sollte das Angebot besonders naturverträglich sein. Hier war insbesondere eine hohe Sensibilität bei der Streckenführung durch Naturschutzgebiete und das Gebiet des Nationalparks Harz geboten. Weiterhin waren die unterschiedlichen Interessen beteiligter Institutionen und Interessengemeinschaften zu beachten. Dazu gehörten bspw. die Forst, die Harzwasserwerke, der „Wanderverband Harzklub", die Kommunen sowie die privaten Grundeigentümer, sofern die Mountainbike-Route über deren private Wirtschaftswege führte.

Für das Mountainbike-Routennetz im Harz wurden unter Berücksichtigung oben genannter Aspekte folgende Qualitätskriterien entwickelt:

- Es sind Routen mit unterschiedlichen Steigungs-, Abfahrts- und Streckenerlebnissen auszuweisen, um den verschiedenen Ansprüchen der Mountainbike-Zielgruppen gerecht zu werden.

- Der Anteil von fahrtechnisch interessanten Single-Trails (schmale Wege, Breite unter 1 m) sind in einem ausreichenden Anteil von etwa 10 % Streckenanteil in jede Route zu integrieren.

- Die Beschaffenheit der Wegeoberfläche sollte auf jeder Route möglichst abwechslungsreich sein (Schotter, Natur belassene Abschnitte, Graswege, geringe Abschnitte mit Asphaltbelag, eben, uneben, Hindernisse, Wurzeln, schmal, breit).

- Die Wege sollten durch abwechslungsreiche Landschaften führen (Wald, Wiesen, Täler, offenes Gelände etc.).

- Touristische Ziele sowie Rast-, Einkehr- und Versorgungseinrichtungen sollten in den Routenverlauf integriert sein. Touristisch stark frequentierte Ziele bedürfen besonderer Steuerungsmaßnahmen, mindestens Warn- oder Hinweisschilder.

- Alle Routen sollten weitgehend autofrei sein. Das gelegentliche Queren von Straßen lässt sich nicht immer vermeiden. Es kann toleriert werden und muss durch rechtzeitige Warnhinweise gekennzeichnet werden.

- Die Anbindung der Routen an den Öffentlichen Nahverkehr, v.a. die Bahnhöfe am Rande des Harzes, ist anzustreben. Auch sollten die Routen mit dem Rad von einer Unterkunftsmöglichkeit aus erreichbar sein.

- Vorhandene Wege und Routen, die bereits einer anderen Nutzung unterliegen (z.B. Loipen, schwach frequentierte Wanderwege) sollten vorrangig ausgewiesen werden. Die Neuanlage bzw. bauliche Neugestaltung von Wegen ist grundsätzlich zu vermeiden. Baumaßnahmen sind nur im Rahmen von Lenkungsmaßnahmen („managed-difficulty") oder zum Schutz der Natur in belastbaren Arealen zu tolerieren, dabei ist das Ausmaß geplanter Eingriffe so gering wie möglich zu halten.

- Bei schmalen und unübersichtlichen Wegen (30–60 cm) ist Einbahnverkehr anzustreben, wenn möglich sollten sie einer Nutzergruppe vorbehalten bleiben. Wege mit Gegenverkehr sollten ca. 1,5 m breit sein und für unterschiedliche Aktivitäten „multiple-use-trails") zugänglich sein. Entsprechende Hinweisschilder sollen auf gegenseitige Rücksichtnahme aufmerksam machen.

- Stark frequentierte Wanderwege sollten vermieden werden.

- Die Einbeziehung sensibler, schützenswerter Räume sollte vermieden werden. Wobei allein der Status Naturschutzgebiete nicht automatisch eine Nutzung ausschließt, sondern die Wegeführung entsprechend der Schutzziele angepasst wird. Konkret hieß das, dass in Naturschutz- und Wildschutzgebieten keine Single-Trails ausgewiesen wurden, sondern die Routenführung ausschließlich auf breiten, erschlossenen Forstwegen erfolgte.

Um den unterschiedlichen Ansprüchen der Mountainbiker gerecht zu werden, wurden einzelne Rundrouten mit unterschiedlichen Schwierigkeitsgraden entwickelt. In Abhängigkeit vom Kilometer- und Höhenmeterumfang sowie weiteren fahrtechnischen Schwierigkeiten wurden drei Schwierigkeitsgrade, analog dem System der Skipistenklassifizierung, eingeführt.

Abb. 71:   Klassifizierung in Schwierigkeitsgrade

Klassifizierung in Schwierigkeitsgrade			
	Länge	**Höhenunterschied**	**Kennzeichnung in Karten und Beschilderung**
Leichte Tour	20–40 km	Bis 500 Höhenmeter	Blau
Mittlere Tour	40–60 km	Bis 900 Höhenmeter	Rot
Schwere Tour	60–90 km	Über 900 Höhenmeter	Schwarz

Quelle: böregio – Büro für Stadt- und Regionalentwicklung/Outdoor concept 2005.

Die Einzelrouten wurden in einem zweiten Schritt miteinander verknüpft, sodass ein System aus vernetzten Rundrouten entstand. Als Einstiegspunkte wurden größere Orte einer Gemeinde mit touristischen Servicequalitäten und einer Anbindung an öffentliche Verkehrsmittel gewählt. Grundsätzlich ist der Einstieg in das Routensystem aber an jedem beliebigen Punkt möglich. Diese Systematik eröffnet vielfältige Möglichkeiten der individuellen Tourengestaltung. Es können Tagestouren unterschiedlicher Streckenlänge und Schwierigkeitsgrade unternommen werden. Die Größe des Gesamtnetzes ermöglicht auch die Planung von Mehrtagestouren, d. h. der Fahrt mit Gepäck von A nach B, wobei immer an einem anderen Ort übernachtet werden kann.

Der Abstimmungsprozess

Der Planungsprozess war so gestaltet, dass alle Beteiligten möglichst frühzeitig, d.h. bereits vom ersten Entwurf an, in die Planung einbezogen wurden. Beteiligt waren:

- Kommunen,
- Tourismusverbände,
- Forstbehörden,
- Naturschutzämter,
- Verwaltung Nationalpark Harz,
- Harzwasserwerke,
- Harzklub als größter Wanderverein,
- Vertreter aus dem Gastronomie- und Hotelgewerbe,
- Private Eigentümer, wenn die Routenführung deren Grundstücke oder Wirtschaftswege berührte.

Die Hauptaufgabe der Planer bestand darin, die unterschiedlichen, sich oftmals widersprechenden Interessen der Beteiligten zu berücksichtigen und gegenüber den Ansprüchen der Mountainbiker abzuwägen. Obwohl der umfassende Kriterienkatalog bereits viele Belange der Beteiligten berücksichtigte, traten in der Detailplanung immer wieder Konfliktfälle auf, sodass im Projektzeitraum fünf Routenentwürfe erarbeitet wurden. Jeder Entwurf wurde zur detaillierten Abstimmung allen Beteiligten vorgelegt. Die Konfliktpunkte, Anregungen, Einwände und Bedenken von Seiten der Beteiligten wurden in zahlreichen Einzelgesprächen, Sitzungen oder durch schriftliche Stellungnahmen erfasst und in dem jeweils darauf folgenden Entwurf berücksichtigt.

Die Konflikte betrafen ökologische und soziale Aspekte, die durch geeignete Lenkungsstrategien entschärft werden konnten. Beispielsweise befürchtete der Wanderverband Harzklub bei multifunktionaler Wegenutzung Konflikte zwischen den verschiedenen Nutzergruppen, d.h. den Wanderern und den Mountainbikern. Daraufhin wurden die stark frequentierten Wanderwege weitgehend vermieden, es wurden Mountainbike-Regeln für die gegenseitige Rücksichtnahme formuliert sowie an den neuralgischen Punkten Warnhinweise angebracht. Ökologische Belastungen konnten schon in den frühen Planungsstadien durch angepasste Routenführung vermieden werden. In Naturschutzgebieten, Flora-Fauna-Habitat-Schutzgebieten und Wildruhezonen verlaufen MTB-Routen nur auf breiten Forstwegen, im Gebiet des Nationalparks Harz nur auf gekennzeichneten Wanderwegen. Weiterhin mussten Fragen der Verkehrssicherungspflicht und die daraus resultierenden Kosten geklärt werden, sowie einige Vorurteile gegenüber den Mountainbikern aus dem Weg geräumt werden. Schließlich erlaubten die Forstverwaltung als Haupteigentümer der Wege und die betroffenen Privateigentümer die Befahrung der Wege auf Grundlage von Gestattungsverträgen.

Wegweisung und Beschilderungsplan

Rund 95 % aller Mountainbiker erwarten eine einheitliche, funktionale, leicht erkennbare, durchgängige und selbsterklärende Wegweisung. Darüber hinaus muss eine bedürfnisgerechte Mountainbike-Wegweisung zusätzliche Funktionen erfüllen:

- Präsentation eines Streckenangebotes,
- Orientierungssicherheit,
- Lenkung und
- Information anderer Nutzer.

Bezüglich der Gestaltung von Wegweisern wurden von Vertretern anerkannter Fachverbände (z. B. ADFC, Alpenforschungsinstitut, Forschungsgesellschaft für Straßen- und Verkehrswesen) im Rahmen der Fachtagung „Fair mit dem Bike am Berg" in Oberstdorf im Jahr 1998 Empfehlungen für eine bundesweit einheitliche Beschilderung entwickelt (vgl. ADFC 2001). Diese werden bereits in vielen Regionen (z. B. Rhön, Eifel, Oberfranken) umgesetzt. In Anlehnung an diesen Konsens wurde für den Harz folgende Wegweisung entwickelt:

Abb. 72: Wegweiser im Nationalpark Harz

Quelle: böregio – Büro für Stadt- und Regionalentwicklung/Outdoor concept 2005.

Abb. 73: Hauptwegweiser (links) und Zwischenwegweiser (rechts)

Quelle: Volksbank Arena Harz 2011.

Während in großen Bereichen des Mountainbike-Routennetzes den Empfehlungen für die Mountainbike-Wegweisung gefolgt wurde, bestanden auf dem Gebiet des Nationalparks Harz abweichende, bindende Richtlinien hinsichtlich der einsetzbaren Wegweisung. Im Hinblick auf ein einheitliches Erscheinungsbild „Nationalpark Harz" mussten die Wegweiser aus Holz bestehen. Daher wurde die Symbolik der Mountainbike-Wegweisung („Bikersymbol", Routennummern) auf die gewünschten Holzschilder übertragen und damit der Wiedererkennungseffekt gewährleistet. Neben den Orientierungswegweisern kamen zusätzlich Gefahren-

und Warnhinweise zum Einsatz, die an neuralgischen Punkten eingesetzt wurden (z. B. Achtung: vielbefahrene Straße kreuzt, Achtung: schmaler Wanderweg, Rücksicht auf Wanderer nehmen). Für die Schilderstandorte wurde ein Wegweisungskataster angelegt, das auch der regelmäßigen Kontrolle dient.

Marketing und Qualitätssicherung

Mit dem Routennetz wurde zunächst ein Kernprodukt geschaffen. Als wesentliche Teile des Marketingkonzeptes wurden von der Planungsgemeinschaft die Erstellung des Mountainbike-Tourbooks „Der Harz für Mountainbiker" und der Internetauftritt „www.volksbank-arena-harz.de" realisiert. Das Mountainbike-Tourbook enthält Karten der Einzelrouten im bikerfreundlichen Format A6 mit Routeninformationen auf der Rückseite, z. B. eine Tourenbeschreibung, ein Höhenprofil und touristische Informationen.

Der Internetauftritt informiert über das Routennetz, Sehenswürdigkeiten, bikerfreundliche Unterkünfte und Pauschalangebote für Mountainbiker. Außerdem werden Einzelrouten als Download angeboten. Ferner war es wichtig, ein Corporate Design zu entwickeln, um ein einheitliches Erscheinungsbild zu gewährleisten und den Wiedererkennungswert des Produktes zu erhöhen. Hierbei orientierte man sich an den Gestaltungsrichtlinien des Tourismusverbandes Harz. Die Bezeichnung „Volksbank Arena Harz" entstand aufgrund der Beteiligung eines Sponsoren.

Abb. 74: Internetseite Volksbank Arena Harz

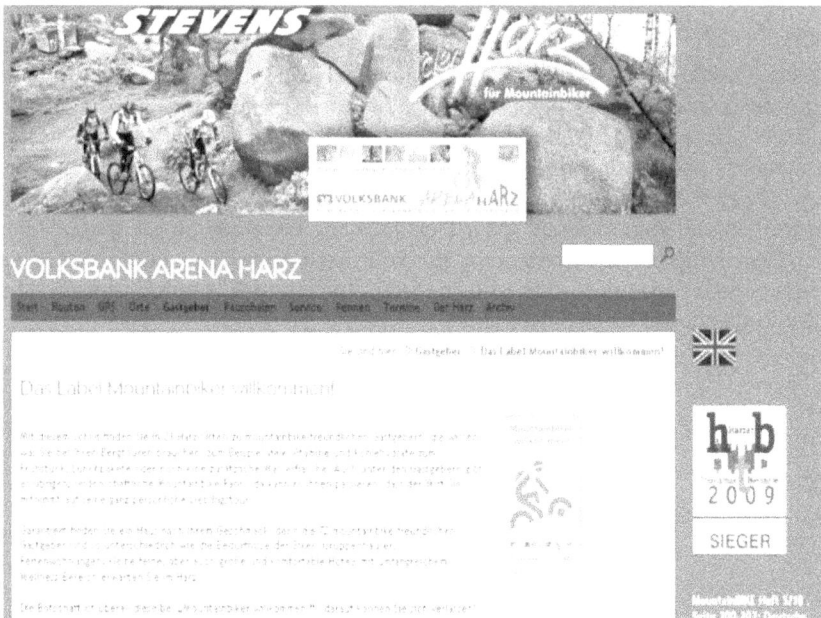

Quelle: Volksbank Arena Harz 2011.

Fazit

Im Juni 2005 wurde die „Volksbank Arena Harz" eröffnet, im September 2007 erfolgte eine Erweiterung in den Südharz. Das Routennetz verfügt inzwischen über 62 ausgeschilderte, vernetzte Rundrouten in unterschiedlichen Schwierigkeitsgraden, mit insgesamt rund 1.800 Streckenkilometern und 50.000 Höhenmetern. Außerdem sind vier Bikeparks entstanden (Bikepark Braunlage am Wurmberg, Bike-Alpinum Schulenberg, Bikepark Hahnenklee, Rosstrappendownhill). Das Angebot wird von den Mountainbikern sehr gut angenommen. Im Mai 2010 wurde die „Volksbank Arena Harz" von den Lesern der Zeitschrift Mountain-BIKE unter die zehn besten Mittelgebirgsreviere gewählt. Diese Auszeichnung hat sie sich aufgrund der Vielseitigkeit und einem überdurchschnittlich hohen Anteil an Single-Trails verdient (vgl. Motor Presse Stuttgart GmbH & Co. KG 2010, S. 200). Auch die Erwartungen der Touristiker haben sich erfüllt. Dies lässt sich am Beispiel der gestiegenen Auslastung der Seilbahn in Hahnenklee eindrucksvoll belegen. In der Saison von Mai bis August 2008 hatten 22.600 Personen die Seilbahn benutzt. Das entspricht einer Steigerung von ca. 30 % gegenüber dem Vorjahr. Dieser starke Zuwachs ist v. a. auf die Mountainbiker zurückzuführen, die z. B. die Seilbahn für die Abfahrtsstrecke Bikepark Hahnenklee nutzen (vgl. Volksbank Arena Harz 2011). Im Jahr 2009 wurde die Volksbank Arena Harz dann mit dem ersten Preis der Harzer-Tourismus-Biennale ausgezeichnet (vgl. Vereinigte Volksbank eG 2011). Auch die Dienstleister haben sich auf ihre neuen Kunden eingestellt. Viele Hotels und Pensionen bieten inzwischen Pauschalangebote für Mountainbiker an, bspw. geführte Tagestouren, Leih-Mountainbikes, ein MTB-Kartenset oder GPS-Leihgeräte (vgl. Volksbank Arena Harz 2011). Mit einem neu eingeführten Label „Mountainbiker willkommen" signalisieren sie der Zielgruppe den speziell auf Mountainbiker abgestimmten Service.

Zu dem Erfolg des Produktes hat auch der Planungsprozess mit der breit angelegten Beteiligung aller Betroffenen wesentlich beigetragen. Mit fünf Abstimmungsrunden erscheint der Planungsprozess als sehr aufwendig. In der Praxis hat sich jedoch gezeigt, dass dieses in einigen Fällen durchaus notwendig sein kann. Denn so konnten zum einen bestehende Vorbehalte gegen neuartige Zielgruppen, wie die sporttouristisch orientierten Mountainbiker im Harz, abgebaut werden und zum anderen in der Detailplanung der Routenführung ein hoher Konsens mit den Betroffenen erzielt werden. Für die Volksbank Arena Harz konnten so viele der für die Mountainbiker besonders interessanten Streckenabschnitte durchgesetzt und die hohe Qualität des Routennetzes erreicht werden.

7.7   Rennrad-Destination Mallorca

(Dennis Hürten)

Den meisten der über 9 Mio. Pauschaltouristen, die Mallorca jährlich besuchen, dürfte verborgen bleiben, dass die Baleareninsel seit geraumer Zeit zu den beliebtesten Reisezielen für Rennradtouristen aus aller Welt zählt. Insbesondere in den Frühjahrsmonaten Februar bis Mai wird Mallorca von einer stetig wachsenden Zahl von Rennradfahrern aufgesucht, die hier bei milden Temperaturen erste Trainingskilometer sammeln.

Der primäre Anstoß für die radtouristische Entwicklung Mallorcas erfolgte bereits in den 1960er Jahren. Zu dieser Zeit reisten erste Radprofis und Amateurradrennfahrer dorthin, um ihr Frühjahrstraining zu absolvieren. Das milde mediterrane Klima, der große Abwechslungsreichtum für Rennradfahrer, der sich sowohl in der Topographie als auch im Straßennetz der Baleareninsel äußert, und die relative Verkehrsarmut machten Mallorca aus trainingsplanerischen Gesichtspunkten schon zu einem sehr frühen Zeitpunkt für diese Gruppe interessant. Abgesehen von der sportartrelevanten Umwelt gab es weitere Gründe, die Mallorca frühzeitig zu einem der wichtigsten Ziele für Trainingsreisende europäischer Radprofis und Amateurradrennfahrer werden ließen. Hierzu zählen insbesondere die touristische Suprastruktur, die sich bereits während der 1950er Jahre stärker zu entwickeln begann, und die regelmäßigen Flugverbindungen: Bereits in den 1960er Jahren wurde Mallorca ganzjährig angeflogen und daher eine Anreise in den für die Radrennfahrer interessanten Frühjahrsmonaten erheblich erleichtert.

Von den Vorzügen Mallorcas überzeugt begannen einige Profi- und Amateurradsportler nach dem Ende ihrer aktiven Laufbahn, Radreisen nach Mallorca zu organisieren. Aufgrund ihres großen Erfahrungsschatzes mit der Baleareninsel wussten sie genau, worauf es diesbezüglich ankommt. Neben den Profis und Amateuren waren aber auch solche Akteure an der Herausbildung des mallorquinischen Marktes für Radtourismus beteiligt, die keine Karriere im Radsport gemacht hatten. Die meisten von ihnen waren Touristiker. Sie besaßen zwar keine direkten Erfahrungen bezüglich des Radsports, wussten dafür aber professionelle Reisen zu organisieren. Genau wie die aus dem Radsportbereich stammenden Radreiseveranstalter waren viele von ihnen nicht selbst auf die Idee gekommen, Radreisen nach Mallorca anzubieten. Vielmehr war es die zum Ende der 1970er Jahre in der europäischen Bevölkerung aufkommende und sich während des darauf folgenden Jahrzehnts verstärkende Beliebtheit des Fahrrads, die sie dazu veranlasste. In einigen Fällen fragten Freunde und Bekannte der jeweiligen Firmengründer bei diesen an, ob sie nicht einmal eine Radreise nach Mallorca organisieren könnten. Wurden diese zuerst zum Spaß nebenbei angeboten, entstand im Laufe der folgenden Jahre ein gewinnbringendes Geschäft.

Die ersten, nicht ausschließlich für Amateur- oder Profiradsportler durchgeführten Reisen wurden im Jahre 1981 von zwei schweizerischen Radreiseveranstaltern angeboten. Ihnen folgten rasch weitere Firmen, so dass bis zum Ende dieses Jahrzehnts zwölf auf Radreisen spezialisierte Veranstalter den mallorquinischen Markt bedienten (siehe Abb. 75). Diese kamen aus der Schweiz, Deutschland und England. Nachdem innerhalb von acht Jahren bereits zwölf Veranstalter Radreisen nach Mallorca anboten, kam die Entwicklung Ende der 1980er Jahre vorerst zum Erliegen.

Seit 1992 stieg die Zahl der Radreiseveranstalter dann jedoch wieder kontinuierlich an. Insbesondere seit der zweiten Hälfte der 90er Jahre waren enorme Zuwächse zu verzeichnen. Alleine im Jahr 2000 wagten fünf weitere Veranstalter den Markteinstieg. Auch danach entwickelte sich die Zahl der Radreiseveranstalter weiterhin positiv. Wenngleich nicht mehr die Zuwachsraten der 90er Jahre erreicht werden, steigt die Zahl der Radreiseveranstalter auf Mallorca weiterhin an. Nachdem im Jahr 2006 eine weitere Firma den Markteinstieg wagte, lag die Zahl der seit 1981 kontinuierlich auf Mallorca Radreisen anbietenden Firmen bei insgesamt 43.

Abb. 75:   Entwicklung der Anzahl der mallorquinischen Radreiseveranstalter von 1981 bis 2006

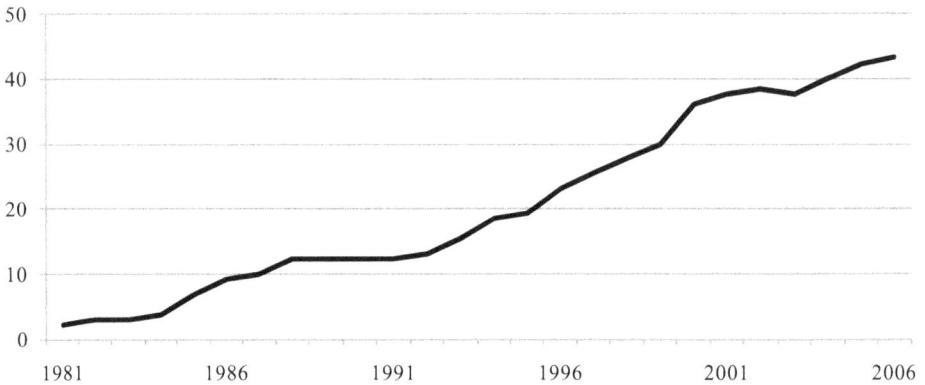

Quelle: Hürten 2007, S. 162.

Beim überwiegenden Anteil der auf Mallorca operierenden Radreiseveranstalter handelt es sich um deutsche Firmen: Insgesamt 23 Veranstalter sind deutscher Herkunft. Am zweitstärksten vertreten mit insgesamt sechs Firmen sind schweizerische Veranstalter. Weitere Radreiseveranstalter stammen aus England, Frankreich, Spanien, Belgien, den Niederlanden, Luxemburg, Dänemark, Schweden, Norwegen, Österreich und den USA.

Korrespondierend mit der Entwicklung der Radreiseveranstalter ging die der Radtouristen einher. Während der Radreisemarkt Mallorcas in den 80er Jahren zunächst durch erste Pioniere charakterisiert wurde, entwickelte sich dieser seit Mitte des darauf folgenden Jahrzehnts zum Massenmarkt für Radsportler. Hieran konnte auch der kurzzeitige Rückgang der Radtouristenzahlen zu Beginn des neuen Jahrtausends, der eng mit der allgemeinen touristischen Entwicklung Mallorcas verknüpft war und sich auf Ereignisse wie die Anschläge auf das World Trade Center in New York, die angespannte konjunkturelle Lage in den touristischen Quellgebieten sowie die eigens auferlegte Ökotaxe zurückführen lässt, nichts ändern.

Abb. 76: Entwicklung der Anzahl der Radtouristen auf den Balearen 1995 – 2006

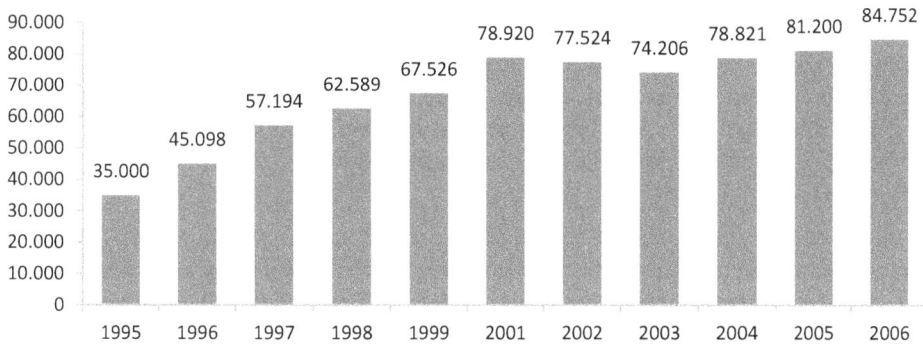

Quelle: Garau Vadell 2004a, S. 45; Conselleria de Turisme 2006, S. 116.

Von den gegenwärtig rund 90.000 Radtouristen, die Mallorca jährlich besuchen, lassen sich etwa 40 % von Radreiseveranstaltern über die Insel führen. Die restlichen 60 % verzichten auf die Betreuung von Veranstaltern und unternehmen ihre Touren auf eigene Faust. Auch diese griffen bei ihren ersten Begegnungen mit Mallorca oftmals auf die Hilfe von Veranstaltern zurück, wodurch sich zwei wesentliche Charakteristika des mallorquinischen Radreisemarktes ergeben: Dies ist zum einen, dass die Reiseveranstalter seit den Anfängen dafür sorgen, dass neue Radtouristen den Weg auf die Baleareninsel finden und zum anderen, dass der überwiegende Anteil der Radtouristen bereits über einen großen Erfahrungsschatz mit Mallorca verfügt. Von 1.094 im Jahr 2005 befragten Radtouristen hatten 67,5 % bereits mindestens einmal zuvor einen Radurlaub auf Mallorca verbracht. Während der aktuelle Aufenthalt für 37,5 % von ihnen den zweiten oder dritten Radurlaub auf Mallorca darstellte, waren 48,4 % dieser Gruppe schon das vierte bis zehnte Mal vor Ort. Weitere 11,6 % waren sogar noch öfter angereist. Für sie handelte es sich bereits um den elften bis zwanzigsten Radurlaub auf der Insel, wobei die verbleibenden 2,5 % selbst diesen Wert noch übertreffen (vgl. Hürten 2007, S. 144 ff.).

Abb. 77: Anzahl der auf Mallorca verbrachten Radurlaube

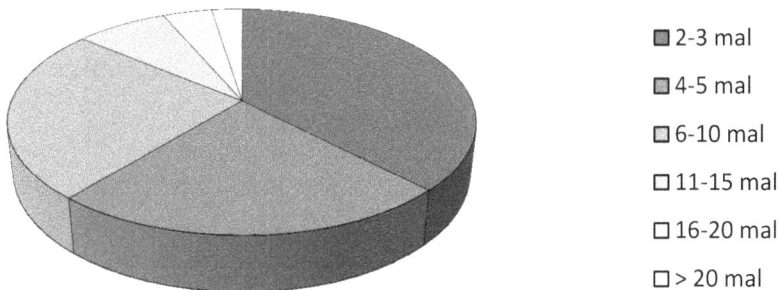

Quelle: Hürten 2007, S. 152.

Die mallorquinischen Radtouristen zeichnen sich zudem dadurch aus, dass für sie insbesondere sportliche Motive im Mittelpunkt stehen. Von 1.094 im Jahr 2005 befragten Radtouristen gaben 64,3 % an, dass sie anreisen, um zu trainieren, 48,8 % wollten einen Aktivurlaub verbringen und 46,3 % nutzten den Aufenthalt zur Saisonvorbereitung. Die täglich auf Mallorca auf dem Fahrrad verbrachte Zeit dieser Personen betrug durchschnittlich 4 h und 44 min und die durchschnittliche, auf dem Fahrrad gefahrene Jahreskilometerleistung lag bei 5.931 km. 15,7 % sind professionelle oder Amateurradrennfahrer, 65,4 % sind Hobby-Radler, 18,9 % sind Du- oder Triathleten.

Eng mit der Motivation sportlicher Betätigung ist der Anreisezeitpunkt der Radtouristen verknüpft. So möchte der Großteil der Radtouristen bereits früh im Jahr erste Trainingskilometer sammeln, um anschließend die nötige Fitness für Profi-, Amateur-, Jedermannrennen, Radtourenfahrten etc. zu besitzen. Während die sommerliche Hauptsaison Mallorcas insbesondere die Monate Juni, Juli und August umfasst, reist der Großteil der Radtouristen schon deutlich früher an. Die ersten Radtouristen, fast ausschließlich Profis und Amateure, kommen bereits im Januar. Quantitativ bedeutsam ist jedoch erst der Februar, in dem die Radsaison langsam beginnt, um in den Monaten März und April ihren Höhepunkt zu erreichen. Nachdem alleine in diesen beiden Monaten etwa zwei Drittel, der jährlich anreisenden Radfahrer einen Radurlaub auf der Insel verbracht haben, klingt die Radsaison im darauf folgenden Monat Mai wieder langsam aus. Einen zweiten, deutlich schwächer ausgeprägten Höhepunkt bilden schließlich die Monate September, Oktober und November (vgl. Hürten 2007, S. 154; Garau Vadell 2004b, S. 43).

Abb. 78: Die mallorquinische Radsaison

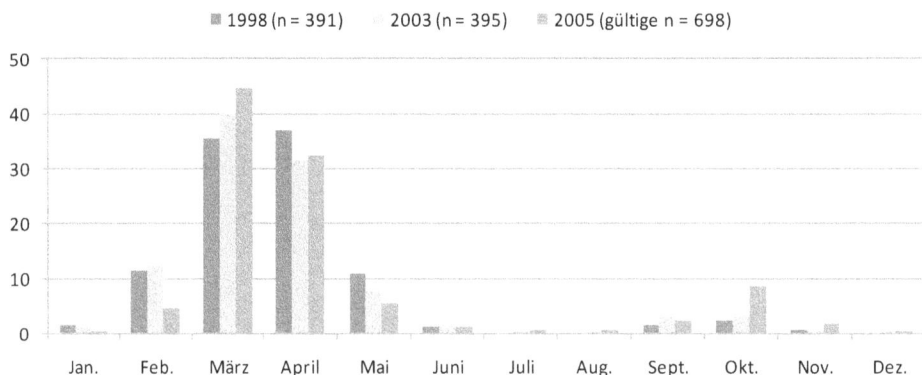

Quelle: Hürten 2007, S. 154; ergänzt durch Garau Vadell 2004b, S. 43.

Während die Radtouristen sowohl das im Norden Mallorcas liegende Hauptgebirge, die Serra de Tramuntana, das östliche Hügelland, die Serra de Llevant und das zwischen diesen beiden Höhenzügen liegende mallorquinische Flachland, in ihre Radtouren einbeziehen, übernachten sie vorwiegend entlang der mallorquinischen Küste. Hier werden jedoch nicht alle Küstenabschnitte gleichstark von den Radtouristen frequentiert. Vielmehr haben sich drei Zentren des mallorquinischen Radtourismus herausgebildet, in denen 83,7 % der im Jahr 2005 befragten Radtouristen nächtigten. Dies ist zum einen die so genannte Platja de Palma, die sich südlich von Palma befindet und aus den beiden Ortschaften s'Arenal und Can Pastilla besteht. Gemeinsam mit dem sich südlich anschließenden Cala Blava kamen in dieser Region im Jahr 2005 31,5 % der während ihrer Radtour befragten Radtouristen unter. Ein zweiter, noch stärker frequentierter Bereich liegt auf der gegenüberliegenden Seite der Insel. Bei diesem handelt es sich um die im Nordosten gelegenen Buchten von Alcúdia und Pollença. Im Jahre 2005 hatten hier alleine 40 % der unterwegs befragten Personen Quartier bezogen. Eine weitere Region, die von den befragten Personen stärker frequentiert wurde, ist die Costa de Ponent nordwestlich von Palma. In diesem Küstenabschnitt, zu dem die Ortschaften von Cala Major bis Camp de Mar gehören, kamen im Jahr der Befragung weitere 12,2 % der Radtouristen unter.

Diese Zentren sind es auch, in denen ein Großteil der durch die Radtouristen induzierten Wertschöpfung produziert wird. Insbesondere die dort ansässigen Hotelbetriebe profitieren von den Radtouristen. Fragen sich die Hoteliers oftmals, ob sie ihren Betrieb während der Nebensaison öffnen oder schließen sollen, trägt der Radtourismus dazu bei, das jeweilige Hotel während dieser Zeit rentabel führen zu können.

Welche Bedeutung der Radtourismus inzwischen für die gesamte Tourismuswirtschaft Mallorcas entfaltet, lässt sich am besten anhand des Anteils der durch die Radtouristen verursachten Wertschöpfung an der gesamten touristischen Wertschöpfung Mallorcas verdeutlichen. Gemessen an den durchschnittlichen Ausgaben der Touristen auf den Balearen im Jahr 2004 betrug dieser Anteil im Jahr 2005 1,48 %. Auf das ganze Jahr betrachtet, hat der Radtourismus somit ausschließlich die Bedeutung eines touristischen Nischenproduktes. Einen deutlichen Ausgleich zu der auf Mallorca innerhalb der Tourismuswirtschaft nach wie vor bestehenden Saisonalität kann er daher nicht bewirken. Setzt man die radtouristische Wertschöpfung jedoch zu der während der Monate Februar bis Mai auf Mallorca erzielten touristischen Nettowertschöpfung ins Verhältnis, ergibt sich bereits ein Anteil von 5,42 %. Betrachtet man des weiteren ausschließlich die beiden Kernmonate März und April, in denen, bezogen auf die Gästezahlen der Jahre 1998, 2003 und 2005, durchschnittlich 72,3 % aller Radtouristen angereist sind, steigt der Anteil der durch den Radtourismus induzierten Wertschöpfung auf 9,38 %. Der Radtourismus stellt somit gerade in den Monaten März und April, in denen Mallorca bei weitem nicht die Bettenauslastung der Sommermonate besitzt, einen gewichtigen Wirtschaftsfaktor für die Baleareninsel dar, die überwiegend vom Tourismus abhängig ist.

*Abb. 79:   Anteil der radtouristischen Wertschöpfung an der gesamten Tourismuswertschöpfung
            Mallorcas*

Anteil der radtouristischen Wertschöpfung an der gesamten Tourismuswertschöpfung Mallorcas	
Gesamtjahr 2005	
Touristische Nettowertschöpfung gesamt	1.928.217.399 EUR
Radtouristische Nettowertschöpfung:	28.609.170 EUR
Gesamtanteil:	1,48 %
Frühjahrsradsaison: Februar bis Mai	
Touristische Nettowertschöpfung gesamt	471.881.403 EUR
Radtouristische Nettowertschöpfung:	25.576.598 EUR
Gesamtanteil:	5,42 %
Kernmonate: März und April	
Touristische Nettowertschöpfung gesamt	220.490.759 EUR
Radtouristische Nettowertschöpfung:	20.684.430 EUR
Gesamtanteil:	9,38 %

Quelle: Hürten 2007, S. 221.

Neben der zusätzlichen Wertschöpfung, die sich durch den Radtourismus erzielen lässt, wirkt
sich der Radtourismus auf indirektem Wege auch positiv auf die Beschäftigungssituation der
Baleareninsel aus. So können einige Hoteliers ihr Personal dank der Radtouristen ein bis
zwei Monate länger beschäftigen. Neben diesem, bei den Hotel- und Gastronomiebetrieben
etc. wirksam werdenden Beschäftigungseffekt bewirken die Radreiseveranstalter darüber
hinaus einen weiteren Beschäftigungsanstieg. Dieser wirkt sich auf direktem Wege bei den
Radreiseveranstaltern aus. Wenngleich es sich bei den weitaus meisten der von ihnen be-
schäftigten Personen um unbezahlte Saisonkräfte handelt, verfügen die Veranstalter auch
über einen Stamm an festen Mitarbeitern. Dieser kann je nach Größe des Veranstalters von
einer bis zu 15 Personen groß sein. Unabhängig davon, ob es sich um fest angestellte Mitarbeiter oder unbezahlte Saisonkräfte handelt, ist bei diesem, auf direktem Wege hervorgeru-
fenem Beschäftigungseffekt, darauf zu achten, dass die überwiegende Mehrheit der beschäf-
tigten Personen, genau wie die Radreiseveranstalter selbst, nicht aus Mallorca stammen. Die
mallorquinische Bevölkerung profitiert somit eher indirekt von dieser Entwicklung.

Wenngleich keine Vergleichswerte zu anderen Rennrad-Destinationen vorliegen, dürfte Mallorca unter Rennradtouristen inzwischen das beliebteste europäische Reiseziel darstellen.
Neben den bereits genannten Standortfaktoren, wie Klima, Topographie, Erreichbarkeit etc.
besitzt die Baleareninsel unter Radsportlern ein überaus positives Gesamtbild, das gerne
weitertransportiert wird und dafür sorgt, dass Mallorca jedes Jahr von einer stetig wachsenden Zahl von Rennradtouristen aufgesucht wird. Das radtouristische Image Mallorcas, in
dem sich die zuvor genannten Standortfaktoren widerspiegeln, stellt somit ebenfalls einen
wichtigen Standortfaktor des mallorquinischen Radtourismus dar, der es konkurrierenden
Destinationen erheblich erschwert, Mallorca den Rang abzulaufen (vgl. Hürten 2007).

Autorenverzeichnis

Grischa Begaß (Geograph, M. A.), planBe – Büro für Tourismus- & Verkehrsplanung

Studium an der WWU Münster, dabei studienparallele Tätigkeit im Bielefelder Verlag (Fortführung der ADFC-Radtourenkarte 1:150.000, Entwicklung der ADFC-Regionalkarte 1:75.000, auch im damaligen ADFC-Fachausschuss Kartographie). Fortführung und Abschluss des Studiums an der RWTH Aachen, wo bereits die Magisterarbeit aus dem ADFC-Fachausschuss Tourismus hervorging und zu seinem langjährigen Schwerpunktthema „Qualität im Fahrradtourismus" passte. 1999–2006 Produktionsleiter im Verlag Esterbauer, („*bike-line*-Radtourenbücher & -Radkarten", Niederösterreich). Seit 2007 selbständiger Tourismus & Verkehrsplaner mit dem Schwerpunkt der Zertifizierung von ADFC-Qualitätsradrouten, daneben freier Redakteur & Kartograph für den Verlag Esterbauer.

[Kap. 4.4.2 (Fallbeispiel), 7.2]

Prof. Dr. Axel Dreyer, Hochschule Harz & Universität Göttingen

Axel Dreyer ist Professor für Tourismuswirtschaft und Marketing an der Hochschule Harz (seit 1993) sowie Honorarprofessor für Sportmanagement an der Universität Göttingen (seit 1996). Im Kompetenzzentrum für Informations- und Kommunikationstechnologien, Tourismus und Dienstleistungen der Hochschule Harz leitet er den Bereich Tourismus zusammen mit Prof. Dr. Sven Groß. Er hat zahlreiche Publikationen zu Marketingthemen im Tourismus vorgelegt, u. a. zur Servicequalität und zur Kundenzufriedenheit sowie zum Sport- und Kulturtourismus. Derzeitige Forschungsschwerpunkte sind Wander- und Radtourismus sowie Kulinarischer Tourismus, insbesondere Weintourismus.

[Kap. 1, 2.1, 3.5.1, 3.5.2, 4.1, 4.2, 4.3, 5.1, 5.2, 5.3.1, 6]

Dr. Bert Hallerbach, Geschäftsführer T.I.P. BIEHL & PARTNER, Markt- und Tourismusforschung GbR

Dr. Bert Hallerbach ist seit 2011 geschäftsführender Partner des Marktforschungsinstituts T.I.P. BIEHL & PARTNER (www.tip-web.de) in Trier. Als Full-Service-Agentur liegen die Arbeitsschwerpunkte v. a. im Bereich der qualitativen und quantitativen Handels- und Dienstleistungsforschung. Herr Dr. Hallerbach war bis 2010 als Leiter der Marktforschung des Europäischen Tourismus Instituts (ETI) GmbH in den verschiedensten touristischen Themenfeldern tätig und hier v. a. in den Bereichen Rad- und Wandertourismus, aber auch im Bereich längerfristiger Zeitreihenuntersuchungen zum Reiseverhalten sowohl der deutschen wie der Luxemburger Bevölkerung. Er hat an der Universität Trier Fremdenverkehrsgeographie studiert und 2010 über die wirtschaftlichen Effekte des Radtourismus promoviert.

[Kap. 4.5.3]

Dipl.-Geogr. Marcel Görtz, Gesellschafter Trendscope GbR

Marcel Görtz hat an der Universität zu Köln Geographie studiert. In seiner Diplomarbeit beschäftigte es sich mit der ökonomischen Bedeutung des Naherholungstourismus für suburbane und periphere Kommunen. Seit dem Jahr 2007 ist er Gesellschafter des Marktforschungs- und Beratungsunternehmens Trendscope (www.trendscope.com) in Köln. Schwerpunktmäßig beschäftigt er sich bei Trendscope u. a. mit den Themen Sport- und Aktivtourismus.

[Kap. 2.3]

Thomas Froitzheim, Naviso Outdoor-Navigation

Thomas Froitzheim studierte Geographie und Geschichte an der Universität zu Bonn. Von 1990 bis 2007 leitete er die Kartenredaktion des Bielefelder Verlages BVA. Heute berät und trainiert er Anbieter und Anwender zum Thema Outdoor-Navigation, in Deutschland und dem europäischen Ausland. Ehrenamtlich arbeitet er seit 1982 für den ADFC als stellvertretender Leiter des Fachausschusses Fahrradtourismus. Er veröffentlicht regelmäßig Beiträge in Fach- und Publikumsmagazinen, präsentiert und referiert auf Messen, Kongressen und Tagungen.

[Kap. 3.6.2]

Dr. Dennis Hürten, Geschäftsführer Trendscope GbR

Dr. Dennis Hürten hat an der Universität zu Köln Geographie studiert. Sowohl in seiner Diplomarbeit als auch in der anschließenden Dissertation widmete er sich dem Thema Fahrradtourismus. Im Jahre 2006 gründete er das Marktforschungs- und Beratungsunternehmen Trendscope (www.trendscope.com) in Köln. Schwerpunktmäßig beschäftigt er sich bei Trendscope mit den Themen Tourismusberatung, Konzept- und Strategieentwicklung, Produkt- und Konzepttests, Marken- und Imageanalysen sowie Pricing. Darüber hinaus war und ist Herr Dr. Hürten an verschiedenen deutschen Hochschulen als Lehrbeauftragter tätig.

[Kap. 2.3, 7.7]

Dipl.-Kffr. (FH) Ines Karnath, Hochschule Harz

Ines Karnath studierte Betriebswirtschaft an der Hochschule Harz und spezialisierte sich im Rahmen ihres Studiums auf die Gebiete Personal-, Veränderungsmanagement, Marketing, Marktforschung und Wirtschaftsrecht. Als gelernte Hotelfachfrau sammelte sie bereits vor und nach ihrem Studium Erfahrungen in verschiedenen Hotelgesellschaften, u. a. bei Steigenberger, Dorint und Hilton. Von 2005 bis 2008 war sie als Schulungsleiterin für das Hilton Cologne und zuletzt für die beiden Hilton Häuser in Mainz verantwortlich. Seit 2008 ist sie als Dozentin für Tourismus- und Hotelmanagement an der Hochschule Harz in Wernigerode tätig.

[Kap. 3.5.2]

Mag. Ernst Miglbauer, Tourismusberater mit den Schwerpunkten Rad- und Kulturtourismus, Fa. Invent GmbH (Österreich)

Studium der Sozial- und Wirtschaftswissenschaften, Linz, Österreich; Tourismusberatung, Schwerpunkte Rad- und Kulturtourismus (www.invent.or.at, www.ernst-miglbauer.at); Beratung von 60 Radtourismusprojekten und Durchführung von Expertisen im Radtourismus (Österreich, Deutschland, Frankreich, Belgien); Schwerpunkte: Machbarkeitsstudien, radtouristische Angebots- und Produktentwicklung, Qualitätsmanagement, Nachfrage- und Vertriebsanalysen, Wertschöpfungsstudien; darüber hinaus internationale Referenten- und Publikationstätigkeit als auch Publikation von Reiseberichten in Publikumsmagazinen.

[Kap. 2.2, 3.6.3, 3.7, 3.8, 4.4, 4.5, 4.6, 5.4, 6, 7.1, 7.2]

Dr. Rainer Mühlnickel, Dozent an der Ostfalia Hochschule für angewandte Wissenschaften, Geschäftsführer des Büros für Stadt- und Regionalentwicklung (Böregio)

Dr. Rainer Mühlnickel verwaltet an der Ostfalia Hochschule für angewandte Wissenschaften eine Professur im Studiengang Tourismusmanagement (seit 2008) und lehrt im Studiengang Stadt- und Regionalmanagement. Er studierte Wirtschaftswissenschaften, Geographie und Biologie in Kassel, Braunschweig und Oldenburg (Abschluss als Dipl.-Betriebswirt, Dipl.-Hdl. und 1. Staatsexamen) und war wissenschaftlicher Mitarbeiter am Institut für Landschaftsökonomie an der Technischen Universität Berlin; Promotion im Themenbereich Umweltpolitik (1994). Er ist Geschäftsführer von Böregio, Büro für Stadt- und Regionalentwicklung, Braunschweig (seit 1998) und beschäftigt sich im Tourismus mit den Themen Planung, Befragungsmethodik, Marketing und Qualitätsmanagement. Er hat zahlreiche Projekte und Veröffentlichungen zum Radtourismus vorgelegt.

[Kap. 2.2.2, 3, 3.6.1, 3.6.3, 6, 7.3, 7.4, 7.6]

Prof. Dr. Heinz-Dieter Quack, Ostfalia Hochschule für angewandte Wissenschaften

Heinz-Dieter Quack ist Professor für Allgemeine Betriebswirtschaftslehre, insbesondere Destinationsmanagement an der Ostfalia (seit 2001); wissenschaftliche Leitung beim Europäischen Tourismus Institut und bei der PROJECT M GmbH sowie Lehrbeauftragter an der Universität Trier. Er studierte Angewandte Geographie an der Universität Trier und promovierte an der Universität Paderborn. Aktuell leitet er mehrere Forschungs- und Beratungsprojekte im Bereich der Regionalentwicklung mit Tourismus, insbesondere zu den Themen Gesundheits-, Wander- und Weintourismus.

[Kap. 4.5.3]

Wolfgang Reiche, Projektleiter Bett+Bike

Wolfgang Reiche hat Elektro-Technik und Gewerbelehramt in Braunschweig und Berlin studiert. Nach dem Referendariat in Bremen und einigen Jahren Unterricht verwirklichte er sich einen Jugendtraum und radelte einmal mit dem Fahrrad um unseren Erdball. Als er nach 4 Jahren, 2 Monaten und 18 Tagen wieder dort war, wo die Radreise begann, hängte er seinen alten Beruf an den Nagel und widmete sich seit 1985 dem weltweit bedeutendsten Verkehrsmittel, dem Fahrrad und dessen vielfältiger Nutzung. Im ADFC-Fachausschuss Fahrradtourismus, den er 1990 gründete und 19 Jahre lange leitete, setzte er sich auf verschiedenen Ebenen für den Ausbau des Fahrradtourismus ein. Eines der erfolgreichsten Projekte war und ist dabei Bett+Bike.

[Kap. 3.5.3]

Dr. Wolfgang Richter, Tourismusreferent Allgemeiner Deutscher Fahrrad-Club e.V. (ADFC).

Dr. Wolfgang Richter hat an der Universität Bonn Geographie studiert. Zwischen 1991 und 1996 hat er im Auftrag des Wirtschaftsministeriums Mecklenburg-Vorpommern das Konzept zum Radtourismus entwickelt und die Umsetzung begleitet. Anschließend war er für den ADFC-Landesverband NRW im Projekt Qualitätsoffensive für den Fahrradtourismus in NRW tätig. Seit dem Jahr 2000 ist er beim ADFC-Bundesverband für die Radreiseanalyse und die Organisation der Fachveranstaltungsreihe Radtourismus auf der Internationalen Tourismus Börse (ITB) und die Entwicklung der Radfernwege-Zertifizierung (ADFC-Qualitätsradrouten) zuständig.

[Kap. 5.3.2]

Dipl.-Geogr. Stefan Tölle, Geschäftsführer Wohl & Lebe (Fairer Handel)

Stefan Tölle hat an der Universität Mainz Geographie studiert. Seine Diplomarbeit widmete sich dem Themenkomplex der regionalen Mountainbike-Tourismus-Planung 2001 in Tirol anhand von drei Beispielregionen. Von 2004 bis 2008 bearbeitete er für böregio und outdoor concepts als freier Mitarbeiter verschiedene Radprojekte in Deutschland. 2008 hat er die Firma Wohl & Lebe gegründet.

[Kap. 7.5]

Dipl.-Ing. Heike Volkmann, Planungsbüro Volkmann

Heike Volkmann hat an den Universitäten Berlin und Hannover Landschaftsplanung studiert. In ihrer Diplomarbeit beschäftigte sie sich mit der Entwicklung von Themenrouten als touristische Angebote. Seit 2005 ist sie als freiberufliche Landschaftsplanerin v.a. im Bereich Fahrradtourismus u.a. für das Büro für Stadt- und Regionalentwicklung (böregio) tätig. Im Jahre 2009 erfolgte die Gründung des Planungsbüros Volkmann mit dem Arbeitsschwerpunkt Freizeit- und Tourismuskonzepte.

[Kap. 7.6]

Literaturverzeichnis

ADAC (2009) (Hg.): Kulinarisches Deutschland. Ausgewählte Spezialitäten & Feste – ein Streifzug durch die Region, München.

ADFC – Allgemeiner Deutscher Fahrrad-Club (2001): Mountainbiking – Ein ADFC-Leitfaden für Planer, Touristiker und Biker, Leipzig.

ADFC – Allgemeiner Deutscher Fahrrad-Club (2005): Die ADFC-Radreiseanalyse 2005, Bremen.

ADFC – Allgemeiner Deutscher Fahrrad-Club (2006): Die ADFC Radreiseanalyse 2006, Bremen.

ADFC – Allgemeiner Deutscher Fahrrad-Club (2007): Die ADFC-Radreiseanalyse 2007, Bremen.

ADFC – Allgemeiner Deutscher Fahrrad-Club (2008): Die ADFC-Radreiseanalyse 2008, Bremen.

ADFC – Allgemeiner Deutscher Fahrrad-Club (2009a): ADFC-Information zu Pedelecs und E-Bikes, Bremen.

ADFC – Allgemeiner Deutscher Fahrrad-Club (2009b): Die ADFC-Radreiseanalyse 2009.

ADFC – Allgemeiner Deutscher Fahrrad-Club (2010): Radreiseanalyse 2010, Bremen.

ADFC – Allgemeiner Deutscher Fahrrad-Club (2011a): ADFC-Empfehlungen für städtetouristische Angebote per Rad zur Aufnahme in „Deutschland per Rad entdecken", http://www.adfc.de/touristiker/adfc-projekt-deutschland-per-rad-entdecken/ 1-informationsmailing, Aufruf 02/2011

ADFC – Allgemeiner Deutscher Fahrrad-Club (2011b): Bett+Bike Deutschland, Bremen.

ADFC – Allgemeiner Deutscher Fahrrad-Club (2011c): Radreiseanalyse 2011, Bremen.

ADFC – Allgemeiner Deutscher Fahrrad-Club (2011d): Wie erfolgreich sind Mietangebote für Pedelecs/E-Bikes? Fachveranstaltungsreihe auf der internationalen Tourismus-Börse Berlin (ITB) 2011.

ADFC – Allgemeiner Deutscher Fahrrad-Club (2011e): ADFC-Qualitätsradrouten, URL: www.adfc.de/ADFC-ReisenPlus/Deutschland/ADFC-Qualitaetsradrouten/ Sternerouten-Radfernwege-mit-Guetesiegel, Aufruf am 26.11.2011.

ADFC – Allgemeiner Deutscher Fahrrad-Club (2011f): ADFC-mobil: ADFC-Qualitätsrouten Support und Hilfe zur iPhone-App, URL: http:/www.adfc.de/ADFC-ReisenPlus/ Deutschland/ADFC-Qualitätsradrouten, Aufruf am 25.04.2011.

ADFC – Allgemeiner Deutscher Fahrrad-Club (Hg.) (1995): Bett&Bike – Fahrradfreundliche Gastbetriebe, Kriterienkatalog für Beherbergungs-, Gastronomie- und Campingbetriebe, Reihe Fakten – Argumente – Forderungen, FAF 7, Bremen.

ADFC – Allgemeiner Deutscher Fahrrad-Club (Hg.) (2005): Bett&Bike – Fahrradfreundliche Gastbetriebe, Kriterienkatalog für Beherbergungs-, Gastronomie- und Campingbetriebe, Reihe Fakten – Argumente – Forderungen, FAF 7, Bremen.

ADFC – Allgemeiner Deutscher Fahrrad-Club/Landesverband Bayern (2007): Erhebungsbogen und Vereinbarung Fahrradfreundlicher Gastbetriebe Bett&Bike, München.

ADFC – Allgemeiner Deutscher Fahrrad-Club/SRL (Vereinigung für Stadt-, Regionalund Landesplanung e.V.) (1999): Fahrradwegweisung, Bremen/Berlin.

ADFC – Allgemeiner Deutscher Fahrrad-Club/SRL (Vereinigung für Stadt-, Regionalund Landesplanung e.V.) (2000): Radwegebau in Wald und Flur, Bremen/Berlin.

ADFC – Allgemeiner Deutscher Fahrrad-Club-Fachausschuss Tourismus (2004): unveröffentl. Arbeitspapier, Bremen.

ADFC – Allgemeiner Deutscher Fahrrad-Club-Fachausschuss Tourismus (o.J.): Bilder von Fachexkursionen.

ADFC – Allgemeiner Deutscher Fahrrad-Club-Fachausschuss Tourismus/Landesverband Bayern (1991): Fahrrad und sanfter Tourismus – Wir radeln in die Zukunft, München.

Alpinresearch (2009): Inszenierte Wanderwege,
URL: http://www.alpinresearch.at/?page_id=100, Aufruf am 16.04.2009.

Amt der Vorarlberger Landesregierung (2009): Frischer Wind – Die Radverkehrsstrategie für Vorarlberg, Bregenz.

Antz, C./Dreyer, A./Linne, M. (2006): Wein und Tourismus in der Weinregion Saale-Unstrut – Analysen, Handlungsempfehlungen, Perspektiven, Ministerium für Wirtschaft und Arbeit des Landes Sachsen-Anhalt (Hg.) Tourismus-Studien Sachsen-Anhalt, Bd. 25, Magdeburg, Wernigerode.

Apollinaris (2009a): Deutschland hat Geschmack, Presse-Information zur Apollinaris Geschmackstudie 2008, Internet,
URL: http://www.jeschenko.de/presse/coca-cola/apollinaris/geschmacksstudie/geschmacksstudie_hintergrund.doc, Aufruf am 06.03.2009.

Apollinaris (2009b): Glücksmomente auf der Speisekarte, Presse-Information zur Apollinaris Geschmackstudie 2008, Internet, URL: http://www.jeschenko.de/presse/coca-cola/apollinaris/geschmacksstudie/geschmacksstudie_gastro.doc, Aufruf am 06.03.2009.

Arbeitsgemeinschaft fahrradfreundliche Städte, Gemeinden und Kreise in Nordrhein-Westfalen e.V. (o.J.): City Marketing Fahrrad, Krefeld.

Axel Springer AG/Bauer Media KG (2008): Neues aus der Verbraucheranalyse, Thema: Sport in Deutschland, in: Verbraucheranalyse Aktuell Nr. 3, August 2008, S.1, URL: http://www.verbraucheranalyse.de/de/downloads, Aufruf am 16.12.2008.

Bartoschek, A. (2010): persönliches Gespräch mit Ernst Miglbauer, Herbst 2010

Bastian, H./Dreyer, A./Groß, S. (Hg.) (2009): Tourismus 3.0. – Fakten und Perspektiven, Hamburg

Becker, C./Hopfinger, H./Steinecke, A. (Hg.) (2003): Geographie der Freizeit und des Tourismus, München.

Beier, K. (2002): Was reizt Menschen an sportlichen Aktivitäten in der Natur, in: Dreyer, A. (Hg.): Tourismus und Sport – Wirtschaftliche, soziologische und gesundheitliche Aspekte des Sport-Tourismus, Wiesbaden, S. 81–92.

Berlin on Bike (2011): Homepage, URL: www.berlinonbike.de, Aufruf 2011.

Bieger, T. (2002): Management von Destinationen, 5. neu bearbeitete und ergänzte Auflage, München, Wien.

Bieger, T. (2005): Management von Destinationen, 6. Auflage, München, Wien.

Bike-Hotel e.V. (Hg.) (2001): Best for Bike-Holidays 2001, Katalog und Bikehotelverzeichnis, Zell am See.

bike-Magazin (2001): Bikepark Leogang mit Oliver Grossmann, 07/2001, Bielefeld, S. 190ff.

Bikepark Leogang (2007): Homepage, URL: www.bikepark-leogang.com, Aufruf am 20.11.2007.

Biosphärenreservat Flusslandschaft Elbe Brandenburg (2009): Wie wird die touristische Einkommenswirkung errechnet? Informationssystem Nachhaltige Prignitz: W 6 Detail Umsätze Einkommen,
URL: http://www.prignitzforum.de/index.php?id=68., Abruf 06/2009.

Bitkom (Hg.) (2011): Etwa jeder vierte Internetnutzer surft mobil,
URL: www.bitkom.org/de/markt_statistik/64042_63160.aspx, 14.01.2011,
Aufruf am 05.04.2010.

BMVBS – Bundesministerim für Verkehr, Bau und Stadtentwicklung (2007): Zweiter Fahrradbericht der Bundesregierung, Schlussbericht, FE 70.0760/2004, Hannover.

BMWFJ – Bundesministerium für Wirtschaft, Familie und Jugend (2011): Mitterlehner: Neue Tourismusstrategie unterstützt Donau-Tourismus, Pressemitteilung, 21.02.2011, Wien.

BMWi – Bundesministerium für Wirtschaft und Technologie (Hg.) (2009): Grundlagenuntersuchung Fahrradtourismus in Deutschland, Langfassung, Forschungsbericht Nr. 58, Berlin.

BMWi – Bundesministerium für Wirtschaft und Technologie (Hg.) (2010): Grundlagenuntersuchung Freizeit- und Urlaubsmarkt Wandern, Langfassung, Forschungsbericht Nr. 591, Berlin.

Böhler, H. (2006): Mountainbiken. Alpin-Lehrplan, Bd.7, München.

böregio – Büro für Stadt- und Regionalentwicklung (2005): Abschlussbericht Entwicklung und Umsetzung einer Vertriebs-, Marketing- und Kommunikationskonzeption für das Produkt „Aller-Radwanderwege", i. A. der Gemeinde Dörverden, Braunschweig.

böregio – Büro für Stadt- und Regionalentwicklung (2007): Abschlussbericht Radlerbefragung auf dem Aller-Radweg 2007, Braunschweig.

böregio – Büro für Stadt- und Regionalentwicklung (2011): Wissenschaftliche Evaluierung des EmsRadweges, Abschlussbericht, unveröffentlicht, EFRE-Projekt EmsRadweg, Braunschweig.

böregio – Büro für Stadt- und Regionalentwicklung/Outdoor concepts (2005): Abschlussbericht Volksbank Arena Harz, Braunschweig/Reutlingen.

böregio – Büro für Stadt- und Regionalentwicklung (2009): Radwanderwegekonzept für die Vogelpark-Region, Projektdokumentation, unveröffentlicht, Braunschweig.

böregio – Büro für Stadt- und Regionalentwicklung (2011): Konzept zur fahrradtouristischen Aufwertung der historischen Trasse des Rennweges, Projektdokumentation, Braunschweig.

Born, K. (2004a): Aktuelle Probleme der Pauschalreise und ihre Chancen einer erfolgreichen Weiterentwicklung, in: Groß, M. S./Dreyer, A. (Hg.): Tourismus 2015, Hamburg, S. 51–74.

Born, K. (2004b): Zukunft des Tourismus, in: Groß, M. S./Dreyer, A. (Hg.): Tourismus 2015, Hamburg, S. 23–28.

Brämer, R. (2001a): Nachfragegerechte Wanderangebote, WanderMarkt Nr. 07, Marburg.

Brämer, R. (2001b): Wandern aus ökonomischer Sicht. Ein Versuch über Kosten und Marktanteile, Wandermarkt Nr. 09, Marburg.

Breuer, C. (2005): Soziodemographische Veränderungen – Einfluss auf das Sport- und Freizeitverhalten der Bevölkerung, in: Jakubczyk, P. (Hg.): Perspektiven Sport- & Aktivtourismus, Dresden.

Bruhn, M./Stauss, B. (Hg.) (2003): Dienstleistungsnetzwerke – Dienstleistungsmanagement Jahrbuch 2003, Wiesbaden.

Bürki, R./Elsässer, H. (2003): Auswirkungen von Umweltveränderungen auf den Tourismus – dargestellt am Beispiel der Klimaänderung im Alpenraum, in: Becker, C./Hopfinger, H./Steinecke, A. (Hg.): Geographie der Freizeit und des Tourismus, München, S. 865–876.

Conselleria de Turisme (2006): Dades Informatives – 2006. El turisme a les Illes Balears, Palma de Mallorca.

Crowdsourcing Blog (2011) : Crowdsourcing Terminologie, URL: http://www.crowdsourcingblog.de/impressum/, Aufruf am 09.12.2011.

Csikszentmihalyi, zit. bei Anft, M. (1993): Flow, in: Hahn, H./Kagelmann, H. J. (Hg.): Tourismuspsychologie und Tourismussoziologie, München, S. 141–147.

CzechTourism (2011): Aktiver Urlaub in der Tschechischen Republik, URL: www.czechtourism.com/holiday/Active-holidays.aspx, Aufruf 19.11.2011.

Der Spiegel (2011), Ausgabe Nr. 37, Hamburg.

Deutsche Bahn (2011): Deutsche Bahn und Siemens unterzeichnen Milliardenvertrag, Pressemitteilung 08.03.2011.

Deutscher Sportbund (Hg.) (2003): Sport und Tourismus – Dokumentation des 10. Symposiums zur ökologischen Zukunft des Sports vom 28.-29. November 2002 in Bodenheim/Rhein, Frankfurt/M.

DMMA – Verein Destinations Management Monitor Austria (2007): Homepage, URL: www.dmma.at, Aufruf am 15.5.2007.

Dreyer, A. (Hg.) (2002): Tourismus und Sport – Wissenschaftliche, soziologische und gesundheitliche Aspekte des Sport-Tourismus, Wiesbaden.

Dreyer, A. (2004): Sport und Tourismus, in: Krüger, A./Dreyer, A. (Hg.): Sportmanagement – Eine themenbezogene Einführung, München, Wien, S. 327–376.

Dreyer, A. (2006): Kundenorientierte touristische Kulturvermarktung, Fernstudien-Lehrbrief, hg. v. HDL, Berlin.

Dreyer, A. (2009): Tourismus 2025, in: Bastian, H./Dreyer, A./Groß, S. (Hg.): Tourismus 3.0. – Fakten und Perspektiven, Hamburg, S. 15–22.

Dreyer, A. (Hg.) (2010): Wein und Tourismus, Berlin.

Dreyer, A./Born, K. (2004): Ansätze für ein touristisches Beschwerdemanagement, in: Hinterhuber, H. et al. (Hg.), Kundenmangement als Erfolgsfaktor, Berlin 2004, S. 239–264.

Dreyer, A./Karnath, I. (2009): Hotel 2025, in: Bastian, H./Dreyer, A./Groß, S. (Hg.): Tourismus 3.0. – Fakten und Perspektiven, Hamburg, S. 227–244.

Dreyer, A./Krüger, A. (Hg.) (1995): Sporttourismus, München.

Dreyer, A./Linne, M. (2004): Servicequalität in Destinationen und Tourismus-Informationsstellen, 3. Auflage, Hamburg.

Dreyer, A./Linne, M. (2008): Radtourismus in Sachsen-Anhalt, hg. v. Ministerium für Wirtschaft und Arbeit des Landes Sachsen-Anhalt, Magdeburg.

Dreyer, A./Linne, M./Pechlaner, H./et al. (2008): Reisekundenbefragung der Hochschule Harz in Zusammenarbeit mit der EURAC (Europäische Akademie, Bozen) und einem deutschen Reiseveranstalter, unveröffentlichte Befragung, Wernigerode, Ingolstadt, Bozen, Frankfurt/M.

Dreyer, A./Menzel, A./Endreß, M. (2010): Wandertourismus, München.

DTV – Deutscher Tourismusverband e. V. (2007): Qualitätsinitiativen im Deutschlandtourismus, URL: www.qualitaet-im-deutschlandtourismus.de, Aufruf 12/Jahr.

DTV – Deutscher Tourismusverband e. V. (2009): Fahrradtourismus in Deutschland, Kurzfassung, Bonn.

DWIF – Deutsches Wirtschaftswissenschaftliches Institut für Fremdenverkehr e. V. (2005): Tagesreisen der Deutschen, Heft 50, München.

DWIF – Deutsches Wirtschaftswissenschaftliches Institut für Fremdenverkehr e. V. (2010): Tagesreisen der Deutschen, Heft 53, München.

Ebert, A.-K. (2010): Radelnde Nationen – Die Geschichte des Fahrrads in Deutschland und den Niederlanden bis 1940, Frankfurt/New York, S. 409.

ECF – European Cyclists Federation (2008): Anspruch auf Fahrradmitnahme im ICE wird Ende 2009 Gesetz, Pressemitteilung 9. September 2008.

ECF – European Cyclists Federation (2009): EuroVelo – The European cycle route network, Brüssel.

ecoplus (2007): Radfahrer-Befragung 2006, Niederösterreichische Haupt-Radrouten, Wien.

Egger, R./Jooss, M. (Hg.) (2010): mTourismus, Wiesbaden.

Eifel Tourismus GmbH (2011): Homepage, URL: www.eifel.info, Aufruf am 26.02.2011.

Endreß, M. (2009): Prävention & Sport im Urlaub, Hamburg.

Escher, A. (Hg.) (2000): Projektstudie „Natursporttourismus am Nördlichen Gardasee", unveröffentlichter Bericht, Mainz.

Esterbauer Verlag (2006): Elbe-Radweg 1, Rodingersdorf.

Esterbauer Verlag (2007): Elbe-Radweg 2, Rodingersdorf.

ETRA – Thematic leader „Electric Bicycles" (2010): Give Cycling a Push, Brussels.

Euregio Rhein-Waal (2011): Interreg IV B Demarrage – Newsletter, Ausgabe 2, 04/2011, Kleve.

Eurobike/ZIV – Zweirad-Industrie-Verband (2010): Deutscher Fahrradmarkt stabil, Pressemitteilung 31.08.2010, Friedrichshafen.

Europäisches Parlament, Generaldirektion Interne Politikbereiche, Fachabteilung B (2009): Struktur- und Kohäsionspolitik 2009 – Das Europäische Fahrradnetzwerk EuroVelo, Brüssel.

F.U.R. – Forschungsgemeinschaft Urlaub und Reisen e. V. (2001): RA Eckdaten, URL: http://www.fur.de/index.php, Aufruf 19.09.2011.

FGSV – Forschungsgesellschaft für Straßen- und Verkehrswesen (Hg.) (1995): Empfehlungen für Radverkehrsanlagen, Köln.

FGSV – Forschungsgesellschaft für Straßen- und Verkehrswesen (Hg.) (1998): Merkblatt zur wegweisenden Beschilderung für den Radverkehr, Köln.

FGSV – Forschungsgesellschaft für Straßen- und Verkehrswesen (Hg.) (2002): Hinweise zum Radverkehr außerhalb städtischer Gebiete (H RaS 02), Köln.

Fischer, J. (2006): Fahrradtourismusmarkt Deutschland – Aktuelle Entwicklungen und Innovationsmöglichkeiten, Diplomarbeit, Universität Lüneburg, Lüneburg.

Foreningen Frie Fugle (2011): Homepage, URL: www.friefugle.dk, Aufruf am 19.04.2011.

Fredlmeier, S. (2003): Das radtouristische Konzept des Naturparks Frankenwald, in: Deutscher Sportbund (Hg.): Sport und Tourismus – Dokumentation des 10. Symposiums zur ökologischen Zukunft des Sports vom 28.-29. November 2002 in Bodenheim/Rhein, Frankfurt/M., S. 52–60.

Freyer, W. (2001): Tourismus – Einführung in die Fremdenverkehrsökonomie, München, Wien.

Freyer, W. (2006): Tourismus – Einführung in die Fremdenverkehrsökonomie, 8. überarbeitete und aktualisierte Auflage, München.

Freyer, W. (2007): Tourismus-Marketing – Marktorientiertes Management im Mikro- und Makrobereich der Tourismuswirtschaft, 5. überarbeitete Auflage, München.

Freyer, W. (2009): Tourismus-Marketing, 6. Auflage, München.

Freyer, W. (2011): Tourismus-Marketing, 7. Auflage, München.

Freyer, W./Dreyer, A. (2004): Qualitätszeichen im Tourismus. Begriffe und Typen, in: Weiermair, K./Pikkemaat, B. (Hg..) (2004): Qualitätszeichen im Tourismus, Berlin, S.63–93.

Froitzheim, T. (2011): GPS für Biker, München.

Froitzheim, T./Spittler, R. (1997): Leitbilder eines natur- und landschaftsverträglichen Mountainbikings, Bielefeld.

Fuchs, W./Mundt, J. W./Zollindz, H.-D. (2008): Lexikon Tourismus – Destinationen, Gastronomie, Hotellerie, Reisemittler, Reiseveranstalter, Verkehrsträger, München.

FUR Forschungsgemeinschaft Urlaub und Reisen e. V. (2007): Die Urlaubsreisen der Deutschen, Kurzfassung der Reiseanalyse 2007, Kiel.

Futour Büro Nord-Ost (2004): Abschlussbericht Evaluierung Elberadweg 2003, im Auftrag des Tourismusverbandes Sächsische Schweiz e. V., Dresden.

Garau Vadell, J. B. (2004a): El cicloturismo en Balears 2004, Palma de Mallorca.

Garau Vadell, J. B. (2004b): El cicloturismo en Balears 2003, Palma de Mallorca.

Gartner Inc. (2010): Smartphone Sales Increased 96 Percent, Pressemitteilung 10.11.2010, URL: www.gartner.com/it/page.jsp?id=1466313, Aufruf am 25.11.2010.

Garvin, D. A. (1984): What Does „Product Quality" Really Mean?, Sloan Management Review, o. O., pp. 25–45.

Geser, G./Haid, E./Lassnig, M./Plößnig, M./Wieden-Bischof, D. (2007): Tourismus-Trends & IKT-Szenarien. Trendradar und Zukunftsszenarien im e-Tourismus – Informations- und Kommunikationstechnologien in der Tourismus- und Freizeitwirtschaft, Hamburg.

Gioseffi, C./Botazzi, G. (2008): Italien – Gäste für den Radtourismus von morgen, in: Oberösterreich Tourismus/Werbegemeinschaft Donau OÖ/TV Ostbayern/Miglbauer, Ernst, Invent GmbH: Radgenuss am Fluss – Eine europäische Erfolgsgeschichte an Donau und Inn, Linz.

Göll, N./Lassnig, M./Rehl, K. (2010): Location-Based Services, in: Egger, R./Jooss, M. (Hg.): mTourismus, Wiesbaden, S. 31.

Groß, M. S. (2005): Gastronomie & Tourismus – abwartende Zurückhaltung oder erfolgreiche Zusammenarbeit?, in: Schmude, J./Piermeier, A. (Hg..) (2005): Tegernseer Tourismus Tage 2004 – Proceedings, Regensburg, S. 29–46.

Groß, M. S./Dreyer, A. (Hg.) (2004): Tourismus 2015, Hamburg.

Groß, S. (2011): Tourismus und Verkehr, München.

Grundner, K. (2007): Unveröffentlichtes Leitfaden-Interview am 25.07.2007, Leoganger Bergbahnen, Leogang.

GTZ/Kartographie Huber (2006): Donau-Radweg von Budapest bis zum Schwarzen Meer, München.

Habermas, R. (1991): Wallfahrt und Aufruhr. Zur Geschichte der Wallfahrt in der frühen Neuzeit, Frankfurt a.M., New York.

Hahn, H./Kagelmann, H. J. (Hg.) (1993): Tourismuspsychologie und Tourismussoziologie, München.

Hallerbach, B. (2004): Marktsegmentierung und der Trend zum hybriden Urlauber, in: Becker, C./Hopfinger, H./Steinecke, A. (Hg.): Geographie der Freizeit und des Tourismus – Bilanz und Ausblick, München, Wien, S. 171–180.

Hanke, U./Woermann, S. (1994): Perspektive Fahrrad, Aachen

Harrer, B. (2004): Wirtschaftsfaktor Tourismus. Berechnungsmethodik und Bedeutung, in: Biosphärenreservat Flusslandschaft Elbe Brandenburg: Wie wird die touristische Einkommenswirkung errechnet? Informationssystem Nachhaltige Prignitz: W 6 – Detail Umsätze Einkommen,
URL: http://www.prignitzforum.de/index.php?id=68., Abruf 06/2009.

Harrer, B./Scherr, S. (2002): Ausgaben der Übernachtungsgäste in Deutschland. (dwif Schriftenreihe Nr. 49), München.

Harrer, B./Scherr, S. (2010): Ausgaben der Übernachtungsgäste in Deutschland. (dwif Schriftenreihe Nr. 53), München.

Harrer, B. (2003): Wirtschaftsfaktor Tourismus – Berechnungsmethodik und Bedeutung, in: Becker, C./Hopfinger, H./Steinecke, A. (Hg.) (2003): Geographie der Freizeit und des Tourismus, München, S. 149–158.

Horx, M./Wenzel, E. (2008): Zukunftsletter – Strategisches Wissen für Entscheider in Management & Marketing, Wien.

Houtstra, F. (2009): Radtouristische Entwicklungen in den Niederlanden, Vortrag 15.11.2009, Workshop Werbegemeinschaft Donau Oberösterreich, Linz.

Hübner, H. (1988): Radwandern an der Donau, Wien.

Hürten, D. (2007): „Sportscape" Mallorca. Eine geographische Untersuchung der ökonomischen Bedeutung und Raumwirksamkeit des mallorquinischen Radtourismus, Köln.

infas – Institut für angewandte Sozialwissenschaft GmbH (2010): Trends im Verkehrsmarkt – Detailergebnisse der Studie Mobilität in Deutschland, Präsentation 4. VDV-Marketing-Kongress am 15. und 16. April 2010, Erfurt.

Informationssystem Nachhaltige Prignitz (2008): W 6 – Detail Umsätze Einkommen, URL: http://www.prignitzforum.de/index.php?id=68, Aufruf 09/2011.

Interessengemeinschaft Emsradweg (2011): Homepage, URL: www.emsradweg.de , Aufruf 2/2011.

Invent GmbH/planBe (2010): Expertise Vennbahn-Radweg – Erfordernisse und Umsetzungsanforderungen für die Positionierung als Flaggschiff-Radroute, im Auftrag für Eifel-Ardennen-/Ardenne-Eifel-Marketing, Ottensheim, Aachen.

Italy Bike Hotels (2011): Homepage, URL: www.italybikehotels.it, Aufruf am 19.11.2011.

Jakubczyk, P. (Hg.) (2005): Perspektiven Sport- & Aktivtourismus, Dresden.

Jilg, A. (2009): Radfahren, ein freizeitrelevantes Element, München.

Kairos (2010): Landrad – Neue Mobiltiät für den Alltagsverkehr in Vorarlberg, Bregenz.

Kaspar, C. (1996): Die Tourismuslehre im Grundriss, St. Galler Beiträge zum Tourismus und Verkehrswirtschaft, 5. Auflage, Bern.

Kitzbühler Alpen Marketing GmbH (2011): „Mit Rückenwind" durch die weltweit größte E-Bike-Region,
URL: www.kitzalps.com/de/groesste-ebike-region-weltweit-kitzbueheler-alpen.html, Aufruf 16.8.2011.

Koch, B. (2009): Bundesrat will Fahrradmitnahme im ICE,
URL: www.benno-koch.de/fahrradmitnahme_im_ice2, Aufruf am 28.09.2011.

Koordinierungsstelle Elberadweg (2010), Homepage,
URL: http://www.elberadweg.de, Aufruf am 22.02.2010.

Koldewey, B. (o.J.): Homepage, URL: http://www.via-jakobsweg.de, Aufruf am 12.12.2011.

KoRiS – Kommunikative Stadt- und Regionalentwicklung (2001): Regionales Entwicklungskonzept Kooperationsraum Aller-Leine-Tal zur Teilnahme an der Gemeinschaftsinitiative LEADER+, Hannover.

KoRiS – Kommunikative Stadt- und Regionalentwicklung (2007): Regionales Entwicklungskonzept der Lokalen Aktionsgruppe Kooperationsraum Aller-Leine-Tal zur Teilnahme am niedersächsischen Leader-Auswahlverfahren für den Förderzeitraum 2007–2013, Hannover.

Krause, J. (2002): Entwicklung des Fahrradverkehrs in der Fläche – Anforderungen an die Netzplanung, in: Zweckverband Großraum Braunschweig (Hg.): Regionale Radverkehrsplanung, Dokumentation des Fachforums am 18. 09.2002, Braunschweig, 14–24.

Krüger, A./Dreyer, A. (Hg.) (2004): Sportmanagement – Eine themenbezogene Eingrenzung, München, Wien.

Kutscher, Jan (1994): Perspektiven der Fahrradkultur in Stadt und Natur, in: Hanke, U./Woermann, S.: Perspektive Fahrrad, Aachen.

Ladner, B. (2010): Ein Markt mit Perspektiven, in: Schweizer Sport & Mode 2/10, Uetikon, S. 20.

Land Niederösterreich (Hg.) (2011): Radland Niederöstereich, URL: www.radland.at, Abruf 2011.

Land Salzburg (2007): Tourismusstatistik 2005 bis 2007 (vorläufig) und Bettenstatistik, URL: www.salzburg.gv.at/bettenstatistik_sommer_2006-2.pdf, Aufruf am 20.11.2007.

Land Salzburg (2011): Tourismusstatistik 2005 bis 2010 (vorläufig) und Bettenstatistik, URL: www.salzburg.gv.at/tourismusstatistik, Aufruf 2/2011.

Langhagen-Rohrbach, C. (2003): Neuere Trendsportarten im Outdoor-Bereich, in: Becker, C./Hopfinger, H./Steinecke, A. (Hg.): Geographie der Freizeit und des Tourismus, München, S. 345–356.

Lebensministerium (2011): Pressemitteilung 01.04.2011, o. O.

Leoganger Bergbahnen (2007): Homepage, URL: www.leoganger-bergbahnen.at, Aufruf am 20.11.2007.

Liebsch, F. (2003): Praxis kompakt – Städtetourismus, Wellnesstourismus, Fahrradtourismus, Meßkirch, S. 166.

Linne, M. (2008): Tourismus – Ein produkttypologischer Ansatz, Hamburg.

Linne, M./Dreyer, A./Endreß, M. (2007): Hotel 2020, Hamburg.

Lohmann, M . (2009): Touristen-Trends. Von der Zukunft der Urlaubsnachfrage, Präsentation, Kiel.

Lohmann, M. (2002): Sport light, Der Stellenwert des Sports im Urlaubstourismus, in: Dreyer, A. (Hg.): Tourismus und Sport. Wiesbaden, 175–182.

Maschke, Joachim (2005): Tagesreisen der Deutschen, Schriftenreihe des DWIF, 50/2005, München.

Menzel, A./Endreß, M./Dreyer, A. (2008): Wandertourismus in deutschen Mittelgebirgen – Produkte, Destinationsmarketing, Gesundheit, Hamburg.

Meschik, M./Skorna, A./Spinka, H./Teufel, D./Weiss, P./Barel, P./Bollschweiler, M./ Smolik, C. (2010): Radverkehr in Zahlen – Daten, Fakten, Stimmungen, Bundesministerium für Verkehr, Innovation und Technologie, Wien.

Miglbauer, E. (2006): Radtouren zur Gnadenmutter, in: Radwelt, Heft Nr. 167/7-06, St. Pölten.

Miglbauer, E. (2008): Pilgern mit dem Fahrrad – Daten und Erfahrungen, Präsentation ADFC FA-Tour 25.10.2008, Altenberge.

Miglbauer, E. (2009): Cycle Tourism – A Tool for City Marketing?, Referat VeloCity 2009, Brüssel.

Miglbauer, E. (2010), in: Drahtesel 3/2010: Transport- und Shuttleangebote an österreichischen Radrouten, Wien, S. 18–19.

Miglbauer, E. (2011): Touristische Voraussetzungen für die erfolgreiche Einführung von E-Bikes, ecoplus, St. Pölten.

Miglbauer, E./invent GmbH (2011): Voraussetzungen für radtouristische E-Mobilitätsangebote – insbesondere auf den touristischen Radrouten in Niederösterreich, im Auftrag von ecoplus GmbH, St. Pölten.

Miglbauer, E./Pfaffenbichler, P./Feilmayr, W. (2009): Kurzstudie Wirtschaftsfaktor Rad-fahren – Die volkswirtschaftlichen Auswirkungen des Radverkehrs in Österreich, Bun-desministerium für Land- und Forstwirtschaft, Umwelt- und Wasserwirtschaft, Wien.

Miglbauer, E./Schuller, E. (1991): Wie reisen Radler?, in: ADFC/Landesverband Bayern: Fahrrad und sanfter Tourismus – Wir radeln in die Zukunft, München.

Mikunda C. (2005): Der verbotene Ort oder Die inszenierte Verführung – Unwiderstehli-ches Marketing durch strategische Dramaturgie, 2. Auflage, München.

Ministerium für Wirtschaft und Arbeit des Landes Sachsen-Anhalt (Hg.) (2007): Wirt-schaftsfaktor Tourismus in Sachsen-Anhalt, Magdeburg.

Motor Presse Stuttgart GmbH & Co. KG (2008): Homepage, URL: www.mountainbike-magazin.de, Aufruf 06/2008.

Motor Presse Stuttgart GmbH & Co. KG **(2010):** Netzwerker – Die besten Wegenetze in Deutschland, Heft 05/2010, S. 200.

Mourek, Daniel (2008): Tschechien – Gäste für den Radtourismus von morgen, in: Oberös-terreich Tourismus/Werbegemeinschaft Donau OÖ/TV Ostbayern/Miglbauer/Invent GmbH: Radgenuss am Fluss – Eine europäische Erfolgsgeschichte an Donau und Inn, Linz.

Mts Austria GmbH (2007): Homepage Bike-Holidays, URL: www.bike-holidays.com, Aufruf am 20.11.2007.

Mühlnickel, R. (2006): Radtouristische Vermarktung des Aller-Leine-Tals, in: RaumPlanung 129.

Müller, H./Scheurer, R. (2004): Tourismus-Destinationen als Erlebniswelt, Bern.

MWVLW – Ministerium für Wirtschaft, Verkehr, Landwirtschaft und Weinbau – Rheinland Pfalz (2007): Regionalwirtschaftliche Effekte des Radtourismus in Rhein-land-Pfalz, Mainz.

MWVLW – Ministerium für Wirtschaft, Verkehr, Landwirtschaft und Weinbau (2007a): Investitionen in das rheinland-pfälzische Radwegenetz, Pressemitteilung.

MWVLW – Ministerium für Wirtschaft, Verkehr, Landwirtschaft und Weinbau (2007b): Radtourismus ist bedeutender Wirtschaftsfaktor, Pressemitteilung.

MWVLW – Ministerium für Wirtschaft, Verkehr, Landwirtschaft und Weinbau (2008): Regionalwirtschaftliche Effekte des Radtourismus in Rheinland-Pfalz, Trier.

news aktuell GmbH (2008): Umfrage P.M. GUIDE: – Pilgerreisen statt Pauschaltourismus, URL: www.presseportal.de/pm/24835/1154320/gruner_jahr_p_m_magazin, Aufruf 09/2011.

Niederösterreich Werbung (2011): Bereich Rad, URL: www.niederoesterreich.at/portal, Aufruf am 19.11.2011

Niedersächsisches Ministerium für Wirtschaft, Technologie und Verkehr (2000): Rad-verkehrswegweisung in Niedersachsen, Erlass vom 27.11.2000 – 411.2-30603/5/5.

o. V. (2005): Tageszeitung Der Standard 24. Juli 2005.

o. V. (2006): Pressemitteilung, URL: www.swissinfo.ch, Aufruf am 12.03.2006.

ÖAR-Regionalberatung/Miglbauer, E. (1997): Tagestourismus und Kurzurlaubsangebote – Anforderungen und Erfolgsfaktoren, Wien.

Oberste Baubehörde im Bayerischen Staatsministerium des Innern (2011): Radverkehrshandbuch Radlland Bayern, München.

Oberösterreich Tourismus (2006): Oberösterreichs Radrouten im Vergleich mit seinen Mitbewerbern, Linz, S. 32.

Oberösterreich Tourismus/Werbegemeinschaft Donau OÖ/TV Ostbayern/Miglbauer/ Invent GmbH (2008): Radgenuss am Fluss – Eine europäische Erfolgsgeschichte an Donau und Inn, Linz.

Öhlschläger, K. (2007): Die Fahrradtouristen am Elberadweg – Arbeitspapiere zum Management in der Umweltplanung 21, Technische Universität Berlin.

Opaschowski, H. W. (1994): Neue Trends im Freizeitsport, Hamburg.

Pichler, S./Bò, G. D./Pechlaner, H. (2011): Die Rolle von Weinstraßen in der Destinationsentwicklung – Perspektiven einer Destination Governance, in: Dreyer, A. (Hg.): Wein und Tourismus, Berlin, S. 103–120.

Pine, B. J./Gilmore, J. H. (1999): The Experience Economy, Boston.

Pollak, P. (1985): Der Donau-Radweg, St. Pölten.

Porter, M. E. (1992): Wettbewerbsvorteile, 3. Auflage, Frankfurt.

PostAuto Schweiz AG (2011): Pressemitteilung August 2011, Bern

Purt, A. (2009): Pilgern mit dem Fahrrad – Beispiel Traisental-Radweg, Fachveranstaltungsreihe ADFC ITB Berlin.

Quack, H.-D./Hallerbach, B. (2007): Regionalwirtschaftliche Effekte des Radtourismus in Rheinland-Pfalz, im Auftrag des Ministeriums für Wirtschaft, Verkehr, Landwirtschaft und Weinbau Rheinland-Pfalz, Trier, Mainz.

radissimo (2011): Katalog 2011, Karlsruhe.

Rad-Spannerei blog (2011): Marktanteile des Fahrrads in Europa, URL: www.rad-spannerei.de/blog/2010/02/18/marktanteile-des-fahrrads-in-europa, Aufruf 2011.

RAI/BOVAG/CBS/GfK Retail and Technology Benelux B.V. (2011): Fietsen in de Statistiek 2006–2010 Nederland, Amsterdam.

Region Vogelberg Tourismus GmbH (2010): Radmagazin Vogelsberg-Wetterau, Ausgabe 2010–2011, Schotten.

Regionalverband Ruhr (2009): Bund fördert neues regionales Verleihsystem "MetroRad Ruhr" – 1500 Leihräder sollen nächstes Jahr rollen, Pressemitteilung, 10.08.09.

Reibetanz, S. (2008): Zielgruppenkonflikte zwischen Mountainbikern und Wanderern am Beispiel der Nationalparkregion Harz, unveröffentlichte Diplomarbeit, Hochschule Harz, Wernigerode.

Rieder, M./Bachleitner, R./Kagelmann, H. J. (1998): ErlebnisWelten – Zur Kommerzialisierung der Emotionen in touristischen Räumen und Landschaften, München.

Romeiß-Stracke, F. (2003): Abschied von der Spaßgesellschaft – Freizeit und Tourismus im 21. Jahrhundert, Mit bissigen Randbemerkungen von Karl Born, Amberg.

Roth, S. (1999): Marketing von Reiseveranstaltern, Die Stimmung als Erfolgsfaktor, Diss., Wiesbaden.

Rühl, F. (2009): Möglichkeiten und Grenzen der Anbieterbefragung im Radtourismus – dargestellt am Beispiel des Elberadweges, Diplomarbeit, Karl-Scharfenberg-Fakultät der Fachhochschule Braunschweig/Wolfenbüttel.

Salzgeber, K. (1997): Entwicklungstendenzen im alpinen Sommertourismus, unveröffentlichte Diplomarbeit, FH Innsbruck, Innsbruck.

Schätzle, O. (2005): Mobiler „FanGuide" für die Fußball-WM 2006, in: Stucky, W./Schiefer, G. (Hg.): Perspektiven des Mobilen Business, Wiesbaden.

Schneewolf, R./Grimm, K. (2006): Analyse und Perspektiven der Bundesradrouten im Rahmen des Nationalen Radverkehrsplans – Schlußbericht, Berlin.

Schneider, C. (1999): Die Bedeutung von Themenrouten im Fahrradtourismus, in: Fremdenverkehrsverband Münsterland Touristik Grünes Band et al. (Hg.): Regionales Tourismus Marketing – Wege zum Destinationsmanagement im Münsterland, Heft 3, Steinfurt, 29–40.

Schrader, T./2+ Medienagentur (2011): Radtourismus – Vom Schein zum Sein im Internet, Vortrag im Rahmen der ADFC-Fachveranstaltungsreihe, ITB Berlin 2011, Berlin.

Schwäbische Kartoffel-Tour (2011): Homepage, URL: www.radtour-schwaben.de, Aufruf 09/2011.

Schweizerische Eidgenossenschaft/Eidgenössisches Departement für Umwelt, Verkehr, Energie und Kommunikation UVEK – ASTRA Bundesamt für Straßen (2009): Velofahren in der Schweiz 2008, Bern

Statistisches Bundesamt (Hg.) (2006): Bevölkerung Deutschlands bis 2050, 11. koordinierte Bevölkerungsvorausberechnung, Wiesbaden

Stengel, N. (2009): Modulare Reisepakete – die Pauschalreise und ihre dynamischen Weiterentwicklungen, in: Bastian, H./Dreyer, A./Groß, S. (Hg.): Tourismus 3.0. – Fakten und Perspektiven, Hamburg, S. 63–77.

Steyer, A. (2000): Das touristische Potenzial von Sommer-Outdoor-Trendsportarten, unveröffentlichte Diplomarbeit, Innsbruck.

Stichting Landelijk Fietsplatform (2009): The Dutch National Cycle Network (LF-network), Amersfoort.

Stiftung SchweizMobil (2009a): Projekt SchweizMobil, Schlussbericht Aufbauphase 2004–2008, Bern.

Stiftung SchweizMobil (2009b): Qualitätsförderung nationale und regionale Routen – Velo-, Mountainbike-, Skating- und Kanuland, Bern.

Stiftung SchweizMobil (2009c): Veloland Schweiz 2008 – Ergebnisse Velozählungen, Bern.

Stiftung SchweizMobil (2010): SchweizMobil 2010, Die schönsten Routen der Schweiz, Bern.

Struktur- und Wirtschaftsförderungsgesellschaft des Landkreises Teltow-Fläming mbH (2010): Homepage, URL: www.flaeming-skate.de, Aufruf 2010.

Stucky, W./Schiefer, G. (Hg.) (2005): Perspektiven des Mobilen Business, Wiesbaden.

Stumm, P. (2004): Sport und Globalisierung – Trendsportarten in Deutschland, Italien und Spanien, Wiesbaden.

Thurner, A. (2001): Unveröffentlichtes Leitfaden-Interview 12.09.2001, Tirol Werbung, Innsbruck.

Tölle, S. (2002): Mountainbiking in Tirol – Eine Analyse des Tiroler Mountainbike-Modells aus geographischer Sicht, unveröffentlichte Diplomarbeit, Universität, Mainz.

Torkler, W. (2009): Wie das Land, so die Bahn – Der „Fahrrad-Express" im Emsland, Präsentation – Fachtagung Radverkehr „Über den Tellerrand hinweg", 27. Oktober 2009, Kiel.

Tourismus Agentur Schleswig-Holstein GmbH (2007): Qualitätskriterien für Rad(fern)-wege in Schleswig-Holstein, Kiel.

Tourismus Flandern-Brüssel und ADFC Bundesverband (Hg.) (2007): Bett & Bike – fahrradfreundliche Gastbetriebe in Flandern, 1. Auflage, Bremen.

Tourismusinformation Saalfelden-Leogang (2007): Flyer Bikepark Leogang „On Top in Europe" (zusammen mit „Alpincircus" Saalbach-Hinterglemm), Leogang.

Tourismusregion Aller-Leine-Tal (2008): Homepage, URL: www.radeln-aller-leine-tal.de, Aufruf am 24.11.2008.

Tourismusverband Niedersachsen e. V. (2008): Zahlen, URL: http://www.tourismusverband-niedersachsen.de/zahlen.html, Aufruf 09/2008.

Touristik Medien (2011): Radurlaub unter Deutschen weiterhin mit großem Potenzial, Pressemitteilung 11.05.2010, URL: http://www.touristiklounge.de/reiseprodukte-angebote/radurlaub-unter-deutschen-weiterhin-mit-grossem-potenzial, Aufruf 2011.

Tourist-Information Verden (Aller) (2004): Broschüre Allerhand erleben und Erholung erfahren, Schwarmstedt.

Traunmüller, M. (1984): Meine Radfahrt an der Donau, Linz.

Trendscope (2008): Trendscope Marktstudie „Radreisen der Deutschen" 2008, Köln.

Trendscope (2010): Trendscope Marktstudie „Radreisen der Deutschen" 2010, Köln.

Université de Genève/Observatoire Universitaire de la Mobilité UNIGE (2009): Usagers, usages et potentiel des vélos à assistance électrique, Genf.

UNWTO – World Tourism Organization (1995): concepts, definitions and classifications for tourism statistics, Madrid.

velosuisse (2010): kein Titel, URL: www.velosuisse.ch/de/velobranche, Aufruf 11.11.2010.

velosuisse (2011): CH-Fahrrad-Neuverkäufe 2010: Boom – Jedes neunte neue Velo ein Elektrovelo, URL: http://www.velosuisse.ch/de/media49668.html, Aufruf am 18.11.2011.

Vereinigte Volksbank eG (2011): Harzer Tourismus Biennale, URL: http://www.harztb.de/home.html, Aufruf 02/2011.

visit denmark (2011): Qualitätsgeprüfte Unterkünfte für Radfahrer, URL: www.visitdenmark.dk/tyskland/de-de/menu/turist/aktiv-ferie/cykel/ rad-qualitaetslogo-unterkuenfte-kurz.htm, Aufruf am 29.5.2011.

Volksbank Arena Harz (2011): Homepage, URL: http://www.volksbank-arena-harz.de, Aufruf 02/2011 und 11/2011.

Wallfahrts- und Verkehrsbüro Altötting (2007): Informationen zum Pilgertourismus, Altötting.

Watzek, T. (2001): Unveröffentlichtes Leitfaden-Interview 16.09.2001, mts-Marketing, Maishofen.

WDR (2007): Die rollenden Ruhrtal-Ranger, URL: http://www.wdr.de/themen/freizeit/freizeitgestaltung/ ruhrtal_radweg/index.jhtml, Aufruf am 28. 04 2007.

Weinberger, C. (2007): Entwicklung des Radtourismus in Österreich, Präsentation, Wien.

Weinradel (2011): Katalog 2011, Aachen.

Wikipedia Foundation Inc. (2011): L'Eroica, http://de.wikipedia.org/wiki/L%E2%80%99Eroica, Aufruf 09/2011.

Wirkner, M. (2002): Das Aktivitätspotenzial Reisender im Alter von über 50 Jahren am Beispiel von Lifetime-Sportarten unter Berücksichtigung von sportwissenschaftlichen Aspekten, Diplomarbeit, Hochschule Harz, Wernigerode.

Woratschek, H./Roth, S./Pastowski, S. (2003): Kooperation und Konkurrenz in Dienstleistungsnetzwerken – Eine Analyse am Beispiel des Destinationsmanagements, in: Bruhn, M./Stauss, B. (Hg.): Dienstleistungsnetzwerke – Dienstleistungsmanagement Jahrbuch 2003, Wiesbaden, S. 253–283.

Zastrow, S. (2011): Elektrofahrrad als Innovation am Freizeitmarkt – Bedeutung, Akzeptanz und Zukunftschancen am Beispiel der Destination Rügen; Magisterarbeit, Leuphana Universität Lüneburg.

ZIV – Zweirad-Industrie-Verband e. V. (2010): Deutsche Fahrradindustrie gut aufgestellt, Pressemitteilung 24.03.2010, Bad Soden.

ZIV – Zweirad-Industrie-Verband e. V. (2011a): Elektromobilität – E-Bike-Markt wächst weiter, Pressemitteilung 25.03.2011, Bad Soden.

ZIV – Zweirad-Industrie-Verband e. V. (2011b): Zahlen – Daten – Fakten Zum Fahrradmarkt in Deutschland und Europa, Eurobike-Branchengespräch am 30.08.2011 in Friedrichshafen, Bad Soden/Ts.

Zoch, A./Pannen, K. (2011): Neben der Spur. Das Fahrradhasserbuch, München.

Zweckverband Aller-Leine-Tal (Hg.) (2005): Broschüre Aller-Leine-Tal, Schwarmstedt.

Zweckverband Großraum Braunschweig (Hg.) (2002): Regionale Radverkehrsplanung, Dokumentation des Fachforums am 18.09.2002, Braunschweig.

Zweckverband Schienenpersonennahverkehr Rheinland-Pfalz Nord (2011): Homepage, URL: www.regio-radler.de, Aufruf 2011.

Stichwortverzeichnis

www.ingramcontent.com/pod-product-compliance
Lightning Source LLC
Chambersburg PA
CBHW081059220326
41598CB00038B/7151